Springer-Lehrbuch

Springer
*Berlin
Heidelberg
New York
Hongkong
London
Mailand
Paris
Tokio*

Anke Jaros-Sturhahn · Konrad Schachtner
Edward Bernroider · Michael Burger
Robert Krimmer · Nikolai Neumayer

Business Computing mit MS-Office 2003 und Internet

Eine Einführung
an praktischen Beispielen

Dritte, verbesserte und erweiterte Auflage

Mit 329 Abbildungen und WWW-Ergänzungen

Springer

Dr. Anke Jaros-Sturhahn
Dr. Konrad Schachtner
Ludwig-Maximilians-
Universität München
Fakultät Betriebswirtschaft
Ludwigstraße 28
D-80539 München
Deutschland

Dr. Edward Bernroider
Mag. Michael Burger
Mag. Robert Krimmer
Mag. Nikolai Neumayer
Wirtschaftsuniversität Wien
Institut für
Informationsverarbeitung
und Informationswirtschaft
Augasse 2–6
A-1090 Wien
Österreich

ISBN 978-3-540-20063-5   ISBN 978-3-642-17014-0 (eBook)
DOI 10.1007/978-3-642-17014-0

Bibliografische Information Der Deutschen Bibliothek
Die Deutsche Bibliothek verzeichnet diese Publikation in der Deutschen Nationalbibliografie; detaillierte bibliografische Daten sind im Internet über <http://dnb.ddb.de> abrufbar.

Dieses Werk ist urheberrechtlich geschützt. Die dadurch begründeten Rechte, insbesondere die der Übersetzung, des Nachdrucks, des Vortrags, der Entnahme von Abbildungen und Tabellen, der Funksendung, der Mikroverfilmung oder der Vervielfältigung auf anderen Wegen und der Speicherung in Datenverarbeitungsanlagen, bleiben, auch bei nur auszugsweiser Verwertung, vorbehalten. Eine Vervielfältigung dieses Werkes oder von Teilen dieses Werkes ist auch im Einzelfall nur in den Grenzen der gesetzlichen Bestimmungen des Urheberrechtsgesetzes der Bundesrepublik Deutschland vom 9. September 1965 in der jeweils geltenden Fassung zulässig. Sie ist grundsätzlich vergütungspflichtig. Zuwiderhandlungen unterliegen den Strafbestimmungen des Urheberrechtsgesetzes.

springer.de

© Springer-Verlag Berlin Heidelberg 2004
Ursprünglich erschienen bei Springer-Verlag Berlin Heidelberg New York 2004

Die Wiedergabe von Gebrauchsnamen, Handelsnamen, Warenbezeichnungen usw. in diesem Werk berechtigt auch ohne besondere Kennzeichnung nicht zu der Annahme, dass solche Namen im Sinne der Warenzeichen- und Markenschutz-Gesetzgebung als frei zu betrachten wären und daher von jedermann benutzt werden dürften.

Einbandgestaltung: Design & Production GmbH, Heidelberg

SPIN 10958971   42/3130-5 4 3 2 1 0 – Gedruckt auf säurefreiem Papier

Vorwort zur dritten Auflage

Die vorliegende Neuauflage des Buches „Business Computing mit Microsoft Office und Internet" verfolgt dieselbe ursprüngliche Zielrichtung der Erstautoren Frau Dr. Jaros-Sturhahn und Herr Dr. Schachtner – die Konzentration auf das Wesentliche im Bereich des EDV-Anwenderwissens. Insbesondere sollen Studentinnen und Studenten der Wirtschaftswissenschaften die Handhabung des im Studium und später im Beruf notwendigen „EDV-Handwerkzeug" zur Bewältigung der anfallenden Aufgaben bzw. Herausforderungen erlernen.

Mit der dritten Auflage wurde das Autorenteam um Dr. Bernroider, Mag. Burger, Mag. Krimmer und Mag. Neumayer erweitert, die alle an der Wirtschaftsuniversität in Wien (Österreich) facheinschlägig unterrichten. Im Zuge der Erstellung der elektronischen Lernunterlagen für die e-Learning Plattform der WU-Wien im Rahmen der neu konzipierten Lehrveranstaltung „Rechnerpraktikum: Betriebliche Informationssysteme" wurde rasch klar, dass den Studierenden neben den elektronischen Unterlagen auch eine Referenzliteratur in Papierform angeboten werden muss. Bei der Sichtung der verfügbaren Literatur durch die neu hinzugekommenen Autoren kristallisierte sich die zweite Auflage des Werks als beste Lernunterlage heraus. Die Form der fundierten und grundlegenden Darstellung der Inhalte sowie die umfassende Abdeckung mit den gesetzten Schwerpunkten der Lehrveranstaltung erschien einzigartig. Aufgrund der raschen Entwicklungen im Bereich der Informationstechnologie ergab sich in den letzten Jahren eine Reihe von notwendigen Änderungen und Erweiterungen, welche die neuen Autoren der dritten Auflage eingearbeitet haben:

- Aktualisierung aller Kapitel insbesondere Anpassung der Arbeitsschritte bzw. Problemlösungsansätze und Abbildungen an die derzeit aktuellen Programmversionen (MS Windows XP, MS Office 2003)
- Erweiterung der Kapitel „Tabellenkalkulation mit Excel" (Wenn--Funktion, PivotTabellen) und „Informationsaktivitäten im Internet" (Geschichte, Aufbau des Internet, Datenübertragung, HTML, EMail, FTP)

Neben dem gesamten 6-köpfigen Autorenteam haben auch viele andere Personen mitgeholfen, ohne deren tatkräftige Unterstützung die Fertigstellung dieses Buches niemals zeitgerecht möglich gewesen wäre. Insbesondere sei hier der Arbeitsgruppe „Rechnerpraktikum: Betriebliche Informationssysteme" gedankt. So half uns der Vorsitzende Prof. Taudes mit seinen kritischen aber immer aufmunternden Worten. Dr. Stix und Dr. Voshmgir versorgten uns mit wertvollen inhaltlichen Rückmeldungen. Auch den von der Österreichischen Hochschülerschaft entsandten studentischen Mitgliedern Günter Klein und Johannes Kozlik sei gedankt. Sie haben die wichtigen Anliegen und Sichtweisen der Studierenden in die Gestaltung der Neuauflage eingebracht. Weiters ergeht auch großer Dank an das Team vom Springer-Verlag rund um Herrn Dr. Müller, der in bewährter Weise das Erscheinen des Buches sichergestellt hat.

Wir bedanken uns wieder bei unseren Leserinnen und Lesern für die wertvollen Rückmeldungen für die dritte Auflage und hoffen, dass Sie uns auch zukünftig Ihre positiven und kritischen Anmerkungen mitteilen. Erreichen können Sie uns nun unter der E-Mail Adresse *buscom@ai.wu-wien.ac.at* (die alte E-Mail Adresse *buscom@bwl.uni-muenchen.de* bleibt aber gültig) oder über die herkömmliche Briefpost.

München, im September 2003
Wien, im September 2003

Die Autoren

Vorwort zur zweiten Auflage

Die gute Aufnahme, die Business Computing im Hochschulbereich und in der Praxis gefunden hat, führte in kurzer Zeit zu dieser Neuauflage. Neben zahlreichen kleineren Aktualisierungen und Ergänzungen haben wir vor allem das Kapitel *Internet* neu konzipiert und erweitert, ein Kapitel zum *Datenaustausch zwischen Windows-Programmen* hinzugefügt und das Kapitel *Word* um einen Abschnitt zu *Serienbriefen* ergänzt.

Um die Zielrichtung und Stärke des Buches – die Konzentration auf das Wesentliche – zu erhalten, haben wir einige weiterführende Inhalte in den WWW-Ergänzungen zu diesem Buch abgelegt. Hier finden Sie beispielsweise zusätzliche Kapitel zu Word (z.B. Dokumentvorlagen, Autotext, Gestaltungsregeln für Korrespondenz), zum Internet (z.B. vertiefte Ausführungen zum Internet-Business) und zu Excel (z.B. zum Simulieren und Optimieren).

Für die engagierte Unterstützung bei der Erstellung der Grafiken und beim abschließenden Korrekturlesen danken wir Frau Bianca Cucco, Frau Sybille Schmid, Herrn Burghard Bittorf, Herrn Peter Daser, Herrn Matthias Egerer, Herrn Daniel Klein, Herrn Dipl.-Kfm. Oliver Maurer und Herrn Dipl.-Hdl. Ottmar Pfänder.

Wir danken unseren Leserinnen und Lesern für das wertvolle Feedback, das viele der Weiterentwicklungen angeregt hat. Wir hoffen, dass Sie uns auch zukünftig Ihre positiven und kritischen Anmerkungen mitteilen. Sie können uns weiterhin unter der E-Mail Adresse *buscom@bwl.uni-muenchen.de* oder über die herkömmliche Briefpost erreichen.

München, im Mai 1999

Die Autoren

Vorwort zur ersten Auflage

Dieses Buch ist aus Lehrveranstaltungen und Skripten entstanden, die Wirtschaftsstudenten an der Ludwig-Maximilians-Universität in München zu Studienbeginn in die EDV einführen. Das Ziel dieser Veranstaltungen liegt darin, den Studenten das grundlegende EDV-Rüstzeug für ihr Studium und ihre spätere Berufstätigkeit zu vermitteln. Das gegenwärtige Konzept der Veranstaltungen basiert auf jahrelangen Erfahrungen und wird ständig weiterentwickelt.

Inhaltlich zielen die Veranstaltungen zum einen darauf ab, den Studenten anhand einfacher Beispiele aus dem Wirtschaftsleben zu zeigen, welche Aufgaben sie mit Hilfe von funktionsübergreifenden Standardanwendungsprogrammen (d.h. Textverarbeitungs-, Datenbank-, Tabellenkalkulations- und Präsentationsprogrammen) und den Internetanwendungen lösen können. Zum zweiten sollen die Studenten auch den Umgang mit den wesentlichen Funktionen dieser Anwendungen erlernen. Als Softwarepaket verwenden wir OFFICE 97 von MICROSOFT.

Organisatorisch haben wir die Veranstaltungen so konzipiert, daß die Studenten entweder Kurse besuchen oder sich den Stoff selbständig erarbeiten können. Für dieses Konzept haben wir papierbasierte Skripten und WWW-Seiten entwickelt. Die Unterlagen vermitteln in prägnanter Form die Inhalte. Sie enthalten sehr viele Übungsaufgaben, Fragen und Hinweise, die es dem Studenten ermöglichen, die Inhalte aktiv durchzuarbeiten und zu festigen. Die Verbindung aus traditionellen und modernen Medien ermöglicht es uns, den tradierten Lesegewohnheiten Rechnung zu tragen und trotzdem auf aktuelle Entwicklungen einzugehen.

Die positive Resonanz auf unsere Unterlagen und zahlreiche Anfragen aus dem außeruniversitären Umfeld haben uns veranlaßt, die Unterlagen in Buchform zu bringen. *Business Computing* ist nicht „akademisch" geschrieben und daher für jeden geeignet, der sich anhand eines einfachen wirtschaftlichen Beispiels in die zentralen Funktionen der Standardanwendungen und des Internet einarbeiten will.

An dieser Stelle sei allen Studenten und Dozenten, die durch ihre Fragen und Anregungen zur gegenwärtigen Gestalt des Konzeptes beigetragen haben, gedankt.

Allen Damen und Herren, die uns dabei geholfen haben, die Veranstaltungsunterlagen in eine druckreife Form zu bringen, danken wir ganz besonders herzlich.

Besonders hervorzuheben sind dabei Herr Peter Daser, Herr Dipl.-Hdl. Andreas Fischer, Herr Dipl.-Hdl. Alfred Kufer, Herr Dipl.-Hdl. Martin Kufer, Herr Dipl.-Kfm. Oliver Maurer, Frau Dr. Rahild Neuburger, Herr Dipl.-Hdl. Ottmar Pfänder, Frau Sybille Schmid, Herr Dr. Alfred Stöber und Herr Dipl.-Ing. Gerd Sturhahn.

München, im April 1998

Die Autoren

Über ein Feedback und Anregungen zum Buch freuen sich die Autoren, die Sie unter folgender E-Mail-Adresse erreichen:

buscom@bwl.uni-muenchen.de

Inhaltsverzeichnis

1 Über dieses Buch 1
   1.1   Ziel und Inhalt 1
   1.2   Die Firma StudConsult 2
   1.3   WWW-Ergänzung 2
   1.4   Hinweise zur Textgestaltung 3

2 Grundlagen der Informations- und Kommunikationstechnik 5
   2.1   Hardware 5
        2.1.1   Dateneingabegeräte 6
        2.1.2   Datenverarbeitungsgeräte 7
        2.1.3   Datenausgabegeräte 10
        2.1.4   Externe Speicher 11
        2.1.5   Weitere Hardwarebegriffe 15
   2.2   Software 16
        2.2.1   Systemsoftware 17
        2.2.2   Anwendungssoftware 20
        2.2.3   Programmiersprachen 21
   2.3   Netze 22
        2.3.1   Konzepte zur Netzorganisation 23
        2.3.2   Wesentliche technische Komponenten 24
        2.3.3   Arten von Netzen 26
        2.3.4   Nutzen und Gefahren 27

3 Grundlegender Umgang mit dem Betriebssystem Windows XP 29
   3.1   Starten und Beenden 29
   3.2   Aufrufen und Beenden von Programmen 32
   3.3   Fenster 34
        3.3.1   Aufbau 35
        3.3.2   Arbeiten mit mehreren Fenstern 36
   3.4   Explorer 37
        3.4.1   Grundbegriffe der Dateiverwaltung 38
        3.4.2   Erstellen einer Datei mit dem Editor 40
        3.4.3   Bildschirmaufbau 42
        3.4.4   Laufwerks-, Datei- und Verzeichnisverwaltung 44
   3.5   Individuelle Anpassungen 50
        3.5.1   Arbeitsoberfläche 50

	3.5.2	Einrichten eines Druckers	51
	3.5.3	Installieren von Software	52
	3.5.4	Weitere Systemeinstellungen	54
3.6		Hilfefunktion	54

4 Textverarbeitung mit Word ... 57

- 4.1 Grundlagen ... 58
  - 4.1.1 Benutzeroberfläche ... 58
  - 4.1.2 Texterstellung und -formatierung ... 59
- 4.2 Grundelemente der Texterstellung ... 59
  - 4.2.1 Text eingeben und Tippfehler korrigieren ... 60
  - 4.2.2 Textdateien speichern, öffnen und schließen ... 63
  - 4.2.3 Text bearbeiten ... 69
    - 4.2.3.1 Bewegen mit der vertikalen Bildlaufleiste ... 69
    - 4.2.3.2 Text markieren ... 70
    - 4.2.3.3 Text korrigieren ... 71
  - 4.2.4 Drucken ... 74
- 4.3 Grundelemente der Textformatierung ... 75
  - 4.3.1 Zeichenformatierung ... 75
    - 4.3.1.1 Skizzierung wichtiger Zeichenformate ... 76
    - 4.3.1.2 Handhabung der Zeichenformatierung ... 77
  - 4.3.2 Absatzformatierung ... 79
    - 4.3.2.1 Prinzipielle Handhabung ... 79
    - 4.3.2.2 Ausrichtung ... 80
    - 4.3.2.3 Zeilenabstand ... 81
  - 4.3.3 Seitenformatierung ... 83
    - 4.3.3.1 Wesentliche Ansichten eines Dokumentes ... 83
    - 4.3.3.2 Seitenränder und -ausrichtung ... 85
    - 4.3.3.3 Seiten umbrechen ... 85
- 4.4 Hilfsfunktionen ... 87
  - 4.4.1 Rechtschreib- und Grammatikprüfung ... 87
  - 4.4.2 AutoKorrektur ... 89
  - 4.4.3 Silbentrennung ... 91
  - 4.4.4 Suchen und Ersetzen ... 94
  - 4.4.5 Sortieren ... 97
  - 4.4.6 Symbole und Sonderzeichen einfügen ... 98
- 4.5 Fortgeschrittene Elemente der Texterstellung und -formatierung ... 100
  - 4.5.1 Weitere Möglichkeiten der Absatzformatierung ... 100
    - 4.5.1.1 Einzüge ... 100
    - 4.5.1.2 Aufzählungen und Nummerierungen ... 101
    - 4.5.1.3 Tabulatoren ... 103
  - 4.5.2 Seitenzahlen ausgeben ... 109
  - 4.5.3 Abschnittsformatierung ... 112
  - 4.5.4 Fußnoten ... 113
  - 4.5.5 Abbildungen automatisch nummerieren ... 115

- 4.5.6 Textgestaltung mit Formatvorlagen...115
  - 4.5.6.1 Formate kopieren..116
  - 4.5.6.2 Grundlagen von Formatvorlagen...116
  - 4.5.6.3 Erstellen von Formatvorlagen..118
  - 4.5.6.4 Zuweisen von Formatvorlagen..120
  - 4.5.6.5 Ändern und Löschen von Formatvorlagen.........................120
- 4.5.7 Überschriftennummerierung und Inhaltsverzeichnis................122
  - 4.5.7.1 Automatische Nummerierung von Überschriften................122
  - 4.5.7.2 Ableiten des Inhaltsverzeichnisses.......................................124
- 4.5.8 Grundlegendes zu Tabellen...126
  - 4.5.8.1 Tabellen anlegen...126
  - 4.5.8.2 Tabellen bearbeiten..127
- 4.5.9 Grundlegendes zu Serienbriefen..129
  - 4.5.9.1 Prinzip...129
  - 4.5.9.2 Schreiben des ersten Serienbriefes......................................131
  - 4.5.9.3 Weitere Serienbrieffunktionen...138

5 Entwurf und Erstellung von Datenbanken mit Access...................141
- 5.1 Grundlagen..141
  - 5.1.1 Funktion von Datenbanken...141
  - 5.1.2 Access als Beispiel für eine Datenbank.....................................142
  - 5.1.3 Architektur einer Datenbankanwendung....................................145
- 5.2 Entwurf von Datenbanken...145
  - 5.2.1 Informationsanalyse..146
  - 5.2.2 Beschreibung von Daten mittels Entity-Relationship-Modell....147
    - 5.2.2.1 Entitäten und Entitätstypen..147
    - 5.2.2.2 Beziehungen und Beziehungstypen....................................149
  - 5.2.3 Beschreibung betrieblicher Daten mit Hilfe von Datenmodellen 152
    - 5.2.3.1 Datenmodelle...152
    - 5.2.3.2 Relationales Datenmodell..153
- 5.3 Tabellenerstellung..158
  - 5.3.1 Anlegen einer Datenbankdatei..159
  - 5.3.2 Erstellung der Tabellenstruktur...160
  - 5.3.3 Datensätze eingeben und Tabellen drucken................................163
  - 5.3.4 Beziehungen..165
    - 5.3.4.1 Umsetzung von Beziehungen...166
    - 5.3.4.2 Referentielle Integrität...168
- 5.4 Abfragen...171
  - 5.4.1 Auswahlabfragen...171
    - 5.4.1.1 Projektion..171
    - 5.4.1.2 Selektion...173
    - 5.4.1.3 Sortierung und Anzeige...178
    - 5.4.1.4 Equi-Join..179
    - 5.4.1.5 Outer-Join..185
    - 5.4.1.6 Erstellung berechneter Felder..189

		5.4.1.7	Funktionen	191
	5.4.2		Aktionsabfragen	194
	5.5		Grundlegendes zu Formularen und Berichten	197
	5.5.1		Automatische Erstellung	199
	5.5.2		Erstellung mit Hilfe von Assistenten	201
	5.5.3		Drucken von Formularen und Berichten	203

6 Tabellenkalkulation mit Excel 205
   6.1   Grundlagen 205
       6.1.1   Prinzip von Tabellenkalkulationsprogrammen 205
       6.1.2   Benutzeroberfläche 206
   6.2   Grundaktivitäten einfacher Tabellenkalkulationen 207
       6.2.1   Eingeben von Daten 208
       6.2.2   Korrigieren von Eingabefehlern 208
       6.2.3   Zellen markieren 210
       6.2.4   Arbeitsmappen speichern, öffnen und schließen 211
       6.2.5   Verwalten von Arbeitsmappen und Arbeitsblättern 215
       6.2.6   Einfache Formeln 219
       6.2.7   Summenfunktion 222
       6.2.8   Effizientes Eingeben 224
           6.2.8.1   Verschieben und Kopieren 224
           6.2.8.2   Automatisches Erzeugen von Datenreihen 226
       6.2.9   Ändern von Spaltenbreite und Zeilenhöhe 228
       6.2.10 Löschen und Einfügen von Zellen 230
       6.2.11 Gestalten von Arbeitsblättern 233
       6.2.12 Seiteneinstellungen und Drucken 240
           6.2.12.1 Seiteneinstellungen 240
           6.2.12.2 Drucken 242
   6.3   Fortgeschrittenes Kalkulieren 243
       6.3.1   Sortieren 244
       6.3.2   Verschiedene Bezugsarten in Formeln 245
           6.3.2.1   Relativer Bezug 246
           6.3.2.2   Absoluter Bezug 248
           6.3.2.3   Gemischter Bezug 249
       6.3.3   Funktionen 252
   6.4   Verknüpfen von Arbeitsblättern 257
   6.5   Möglichkeiten zur Tabellenauswertung und -analyse 260
       6.5.1   Zusammenführen von Daten über Rechenoperationen 260
       6.5.2   Zielwertsuche 262
       6.5.3   PivotTabellen 263
           6.5.3.1   Erstellen einer PivotTabelle 264
   6.6   Grundlegendes zu Diagrammen 266
       6.6.1   Diagrammtypen und -elemente 267
       6.6.2   Erstellen von Diagrammen 269
       6.6.3   Verändern von Diagrammen 273

7 Erstellung von Präsentationsgrafiken mit Powerpoint 277
7.1 Grundlagen 277
7.1.1 Konzeption von Präsentationen 278
7.1.2 Einsatz visueller Hilfsmittel 280
7.1.2.1 Wahl der Visualisierungsinhalte 280
7.1.2.2 Regeln für die Gestaltung von Folien 280
7.1.3 Durchführen von Präsentationen 283
7.2 Erste Schritte mit Powerpoint 284
7.2.1 Powerpoint starten 285
7.2.2 Benutzeroberfläche 287
7.2.3 Prinzipielle Folienerstellung 288
7.2.4 Präsentation speichern, öffnen und schließen 290
7.2.5 Folienansichten 295
7.2.6 Drucken 299
7.3 Arbeiten mit Text- und Zeichenobjekten 301
7.3.1 Arbeiten mit Textobjekten 302
7.3.1.1 Text erstellen 302
7.3.1.2 Text markieren 304
7.3.1.3 Text formatieren 306
7.3.2 Zeichenobjekte erstellen 310
7.3.3 Bearbeiten von Objekten 314
7.3.3.1 Objekte markieren 315
7.3.3.2 Objektgröße ändern 316
7.3.3.3 Objekte verschieben, kopieren und löschen 318
7.3.3.4 Objekte formatieren 320
7.3.3.5 Objekte mit Text versehen 327
7.3.3.6 Objekte positionieren 329
7.3.3.7 Objekte ausrichten und verteilen 331
7.3.3.8 Objekte drehen und kippen 334
7.3.3.9 Objektreihenfolge verändern 336
7.3.3.10 Objekte gruppieren 337
7.4 Arbeiten mit ClipArts 339
7.4.1 ClipArts einfügen 339
7.4.2 ClipArts bearbeiten 341
7.5 Arbeiten mit Diagrammen 342
7.5.1 Diagramme einfügen 343
7.5.2 Diagrammelemente 345
7.5.3 Diagrammdaten eingeben 346
7.5.4 Diagrammtyp wählen 348
7.5.5 Diagramme bearbeiten 352
7.6 Grundlegende Folieneinstellungen 355
7.6.1 Seite einrichten 355
7.6.2 Einheitliches Aussehen gestalten 356
7.6.2.1 Folien-Master 357
7.6.2.2 Titel-Master 361

      7.6.2.3   Präsentationsdesign übernehmen 362
7.7   Bildschirmpräsentation 363
      7.7.1   Bildschirmpräsentation starten und steuern 363
      7.7.2   Folienübergangseffekte 364
      7.7.3   Objekte animieren 366

8 Informationsaktivitäten im Internet 369
8.1   Grundlagen des Internet 369
      8.1.1   Geschichtlicher Überblick 369
      8.1.2   Aufbau 372
      8.1.3   Zugang 377
8.2   Datenübertragung im Internet 380
      8.2.1   Leitungsvermittlung versus Paketvermittlung 380
      8.2.2   TCP/IP 381
            8.2.2.1   Adressierung 382
            8.2.2.2   Fehlersuche und Wegwahl 383
            8.2.2.3   Datentransfer zwischen zwei Rechnern 383
            8.2.2.4   Datenübertragung im Internet mit TCP/IP – ein grober
                      Überblick 385
8.3   Wesentliche Dienste 385
      8.3.1   WWW 385
            8.3.1.1   Prinzip 386
            8.3.1.2   Navigieren 390
            8.3.1.3   Erstellen von Webseiten 393
      8.3.2   Electronic Internet Mail 402
      8.3.3   File Transfer Protocol 406
      8.3.4   Weitere Dienste 408
8.4   Internetgestützte Abwicklung individueller Arbeitsaufgaben 410
8.5   Suchen und Finden von Webseiten 412
      8.5.1   Versuchs- und Irrtums-Verfahren 413
      8.5.2   Suchmaschinen 414
            8.5.2.1   Grundlegende Suche 415
            8.5.2.2   Suche verfeinern mit Boole'schen Operatoren 417
      8.5.3   Meta- und Spezialsuchmaschinen 419
      8.5.4   Allgemeine und fachspezifische Themenlisten/Suchkataloge als
            fachliche Einstiegspunkte 419
      8.5.5   Besprechungsdienste 421
      8.5.6   Regiomärkte als regionale Einstiegspunkte 421
      8.5.7   Metasuchdienste 422
      8.5.8   Agenten zur Informationsrecherche 424
8.6   Internetgestützte Abwicklung von Geschäftsprozessen 427
      8.6.1   Internetgestützte Aktivitäten 427
      8.6.2   Aktivitäten im Intra- und Extranet 430

9 Datenaustausch zwischen Windows-Programmen ... 433
9.1 Statischer Datenaustausch über die Zwischenablage ... 433
9.2 Dynamic Data Exchange (DDE) ... 436
9.3 Object Linking and Embedding (OLE) ... 437

Anhang ... 441

Literaturverzeichnis ... 453

Stichwortverzeichnis ... 455

1 Über dieses Buch

1.1 Ziel und Inhalt

Business Computing umfasst jene Bereiche der EDV, mit denen sehr viele EDV-Anwender im Geschäfts- und Ausbildungsumfeld in Berührung kommen. Es zeigt auf, wie Sie grundlegende EDV-Anwendungen bei der Erfüllung Ihrer Arbeitsaufgaben nutzen können. Es geht also um die Ebene des Arbeitsplatzes und nicht um die Ebene der betrieblichen Geschäftsprozesse. Die Beispiele, anhand derer das Handwerkszeug vermittelt wird, sind aus dem Bereich betriebswirtschaftlicher Arbeitsaufgaben genommen. Das Handwerkszeug selber benötigen Sie aber auch in fast allen anderen Arbeitsbereichen, z.B. im Bereich des Ingenieurwesens, des Rechts oder des Sekretariats.

Das Buch führt Sie in die *zentralen Möglichkeiten der Anwendungsprogramme* WORD 2003, ACCESS 2003, EXCEL 2003, *und* POWERPOINT 2003 ein. Es zeichnet sich dabei durch die Konzentration auf das Wesentliche aus. Da die meisten Anwender erfahrungsgemäß nur einen kleinen Teil des gesamten Leistungsspektrums für ihre Arbeit benötigen, hebt das Buch diese zentralen Komponenten besonders heraus. Es zielt darauf ab, durch eine Verringerung der Komplexität die Orientierung zu erleichtern.

An geeigneten Stellen vermittelt Ihnen das Buch darüber hinaus auch *Hintergrundinformationen*, die Ihnen ein noch fundierteres Arbeiten mit den Anwendungsprogrammen ermöglichen. So gibt es Ihnen beispielsweise im POWERPOINT-Teil Hinweise zur allgemeinen Gestaltung von Präsentationen. Im Datenbankenpunkt widmet es der Konzeption von Datenbanken ein ganzes Kapitel.

Neben dem Umgang mit den OFFICE 2003-Programmen führt Sie *Business Computing* auch in die *Grundlagen der Informations- und Kommunikationstechnik* ein und vermittelt Ihnen den grundlegenden Umgang mit WINDOWS XP.

Als weiteren Baustein bietet Ihnen vorliegendes Buch einen Einstieg in das *Internet*. Es geht auf den Umgang mit den wesentlichen Anwendungen (Mail, WWW) ein, zeigt Möglichkeiten zur Informationsbeschaffung im WWW auf und lässt die kommerziellen Anwendungsmöglichkeiten des Internet aufscheinen.

Das Buch ist als *Arbeitsbuch* konzipiert. Es fordert Sie auf, die Inhalte über *Aufgaben* am Rechner nachzuvollziehen. Es enthält darüber hinaus *Fragen*, die Sie zum Durchdenken des Stoffes anregen. *Hinweise*, die Tipps und Tricks zum Arbeiten mit den Programmen beinhalten, runden den aktivierenden Charakter ab.

Sie können die einzelnen Kapitel unabhängig voneinander bearbeiten. Falls Sie bisher noch nicht mit dem Rechner gearbeitet haben, sollten sie allerdings zunächst die Kapitel Grundlagen der Informations- und Kommunikationstechnik (Kapitel 2) und WINDOWS XP (Kapitel 3) bearbeiten.

Alles in allem liegt Ihnen also ein breit und zielführend angelegter Einstieg in zentrale Anwendungsbereiche der EDV vor. Der Arbeitsbuch-Charakter soll dazu beitragen, Ihren Spaß am Umgang mit der EDV zu wecken, und Sie zum Weiterlernen animieren.

1.2 Die Firma StudConsult

Business Computing liegt ein Fallbeispiel aus dem Geschäftsleben zugrunde. Es handelt sich um die Firma StudConsult - eine Unternehmensberatung mit studentischen Mitarbeitern.

StudConsult greift bei der Lösung ihrer Aufgaben häufig auf die Unterstützung der EDV zurück. So entwickelt die Firma beispielsweise eine ACCESS-Datenbank zur Unterstützung ihrer Geschäftsprozesse oder erstellt eine Projektpräsentation mit POWERPOINT.

1.3 WWW-Ergänzung

Um der Dynamik der EDV und den Möglichkeiten der neuen Medien Rechnung zu tragen, liegen im World Wide Web (WWW) des Internet Ergänzungen zu diesem Lehrbuch. Die Ergänzungen finden Sie über die Startseite *http://www.springer.de/economics/samsup/samsup.html*, die der Springer-Verlag für WWW-Ergänzungen angelegt hat. Über den Link *Business Computing* gelangen Sie zu den Ergänzungen für das vorliegende Buch.

Die Inhalte der WWW-Ergänzung sind nicht tragend für das Buch. Sie bieten Lesern allerdings einen „Zusatznutzen". Dieser ergibt sich aus den Informationen, die zu folgenden Bereichen bereitgestellt werden:

- Aufgaben und Musterlösungen für die im Buch verwendeten Basisdateien; die bewusst sehr kurz gehaltenen Basisdateien sind auch im Anhang abgedruckt, so dass Sie diese auch problemlos eingeben können.

- weitere Übungsaufgaben mit Lösungen
- inhaltliche Zusatzinformationen
- aktuelle Zusatzinformationen (z.B. Hinweise auf neu erschienene Bücher, Informationen zu neuen Entwicklungen, Korrekturen möglicher Fehler)
- Informationen, die wir aufgrund der Wünsche unserer Leser ergänzen

1.4 Hinweise zur Textgestaltung

In diesem Buch wird der *Kursivdruck* als wesentliches Gestaltungselement verwendet. Er hebt die unterschiedliche Bedeutung der Textpassagen hervor.

Tasten und Tastenkombinationen

Tasten, die Sie zur Auslösung bestimmter Befehle drücken müssen, erscheinen kursiv in eckigen Klammern (z.B. die Taste *[Entf]*). Falls Sie zur Auslösung eines Befehls zwei Tasten gleichzeitig drücken müssen, sind die beiden Tasten durch ein „+" - Zeichen verbunden (z.B. die Tasten *[Strg]* + *[Return]*).

Menübefehle

Menübefehle bzw. Menü-Befehlsfolgen sind in eckige Klammern eingefasst und kursiv gedruckt. *[Datei/Speichern]* bedeutet beispielsweise, dass Sie zuerst den Menüpunkt *Datei* und innerhalb des Menüpunktes *Datei* den Befehl *Speichern* durch Anklicken aktivieren müssen.

Optionen

Optionen, die in Dialogfeldern zu aktivieren sind, sind kursiv gedruckt.

Dateinamen, Tabellennamen, Eigennamen

Alle im Text vorkommenden Namen sind im Kursivdruck gesetzt. Darunter fallen z.B. Dateinamen oder Tabellennamen in ACCESS und EXCEL.

Aufgaben, Hinweise und Fragen

Diese sind hellgrau hinterlegt.

Maustaste

Wenn lediglich von der Maustaste die Rede ist, ist immer die linke Maustaste gemeint. Falls die rechte Maustaste verwendet werden soll, wird ausdrücklich von der rechten Maustaste gesprochen.

2 Grundlagen der Informations- und Kommunikationstechnik

Ziel des folgenden Kapitels ist es, einen Überblick über die wesentlichen Elemente der betrieblichen Informations- und Kommunikationstechnik zu geben. Im Mittelpunkt der betrieblichen EDV-Anwendungen steht hierbei der Personal Computer (PC), der häufig in ein Rechnernetz eingebunden ist. Daher werden zunächst die wesentlichen Grundlagen der Hard- und Software von PCs und anschließend die Bestandteile und Eigenschaften von Rechnernetzen vorgestellt.

2.1 Hardware

Unter Hardware versteht man alle Geräte, die Sie sehen und anfassen können. Ein typischer PC-Arbeitsplatz besteht aus einer Tastatur, der Maus, dem Gehäuse des PC, einem Bildschirm und einem Drucker. Im Gehäuse befindet sich u.a. die Zentraleinheit, die das „Gehirn" des PC, den Prozessor enthält.

Man erkennt an diesen Geräten bereits die Arbeitsweise eines PC. Zunächst werden Daten eingegeben, z.B. mit der Tastatur; diese Daten werden dann im Prozessor verarbeitet und anschließend wieder ausgegeben, z.B. auf dem Bildschirm oder über den Drucker. Dieses Arbeitsprinzip wird als *Eingabe-Verarbeitung-Ausgabe-Prinzip* (EVA-Prinzip) bezeichnet.

Abbildung 1: PC-Arbeitsplatz

In Anlehnung an das EVA-Prinzip unterscheidet man folgende Hardware-Komponenten:

- Dateneingabegeräte
- Datenverarbeitungsgeräte
- Datenausgabegeräte
- Externe Speicher

2.1.1 Dateneingabegeräte

Zu den am häufigsten verwendeten Dateneingabegeräten zählen die Tastatur, die Maus und der Scanner.

Tastatur

Die Tastatur ist das wichtigste Eingabegerät. Mit ihr werden Daten (z.B. Texte und Zahlen) und Anweisungen für den Computer (Befehle) eingegeben. Zusätzlich zu einer Schreibmaschinentastatur besitzt eine PC-Standardtastatur einen Ziffernblock, einen zusätzlichen Block mit Cursortasten[1] sowie Sondertasten, die häufig erst in Verbindung mit anderen Tasten wirksam werden. Zusätzlich enthalten neue Tastaturen zumindest drei Windows-Funktionstasten[2].

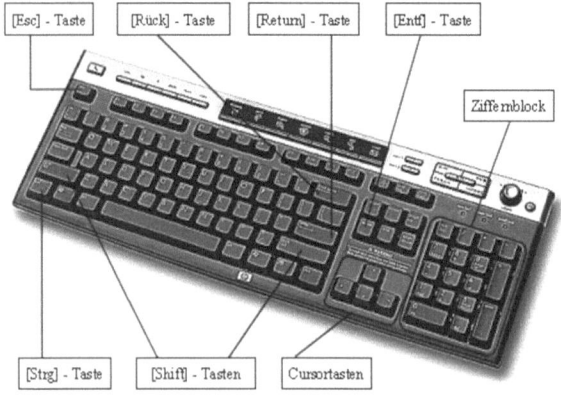

Abbildung 2: PC-Tastatur

---

[1] Der Cursor ist ein blinkendes Zeichen auf dem Bildschirm, das die gerade aktive Stelle (z.B. für die Dateneingabe) auf der Arbeitsfläche anzeigt.
[2] Vgl. Kapitel 3.1. und 3.2.

Grundlagen der Informations- und Kommunikationstechnik

Maus

Die Maus ist ein Eingabegerät, das mit der Hand bewegt wird und die Position des Cursors (Mauszeigers) am Bildschirm steuert.[3] Sie dient hauptsächlich zum schnellen Auswählen von Befehlen.[4] Insbesondere seit der Einführung von grafischen Benutzeroberflächen, z.B. bei Windows-Programmen, ist die Maus unverzichtbar geworden.

Abbildung 3: Maus

Scanner

Der Scanner ist ein Lesegerät, mit dem sich z.B. Texte und Bilder in digitale Form übertragen lassen. Er tastet die Vorlagen zeilen- und punktweise ab und zeigt sie mit Hilfe zusätzlicher Programme am Bildschirm an bzw. speichert sie in Dateien[5]. Die gescannten Vorlagen können dann mit dem PC in Dokumente, z.B. Briefe, eingebunden bzw. weiterverarbeitet oder ausgedruckt werden.

2.1.2 Datenverarbeitungsgeräte

Die Verarbeitung der eingegebenen Daten findet im *Prozessor* des PC statt. Der Prozessor ist ein Mikrochip[6], der rechnen kann. Er setzt sich aus dem Rechenwerk

---

[3] I.d.R. wird die sogenannte Rollkugel-Maus verwendet, die auf dem Tisch bewegt wird. Dabei setzt eine Rollkugel, die sich auf der Unterseite der Maus befindet, die Bewegungen der Maus auf dem Bildschirm um. Im Gegensatz zu dieser mechanischen Maus dient bei der optischen Maus ein Infrarotsensor auf der Unterseite zur Umwandlung der Mausbewegungen.
[4] Im Kapitel 3.1 finden Sie einen Exkurs zur Mausbedienung.
[5] Zum Begriff *Datei* vgl. Kapitel 3.4.1.
[6] Ein Mikrochip ist ein hoch integrierter Schaltkreis auf einem einzigen Substratplättchen, auf dessen Oberfläche von einigen wenigen bis zu vielen Millionen Transistoren im Falle von z.B. Pentium-Prozessoren zusammengefasst sind. In den Schaltkreisen der Chips laufen die Verarbeitungsprozesse des PC ab.

und dem Steuerwerk zusammen. Das Steuerwerk übernimmt die Ablaufkontrolle der Arbeitsschritte im Rechner. Das Rechenwerk führt die Befehle[7] aus.

Mit dem Prozessor ist der *Hauptspeicher* über so genannte Busse[8] verbunden. Der Hauptspeicher enthält die eingegebenen Daten[9] und die auszuführenden Befehle. Die Ergebnisse der jeweiligen Arbeitsschritte des Prozessors werden zunächst wieder in den Hauptspeicher geschrieben und von dort an die jeweiligen Ausgabegeräte weitergeleitet. Prozessor und Hauptspeicher bilden zusammen die *Zentraleinheit* des PC. Sowohl dem Prozessor als auch dem Hauptspeicher können schnelle Zwischenspeicher, so genannte Caches, vorgelagert sein. Caches versuchen diejenigen Informationen zu halten, die der Prozessor in den nächsten Arbeitsschritten voraussichtlich benötigt.

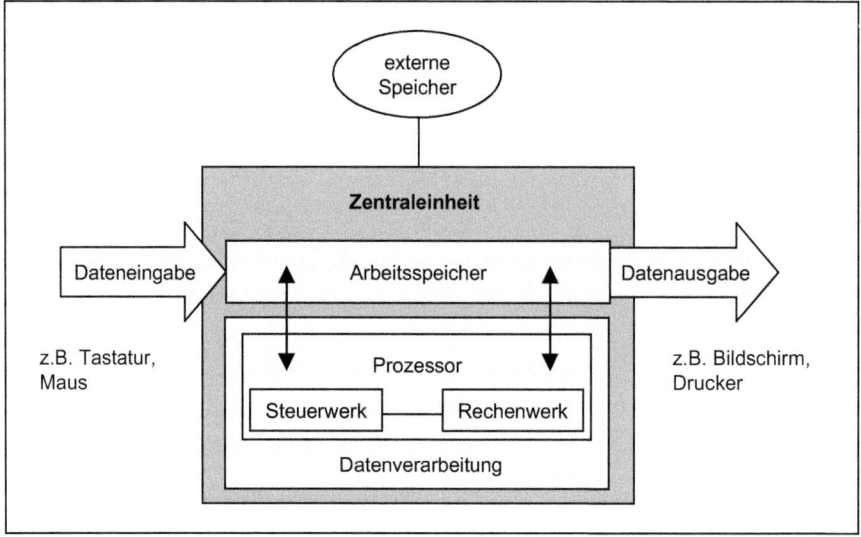

Abbildung 4: Datenverarbeitung[10]

Prozessor

Die Art des Prozessors ist ein Hauptkriterium für die Leistungsstärke eines PCs. Bis vor einigen Jahren war es leicht Prozessoren eindeutig anhand ihrer Generati-

---

[7] Befehle sind Anweisungen an den Rechner. Sie werden von Programmen erteilt (vgl. Kapitel 2.2).
[8] Man unterscheidet zwischen dem Adressbus, der den Hauptspeicher mit dem Steuerwerk zusammen schließt, und dem Datenbus, der Hauptspeicher und Rechwerk verbindet (vgl. Kapitel 2.1.5)
[9] Vgl. Kapitel 3.4.1.
[10] In Anlehnung an Mertens u.a., Grundzüge der Wirtschaftsinformatik, 2001, S. 12.

on in bestimmte *Prozessorklassen* einzuteilen. Die Unterscheidung der Prozessorklassen folgte den Innovationen der Firma Intel - dem Erfinder und Marktführer bei den so genannten x86-Prozessoren, die vor allem in PCs eingesetzt werden. Durch das Angebot verschiedener Hersteller und der großen Bandbreite möglicher *Taktfrequenz* wird eine solche Einteilung immer schwieriger. Die Taktfrequenz gibt die Arbeitsgeschwindigkeit der Zentraleinheit wieder. Je höher die Taktfrequenz, desto schneller ist die Verarbeitungsgeschwindigkeit. Der neueste Prozessor von Intel ist der Pentium[11] IV mit einer Taktrate von bis zu 3,2 Gigahertz[12].

Hauptspeicher

Der Hauptspeicher besteht aus dem *Arbeitsspeicher*, auch *RAM* (Random Access Memory) genannt, und dem *Festwertspeicher*, der auch mit *ROM* (Read Only Memory) bezeichnet wird. Im Arbeitsspeicher können Daten gelesen, verändert und ausgegeben werden. Arbeitsspeicher sind keine großen Speicher; sie besitzen heute meist eine Speicherkapazität von 256 MB bis 512 MB[13]. Programme, die auf dem PC laufen, sind aber i.d.R. sehr speicherintensiv. Daher kann der Arbeitsspeicher immer nur die Befehle aufnehmen, die der Prozessor gerade zur Verarbeitung braucht. Externe Speicher[14] (z.B. die Festplatte, Diskette) können wesentlich größere Datenmengen aufnehmen. Aus diesem Grund werden nicht benötigte Daten oder Befehle, die der Arbeitsspeicher nicht mehr aufnehmen kann, auf externe Speicher ausgelagert. Der RAM steht also zwischen dem Prozessor und externen Speichern. Je mehr Arbeitsspeicher dem Rechner zur Verfügung steht, desto weniger oft müssen Daten vom Arbeitsspeicher auf externe Speicher ausgelagert werden und desto schneller wird der Rechner. Der RAM ist im Gegensatz zu externen Speichern ein flüchtiger Speicher, d.h. beim Abschalten des Rechners gehen dort gespeicherte Informationen verloren.

Der Festwertspeicher bzw. ROM (Read Only Memory) kann nur gelesen, jedoch nicht verändert werden. Der ROM hat sehr kleine Größen und wird i.d.R. vom Hersteller beschrieben[15]. Er enthält wichtige Informationen über die Zusammenstellung des Computers (die so genannte Konfiguration). Dazu gehören u.a. An-

---

[11] Die Bezeichnung Pentium wird für Prozessoren des Marktführers Intel verwendet. Die Prozessoren anderer Hersteller haben für die gleiche Prozessorklasse eigene Namen (z.B. Athlon und Duron der Firma AMD).

[12] 1 Gigahertz (GHZ) = 1 Milliarde Rechenoperationen pro Sekunde

[13] Die Maßeinheit für Speicher ist Byte. Ein Byte entspricht einem Buchstaben, einer Ziffer oder einem Zeichen. Die Kapazität von Speichern (z.B. Hauptspeicher, Festplatte oder Diskette) wird in Megabyte (MB) oder Gigabyte (GB) angegeben:
1 Kilobyte (KB) = 1.024 Byte
1 Megabyte (MB) = 1.048.576 Byte (= 1024 KB)
1 Gigabyte (GB) = 1.073.741.824 Byte (= 1024 MB)

[14] Vgl. Kapitel 2.1.4.

[15] Es gibt auch ROM-Speicher, bei denen man den Inhalt dauerhaft selbst speichern bzw. brennen kann (Erasable PROMs = EPROMs).

weisungen zum Laden des Betriebssystems[16] in den Arbeitsspeicher, die beim Einschalten des PC automatisch ausgeführt werden. Die Inhalte des Festwertspeichers bleiben nach dem Ausschalten des Computers im Gegensatz zum flüchtigen Speicher erhalten.

Frage

Sie wollen sich einen neuen PC kaufen. Auf welche Leistungsmerkmale bezüglich der Datenverarbeitung müssen Sie dabei besonders achten?[17]

Hinweis

Die Entwicklung von PC-Prozessoren unterliegt derzeit relativ kurzen Innovationszyklen. Ca. alle 2 Jahre wird eine neue Rechnergeneration (d.h. Prozessorklasse) angeboten. Daher steht der PC-Käufer vor dem Problem, dass ein gekaufter neuer PC innerhalb kurzer Zeit „veraltet" ist und den Anforderungen der aktuellen Software nicht mehr entspricht. Oftmals ist es aber nicht nötig, die neueste Rechnerklasse mit den größten Leistungsmerkmalen zu kaufen. Die Leistungsstärke des Rechners sollte dem Verwendungszweck entsprechen. Textverarbeitung kann z.B. mit einem Pentium II Rechner ähnlich gut bewältigt werden, wie mit einem aktuellen Pentium IV Rechner.

2.1.3 Datenausgabegeräte

Die grundlegenden Datenausgabegeräte sind der Bildschirm und der Drucker.

Bildschirm

Das zentrale Ausgabegerät ist der Bildschirm, auf dem die vom Computer verarbeiteten Informationen angezeigt werden. Ein wichtiges Unterscheidungsmerkmal bei Bildschirmen ist die Größe. Sie wird von der Diagonale, gemessen in Zoll[18], bestimmt. Zurzeit sind 17-Zoll- und 19-Zoll- Monitore Standard. Eine weitere wichtige Eigenschaft des Bildschirms ist das Auflösungsvermögen. Die Auflösung gibt die Anzahl der Bildpunkte an, aus denen sich die Bildschirmanzeige zusammensetzt. Je höher die Auflösung, desto schärfer ist das Bild. Gängige Auflösungen sind 800 x 600 oder 1024 x 768 Bildpunkte.

Drucker

Mit dem Drucker können Arbeitsergebnisse zu Papier gebracht werden. Die wesentlichen Unterscheidungsmerkmale von Druckern sind Druckqualität, Druckgeschwindigkeit und Betriebsgeräusche. Die Druckqualität wird mit der Punkt-

---

[16] Vgl. Kapitel 2.2.1.
[17] Prozessorleistung und Größe des Hauptspeichers (weitere Faktoren außerhalb dieser Bereiche wie externer Speicher werden später behandelt)
[18] 1 Zoll = 2,54 cm

Grundlagen der Informations- und Kommunikationstechnik 11

dichte des Druckers angegeben. Die Maßzahl heißt dpi (dots per inch), d.h. Punkte pro Zoll. Aktuelle Drucker bieten zusätzliche Funktionen wie Faxen oder Kopieren.

Die folgende Tabelle gibt einen Überblick über die heute gängigen Druckertypen:

Druckertyp	Vorteile	Nachteile
Tintenstrahldrucker Über die Düsen des Druckkopfes wird schnell trocknende Tinte auf das Papier gespritzt.	– geringe Anschaffungskosten – relativ preiswerte Farbausdrucke – fotorealistische Ausdrucke möglich	– hohe Betriebskosten, da die Nachfüllpatronen teuer sind – relativ langsam
Laserdrucker Arbeitet wie ein Fotokopierer. Die Seiten werden mittels Toner auf das Papier übertragen.	– großes Druckvolumen – hohes Tempo – sehr hohe Druckqualität – leise Arbeitsgeräusche	– höherer Anschaffungspreis – Abgabe von Ozon (allerdings innerhalb der Grenzwerte)
Farblaserdrucker Entspricht der Farbvariante eines Laserdruckers.	– Alle Vorteile des (S/W)-Laserdruckers – Farbdruckfähigkeit – geringere Verbrauchskosten und höhere Zuverlässigkeit als Tintenstrahldrucker	– alle Nachteile des (S/W)-Laserdruckers – niedrigere Farbdruckqualität (fotorealistische Ausdrucke)

Abbildung 5: Druckertypen

Frage

Sie wollen sich einen neuen Drucker kaufen. Welche Faktoren sollten Sie beim Einkauf berücksichtigen?[19]

2.1.4 Externe Speicher

Externe Speicher werden benötigt, um Daten dauerhaft aufzubewahren, d.h. die Daten bleiben im Gegensatz zu flüchtigen Speichern auch nach dem Ausschalten des PC erhalten. Zudem werden über bestimmte externe Speicher die Daten transportierbar.

---

[19] Die Kriterien wie Anschaffungspreis, Druckqualität und Betriebskosten sollten je nach beabsichtigter Verwendung gewichtet werden. Für farbige Prospekte oder Wurfzettel in größeren Mengen wäre ein Tintenstrahldrucker wenig geeignet.

Die wesentlichen externen Speicher sind:

Festplatte

Die Festplatte (auch Harddisk genannt) ist der wichtigste externe Speicher. Auf der Festplatte sind i.d.R. alle Programme, die man verwendet, installiert. Ebenso wird man i.d.R. alle Daten, die man mit seinen Programmen bearbeiten möchte, auf der Festplatte speichern.[20] Die Festplatte ist im Gehäuse des PC untergebracht. Sie besteht aus mehreren übereinander angeordneten runden Aluminiumscheiben, die beidseitig mit einer magnetisierbaren Schicht überzogen sind. Über den Platten sind Schreib-Lese-Köpfe positioniert, die die Daten auf die Festplatte schreiben bzw. von der Festplatte lesen. Die Daten kommen in Form von Strom- und Nichtstromimpulsen an und hinterlassen auf den Aluminiumscheiben quasi ein Muster aus magnetisierten und nichtmagnetisierten Flächen.

Die Scheiben der Festplatte drehen sich mit konstanter Geschwindigkeit (beispielsweise 5.400 oder 7.200 Umdrehungen pro Minute). Als Zugriffszeit wird derjenige Zeitraum bezeichnet, den der Schreib-Lese-Kopf benötigt, um einen beliebigen Bereich auf der Festplatte zu erreichen. Je schneller sich die Scheiben drehen, desto kürzer ist die Zugriffszeit, desto schneller können Daten gelesen und geschrieben werden und desto schneller kann der PC arbeiten. Mittlerweile erreichen Festplatten Zugriffszeiten von weniger als 9 Millisekunden. Die Speicherkapazität von PC-Festplatten beträgt heute im Allgemeinen 120 bis 160 Gigabyte.

Diskette

Die Diskette ist eine kleine runde magnetisierbare Kunststoffscheibe, die sich in einer Plastikumhüllung befindet. Sie funktioniert ähnlich wie die zuvor beschriebene Festplatte. Sie besitzt jedoch deutlich weniger Speicherkapazität und eine längere Zugriffszeit. Dafür ist sie wesentlich billiger und einfach zu transportieren.

Disketten werden vor allem verwendet,

- um Daten zu transportieren und/oder
- um zusätzliche Sicherheitskopien von auf der Festplatte gespeicherten Daten anzulegen.

Disketten haben i.d.R. die Standardgröße von 3,5 Zoll und eine Speicherkapazität von 1,44 MB. Im Gehäuse des PC befinden sich von außen zugängliche Laufwerke, mit denen Disketten beschrieben und gelesen werden können.

---

[20] Die Bedeutung der Festplatte als zentraler Speicher geht etwas verloren, wenn man mit seinem Rechner vernetzt ist und die Ressourcen des Netzes beansprucht. Vgl. dazu Kapitel 2.3.

Grundlagen der Informations- und Kommunikationstechnik 13

Damit Disketten beschrieben werden können, müssen sie zuerst *formatiert* werden. Beim Formatieren werden auf der magnetisierbaren Scheibe Spuren und Sektoren angelegt. Damit entstehen sozusagen Adressen auf der Diskette, auf die beim Speichern und Laden zugegriffen werden kann. Meist sind Disketten bereits beim Kauf erstmalig formatiert. Wird eine bereits benutzte Diskette formatiert, werden alle Daten, die sich auf ihr befinden, gelöscht. Wie die Diskette kann auch die Festplatte formatiert werden. Das erstmalige Formatieren der Festplatte geschieht bereits beim Hersteller. Beim Formatieren von Disketten sollten Sie darauf achten, dass Sie nicht versehentlich die Festplatte formatieren.

Neben den herkömmlichen Disketten werden in letzter Zeit auch eine Reihe weiterer transportabler Speichermedien angeboten, die in ihrer Gestalt und Funktionsweise den Disketten ähneln, aber deutlich höhere Speicherkapazitäten bieten. Dazu zählen u.a. *Zip*-Laufwerke mit einer Speicherkapazität bis zu 750 MB oder *Jaz*-Laufwerke mit einer Speicherkapazität bis zu 2 GB.

CD-ROM und DVD

Die CD-ROM (Compact Disk-Read Only Memory) ist eine runde Scheibe, die ähnlich wie Musik-CDs arbeitet. Sie ist ein Speicher, der grundsätzlich nur gelesen werden kann. Die Daten werden mit einem Laserstrahl auf eine Speicherschicht der CD-ROM „gebrannt". Diese aufgezeichneten Strukturen können wiederum mit einem Laserstrahl gelesen werden. Daher ist die CD-ROM ein so genannter optischer Speicher. CD-ROMs werden vom Hersteller mit Daten beschrieben. Sie werden inzwischen überwiegend zum Vertrieb von Standardsoftware verwendet, da sie wesentlich größere Datenmengen als z.B. Disketten aufnehmen können. Ein weiteres großes Anwendungsgebiet für diese Datenträger[21] liegt in der multimedialen Aufbereitung und Präsentation von Informationen (z.B. multimediale[22] Wirtschaftsdatenbanken oder Informationssysteme).

CD-ROMs haben eine Speicherkapazität von ca. 650 MB. Zum Lesen einer CD-ROM benötigt man ein CD-ROM-Laufwerk im PC. Es werden auch CD-Laufwerke angeboten, mit denen man leere CDs, so genannte CD-Rohlinge, beschreiben kann. Diese reichen vom einmaligen Beschreiben über CD-R (CD Recordable) bis zum mehrmaligen Beschreiben über CD-RW (CD Rewriteable).

Weit verbreitet bei den optischen Speichermedien ist auch die *DVD* (Digital Video Disk oder Digital Versatile Disk). Durch das Verwenden von Laserlicht mit kurzen Wellenlängen und beidseitiges sowie zweischichtiges Beschreiben des Datenträgers werden hier Speicherkapazitäten bis zu 17 GB erreicht. DVDs dienen primär zum Speichern von Videofilmen. Es werden aber auch DVD-Rohlinge

---

[21] Speichermedien (z.B. Festplatte oder Diskette) werden allgemein auch als Datenträger bezeichnet.
[22] Bei einer multimedialen Darstellung von Informationen werden neben Text auch andere Medien, z.B. Ton, Bilder oder Videos verwendet.

in verschiedenen Formaten mit Kapazitäten von 4,7 GB angeboten, die universell einsetzbar sind.

Abbildung 6: CD-ROM/DVD-Scheibe und -Laufwerk

Aktuelle PCs beinhalten im Allgemeinen multifunktionelle CD-Laufwerke, die sowohl CD-ROMs oder DVDs lesen, als auch die verschiedenen Rohlinge beschreiben können.

Streamer

Streamer sind Laufwerke für Magnetbänder in Kassettenform, die zur Sicherung großer Datenmengen, z.B. der Daten ganzer Festplatten, verwendet werden. Die Speicherkapazität der einzelnen Magnetbänder der verschiedenen Kategorien reicht bis zu 200 Gigabyte. Auf die gespeicherten Daten kann allerdings nur sequentiell[23] zugegriffen werden, wodurch lange Zugriffszeiten entstehen. Daher werden diese Speicher hauptsächlich zur Datensicherung, z.B. bei Servern in Netzen[24], verwendet.

Aufgabe
Sie wollen sich einen neuen PC kaufen. Mit welchen externen Speichermöglichkeiten sollte Ihr PC neben der Festplatte ausgestattet sein?[25]

---

[23] Bei sequentiellen Speichern werden die Daten unmittelbar hintereinander abgespeichert und können nur in der gespeicherten Reihenfolge abgerufen werden. Das bedeutet, dass bei Bandlaufwerken durch das Vor- und Rückspulen der Zugriff auf die gespeicherten Daten vergleichsweise lange dauert.
[24] Vgl. Kapitel 2.3.
[25] Diskettenlaufwerk für 3,5 Zoll Disketten und ein Kombinations-Laufwerk für CD-ROMs und DVDs

2.1.5 Weitere Hardwarebegriffe

Neben den in den vorhergehenden Kapiteln aufgeführten Hardwarebestandteilen werden Ihnen im Zusammenhang mit Hardware eine Reihe weiterer Begriffe begegnen, die Ihnen vertraut sein sollten. Diese werden im Folgenden kurz erläutert:

- *Bit und Byte*
  Ein Bit ist die kleinste Speichereinheit eines PC. Sein Wert ist 1 oder 0 (Strom oder kein Strom). Acht Bit ergeben ein Byte. Byte ist die Maßeinheit für eine Informationseinheit, z.B. einen Buchstaben, eine Ziffer oder ein Zeichen. Die Kapazität von Speichern wird in Megabyte (1 MB = 2^{20} Byte) angegeben.

- *Bus*
  Als Bus wird das Datenleitungssystem auf dem *Motherboard*[26] bezeichnet. Diese verbinden zum einen die auf dem Motherboard befestigten Elemente, wie z.B. Zentraleinheit und Festplatte (externer Bus). Zum anderen koppelt der Bus die Bestandteile innerhalb der Zentraleinheit (z.B. Steuerwerk und Rechenwerk) miteinander (interner Bus). Je breiter der Bus, d.h. je mehr Stromleitungen nebeneinander platziert sind, desto schneller kann der PC arbeiten. Die Breite des Busses wird in Bit angegeben. Die verwendeten Busbreiten schwanken sind vom Bustyp abhängig. Für aktuelle Grafikchips sind interne Busbreiten von bis zu 512 Bit möglich, während die Busbreite bei Speicherchips 64 Bit betragen kann.

- *Motherboard*
  Das Motherboard (auch Hauptplatine genannt) ist die zentrale Kunststoffplatte im Inneren des PC-Gehäuses, auf der die wichtigen Elemente wie *Prozessor*, *RAM* oder *ROM* befestigt werden. Ferner befinden sich auf dem Motherboard mehrere *Schnittstellen*[27] für weitere Anschlüsse, z.B. für die Festplatte, die Maus oder den Drucker. Das Motherboard ist mit einem dichten Geflecht von Datenleitungen (Bussen) überzogen, die die verschiedenen Elemente miteinander verbinden.

- *Schnittstellen*
  Schnittstellen verbinden die Zentraleinheit über das Motherboard mit der Hardwareperipherie. Man unterscheidet serielle Schnittstellen, die die Zentraleinheit mit Maus oder Modem verbinden, und parallele Schnittstellen, die die Zentraleinheit mit dem Drucker oder Scanner verbinden. Die meisten Schnittstellen sind auf der Rückseite des PC-Gehäuses als Kabelanschlüsse für die entsprechenden Geräte zu sehen.

---

[26] Vgl. Erklärung zum *Motherboard* in diesem Abschnitt.
[27] Vgl. Erklärung zu *Schnittstellen* in diesem Abschnitt.

- *Steckkarte oder Karte*
  Steckkarten oder Karten heißen diejenigen Platinen), die in einem Steckplatz im Motherboard installiert werden und bestimmte Funktionen des PCs erfüllen oder Anschlussmöglichkeiten bereitstellen. Es gibt z.B. Grafik-, Sound- oder interne Netzwerkkarten. Durch das Steckkartensystem wird der PC leicht erweiterbar und konfigurierbar und wird damit zu einem so genannten *offenem System*.

2.2 Software

Software ist die Gesamtheit aller Programme. Programme bestehen aus einer Folge von Anweisungen, die der Rechner ausführen soll. Sie werden in Dateien auf Speichermedien (z.B. Festplatten) gespeichert und sind für den Betrieb des PC notwendig.

Programme lassen sich in *Systemsoftware* und *Anwendungssoftware* klassifizieren. *Systemsoftware* steuert das Zusammenspiel der Hardwarekomponenten oder erfüllt bestimmte Grundsatzaufgaben. Die Systemsoftware ist Voraussetzung für den Einsatz von Anwendungssoftware. Als *Anwendungssoftware* werden alle Programme bezeichnet, die der Benutzer zur Lösung seiner Aufgaben (z.B. zur Kalkulation eines Angebotes) einsetzt. Folgende Abbildung gibt einen Überblick über die Klassifizierung von Software:

Grundlagen der Informations- und Kommunikationstechnik 17

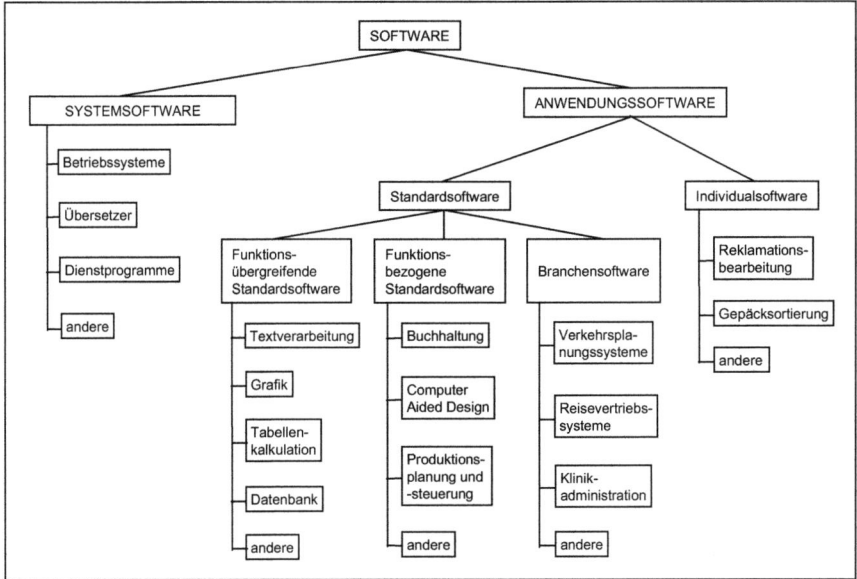

Abbildung 7: Klassifizierung von Software[28]

2.2.1 Systemsoftware

Zur Systemsoftware zählen *Betriebssystem*, *Übersetzungs-* und *Dienstprogramme*.

a) Betriebssystem

Aufgabe des Betriebssystems ist es, die Hardware für den Anwender nutzbar zu machen. Betriebssysteme bilden damit die Schnittstelle zwischen Benutzer bzw. Anwendungsprogramm einerseits und Hardware andererseits.

Betriebssysteme sind in der Regel mit ihren Programmdateien auf der Festplatte des Rechners installiert. Beim Einschalten des Rechners wird ein Teil der Betriebssystemprogramme automatisch aufgerufen und abgearbeitet. Das vorläufige Ende der Aufgaben des Betriebssystems bildet das Erscheinen der Benutzeroberfläche auf dem Bildschirm.

---

[28] Vgl. Mertens u.a., Wirtschaftsinformatik, 1998, S. 13.

Zu den wesentlichen Teilaufgaben des Betriebssystems zählen:

- Bereitstellung einer Kommunikationsschnittstelle (z.B. einer grafischen Benutzeroberfläche), die es dem Benutzer erlaubt, mit dem System zu kommunizieren
- Bereitstellung eines Systems zur Dateiverwaltung (z.B. Löschen, Kopieren und Umbenennen von Dateien)
- Verwaltung der Hardware (Zentraleinheit, Ein- und Ausgabegeräte, externe Speicher)
- Verwaltung der Benutzeraufträge und Überwachung der Programmabläufe

Es gibt mehrere konkurrierende Betriebssysteme auf dem Markt. Die bekanntesten Betriebssysteme heißen MICROSOFT WINDOWS XP, IBM OS/2[29], MAC OS X 10.2, oder verschiedene UNIX-DERIVATE wie die frei erhältlichen Varianten FREEBSD oder LINUX, die beide im PC-Bereich eingesetzt werden können. Bei einem PC-Neukauf wird meist ein Betriebssystem, i.d.R. WINDOWS XP[30], vorinstalliert. In Kapitel 3 dieses Buches wird die Bedienung des Betriebssystems WINDOWS XP[31] näher erläutert.

Betriebssysteme lassen sich im Wesentlichen durch folgende Eigenschaften charakterisieren:

- Art der Benutzeroberfläche (zeilenorientiert oder grafisch)
- Art der Auftragsverwaltung (Multitasking oder Singletasking)
- Art der Benutzerverwaltung (Multiusing oder Singleusing)

Die Benutzeroberfläche erscheint nach dem Start des Rechners auf dem Bildschirm und ermöglicht es, mit dem Rechner in Kontakt zu treten. Sie stellt somit die Schnittstelle zwischen Mensch und Maschine dar. Benutzeroberflächen können *grafik-* oder *zeilenorientiert* gestaltet sein. Zeilenorientierte Benutzeroberflächen bieten eine Eingabezeile an, in die der Benutzer Befehle per Hand über die Tastatur eintippen kann. Diese benutzerunfreundlichen Oberflächen sind im PC-Bereich weitgehend von den benutzerfreundlicheren grafischen verdrängt worden. Grafische Benutzeroberflächen zeigen die Möglichkeiten zur Steuerung

---

[29] Unter den Namen WINDOWS XP und IBM OS/2 gibt es jeweils sowohl ein Betriebssystem für Desktops (Arbeitsplatzrechner für den „normalen" Benutzer) als auch ein Netzwerkbetriebssystem für Server zur Verwaltung von Netzwerkressourcen (vgl. Kapitel 2.3.2).

[30] Die Betriebssystem-Familie WINDOWS hat sich zu einer Art inoffiziellem Standard für PCs entwickelt. Daher ist zu diesen Betriebssystemen ein großes Angebot von Anwendungsprogrammen entstanden. Da Anwendungsprogramme grundsätzlich nur unter den Betriebssystemen laufen, für die sie entwickelt wurden, steht dem Anwender mit einem WINDOWS-Betriebssystem ein größeres Programmangebot zur Verfügung.

[31] Die Bedienung älterer Windows-Betriebssysteme wie WINDOWS 2000 oder WINDOWS ME ist überwiegend gleich.

des Rechners am Bildschirm an. Der Benutzer ruft die gewünschten Befehle meist per Maus durch Anklicken von grafischen Symbolen/Ikonen auf.

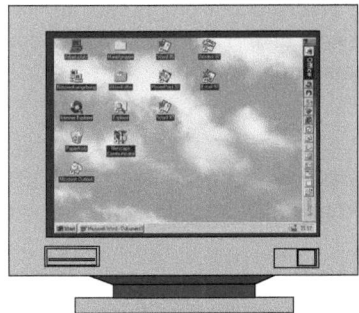

Abbildung 8: Grafische Benutzeroberfläche

Im Rahmen der Auftragsverwaltung steuert das Betriebssystem die Ressourcenzuteilung an einzelne Benutzeraufträge. Unterstützt das Betriebssystem hierbei den *Multitasking*-Betrieb, so können mehrere Anwendungsprogramme gleichzeitig aufgerufen und quasi-parallel betrieben werden. Damit ist es beispielsweise möglich, mit einem Grafikprogramm eine Grafik zu bearbeiten, während im Hintergrund mit den jeweils freien Rechnerressourcen ein Textdokument ausgedruckt wird (z.B. wenn der Rechner auf eine neue Eingabe im Grafikprogramm wartet). Im Gegensatz dazu kann das Betriebssystem beim *Singletasking*-Betrieb nur ein Anwendungsprogramm starten. Der Start eines zweiten Programms ist in diesem Fall nur nach Beenden des ersten möglich.

Im Rahmen der Benutzerverwaltung steuert das Betriebssystem die Ressourcenzuteilung an die jeweiligen Benutzer. Man spricht in diesem Zusammenhang von *Multiusing*-Betrieb, wenn gleichzeitig mehrere Nutzer an einem Rechner arbeiten können, d.h. wenn mehrere Bildschirme und Tastaturen an eine Zentraleinheit angeschlossen werden können. Wird dagegen nur ein Benutzer zugelassen, spricht man von *Singleusing*-Betrieb.

Das aktuelle Windows-Betriebssystem WINDOWS XP ist sowohl multitasking- als auch multiuser-fähig.

b) Übersetzungsprogramme

Softwareprogrammierer schreiben ihre Programme mit Programmiersprachen.[32] Der Programmierer erstellt hierbei zunächst einen so genannten Quellcode, der vor der Ausführung der Programme von einem Übersetzungsprogramm in Maschinensprache übertragen werden muss. Dies ist notwendig, da ein Computer nur Programme in Maschinensprache verstehen und ausführen kann.

c) Dienstprogramme

Dienstprogramme sind Hilfsprogramme zur Abwicklung systemorientierter Aufgaben, die häufig wiederkehren (z.B. Sortierprogramme oder Programme zur Optimierung der Speicherorganisation).

2.2.2 Anwendungssoftware

Anwendungssoftware lässt sich in *Standardanwendungssoftware* und *Individualsoftware* untergliedern. Standardanwendungssoftware (z.B. das Datenbankprogramm ACCESS und das Tabellenkalkulationsprogramm EXCEL) wird für den anonymen Markt entwickelt und von vielen Anwendern eingesetzt. Individualsoftware (z.B. ein Vertriebsinformationssystem für die Firma Siemens) wird dagegen entsprechend der Bedürfnisse eines einzelnen Anwenders entwickelt und nur von diesem verwendet.

Bei der Standardanwendungssoftware ist zwischen *funktionsübergreifender, funktionsbezogener* und *Branchensoftware* zu unterscheiden. Mit Hilfe von funktionsübergreifender Standardanwendungssoftware lassen sich Aufgabenlösungen in fast allen Funktionsbereichen eines Unternehmens (z.B. Einkauf, Personal oder Vertrieb) entwickeln. So können mit dem Datenbankprogramm ACCESS beispielsweise Aufgaben aus den Bereichen Material- oder Personalverwaltung gelöst werden. Funktionsbezogene Standardanwendungssoftware erledigt nur Aufgaben in bestimmten Funktionen (z.B. nur in der Buchführung).

Eine Sonderform der funktionsbezogenen Standardanwendungssoftware sind *integrierte betriebswirtschaftliche Standardanwendungssysteme*. Die einzelnen Module der Software sind dabei jeweils auf einen Funktionsbereich eines Unternehmens (z.B. Finanzbuchhaltung, Material- oder Personalwirtschaft usw.) spezialisiert. Das Gesamtsystem zeichnet sich durch eine Integration der einzelnen Funktionsbereiche aus. Dadurch können Daten durchgängig von verschiedenen Modulen verwendet werden und müssen nicht mehrfach erfasst werden. Beispielsweise wirkt sich die Erfassung von Produktionszahlen direkt auf die Lagerbestände der Rohstoffe aus, wodurch wiederum Neubestellungen angestoßen

---

[32] Vgl. Kapitel 2.2.3.

werden. Bedeutende Produkte aus diesem Bereich sind SAP R/3 oder die iBAAN Applikationsreihe.

Branchensoftware wird vor allem für kleinere und mittlere Unternehmen entwickelt und ist auf die jeweiligen branchenspezifischen Anforderungen zugeschnitten. Sie laufen i.d.R. auf einem PC und sollen die wesentlichen Aufgaben in einem Programm integrieren. Hierzu zählen beispielsweise Reisevertriebssysteme für die Touristik, die die Angebotserstellung, Reservierung und Ticketierung unterstützen.

Die softwaretechnische Unterstützung betrieblicher Prozesse erfasst häufig auch zwischenbetriebliche Prozesse. So ist es z.B. denkbar, dass die Beschaffungssoftware eines Unternehmens und die Auftragsbearbeitungssoftware des Lieferanten aufeinander abgestimmt sind. Damit kann die Auftragsabwicklung einheitlich in elektronischer Form abgewickelt werden. Hierbei spielen vor allem Rechnernetze, die verschiedene Unternehmen miteinander verbinden, eine wichtige Rolle.[33]

In dem vorliegenden Buch werden die wesentlichen Arten der funktionsübergreifenden Standardanwendungssoftware näher besprochen. Die folgende Tabelle gibt dazu einen kurzen Überblick:

Art der Software	Programm	Kapitel
Textverarbeitung	WORD 2003	4
Datenbank	ACCESS 2003	5
Tabellenkalkulation	EXCEL 2003	6
Grafik/Präsentation	POWERPOINT 2003	7

Abbildung 9: Programmüberblick

2.2.3 Programmiersprachen

Software wird mit Hilfe von *Programmiersprachen* geschrieben. Eine Programmiersprache besteht – analog zur menschlichen Sprache – aus einem Wortschatz und grammatikalischen Regeln, die von der Hardware verstanden und umgesetzt werden können. Es gibt zahlreiche Programmiersprachen, die nach ihren jeweiligen Eigenschaften in Gruppen von Programmiersprachen eingeteilt werden (z.B. maschinenorientierte, problemorientierte oder objektorientierte Programmiersprachen).

---

[33] Vgl. zu Rechnernetzen Kapitel 2.3.

Die Auswahl der richtigen Programmiersprache wird heute von ihrer Zweckmäßigkeit hinsichtlich Performance, einer relativen Plattformunabhängigkeit oder der Handhabbarkeit vorgenommen. Die Programmiersprache JAVA etwa eignet sich gut um Software plattformunabhängig (d.h. unabhängig vom vorliegenden Betriebssystem) zu erstellen. Die Programmiersprachen VISUAL BASIC oder DELPHI rühmen sich mit einer einfachen Handhabbarkeit. Historisch betrachtet hat sich das Gebiet aus einer Inflation von Programmiersprachen in den 70-er Jahren von mehreren hundert Sprachen hin zu einer Auswahl von vergleichsweise wenigen Programmiersprachen entwickelt.

2.3 Netze

Bisher stand der einzelne Rechner im Mittelpunkt. In diesem Kapitel geht es darum, den Einsatz und die Eigenschaften von Rechnern innerhalb eines Netzwerkes näher zu erläutern.

Ein Rechnernetz entsteht, wenn man zwei oder mehrere Rechner miteinander verbindet, so dass diese Rechner z.B. Daten austauschen können.

Grundlagen der Informations- und Kommunikationstechnik 23

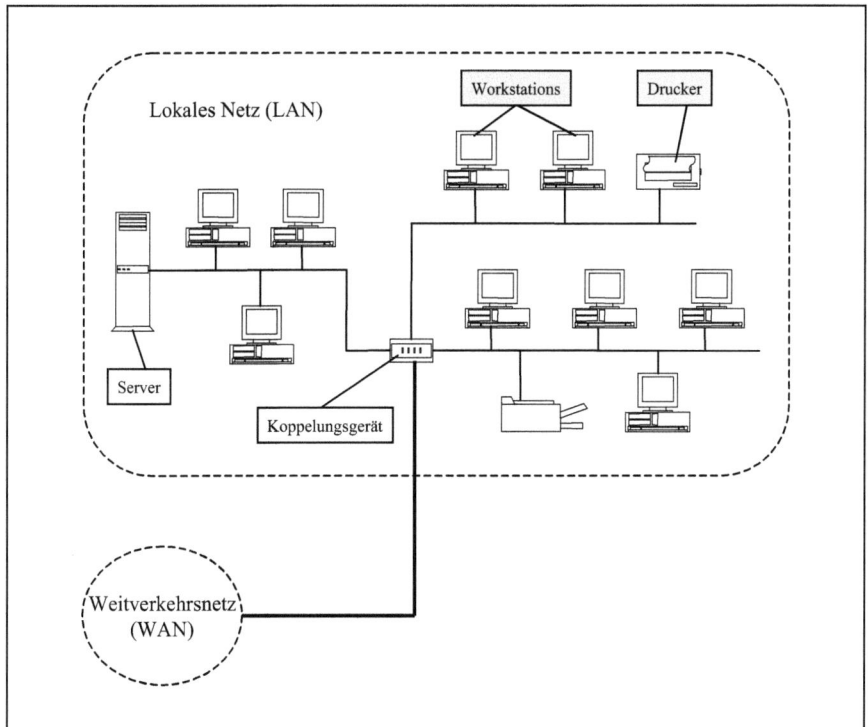

Abbildung 10: Beispielhafte Struktur eines Rechnernetzes

2.3.1 Konzepte zur Netzorganisation

Prinzipiell können Rechner innerhalb eines Netzes entweder (Netz-)Dienste anbieten oder nachfragen. Wesentliche Dienste liegen im Zugriff auf Programme und Datendateien. Hierbei gibt es zwei grundlegende Konzepte zur Organisation des Netzes: das *Client-Server-Konzept* und das *Peer-to-Peer-Konzept*.

Beim *Client-Server-Konzept* bieten die *Server*-Rechner (= Dienstleister) Dienste an; die *Client*-Rechner (= Kunden) fragen Dienste nach. Größere lokale Netze basieren i.d.R. auf diesem Konzept. Dies bedeutet für die Rechner des Netzes, dass z.B. die Programme nicht auf jeder der einzelnen angeschlossenen Workstations (Clients) innerhalb des Netzes installiert sind, sondern nur einmal auf einem zentralen Rechner (Programmserver) liegen. Beim Aufruf eines Programms fordert der Client-Rechner das Programm vom Server an, d.h. er ruft es vom Server auf. Ebenso kann es zusätzliche Server im Netz geben, die Datenbanken verwalten und anbieten (Datenbankserver) oder die besondere Netzdienste (z.B. Mailserver[34]) zur Verfügung stellen.

Beim *Peer-to-Peer-Konzept* sind alle Rechner gleichberechtigt, d.h. jeder Rechner kann prinzipiell Dienste anbieten und nachfragen. Lokale „Mini-Netze" werden häufig nach diesem Prinzip realisiert. Ein Beispiel ist ein aus zwei Rechnern bestehendes Netz, bei dem jeder Rechner Zugriff auf die Festplatte des anderen Rechners hat. Von Rechner A aus können dann beispielsweise Programme aufgerufen werden, die auf der Festplatte von Rechner B liegen.[35]

2.3.2 Wesentliche technische Komponenten

Zum Aufbau eines Netzes sind i. d. R. folgende aufeinander abgestimmte Hard- und Softwarekomponenten erforderlich:

Rechner

Damit ein Rechner vernetzt werden kann, benötigt er eine eigene *Netzschnittstelle*. Dazu kann eine eigenständige Hardwareeinheit (z.B. Modem) oder eine im „Inneren" des PC eingebaute Netzwerkkarte[36] verwendet werden. An die Netzschnittstelle des Rechners wird schließlich das Datenübertragungsmedium angeschlossen.

Datenübertragungsmedien

Datenübertragungsmedien verbinden die angeschlossenen Rechner und sind für den Transport der Daten zuständig. Dabei kommen drahtgebundene und drahtlose Übertragungsmedien zum Einsatz. Die einzelnen Übertragungsmedien unterscheiden sich u.a. in der Menge der pro Zeiteinheit übertragbaren Daten[37]. Drahtgebundene Verbindungen laufen z.B. über Koaxialkabel (15 Mbit/s und mehr) oder Glasfaserkabel (5 Gbit/s und mehr). Drahtlose Verbindungen lassen sich beispielsweise über Funk (11 Mbit/s und mehr)[38] oder Infrarot abwickeln.

---

[34] Vgl. Kapitel 8.3.2.
[35] Peer-to-Peer Konzepte lassen sich beispielsweise bereits auf der Basis von WINDOWS XP HOME (die Version für den „normalen" Benutzer) realisieren.
[36] Die Netzwerkkarte kann z.B. direkt auf dem Motherboard befestigt sein oder als Steckkarte über das Bussystem mit dem Motherboard verbunden sein.
[37] Die Übertragungsleistung der Transportmedien wird in Bit/s angegeben (Mbit = Megabit und Gbit = Gigabit).
[38] Die effektive Datentransferrate unterscheidet sich speziell bei Funknetzen stark von der theoretisch erreichbaren Rate. Je nach Lage der Verbindungspunkte („Access Points"), Beschaffenheit der Wände oder Anzahl der Teilnehmer kann die Datenrate stark sinken.

Netzwerkbetriebssysteme

Netzwerkbetriebssysteme sind Softwarepakete, die die Kommunikation und Zusammenarbeit der angeschlossenen Rechner eines Netzwerkes steuern und überwachen.[39] Netzwerkbetriebssysteme werden i.d.R. zum Aufbau eines lokalen Netzes mit einem Client-Server Konzept verwendet und weitgehend auf dem Server installiert. Verbreitete Produkte im Bereich der PC-Netze sind NOVELL NETWARE 6, WINDOWS XP PROFESSIONAL und WINDOWS 2003 SERVER.

Netzwerkbetriebssysteme gehen in ihrer Funktionalität aber weit über die Kommunikationskoordination hinaus. Sie bieten zusätzliche Funktionen zur Benutzerverwaltung sowie zur Verzeichnis- und Dateiverwaltung. Der Administrator des Netzes kann mit Hilfe des Netzwerkbetriebssystems den Netzbenutzern eine Kennung (i.d.R. deren Name) und ein Passwort zuteilen. Mit Kennung und Passwort kann sich ein Benutzer als berechtigter Netzteilnehmer identifizieren und anmelden. Der Administrator des Netzes kann ferner über das Netzwerkbetriebssystem an die einzelnen Nutzer Zugriffs- und Speicherplatzrechte sowie Rechte auf weitere Netzressourcen (z.B. Drucker) vergeben.

Kommunikationsprotokolle

Der Datenaustausch auf dem physischen Transportsystem beruht auf Kommunikationsprotokollen. Diese kann man sich stark vereinfacht als Sprache bzw. Kommunikationsregeln vorstellen, mit denen die Rechner innerhalb des Netzes kommunizieren. Sollen zwei Rechner miteinander kommunizieren, so müssen sie die gleiche Sprache sprechen, d.h. die gleichen Kommunikationsprotokolle verwenden.[40] TCP/IP ist z.B. das Protokoll, das die Regeln für die Kommunikation im Internet[41] definiert und das nun auch von den neuen Microsoft Netzwerkbetriebssystemen übernommen wurde. Andere Kommunikationsprotokolle wurden gleichzeitig mit bestimmten Netzwerkbetriebssystemen (z.B. *IPX* oder *Native IP* mit NOVELL NETWARE) entwickelt.

Peripheriegeräte und Streamer

Insbesondere bei lokalen Netzen ist es interessant, Peripheriegeräte ins Netz zu hängen. Auf Netzperipheriegeräte (v.a. Laserdrucker, aber auch CD-ROM-Türme) kann von allen Rechnern aus zugegriffen werden. Streamer[42] sorgen dafür,

---

[39] Während Workstation-Betriebssysteme die Kommunikation und Auftragsabwicklung auf der Ebene des einzelnen Rechners übernehmen, erfüllen Netzwerk-Betriebssysteme analoge und darüber hinausgehende Funktionen auf Netzebene.
[40] Kommunikationsprotokolle sind in der Regel als Programmdatei(en) auf den Rechnern installiert. Sie werden beim Starten des Rechners bzw. beim Aufbau einer Kommunikationsverbindung ausgeführt bzw. geladen.
[41] Vgl. Kapitel 8.2.2.
[42] Vgl. Kapitel 2.1.4.

dass v.a. die Festplatte des Servers in regelmäßigen Zeitabständen auf Datenbänder gesichert wird.

Koppelungs- und Verstärkungselemente

Koppelungs- und Verstärkungsgeräte sind erforderlich, wenn ein Netz aus mehreren Kabelsträngen/Segmenten besteht (z.B. Segment 1 im ersten, Segment 2 im zweiten Stock eines Gebäudes) oder wenn mehrere Netze miteinander verbunden werden sollen.

Wesentliche Koppelungsgeräte sind Router, Bridges, Brouter und Gateways. Sie haben u.a. die Aufgabe, den nicht für ein Netz/Segment bestimmten Datenverkehr gar nicht erst in das Netz/Segment hereinzulassen. Eine weitere Funktion liegt darin, den Datenverkehr ohne unnötige Umwege an den Empfänger zu leiten.

2.3.3 Arten von Netzen

Kriterium zur Kategorisierung der einzelnen Netzarten ist die räumliche Reichweite eines Netzes. Die Übergänge zwischen den einzelnen Netzarten sind dabei allerdings fließend.

Lokale Netzwerke (Local Area Network = LAN)

Die Rechner befinden sich auf dem eigenen Grund und Boden des Netzbetreibers; es wird also kein öffentliches Gelände für den Kabelweg verwendet. Die Rechner sind nur einige hundert Meter voneinander entfernt. Als Beispiel lässt sich hier das Netz innerhalb eines Firmengebäudes anführen.

Metropolitan Area Networks (= MAN)

Sie verbinden mehrere LANs eines Ballungsgebietes. Das Münchner Hochschulnetz, das die LANs der verschiedenen Hochschuleinrichtungen miteinander verbindet, ist ein Beispiel für diesen Netztyp.

Weitverkehrsnetze (Wide Area Network = WAN) und Global Area Network (GAN)

Ein WAN dehnt sich über größere Distanzen - u.U. auch über mehrere Länder - aus. Ein GAN unterliegt keinen räumlichen Restriktionen mehr. Als Beispiele sind hier das Netz einer internationalen Firma bzw. das Internet[43] zu nennen.

---

[43] Vgl. Kapitel 8.

2.3.4 Nutzen und Gefahren

Der Einsatz von Rechnernetzen bringt große Nutzeffekte, aber auch Gefahren mit sich. In diesem Abschnitt sollen die wesentlichen Chancen und Risiken von Netzen kurz skizziert werden.

a) Mögliche Nutzeffekte von Netzen

Der Nutzen von Rechnernetzen ergibt sich aus den folgenden Verbundeffekten:

Programmverbund

Programmverbund bedeutet, dass ein Programm nur einmal auf dem Server installiert wird. Die Clients rufen das Programm dann vom Server auf. Der Server dient in diesem Fall als Anwendungsserver. Vor allem bei lokalen Netzen ergeben sich hier z.B. Rationalisierungseffekte aus der Verringerung des Wartungsaufwandes („nur einmal installieren und pflegen").

Datenverbund

Beim Datenverbund geht es um die gemeinsame Nutzung von auf dem Daten-Server abgelegten Daten. Ein zentrales Element sind allen Netzbenutzern zugängliche Datenbanken (z.B. die Kundendatenbank eines Unternehmens).

Geräteverbund

In einem Geräteverbund können alle Rechner auf im Netz enthaltene Geräte (z.B. Laserdrucker) zugreifen. Damit kann die Anzahl der benötigten Geräte verringert und die Nutzung der Geräte verbessert werden.

Kommunikationsverbund

Kommunikation im Netz ist beispielsweise über elektronische Post oder elektronische schwarze Bretter möglich.[44] Die Server stellen in diesem Fall beispielsweise Mail-Dienste (Mail-Server) oder News-Dienste (News-Server) zur Verfügung.

Sicherheitsverbund

Eine defekte lokale Festplatte hat für den Anwender häufig den totalen Verlust seiner Daten zur Folge. Auf dem Server abgelegte Daten werden dagegen i.d.R. mehrfach abgesichert. So ist es z.B. üblich, die Daten parallel auf mehrere Festplatten zu schreiben, so dass der Serverbetrieb trotz des Ausfalls einer oder mehrerer Festplatten normal weiter laufen kann. Die tägliche Bandsicherung über Streamer bietet einen weiteren Schutz vor Datenverlusten.

---

[44] Vgl. Kapitel 8.3.

b) Mögliche Gefahren von Netzen

Mit einem Rechnernetz entstehen neue Abhängigkeiten (z.B. von einem Server) und neue Zugangswege zu den vorhandenen Ressourcen (z.B. über das Internet[45]). Damit sind auch einige Gefahren verbunden:

Totalstillstand beim Ausfall zentraler Komponenten

Ein Netz besteht aus einer Vielzahl einzelner Komponenten. Der Ausfall einer dieser Komponenten (z.B. Koppelungsgerät, Server, Kabel) kann dazu führen, dass der Betrieb auch an allen Clients „lahm liegt". Besonders „empfindliche" Organisationen haben daher Ersatzgeräte (z.B. Server), die beim Ausfall einer Komponente sofort den Betrieb übernehmen.

Unberechtigter Zugriff auf Daten/Programme

Normalerweise dürfen nur autorisierte Benutzer, die sich beim Einloggen[46] mit ihrer Benutzerkennung ausweisen, auf den Server zugreifen. Trotz einer Vielzahl möglicher Schutzmechanismen dringen immer wieder so genannte Hacker in Server ein und greifen damit unberechtigterweise auf Daten und Programme zu.

Verlust von Daten

Falls die oben angesprochenen Maßnahmen zur Datensicherung nicht durchgeführt werden oder versagen, kann es beim Ausfall von Serverfestplatten zu enormen Datenverlusten kommen.

Einschleusen von Viren

Viren sind unnütze oder gefährliche Programme, die sich an bestimmte Arten von Dateien „anhängen". Sie werden über infizierte Dateien ins System eingeschleust und können sich darin verbreiten. Die Schäden von Virenprogrammen reichen von harmlosen Bildschirmanzeigen bis zu vollständigem Programm- und Datenverlust.[47] Mit dem Anschluss ans Internet erhöht sich die Gefahr des Einschleusens von Viren (z.B. über Mail oder Dateitransfer). Zum Schutz vor Viren dienen Virenschutzprogramme, die bekannte Viren erkennen und i.d.R auch löschen können.

---

[45] Vgl. Kapitel 8.

[46] Einloggen = beim Netzwerkbetriebssystem anmelden

[47] Virenprogramme werden von boshaften Zeitgeistern geschrieben und vor allem über Netze verbreitet. Besonders am Freitag, den 13., und an Michelangelos Geburtstag herrscht unter den PC-Anwendern Panik, da an diesen Stichtagen die Viren gerne zuschlagen. In letzter Zeit haben vor allem durch elektronische Post (E-Mails) eingeschleuste Viren für Unruhe gesorgt.

3 Grundlegender Umgang mit dem Betriebssystem Windows XP

Das Betriebssystem WINDOWS XP ist in seiner grundlegenden Bedienung sehr ähnlich zum Betriebssystem WINDOWS 2000 oder WINDOWS ME. Falls Sie also mit WINDOWS 2000 oder WINDOWS ME arbeiten, können Sie ohne Probleme die nachfolgenden Bedienungselemente verwenden.

3.1 Starten und Beenden

Starten

Nach dem Einschalten des Rechners erhalten Sie als erstes einen Willkommen-Schirm, bei dem der Benutzer[1] ausgewählt werden kann. Wurde dem Benutzer ein Passwort zugewiesen, müssen sie dies nun eingeben. gebeten, sich anzumelden. Dazu drücken Sie zunächst die [*Strg*]+[*Alt*]+[*Entf*]-Tasten gleichzeitig.[2]

---

[1] Für jeden Benutzer wird unter WINDOWS XP/2000/NT ein so genanntes *Benutzerkonto* angelegt. Mit dem Benutzerkonto wird dem Anwender u.a. sein Benutzernahmen und Anmeldekennwort zugewiesen. Mit den Benutzerkonten werden u.a. individuelle Zugriffsrechte definiert, womit ein höherer Sicherheitsstandard erreicht wird. Die Benutzerkonten werden mit Hilfe eines Dienstprogrammes, des so genannten *Benutzer-Managers*, verwaltet. Ab WINDOWS XP können mehrere Benutzer gleichzeitig angemeldet sein. Dies nennt man auch MULTI-USER-FÄHIGKEIT.

[2] Um in WINDOWS 2000/NT zur Eingabe des Passworts zu gelangen, müssen zunächst die [*Strg*]+[*Alt*]+[*Entf*]-Tasten gleichzeitig gedrückt werden. Daraufhin erscheint das Anmeldefenster, in das Sie Ihren Benutzernamen und Ihr Kennwort eingeben. Bei WINDOWS 95/98 entfällt dieser Zwischenschritt und Sie erhalten sofort ein Anmeldefenster.

Nach Abschluss der Startvorgänge erscheint die Ausgangs-Benutzeroberfläche von WINDOWS.

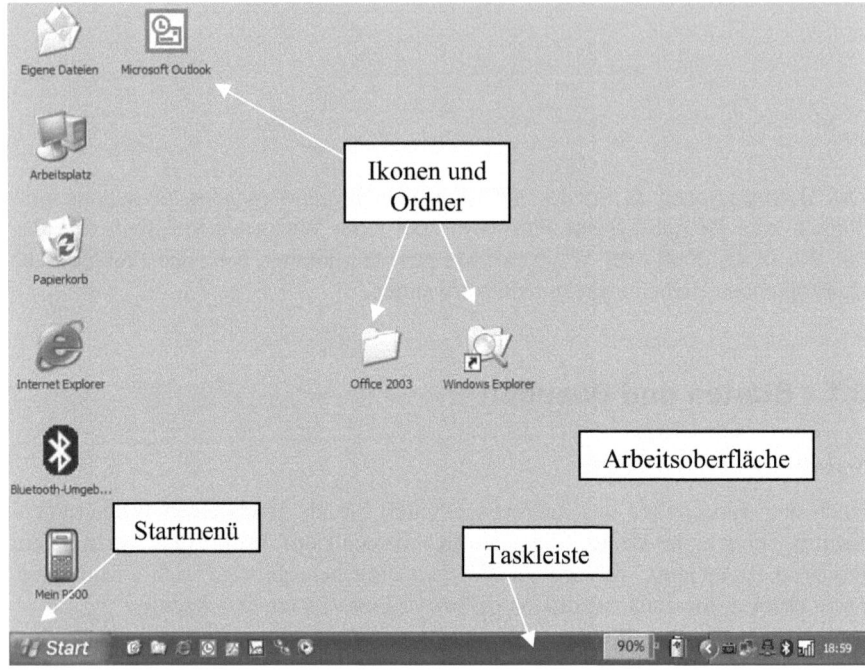

Abbildung 1: Benutzeroberfläche von WINDOWS XP

Die Ausgangs-Benutzeroberfläche soll einen Schreibtisch/Desktop darstellen, auf dem die Dinge, die man zum Arbeiten benötigt, angeordnet sind.

Im Fall von WINDOWS XP sind z.B. Programme und Dateien wesentliche Arbeitsmittel. Diese Arbeitsmittel werden durch kleine grafische Symbole/Ikonen symbolisiert. Diejenigen Arbeitsmittel, die man häufig benötigt, sollten direkt auf der Arbeitsplatte des Schreibtisches/Desktops abgelegt werden (hier z.B. das Programm EXPLORER). Diejenigen Arbeitsmittel, die man seltener benötigt, können in Ordnern abgelegt werden. Ein Ordner enthält in der Regel mehrere Arbeitsmittel und muss vor seiner Benutzung erst geöffnet werden (hier z.B. die Programmgruppe OFFICE 2003, die die Programme WORD, EXCEL usw. enthält).

Grundlegender Umgang mit dem Betriebssystem Windows XP

Abbildung 2: Geöffneter Ordner der Benutzeroberfläche

Beenden von Windows/Rechner abschalten

- Setzen Sie den Mauszeiger auf *Start* am linken unteren Bildschirmrand und klicken einmal mit der linken Maustaste.
- Klicken Sie im aufscheinenden Menü einmal mit linker Maustaste auf *Computer/Ausschalten*.
- Aktivieren Sie im aufscheinenden Dialogfenster die Option *Ausschalten* durch Anklicken.

Exkurs: Mausbedienung

Der folgende Exkurs erklärt kurz die wesentlichen Elemente der Mausbedienung unter WINDOWS XP. Falls Ihnen die Bedienung der Maus vertraut ist, können Sie diesen Abschnitt übergehen.

Die meisten Befehle von WINDOWS lassen sich einfach mit der Maus aufrufen. Man kann mit der Maus Einfachklicken, Doppelklicken und Ziehen.

Einfachklick mit linker Maustaste

Beim Einfachklick mit der linken Maustaste setzt man den Mauszeiger auf das gewünschte Objekt (z.B. Programmikone EXPLORER[3]) und klickt das Objekt einmal an.

Mit dem einfachen Klick der linken Maustaste werden die Objekte markiert. Das Markieren sagt WINDOWS, mit welchem Objekt der als nächstes durchzuführende Befehl durchgeführt werden soll; wenn also z.B. die Ikone EXPLORER markiert ist und der Befehl *löschen* gewählt wird, wird die Ikone EXPLORER gelöscht.

---

[3] Der EXPLORER ist ein Dienstprogramm zur Verwaltung von Laufwerken, Verzeichnissen und Dateien. Vgl. Kapitel 3.4.

Doppelklick mit linker Maustaste

Beim Doppelklick mit der linken Maustaste setzt man den Mauszeiger auf das Objekt (z.B. Programmikone EXPLORER) und klickt mit der linken Maustaste zweimal kurz nacheinander. (Achtung: Zwischen den beiden Klicken darf man nicht mit dem Mauszeiger wackeln.)
Der Doppelklick führt meist eine Aktion aus, ruft z.B. ein Programm auf.

Einfachklick mit rechter Maustaste

Der Einfachklick mit der rechten Maustaste führt meist zum Aufruf der so genannten *Kontextmenüs*[4]. Kontextmenüs listen die in einem bestimmten Kontext häufig benötigten Befehle auf. (Wenn der Mauszeiger z.B. auf einem Wort in einem Textverarbeitungsprogramm steht, werden mit dem Kontextmenü die wesentlichen Befehle aufgelistet, die man mit einem Wort in einem Textverarbeitungsprogramm ausführen kann, z.B. fett drucken, löschen.)

Ziehen von Objekten mit der Maus

Wenn Sie den Mauszeiger auf ein Objekt setzen und dann die linke Maustaste drücken und gedrückt halten, können Sie mit der Maus das Objekt an eine andere Stelle ziehen (z.B. die Programmikone des EXPLORERS auf der Arbeitsoberfläche). Lassen Sie an der neuen Stelle die linke Maustaste los, dann ist das Objekt verschoben.

Verwenden Sie für das Ziehen der Objekte die rechte Maustaste, können Sie nach dem Loslassen der Taste wählen, ob Sie das Objekt verschieben oder kopieren wollen. Beim Kopieren ist das Objekt an der alten und neuen Stelle, d.h. doppelt, vorhanden.

Dieses „Ziehen und Fallenlassen" ist typisch für WINDOWS; es ist unter dem Schlagwort „*Drag and Drop*" bekannt.

3.2 Aufrufen und Beenden von Programmen

WINDOWS stellt die Befehle und Symbole zur Verfügung, mit denen Sie installierte Programme starten und beenden können.

a) Aufrufen von Programmen

Um mit einem auf der Festplatte installierten Programm arbeiten zu können, muss es aufgerufen werden (d.h. von der Festplatte in den Arbeitsspeicher geladen wer-

---

[4] Das Kontextmenü lässt sich auch mit der *[Kontextmenü]*-Taste, die sich zwischen der rechten [Strg]- und der rechten [Start]-Taste auf der Windows-Tastatur befindet, aktivieren.

den). Nach dem Aufruf des Programms erscheint das Fenster des jeweiligen Programms. Zum Aufrufen von Programmen gibt es mehrere Möglichkeiten.

Aufrufen über Ikonen

Programme können über Ikonen aufgerufen werden, wenn das Programm als Ikone direkt auf dem Desktop eingerichtet wurde (z.B. der EXPLORER).[5]

Vorgehen

- Machen Sie einen Doppelklick auf die Programmikone.
  → Es erscheint eine Sanduhr, die anzeigt, dass ein Prozess läuft. → Das Programm wird geladen.
- Alternativ können Sie die Ikone einmal mit der rechten Maustaste anklicken und aus dem sich öffnenden Kontextmenü den Befehl *Öffnen* wählen.
- Falls das zu öffnende Programm in einer Programmgruppe (z.B. OFFICE 2003) liegt, erreicht man die Programmikone durch einen Doppelklick auf den Ordner der Programmgruppe.

Aufrufen über das Start-Menü

- *Start* am linken unteren Bildschirmrand mit der linken Maustaste anklicken[6]
- im Start-Menü *Programme* wählen → Es erscheint ein weiteres Menü, das die installierten Programme anzeigt.
- Programme, die keiner Programmgruppe angehören (z.B. der EXPLORER) können direkt mit der Maus ausgewählt werden. → Durch ein einmaliges Anklicken mit der linken Maustaste wird das ausgewählte Programm gestartet.
- Programme, die einer Programmgruppe angehören, benötigen als Zwischenschritte wieder das Auswählen der Programmgruppe.

| Hinweis |

Menüpunkte, die im Start-Menü mit einem Pfeil versehen sind, enthalten jeweils noch ein Untermenü.

Nachdem Sie ein Programm geöffnet haben, erscheint das so genannte *Programmfenster*.[7]

| Aufgabe |

Öffnen Sie den EXPLORER.

---

[5] Vgl. zum Einrichten von Ikonen 3.5.1.
[6] Das Start-Menü lässt sich mit den heute üblichen Windows-Tastaturen auch über die beiden so genannten [*Start*]-Tasten, die durch ein Fenster-Symbol gekennzeichnet sind, aktivieren.
[7] Vgl. Kapitel 3.3.1.

b) Schließen/Beenden von Programmen

Geöffnete Programme liegen im Arbeitsspeicher und beanspruchen Ressourcen. Sie sollten geschlossen und damit aus dem Arbeitsspeicher "geräumt" werden, wenn

- sie nicht mehr benötigt werden,
- man den Rechner abschalten will,
- man zu viele Programme geöffnet hat und damit die Systemressourcen überstrapaziert.

Zum Beenden von Programmen gibt es ebenfalls mehrere Möglichkeiten:

- *über die Titelleiste*
  Die Titelleiste ist der "Kopf" jedes WINDOWS-Programm-Fensters. Sie sieht also z.B. beim EXPLORER und EXCEL fast gleich aus. Die Titelleiste enthält unter anderem den Namen des geöffneten Programms und Symbole zum Beenden von Programmen.

Abbildung 3: Titelleiste des EXPLORERS

Sie können das Programm beenden, indem Sie
  - mit der linken Maustaste einmal auf ⊠ oben rechts klicken oder
  - mit der linken Maustaste zweimal auf das Symbol des entsprechenden Programms (oben links) klicken; hier z.B. .

- *über das Befehlsmenü*, indem Sie [*Datei/Beenden*] wählen.
- *über Tasten*, indem Sie [*Alt*] +[*F4*] gleichzeitig drücken.

Aufgabe

Schließen Sie den EXPLORER. Rufen Sie EXCEL auf und schließen Sie es wieder.

3.3 Fenster

Wie bereits erwähnt, sind Fenster ein zentraler Bestandteil der Benutzeroberfläche von WINDOWS. Der Benutzer kommuniziert über Fenster mit WINDOWS und WINDOWS-Programmen. So werden Fenster z.B. nicht nur beim Aufruf von Programmen, sondern auch beim Öffnen von Dateien geöffnet.

3.3.1 Aufbau

Alle WINDOWS-Fenster sind nach dem gleichen Schema aufgebaut. Ein Fenster besteht aus

- bei allen Fenstern identischen Bestandteilen (z.B. einer Titelleiste),
- programmspezifischen Bestandteilen (Z.B. hat das ACCESS-Fenster Komponenten, die das EXCEL-Fenster nicht hat.).

Dies erleichtert den Umgang mit WINDOWS-Programmen. Man kann Bedienungswissen, das man z.B. bei EXCEL erlernt hat, sofort auf ACCESS übertragen.

Am Beispiel des Texteditor-Fensters sollen die bei allen Fenstern gegebenen Bestandteile erläutert werden. Der EDITOR ist ein ganz einfaches Textverarbeitungsprogramm, das in WINDOWS enthalten ist.[8]

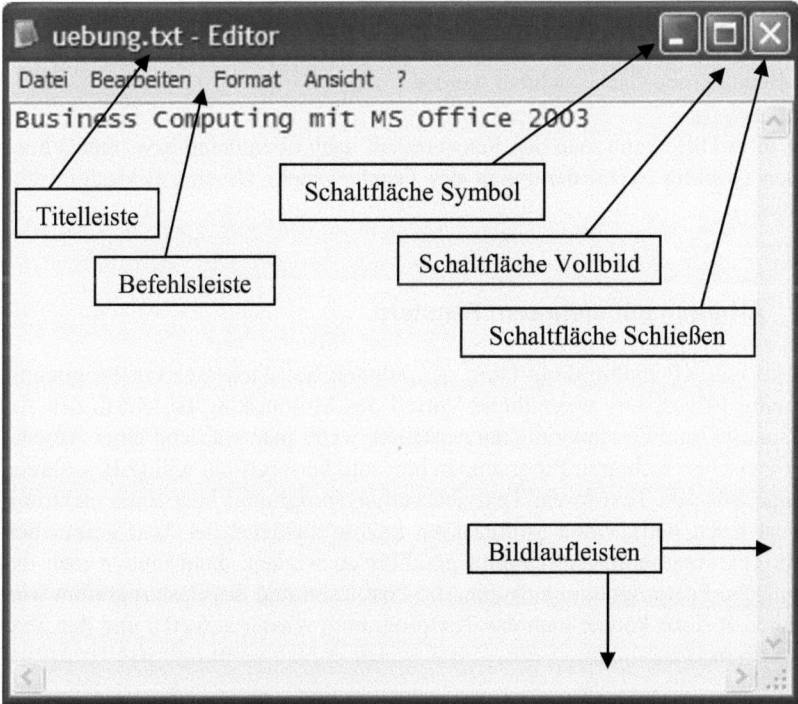

Abbildung 4: Programmfenster des EDITORS

---

[8] Sie können den EDITOR über [*Start/Alle Programme/Zubehör/Editor*] aufrufen.

Bestandteile des WINDOWS-Fensters

- *Titelleiste*
  enthält den Titel des aufgerufenen Programms bzw. der geöffneten Datei (hier das Programm EDITOR und die Datei *Übung*)
- *Befehlsleiste*
  enthält - sachlich geordnet - die Befehle, die man durchführen kann
- *Schaltfläche Symbol*
  einmal mit linker Maustaste anklicken → Fenster wird auf Symbolgröße verkleinert
- *Schaltfläche Schließen*
  schließt das Programm (einmal mit linker Maustaste anklicken)
- *Schaltfläche Fenster/Vollbild*
  verändert die Fenstergröße
  - Falls das Fenster nicht den gesamten Bildschirm einnimmt, wird es durch ein einmaliges Anklicken auf den ganzen Bildschirm ausgedehnt.
  - Falls das Fenster den ganzen Bildschirm einnimmt, wird es durch ein einmaliges Anklicken so verkleinert, dass die dahinter liegenden Teile der Benutzeroberfläche sichtbar werden.
- *Bildlaufleisten*
  Mit ihrer Hilfe kann man den Fensterinhalt nach oben/unten bzw. rechts/links rollen (wichtig, wenn der Inhalt des Fensters mehr als eine Bildschirmseite umfasst).

3.3.2 Arbeiten mit mehreren Fenstern

Da WINDOWS XP multitasking-fähig[9] ist, können Sie auch mehrere Programme gleichzeitig öffnen. Der wesentliche Vorteil des Multitasking besteht in den Arbeitsersparnis- und Geschwindigkeitsvorteilen, wenn man während einer Arbeitssitzung zwischen mehreren Programmen hin- und herwechseln will (z.B. während des Eingebens von Text in ein Textverarbeitungsprogramm kurz seine elektronische Post lesen will). Ohne Multitasking müsste zunächst der Text gespeichert und das Textverarbeitungsprogramm geschlossen werden; dann müsste man das elektronische Postprogramm aufrufen, die Post lesen und das Postprogramm wieder schließen. Jetzt könnte man das Textprogramm wieder aufrufen und den Text wieder öffnen.

Mit Multitasking kann man beide Programme (Fenster) gleichzeitig öffnen und sehr schnell zwischen den Programmen (Fenstern) hin- und herwechseln. Man spart sich also das Schließen und erneute Aufrufen der einzelnen Programme.
WINDOWS öffnet für jedes geöffnete Programm ein neues Fenster. Die geöffneten Fenster der Programme werden dann standardmäßig übereinander gelegt, so dass

---

[9] Vgl. Kapitel 2.2.1.

immer das zuletzt geöffnete Fenster "oben auf" liegt. Das bedeutet, dass bei mehreren geöffneten Fenstern ein "Fenstermanagement" erforderlich ist, um an die "hinten liegenden" Fenster zu kommen.

Auch hier gibt es verschiedene Möglichkeiten, mit mehreren gleichzeitig geöffneten Fenstern zu arbeiten. Nur eine soll beispielhaft vorgestellt werden:

"Fenster-/Task-Management" über die Taskleiste

Beispiel:

- Starten Sie WORD.
- Starten Sie EXCEL. → Das Programmfenster von EXCEL ist das aktive Fenster und "bildschirmgroß" geöffnet.
- Klicken Sie die Schaltfläche Symbol  in der Titelleiste des EXCEL-Fensters einmal an.
- Das EXCEL- Fenster wird auf Symbolgröße verkleinert.
- Das ursprünglich hinter EXCEL liegende WORD-Fenster wird sichtbar.
- Das Symbol für das verkleinerte Fenster erscheint nur noch in der Taskleiste (am unteren Bildschirmrand).

Abbildung 5: Taskleiste mit je einem geöffneten WORD- und EXCEL-Dokument.

- Um ein auf Symbolgröße verkleinertes Fenster wieder zu vergrößern, muss man einmal mit der linken Maustaste auf das entsprechende Symbol in der Taskleiste klicken.

Aufgabe

- Öffnen Sie den EXPLORER.
- Öffnen Sie den oben beispielhaft verwendeten Texteditor (z.B. über [*Start/Alle Programme/Zubehör/Editor*]).
- Öffnen Sie das Programm EXCEL.
- Verkleinern Sie alle Programme auf Symbolgröße. Tippen Sie Text im Texteditor ein. Wechseln Sie in das Programm EXCEL ohne den Texteditor zu schließen.
- Schließen Sie beide Programme.

3.4 Explorer

Der EXPLORER ist ein Programm zur Verwaltung von Datenträgern/Laufwerken, Verzeichnissen und Dateien. Er ist Bestandteil des Betriebssystems WINDOWS XP.

3.4.1 Grundbegriffe der Dateiverwaltung

Wenn Ihnen die Begriffe Datei, Laufwerk und Verzeichnis nicht vertraut sind, können Sie sich im folgenden Kapitel darüber informieren. Falls Ihnen die Begriffe bekannt sind, können Sie diesen Abschnitt überspringen.

Daten

Daten sind alle Arten von Zeichen (z.B. Texte, Bilder, Videos, Töne), die in digitaler Form als Bits und Bytes[10] auf Datenträgern (z.B. Festplatte oder Diskette) abgespeichert werden.

Datei

Eine Datei entsteht, wenn inhaltlich zusammenhängende Daten unter einem Namen zusammengefasst und mit einem Anwendungsprogramm abgespeichert werden. Bildlich kann man sich eine Datei beispielsweise als ein Textdokument (z.B. Brief oder Diplomarbeit) vorstellen, das mit einem Textverarbeitungsprogramm erstellt und gespeichert wurde.

Dateinamen bestehen aus dem Namen der Datei und der durch einen Punkt abgetrennten Dateinamenserweiterung (z.B. *kunden.doc* oder *rechnung.xls*). Die Dateinamenserweiterung gibt unter anderem an, mit welchem Programm die Datei erstellt wurde.

Die folgende Tabelle enthält gängige Dateinamenserweiterungen:

Erweiterung	Bedeutung
.txt	Textdatei
.pdf	ADOBE PDF-Datei
.doc	WORD-Datei
.xls	EXCEL-Datei
.mdb	ACCESS-Datei
.ppt	POWERPOINT-Datei
.gif	Bilddatei
.jpg	Bilddatei
.exe	Programmdatei

Abbildung 6: Dateinamenserweiterungen

---

[10] Vgl. Kapitel 2.1.5.

Hinweis

Programmdateien enthalten Anweisungen für den Computer. Ein Programm (z.B. WORD) wird in der Regel durch den Aufruf seiner Programmdatei gestartet (z.B. *winword.exe*).

Laufwerke

Laufwerke sind "Aufnahme- und Abspielgeräte" für Datenträger (z.B. Diskette oder Festplatte). Jedes Laufwerk hat einen Namen, der aus einem Buchstaben und nachgestelltem Doppelpunkt besteht. Das Diskettenlaufwerk besitzt üblicherweise den Buchstaben A: und/oder B:, das lokale Festplattenlaufwerk üblicherweise C: und das CD-ROM-Laufwerk üblicherweise den Buchstaben D:. Weitere Buchstaben werden meist für Netzlaufwerke (Speicherzuordnungen auf einem anderen Rechner des Netzes) verwendet.[11]

Verzeichnisse (Ordner)

Verzeichnisse (Ordner) dienen der Ordnung der auf den Datenträgern abgelegten Daten. In ihnen können Dateien aufbewahrt werden. Die Verzeichnisse (Ordner) können weitere Unterverzeichnisse enthalten. Mit der Anlage von Verzeichnissen und Unterverzeichnissen entsteht auf dem Datenträger (z.B. der Festplatte) eine hierarchische Verzeichnisstruktur.

Der Aufbau und die Funktion einer Verzeichnisstruktur entsprechen bildlich einem Aktenschrank:

- Papiere werden in einem Aktenschrank aufbewahrt.
- Um das Finden der einzelnen Blätter zu erleichtern, werden die Blätter in nach Fachgebieten eingerichteten Aktenordnern abgeheftet.
- Um innerhalb des Ordners die Übersicht zu wahren, kann man durch das Einlegen von Trennblättern weitere Untergruppen bilden (z.B. die Untergruppen Anträge, Berichte).

Vergleicht man dieses Aktenschrankbeispiel mit einer Verzeichnisstruktur, ergeben sich folgende Analogien:

- Aktenschrank ⇔ Datenträger (z.B. Festplatte)
- Aktenordner ⇔ Verzeichnisse (z.B. ein Verzeichnis *edv*)
- Trennblätter ⇔ Unterverzeichnisse (z.B. die Unterverzeichnisse *word*, *access*, *excel* und *powerpoint*)
- Blätter ⇔ Dateien (z.B. ein Brief, der mit WORD geschrieben wurde)

Pfad

Als Pfad wird die vollständige Angabe der Position einer Datei auf dem Datenträger bezeichnet. Er beschreibt den "Weg zur Datei". Der Pfad beinhaltet Lauf-

---

[11] Vgl. Kapitel 2.3.2.

werksnamen, Verzeichnisname(n) und Dateinamen. Die einzelnen Elemente werden durch den "\"[12] verbunden (z.B. *c:\edv\word\beispiel1.txt*[13]).

Eigene Dateien

Für jeden Benutzer des Rechners wird automatisch ab WINDOWS 98 ein spezielles Arbeitsverzeichnis *Eigene Dateien* angelegt, das als Standard-Arbeitsverzeichnis dient in dem alle zu bearbeitenden Dokumente eines Benutzers abgelegt werden sollen. Dieses Verzeichnis[14] wird eigens im *Explorer* dargestellt und hat ein eigenes Symbol auf dem *Desktop*.

3.4.2   Erstellen einer Datei mit dem Editor

Ziel dieses Gliederungspunktes ist es, mit dem einfachen Texteditierprogramm EDITOR eine Datei zu erstellen, die dann mit Hilfe des EXPLORERS kopiert, verschoben usw. werden soll.

---

[12] „\" wird in der EDV-Welt *Backslash* genannt. Der normale Schrägstrich „/" wird als *Slash* bezeichnet. Der Backslash wird mit [*Alt Gr*]+[*ß*] erzeugt.
[13] Diese Pfadangabe sagt aus, dass sich die Datei *beispiel1.txt* auf dem Laufwerk C: (Festplatte) im Unterverzeichnis *word* des Verzeichnisses *edv* befindet.
[14] Will man auf das Verzeichnis auf der Festplatte direkt zugreifen so findet es sich in einem nach dem Benutzernamen benannten Ordner im Ordner *Dokumente und Einstellungen* auf der Standardfestplatte (z.B. *C:\Dokumente und Einstellungen\Benutzername*)

Arbeiten mit dem EDITOR

- EDITOR aufrufen (z.B. über [*Start/Alle Programme/Zubehör/Editor*])
- Text eingeben.
- den Text über [*Datei/Speichern*] abspeichern[15] → Dialogfenster *Speichern unter* erscheint.

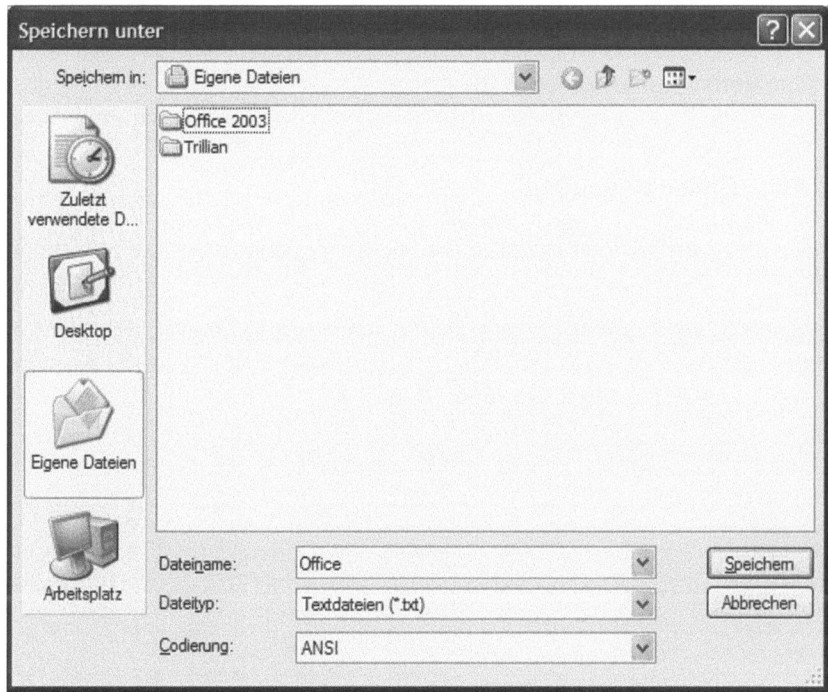

Abbildung 7: Dialogfenster *Speichern unter*

Im Dialogfenster *Speichern unter* wird der Ort (Laufwerk und Verzeichnis) ausgewählt, an dem die Datei abgelegt werden soll. Darüber hinaus kann der Name der Datei bestimmt werden.

Vorgehen

- das Laufwerk, auf dem gespeichert werden soll, durch Anklicken in dem Dialogfenster *Speichern in* festlegen.
- das Verzeichnis, unter dem gespeichert werden soll, im Verzeichnisfenster auswählen und mit einem Doppelklick öffnen.
- den Namen der Datei im Feld *Dateiname* eingeben.

---

[15] Der Text ist bisher nur im Arbeitsspeicher und würde daher mit dem Ausschalten des Rechners verloren gehen; zur langfristigen Aufbewahrung muss er auf einem permanenten Speichermedium, z.B. der Festplatte oder Diskette, gespeichert werden.

Aufgabe

- Geben Sie einige beliebige Zeilen Text in den EDITOR ein.
- Speichern Sie den Text auf dem C:-Laufwerk unter dem Namen *beispiel1.txt* ab. Dazu brauchen Sie im Feld Dateiname nur *beispiel1* eingeben. Die Dateinamenserweiterung *.txt* wird automatisch hinzugefügt.
- Erstellen Sie eine zweite Datei mit dem Namen *beispiel2.txt* und speichern Sie sie auch auf dem C:-Laufwerk ab (Mit dem Befehl [*Datei/Neu*] bekommen Sie im EDITOR ein neues, leeres Blatt.).

3.4.3 Bildschirmaufbau

Nach dem Start des EXPLORERS erscheint das Programmfenster des EXPLORERS.

Abbildung 8: Programmfenster des EXPLORERS

Neben den bereits bekannten Komponenten enthält das Fenster folgende Elemente:

- *Symbolleiste*
  Die Symbolleiste enthält Symbole, über die die wichtigsten Befehle per Mausklick ausgeführt werden können.[16]
- *Strukturbereich*
  Der Strukturbereich gibt die Laufwerks- und Verzeichnisstruktur des Rechners wieder.
- *Inhaltsbereich*
  Der Inhaltsbereich zeigt die Inhalte (d.h. die Verzeichnisse und Dateien) des im Strukturbereich markierten Laufwerkes/Verzeichnisses, falls welche vorhanden sind.

Im Strukturbereich sieht man nur Laufwerke und Verzeichnisse aber keine Dateien. Die oberste Ebene ist der so genannte *Desktop*, der die beiden Bereiche *Arbeitsplatz* und *Netzwerkumgebung* aufnimmt. Unter Arbeitsplatz finden Sie zum einen alle lokalen Rechnerressourcen (z.B. Diskettenlaufwerk A: oder Festplatte C:). Zum anderen sind unter Arbeitsplatz auch Netzlaufwerke angeordnet, sofern welche angelegt wurden. Unter Netzwerkumgebung finden sie die angeschlossenen Netzserver (z.B. NOVELL- und WINDOWS 2003 SERVER), falls Ihr Rechner in einem Netz eingebunden ist.[17]

Die einzelnen Strukturebenen lassen sich ein- und ausblenden, indem man einmal auf die Plus- bzw. Minussymbole vor den Laufwerken bzw. Ordnern klickt.

Ein Pluszeichen vor dem Ordner heißt, dass der Ordner gegenwärtig nicht geöffnet ist. Ein Anklicken des Pluszeichens führt zur Anzeige der Unterordner, falls welche vorhanden sind. Klicken Sie beispielsweise auf das Plus vor dem Laufwerk C: (Festplatte (C:)), werden Ihnen sämtliche Festplattenverzeichnisse der ersten Ebene angezeigt.

Ein Minuszeichen vor dem Ordner heißt, dass alle Unterordner des Ordners angezeigt werden. Ein Anklicken des Minuszeichens führt zum Verbergen der Unterordner.

---

[16] Die wesentlichen Befehle können also alternativ über die Befehls- oder die Symbolleiste ausgeführt werden. Der über die Befehlsleiste zugängliche Befehlsvorrat ist größer. Der über die Symbolleiste zugängliche Befehlsvorrat ist schneller und intuitiver zugänglich. Ebenso haben Sie die Möglichkeit, diese Befehle über die entsprechenden Kontextmenüs aufzurufen.

[17] Vgl. Kapitel 2.3.

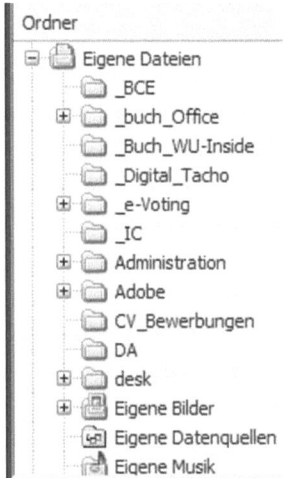

Abbildung 9: Beispielhafte Verzeichnisstruktur einer Festplatte (Auszug aus dem EXPLORER-Fenster)

Der Inhaltsbereich zeigt den Inhalt (= Verzeichnisse und Dateien) des im Strukturbereich geöffneten Ordners. Sie können einen Ordner öffnen, indem Sie ihn im Strukturbereich einmal oder im Inhaltsbereich doppelt anklicken.

Mit dem Anklicken des Symbols in der Symbolleiste des EXPLORERS können Sie eine Verzeichnisebene nach oben (d.h. zum übergeordneten Ordner) wechseln. Auf diese Art und Weise wird also der aktuelle Ordner geschlossen und der darüber liegende geöffnet.

Aufgabe

- Schauen Sie im EXPLORER, welche Verzeichnisse Ihre Festplatte enthält.
- Öffnen Sie mehrere Ordner und stellen Sie fest, ob die Ordner Dateien enthalten.
- Überprüfen Sie, ob Ihr Rechner in ein Netzwerk integriert ist. Klicken Sie dazu auf den Bereich Netzwerkumgebung. Falls Sie an ein Netzwerk angeschlossen sind, sehen Sie hier weitere angeschlossene Rechner Ihres Netzes.

3.4.4 Laufwerks-, Datei- und Verzeichnisverwaltung

In diesem Abschnitt lernen Sie die grundlegenden Funktionen der Verzeichnis- und Dateiverwaltung mit dem EXPLORER. Dazu gehören z.B. das Anlegen, Löschen und Kopieren von Verzeichnissen und Dateien.

a) Anlegen von Verzeichnissen/Ordnern

Indem Sie eigene Verzeichnisse/Ordner anlegen, können Sie sich eine individuelle Verzeichnisstruktur nach Ihren Bedürfnissen aufbauen (z.B. für jeden Arbeitsbereich ein Verzeichnis).

Vorgehen

- Markieren Sie im Strukturbereich durch Anklicken das Laufwerk (z.B. C:), unter dem ein Verzeichnis erstellt werden soll.
- Wählen Sie im Befehlsmenü [*Datei/Neu*] den Befehl *Ordner*. → Im Inhaltsbereich wird ein neuer - blau hinterlegter - Ordner mit dem Namen *neuer Ordner* angelegt.
- Tippen Sie den Namen, den der Ordner bekommen soll, in das eingeblendete Namensfeld des neuen Ordners ein (z.B. *Übung*). Sie können hierbei sofort den Namen des Ordners eingeben. Der zunächst eingeblendete Name *neuer Ordner* sowie die blaue Hinterlegung verschwinden durch die Eingabe.
- Bestätigen Sie die Eingabe mit [R*eturn*].

Falls Sie zu einem erstellten Verzeichnis weitere Unterverzeichnisse erstellen wollen, markieren Sie im Strukturbereich das gewünschte Verzeichnis und legen wie oben beschrieben mit dem Befehl [*Datei/Neu*] die neuen Unterverzeichnisse an.

Aufgabe

- Legen Sie auf Ihrem C:-Laufwerk das Verzeichnis *edv* an.
- Legen Sie im Verzeichnis *edv* die Unterverzeichnisse *word*, *access*, *excel* und *powerpoint* an.

Sie erhalten somit auf Ihrer Festplatte die folgende Verzeichnisstruktur zum neuen Verzeichnis *edv*. Die aufgeführten Verzeichnisse werden in den einzelnen Programmteilen dieses Buches zum Speichern der jeweiligen Übungsdateien verwendet.

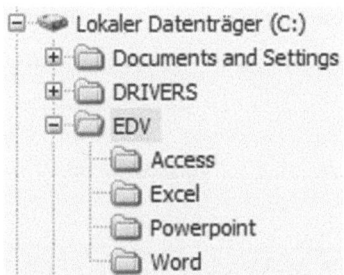

Abbildung 10: Verzeichnisstruktur zum Ordner *edv*

Hinweis

Falls man eine Datei - trotz aller Ordnung - auf der Festplatte nicht findet, kann man sie mit der *Suchfunktion* suchen. Die Suchfunktion kann im EXPLORER mit dem Menüpunkt [*Extras/Suchen/Dateien/Ordner*] oder über das *Start-Menü* in der Taskleiste, Option *Suchen*, aktiviert werden.

b) Kopieren von Dateien/Verzeichnissen

Falls eine Datei oder ein Verzeichnis nicht nur an einer, sondern noch an einer zweiten Stelle vorhanden sein soll, können Sie die Datei oder das Verzeichnis mit dem EXPLORER kopieren. Sie haben beispielsweise eine Datei erstellt und auf der Festplatte gespeichert. Nun wollen Sie diese Datei - z.B. zum Mitnehmen oder aus Sicherheitsgründen - auch noch auf einer Diskette ablegen.

Vorgehen

- Markieren Sie die zu kopierende Datei bzw. das zu kopierende Verzeichnis.
- Wählen Sie [*Bearbeiten/Kopieren*].
- Markieren Sie das Laufwerk oder den Ordner, in den die Datei/das Verzeichnis kopiert werden soll (z.B. Laufwerk A:).
- Wählen Sie [*Bearbeiten/Einfügen*].

Aufgabe

Kopieren Sie die Datei *beispiel1.txt*, die direkt auf Ihrem C-Laufwerk liegt, in das Unterverzeichnis *c:\edv* oder auf Ihre Diskette im Laufwerk A:.

c) Verschieben von Dateien/Verzeichnissen

Beim Kopieren ist die Datei/das Verzeichnis sowohl an der alten als auch an der neuen Position vorhanden (z.B. auf c:\ und *c:\edv*). Beim Verschieben dagegen wird die Datei oder das Verzeichnis an der alten Position (z.B. c:\) gelöscht und ist nur noch an der neuen Position (z.B. *c:\edv*) vorhanden. Sie benötigen das Verschieben von Dateien, wenn Sie beispielsweise Ihre Verzeichnisstruktur umgestalten wollen. Sie legen dabei neue Ordner an und verschieben die Dateien aus den „alten" in die „neuen" Verzeichnisse.

Vorgehen

- Markieren Sie die zu verschiebende Datei bzw. das zu verschiebende Verzeichnis.
- Wählen Sie [*Bearbeiten/Ausschneiden*].
- Markieren Sie das Laufwerk oder den Ordner, in das verschoben werden soll.
- [*Bearbeiten/Einfügen*].

Aufgabe

Verschieben Sie die Datei *beispiel1.txt*, die direkt auf Ihrem C:-Laufwerk liegt, in das Unterverzeichnis *c:\edv\word* oder auf Ihre Diskette im Laufwerk A:.

Exkurs: Zwischenablage

Der oben dargestellte Kopier- und Einfügevorgang erfolgt mit Hilfe der *Zwischenablage*. Sie ist ein flüchtiger Zwischenspeicher, in den man Daten hineinlegen (mit [*Bearbeiten/Kopieren*] oder [*Bearbeiten/Ausschneiden*]) und aus dem man Daten herausholen (nur [*Bearbeiten/Einfügen*]) kann.

Die Zwischenablage ist ein zentraler Bestandteil von WINDOWS, da sie das Verschieben und Kopieren von Daten innerhalb von Anwendungsprogrammen (z.B. innerhalb eines WORD-Dokumentes[18]) und zwischen verschiedenen Anwendungsprogrammen erlaubt (z.B. zwischen EXCEL und ACCESS).[19]

Die Befehle der Zwischenablage sind in allen OFFICE 2003 Programmen identisch: sowohl in der Bezeichnung als auch in der Bedienung. Sie können mit der Zwischenablage Daten *Ausschneiden*, *Kopieren* und wieder *Einfügen*.

Hinweis

Sie können Dateien und Verzeichnisse auch mit Hilfe der Kontextmenüs kopieren und verschieben. Dazu markieren Sie z.B. die zu kopierende Datei oder das Verzeichnis, klicken die rechte Maustaste und wählen im erscheinenden Kontextmenü den betreffenden Befehl (z.B. *Kopieren*) aus.

Wählen Sie nun das Zielverzeichnis aus, in das die Datei oder das Verzeichnis kopiert/verschoben werden soll, aus und aktivieren Sie über die rechte Maustaste das Kontextmenü. Über den Befehl *Einfügen* wird die Datei oder das Verzeichnis eingefügt.

Ebenso können Sie Dateien und Verzeichnisse per „Drag and Drop" kopieren bzw. verschieben.[20]

Hinweis

Wenn man mehrere Dateien oder Verzeichnisse gleichzeitig bearbeiten will (z.B. löschen, kopieren oder verschieben), ist es sinnvoll, diese gemeinsam zu markieren, um dann den markierten Bereich insgesamt zu bearbeiten.

---

[18] Vgl. Kapitel 4.2.3.3.
[19] Vgl. Kapitel 9.1.
[20] Vgl. Exkurs zur Mausbedienung in Kapitel 3.1.

Hierbei können zum einen mehrere direkt hintereinander liegende Dateien/Verzeichnisse als ein Bearbeitungsbereich oder mehrere nicht hintereinander liegende Dateien/Verzeichnisse gleichzeitig markiert werden.

Vorgehen

Mehrere direkt hintereinander liegende Dateien /Verzeichnisse markieren:
- erste(n) Datei/Ordner markieren.
- [*Shift*]-Taste drücken und gedrückt halten.
- letzte(n) Datei/Ordner des Bereiches anklicken → Bereich wird markiert.
- [*Shift*]-Taste loslassen.

Mehrere nicht hintereinander liegende Dateien/Verzeichnisse markieren:
- erste(n) Datei/Ordner markieren.
- [*Strg*]-Taste drücken und gedrückt halten.
- die einzelnen Dateien/Ordner bei gedrückter [*Strg*]-Taste mit der linken Maustaste anklicken.
- [*Strg*]-Taste loslassen.

d) Dateien/Ordner umbenennen

Der Name von Dateien und Ordnern kann auch nachträglich geändert werden (z.B. *beispiel1.txt* in *übung.txt*). Dies kann z.B. notwendig werden, falls Sie sowohl auf Ihrer Festplatte als auch auf Ihrer Diskette zwei verschiedene Dateien mit dem gleichen Namen abgespeichert haben. Wenn Sie nun beide Dateien auf der Diskette speichern wollen, müssen Sie eine der beiden Dateien umbenennen.

Vorgehen

- mit rechter Maustaste das Kontextmenü der neu zu benennenden Datei bzw. des neu zu benennenden Ordners aktivieren.
- Option *Umbenennen* wählen.
- neuen Namen in das markierte Namensfeld eingeben.
- Eingabe mit [*Return*] abschließen.

Aufgabe

Benennen Sie die Datei *beispiel1.txt* im Verzeichnis *c:\edv* in *übung.txt* um.

e) Löschen von Dateien/Verzeichnissen

Das Löschen von Dateien und Verzeichnissen wird erforderlich, wenn die erstellten Dateien/Verzeichnisse nicht mehr benötigt werden oder der Datenträger (z.B. Festplatte oder die Diskette) voll ist.

Vorgehen

- die zu löschende Datei oder das zu löschende Verzeichnis durch Anklicken markieren.
- Taste [*Entf*] drücken oder den Menüpunkt [*Datei/Löschen*] wählen oder mit der rechten Maustaste klicken und im eingeblendeten Kontextmenü den Befehl *Löschen* wählen.
- Sicherheitsabfrage bestätigen oder Aktion abbrechen.

Aufgabe

Löschen Sie auf Ihrem C:-Laufwerk die Datei *beispiel1.txt*, die Sie oben in Kapitel 3.4.2 angelegt haben.

Frage

Legen Sie auf Ihrer Festplatte ein neues Verzeichnis *test* an. Kopieren Sie in dieses Verzeichnis die Datei *übung.txt* aus dem Verzeichnis *c:\edv*. Löschen Sie nun das Verzeichnis *test* auf Ihrer Festplatte. Was passiert mit der Datei *übung.txt*, die Sie in das Verzeichnis *test* kopiert haben?[21]

Hinweis

Gelöschte Dateien oder Verzeichnisse werden zunächst nicht vollständig gelöscht, sondern nur in den *Papierkorb* verschoben. Der Papierkorb kann über eine Ikone auf dem Desktop aufgerufen werden. Zum „Zurückholen" gelöschter Dateien rufen Sie den Papierkorb auf, markieren im Papierkorb-Fenster durch einmaliges Anklicken die betreffende Datei bzw. das betreffende Verzeichnis und wählen [*Datei/Wiederherstellen*]. Sie können Dateien/Verzeichnisse aus dem Papierkorb solange wieder herausholen, bis der Papierkorb geleert wird.[22]

f) Formatieren von Disketten

Mit dem Formatieren von Datenträgern, z.B. von beschriebenen Disketten, löschen Sie endgültig alle auf dem Datenträger vorhandenen Daten.[23]

Vorgehen

- Kontextmenü des Laufwerks A: mit rechter Maustaste aktivieren.

---

[21] Die Datei wird auch gelöscht, da mit dem Ordner alle darin enthaltenen Dateien gelöscht werden.
[22] Sie können den Papierkorb manuell leeren, wenn Sie den Papierkorb aufrufen und [*Datei/Papierkorb leeren*] wählen. Ansonsten werden Dateien im Papierkorb automatisch gelöscht, wenn die eingestellte Speicherkapazität des Papierkorbs überschritten wird. Die Speicherkapazität des Papierkorbs können Sie über den Befehl *Eigenschaften* des Kontextmenüs zur Papierkorb-Ikone verändern.
[23] Vgl. zum Formatieren Kapitel 2.1.4.

- im Kontextmenü die Option *Formatieren* wählen.
- *Starten* anklicken → Diskette wird formatiert.

Hinweis

Achten Sie beim Formatieren darauf, dass Sie nicht versehentlich das Laufwerk C: formatieren, da sonst alle Programme und Daten auf der Festplatte gelöscht werden.

3.5 Individuelle Anpassungen

In diesem Abschnitt werden grundlegende Möglichkeiten vorgestellt, das Betriebssystem WINDOWS XP individuell auf Ihre eigenen Bedürfnisse anzupassen.

3.5.1 Arbeitsoberfläche

Diejenigen Objekte (z.B. Programme), die man häufig benötigt, sollten direkt auf der Arbeitsoberfläche von WINDOWS XP mit einer eigenen Ikone oder Gruppe abgelegt werden (z.B. der EXPLORER und WORD). Der Zugriff auf diese Objekte ist hier besonders einfach und schnell möglich.

a) Anlegen einer Ikone auf der Arbeitsoberfläche

- EXPLORER aufrufen.
- gegebenenfalls EXPLORER auf Fenstergröße bringen, damit die Arbeitsoberfläche zum Teil sichtbar ist.
- gewünschte Datei suchen.
- Mauszeiger auf die Datei setzen und die Datei mit gedrückter rechter Maustaste auf die Arbeitsoberfläche ziehen.
- die rechte Maustaste loslassen und die Option *Verknüpfung(en) hier erstellen* auswählen → Es wird eine Ikone mit der Verknüpfung zur Datei erstellt.

Hinweis

Grundsätzlich kann zu jeder Datei (z.B. Textdokument oder Programmdatei) eine Ikone auf dem Desktop angelegt werden. Damit Sie Ikonen zum Starten von Programmen bekommen, müssen Sie für die jeweilige Programmdatei des Programms (z.B. *winword.exe* für WORD) eine Verknüpfung auf dem Desktop erstellen.

Hinweis

Eine Ikone kann umbenannt werden, indem man sie mit der rechten Maustaste anklickt und aus dem erscheinenden Kontextmenü die Option *Umbenennen* wählt.

Eine Ikone kann gelöscht werden, indem man im Kontextmenü die Option *Löschen* wählt.[24]

b) Anordnen der Arbeitsoberflächen-Ikonen

Die erstellten Ikonen können auf der Arbeitsoberfläche mit der linken Maustaste verschoben werden, indem man die Ikone anklickt und mit gedrückter Maustaste an den gewünschten Platz zieht.

Über das Kontextmenü der Arbeitsoberfläche können die Ikonen automatisch angeordnet werden. Das Kontextmenü wird aufgerufen, indem man mit der rechten Maustaste irgendwo an einer freien Stelle auf die Arbeitsoberfläche klickt. Mit der Option *Symbole anordnen* können die Ikonen nach verschiedenen Kriterien angeordnet werden. Mit der Kontextmenü-Option *Am Raster ausrichten* können die Ikonen entlang der vertikalen und horizontalen Linien eines unsichtbaren Rasters ausgerichtet werden.

c) Hintergrundbild/Bildschirmschoner verändern

Das Hintergrundbild ist das Bild, das Sie hinter den Ikonen auf Ihrer Benutzeroberfläche von WINDOWS sehen. Der Bildschirmschoner besteht meist aus bewegten Bildern, die automatisch am Bildschirm erscheinen, wenn längere Zeit am laufenden PC nicht gearbeitet wurde. Das Hintergrundbild und der Bildschirmschoner können ebenfalls über das Kontextmenü der Arbeitsoberfläche verändert werden.

Die Einstellungen zum Hintergrundbild und Bildschirmschoner finden Sie unter dem Befehl *Eigenschaften* des Kontextmenüs zur Arbeitsoberfläche. Es erscheint dort ein Registerfenster, in dem in den jeweiligen Registerkarten die Veränderungen vorgenommen werden können.

3.5.2 Einrichten eines Druckers

Bevor Sie unter WINDOWS XP Dokumente ausdrucken können, müssen Sie einen über entsprechende Kabel physikalisch angeschlossenen Drucker in WINDOWS XP einrichten.

Vorgehen

- Schließen Sie zunächst den Drucker physikalisch an Ihren Computer an bzw. klären Sie, ob Sie zu einem angeschlossenen Netzwerkdrucker Zugang haben.

---

[24] Mit dem Löschen der Ikone wird lediglich die Verknüpfung zum Objekt auf der Arbeitsoberfläche gelöscht, nicht jedoch das eigentliche Objekt (z.B. das verknüpfte Programm).

- Klicken Sie auf das *Start-Menü*.
- Zeigen Sie auf *Einstellungen* und klicken Sie dann auf *Drucker*. → Das Druckerverwaltungsfenster wird geöffnet.

Abbildung 11: Druckerverwaltungsfenster

- Klicken Sie doppelt auf *Neuer Drucker*. → Der Assistent für die Druckerinstallation wird gestartet. Sie können nun den Anweisungen am Bildschirm folgen.

3.5.3 Installieren von Software

Die Installation neuer Programme kann man ebenfalls über das *Start-Menü* vornehmen.

Grundlegender Umgang mit dem Betriebssystem Windows XP 53

Vorgehen

- *Start-Menü* anklicken.
- auf die Option *Einstellungen* zeigen und dann auf *Systemsteuerung* klicken → Das Fenster *Systemsteuerung* wird geöffnet.

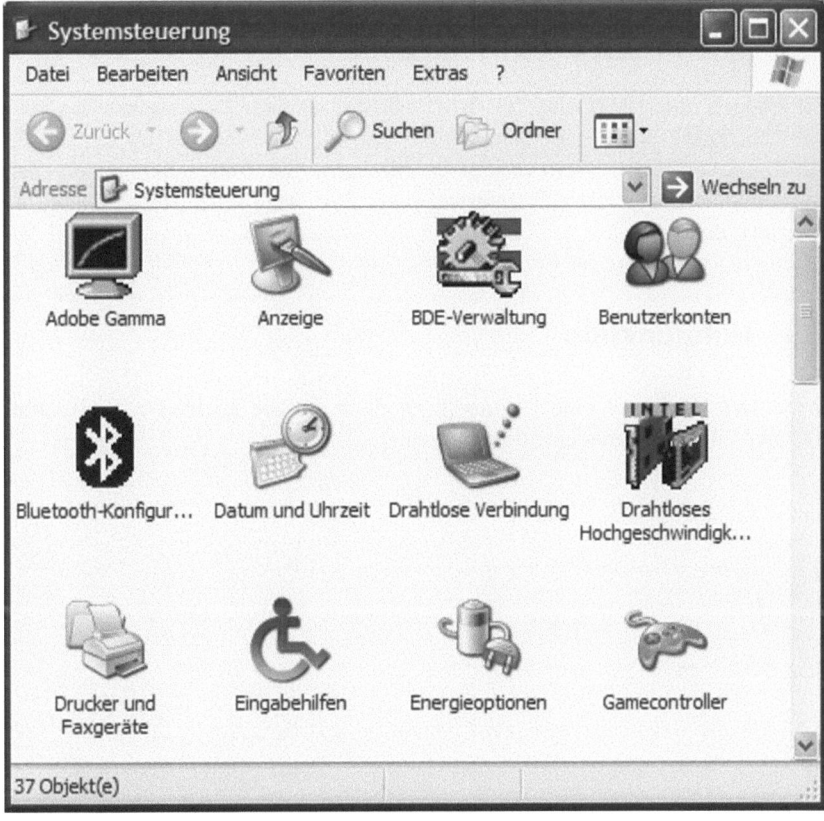

Abbildung 12: Fenster *Systemsteuerung*

- auf die Ikone *Software* doppelklicken.
- Das Registerfeld *Eigenschaften von Software* wird geöffnet. Dort müssen Sie auf *Installieren* klicken, um ein neues Programm von einer Diskette oder CD zu installieren. Nachdem Sie die Installationsdiskette oder -CD eingelegt haben, benötigt WINDOWS den Pfad zum Installationsprogramm. Falls WINDOWS keinen Pfad findet, können Sie über das Feld *Durchsuchen* den Pfad manuell angeben. Das Installationsprogramm heißt in der Regel *setup.exe* oder *install.exe* und befindet sich direkt auf dem Laufwerk des Datenträgers bzw. im Verzeichnis *setup* oder *install*. Nach dem Aufruf des Installationsprogrammes können Sie den Anweisungen, die auf dem Bildschirm erscheinen, folgen.

| Hinweis |

Sie können in den meisten Fällen Software auch durch den direkten Aufruf des Installationsprogrammes (z.B. über den EXPLORER) installieren (ohne das Registerfeld *Eigenschaften von Software* anzuwählen).

3.5.4 Weitere Systemeinstellungen

Sie können unter WINDOWS XP eine Vielzahl weiterer Systemeinstellungen vornehmen. Dazu zählen z.B. Datum und Uhrzeit, Netzwerkeinstellungen oder die Konfiguration neuer Hardware (z.B. Modem). Sie finden die entsprechenden Systemikonen im Fenster *Systemsteuerung*, das über [*Start/Einstellungen*] aufgerufen werden kann.

3.6 Hilfefunktion

WINDOWS XP bietet eine Online-Hilfe, über die Sie Hilfetexte zu bestimmten Themen oder Begriffen aufrufen können.

Die Hilfefunktion wird über das *Start-Menü* in der *Taskleiste* aufgerufen, indem Sie

- auf *Start* klicken.
- im Start-Menü auf *Hilfe* klicken → Das Registerfenster zur *Hilfe* wird geöffnet.

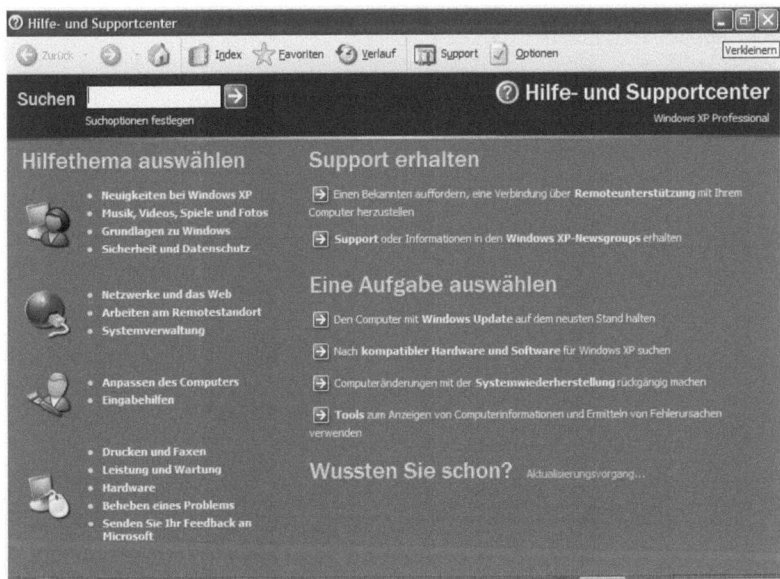

Abbildung 13: Dialogfenster *Hilfe zu WINDOWS XP*

Die Hilfe bietet eine eigene Übersicht mit mehreren Funktionen. Es gibt ein eigenes *Such*-Feld, einen Knopf *Index* und eine übersichtliche Auflistung der Hilfethemen im *Inhalt*. Im *Index* sind die Hilfethemen alphabetisch aufgelistet und im *Such*-Feld können Sie nach Stichwörtern suchen.

[*Index*]

- Alphabetisches Stichwortverzeichnis des Hilfeprogramms wird angezeigt.
- Begriff, zu dem Hilfe gewünscht wird, mit einem Doppelklick auswählen → Der Hilfetext zum Thema wird angezeigt.

[*Such-Feld*]

- Eingabe des Suchkriteriums und auf Pfeil klicken. → Ergebnisse erscheinen.

Hinweis

Die Hilfefunktion ist in den einzelnen Anwendungsprogrammen nach dem gleichen Prinzip zu bedienen. Daher wird dort auf eine Darstellung der Hilfefunktion verzichtet.

Aufgabe

Stellen Sie über die Hilfefunktion fest, wie Sie gelöschte Dateien aus dem Papierkorb wieder herstellen können.

4 Textverarbeitung mit Word

Das Ziel dieses Kapitels liegt darin, zum Umgang mit WORD 2003 zu befähigen. Neben den grundlegenden Funktionen stehen vor allem jene Bestandteile von WORD im Mittelpunkt, die wichtig für das Erstellen wissenschaftlicher Arbeiten oder umfangreicher Projektberichte sind.

Als Fallbeispiel dient die Unternehmensberatung StudConsult. Diese hat von der Firma *Gerhardt* den Auftrag erhalten, eine Studie zum Thema *Betriebswirtschaftliches Anwendungspotential des WWW* durchzuführen. Das Ergebnis der Studie soll als Projektbericht bzw. Studienarbeit mit WORD dokumentiert werden. Falls Sie sich die Musterdateien besorgt haben, sollten Sie sich die Datei *bwanpot_fremd.doc*[1] in das im WINDOWS-Teil angelegte Verzeichnis *c:\edv\word*[2] kopieren. Auszüge aus der Datei sind auch im Anhang[3] abgedruckt.

---

[1] Die Beispieldatei basiert auf folgendem Aufsatz: Jaros-Sturhahn, A./Schachtner, K., Betriebswirtschaftliches Anwendungspotential des WWW, in: WiSt 1998, Heft 2, S. 85-90.
[2] Vgl. Kapitel 3.4
[3] Vgl. Anhang 1.

4.1 Grundlagen

4.1.1 Benutzeroberfläche

Nach dem Starten von WORD erhalten Sie als erstes die Benutzeroberfläche von WORD.

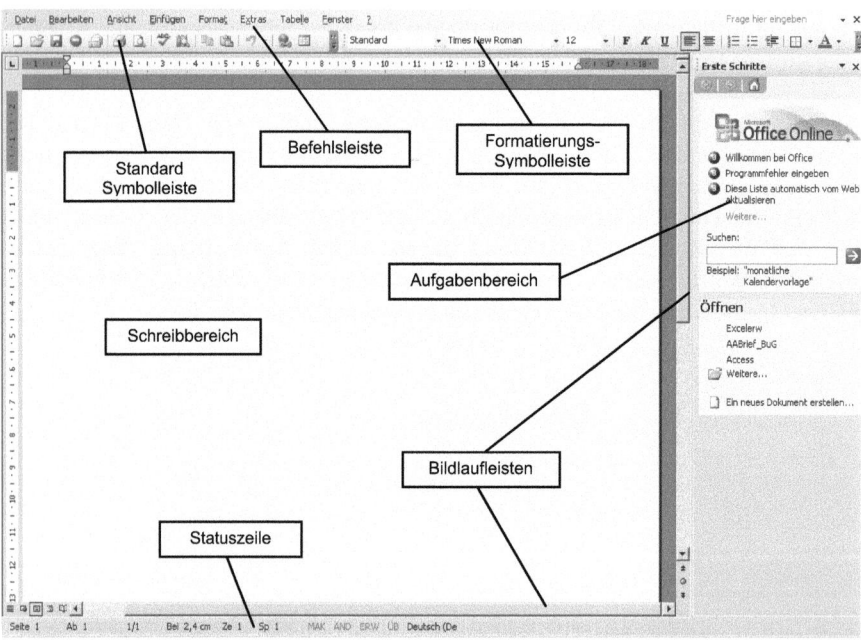

Abbildung 1: Benutzeroberfläche

Wesentliche Elemente

Der WORD-Bildschirm besteht aus bei allen WINDOWS-Programmen identischen (Punkte 1-3) und WORD-spezifischen Bestandteilen (Punkte 4-6).
1. *Symbolleisten*
   stellen über Schaltflächen/Listenfelder die wesentlichen Befehle schnell zur Verfügung; ersparen den Aufruf des Menübefehls
   o   Formatierungs-Symbolleiste: enthält Befehle zu Formatierung
   o   Standard-Symbolleiste: enthält diverse Befehle

2. *Lineal*
   ermöglicht ebenfalls Formatierungen
3. *Statuszeile*
   gibt diverse Statusinformationen (z.B. Anzahl der Seiten des Dokumentes) an
4. *Schreibbereich*
   ermöglicht die Eingabe des Textes
5. *Aufgabenbereich:*
   Zeigt Arbeithinweise und Menüs

4.1.2 Texterstellung und -formatierung

Im Rahmen der Textverarbeitung sind zwei grundlegende Aktivitäten - die *Texterstellung* und die *Textformatierung* - durchzuführen. Bei der *Texterstellung* wird der Text eingegeben. Das entspricht ungefähr dem Arbeiten mit der Schreibmaschine. Bei der *Textformatierung* wird der Text optisch ansprechend gestaltet (z.B. fett gedruckt). WORD stellt dabei grundlegende Möglichkeiten professionellen Textdesigns zur Verfügung (z.B. auch für dieses Buch).

4.2 Grundelemente der Texterstellung

Wenn Sie das folgende Kapitel durchgearbeitet haben, können Sie Texte eingeben, korrigieren, speichern, öffnen und ausdrucken. Sie haben damit das Rüstzeug zur Erstellung von Texten, die keine Ansprüche an die optische Aufbereitung stellen und keine spezifischen Textelemente (z.B. Tabellen) enthalten.

4.2.1 Text eingeben und Tippfehler korrigieren

Geben Sie folgenden Beginn des Projektberichtes - mit allen Tippfehlern[4] - ein:

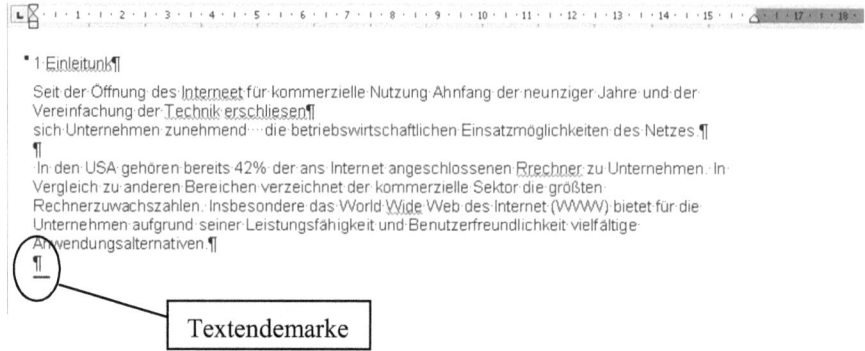

Abbildung 2: Eingeben von Text

Achten Sie bei der Eingabe auf folgendes:

- Der Text wird immer an der Stelle eingegeben, an der sich die Einfügemarke, der Cursor (= blinkender vertikaler Strich) befindet.
- Das Textende wird durch die Textendemarke (= horizontaler Strich) markiert; der Cursor lässt sich nicht über die Textendemarke hinaus bewegen.
- Absatz- bzw. Zeilenwechsel sollten Sie nur dann eingeben, wenn Sie tatsächlich eine neue Zeile beginnen wollen (hier z.B. nach der Überschrift und am Ende des Absatzes).
    - Beabsichtigte Absatz- bzw. Zeilenwechsel geben Sie über [*Return*] bzw. [*Shift*] + [*Return*][5] ein.
    - Beabsichtigte Absatz- bzw. Zeilenwechsel werden am Bildschirm durch

    ¶ bzw. ↵ angezeigt[6].

---

[4] Wenn Sie unter [*Extras/Optionen*], Registerkarte *Rechtschreibung*, die Option *Automatische Rechtschreibprüfung* aktiviert haben, werden unbekannte Worte während der Texterstellung mit einer roten Schlangenlinie unterstrichen (vgl. Kapitel 4.4.1).

[5] Im Moment ist es ausreichend zu wissen, dass sowohl Absatz- als auch Zeilenwechsel den Beginn einer neuen Zeile bewirken (also diesbezüglich die gleiche Funktion haben). Die Unterscheidung zwischen Zeilen- und Absatzwechseln wird allerdings später im Zusammenhang mit der Formatierung sehr wichtig.

[6] Die Anzeige bzw. Nicht-Anzeige dieser Zeichen am Bildschirm lässt sich durch Anklicken von ¶ in der Standard-Symbolleiste ein- bzw. ausschalten. Es handelt sich hierbei um „nichtdruckbare" Zeichen, die deshalb nur am Bildschirm und nicht auf einem Ausdruck erscheinen können.

- Normalerweise sollten Sie am Ende einer Zeile keinen Zeilen- oder Absatzwechsel eingeben. WORD nimmt den Zeilenwechsel automatisch vor (wichtiger Unterschied zur Schreibmaschine).
  - Der automatische Zeilen- bzw. Absatzwechsel passt sich automatisch an Änderungen im Text (z.B. Einfügungen oder Löschungen von Wörtern) an.

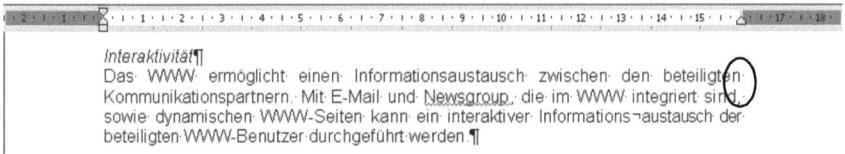

Abbildung 3: Ausgangstext mit automatischem Zeilenwechsel

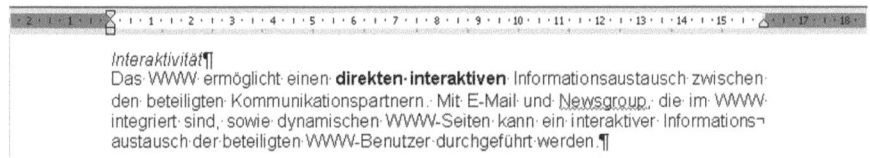

Abbildung 4: Text mit automatischem Zeilenwechsel nach Texteinfügung

- Beabsichtigte Zeilen- bzw. Absatzwechsel passen sich nicht an Änderungen im Text an. Bei später vorgenommenen Änderungen (z.B. Einfügungen oder Löschungen) erzeugen sie u.U. halbleere Zeilen und müssen dann wieder entfernt werden.

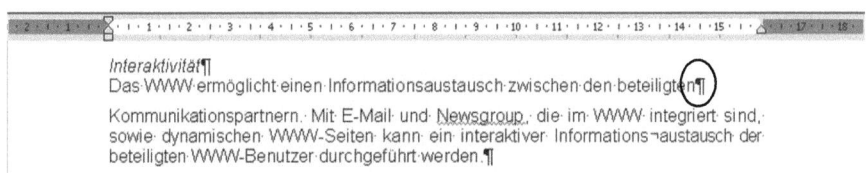

Abbildung 5: Ausgangstext mit beabsichtigtem Absatzwechsel

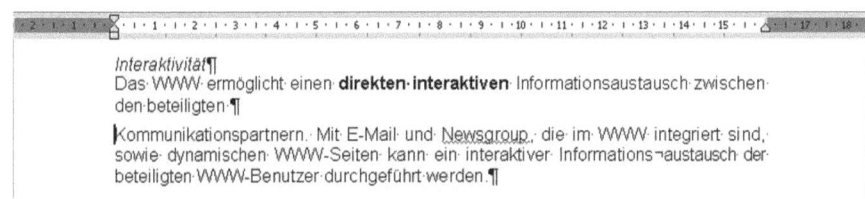

Abbildung 6: Text mit beabsichtigtem Absatzwechsel nach Texteinfügung

Aufgabe

Korrigieren Sie die Tippfehler, die Sie mit dem obigen Text eingegeben haben. Der folgende Abschnitt erklärt Ihnen, wie Sie sich dazu im Text bewegen und wie Sie Tippfehler korrigieren können.

Grundlegende Möglichkeiten zum Bewegen im Text

- Pfeiltasten (←, ↑, →, ↓)
- Mauszeiger (= I) an gewünschter Cursorposition platzieren, linke Maustaste klicken → Cursor wird dort platziert

Korrektur von Tippfehlern

Der Cursor muss immer an der Korrekturstelle platziert werden. Dann können Sie folgende weitere Aktionen durchführen:

- *Zeichen löschen*
  Zeichen links vom Cursor mit der [*Rück*]-Taste ⎣←⎦ löschen; Zeichen rechts vom Cursor mit der Taste [*Entf*] löschen.
- *Zeichen einfügen*
  Nach dem Start befindet sich WORD normalerweise im *Einfügemodus*. Eingefügte Zeichen werden dabei an der Cursorposition zwischen den vorhandenen Zeichen eingefügt (der bereits vorhandene Text „wandert" beim Einfügen also nach rechts). Man arbeitet überwiegend in diesem Modus.
- *Zeichen überschreiben*
  Im *Überschreibmodus* überschreiben neu eingefügte Zeichen die vorhandenen. Ein Anwendungsfall sind z.B. Tabellen, in denen bereits vorhandene Zahlen durch neue, aktualisierte überschrieben werden.
- *Wechsel zwischen Überschreib- und Einfügemodus*
  - Menüpunkt [*Extras/Optionen*], Registerkarte *Bearbeiten,* Option *Überschreibmodus* durch Anklicken aktivieren bzw. deaktivieren
  - Überschreibmodus ist eingeschaltet → Kürzel *ÜB* in Statuszeile wird dunkel hinterlegt, d.h. aktiviert
- Einfügemodus ist eingeschaltet → Kürzel *ÜB* in Statuszeile wird hell hinterlegt, d.h. deaktiviert

4.2.2 Textdateien speichern, öffnen und schließen

Hier lernen Sie als erstes, wie Sie den oben eingetippten - zunächst nur im flüchtigen Arbeitsspeicher abgelegten - Text auf einem Datenträger speichern. Darüber hinaus erfahren Sie, wie Sie Text aus dem Arbeitsspeicher entfernen und von einem Datenträger in den Arbeitsspeicher laden.[7]

a) Speichern von Textdateien

Sie wollen den oben eingetippten Text mit dem Namen *bwanpot.doc* auf der Festplatte unter *c:\edv\word* speichern. Im Folgenden erfahren Sie, welche Angaben Sie beim Speichern machen müssen.

a1) Erstes Speichern einer neu erstellten Textdatei

Wenn Sie den Menüpunkt [*Datei/Speichern*] oder 💾 in der Standard-Symbolleiste wählen, erscheint folgendes Dialogfenster, in dem die anschließend angegebenen Eintragungen vorzunehmen sind:

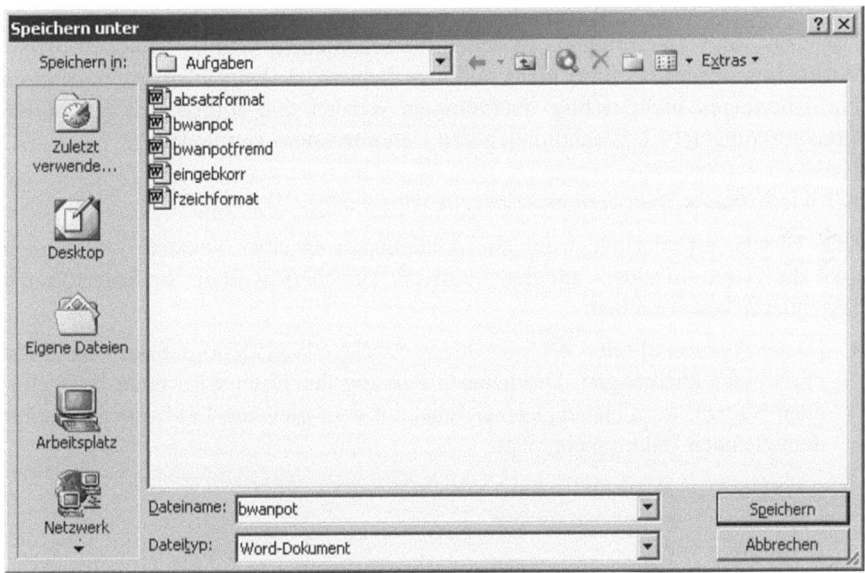

Abbildung 7: Speichern von Dateien

---

[7] Zum Arbeitsspeicher und Datenträger vgl. Kapitel 2.2.

- *Laufwerk und Verzeichnis*
    - Öffnen des Listenfeldes *Speichern in* zeigt die Laufwerks- und Verzeichnisstruktur an.
    - Gewünschtes Laufwerk/Verzeichnis analog zur Handhabung im EXPLORER[8] öffnen.
- *Dateiname*
    - Eingabe in Textfeld Dateiname
- *Dateityp*
    - legt fest, in welchem Dateiformat der Text gespeichert wird
    - Standardvorgabe *.doc = Dateiformat von WORD 2003 (z.B. bwanpot.doc[9])
    - Andere Dateiformate sind interessant, wenn der Text mit einem anderen Programm weiter verarbeitet werden soll (z.B. WORD 2000/XP), wenn der mit WORD 2003 erstellte Text in WORD 2000 oder WORD XP weiter bearbeitet werden soll)[10].
- *Speichern* bzw. *Abbrechen* → Speichervorgang wird durchgeführt bzw. abgebrochen

Hinweis

Das Hin- und Herspringen zwischen verschiedenen WORD-Versionen (bzw. WORD-Dateiformaten) führt nicht selten zu Fehlern, da beispielsweise bestimmte Formatierungen nicht richtig übernommen werden. Sie sollten daher unnötige Konvertierungen (= Umwandlungen von Dateiformaten) vermeiden.

a2) Wiederholtes Speichern einer bereits vorhandenen Textdatei

Dies ist z.B. erforderlich, wenn Sie Änderungen an einer Textdatei vornehmen oder die Datei auf einem anderen Laufwerk speichern wollen. Sie können dazu folgendermaßen vorgehen:

- [*Datei/Speichern*] oder 🔲 auswählen → Das obige Dialogfenster zum Speichern wird übergangen. Die neueste Fassung der Datei wird unter dem gleichen Namen, im gleichen Verzeichnis, auf dem gleichen Laufwerk und unter dem gleichen Dateityp abgelegt.

---

[8] Vgl. Kapitel 3.4.
[9] Der Anwender braucht die Dateierweiterung .doc nicht einzutippen; sie wird automatisch von WORD vergeben.
[10] Programme wie WORD sind normalerweise aufwärtskompatibel; d.h., dass neue WORD-Versionen (z.B. WORD 2003) mit älteren WORD-Versionen (z.B. WORD 2000 oder WORD XP) geschriebene Textdateien i.d.R. „von selbst" lesen können. Ältere WORD-Versionen können dagegen mit neueren WORD-Versionen geschriebene Textdateien i.d.R. nicht lesen; Abwärtskompatibilität liegt also nicht vor. Daher ist es in diesem Fall erforderlich, die mit der neuen Version erstellte Datei in dem Format der alten Version abzuspeichern.

- [*Datei/Speichern unter*] ermöglicht es, eine bereits abgespeicherte Datei auf einem anderen Laufwerk und/oder in einem anderen Verzeichnis und/oder mit einem anderen Namen und/oder in einem anderen Dateityp zu speichern.

Hinweis

Bei der Eingabe längerer Texte sollten Sie Ihre Texte von Zeit zu Zeit speichern. Sie vermeiden so größere Datenverluste, die u.U. durch den Absturz des Rechners entstehen können.

Hinweis

Es kann sinnvoll sein, mit Hilfe von [*Datei/Speichern unter*] Sicherheitskopien wichtiger Dateien auf verschiedenen Datenträgern (Festplatte/Diskette) zu erstellen. Bei zentralen Dateien - wie Diplomarbeiten - ist das Anlegen von ca. drei Sicherheitskopien ein absolutes Muss. Mit Sicherheitskopien verringern Sie die Gefahr des Datenverlustes, die durch einen komplett oder teilweise defekten Datenträger entstehen kann.
Es ist weiterhin hilfreich, verschiedene Bearbeitungsstati/Versionen einer Textdatei mittels [*Datei/Speichern unter*] festzuhalten (z.B. *bwanpot1.doc*, *bwanpot2.doc*, *bwanpot3.doc*). Bei größeren Projekten (z.B. Diplomarbeiten) ermöglicht dies z.B. den Rückgriff auf Textteile, die man zu irgendeinem Zeitpunkt gelöscht hat und später dann doch wieder als wichtig erachtet.

Aufgabe

Speichern Sie die Datei *c:\edv\word\bwanpot.doc*, die Sie oben auf der Festplatte gespeichert haben, unter dem Namen *bwanpot.doc* auf einer Diskette ab. Beenden Sie WORD.

b) Öffnen von Textdateien

b1) Öffnen bereits vorhandener Textdateien

Rufen Sie WORD wieder auf. Um mit der im vorigen Punkt auf der Festplatte abgespeicherten Datei *c:\edv\word\bwanpot.doc* weiterarbeiten zu können, müssen Sie diese zunächst öffnen.

Dazu können Sie [*Datei/Öffnen*] wählen oder auf 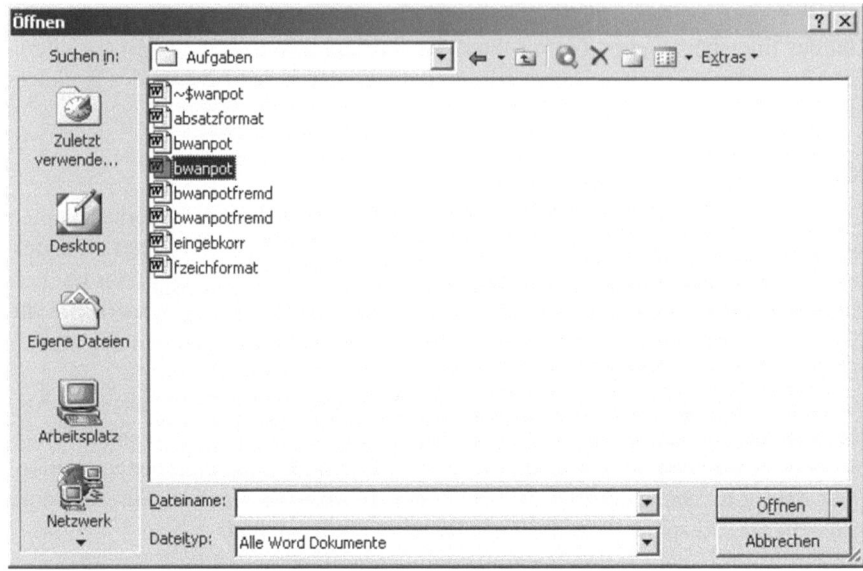 in der Standard-Symbolleiste klicken. Damit öffnet sich ein dem Speichern-Dialogfenster ähnliches Dialogfenster.

Abbildung 8: Öffnen von Dateien

Hier ist folgendes einzugeben:

- *Laufwerk/Verzeichnis*, unter dem die Datei gespeichert ist, über Öffnen des Listenfeldes *Suchen in* eingeben
- *Dateiname*: den Namen im Dateifenster doppelt anklicken → Dokument wird automatisch geöffnet
    o Im Dateifenster werden Dateien des unter *Dateityp* aktivierten Formates angezeigt (Standardmäßig ist *.doc aktiviert; damit werden mit WORD 2003 und anderen WORD-Versionen erstellte Dateien angezeigt.).
    o Um mit anderen Programmen (z.B. WORD-PERFECT) erstellte Dateien öffnen zu können, muss unter *Dateityp* das entsprechende Format bzw. die Option *alle Dateien* aktiviert werden.
- *Schnellöffnung von Dateien*: Im unteren Bereich des Menüpunktes *Datei* befindet sich eine Liste der zuletzt geöffneten Dateien. Durch Anklicken lässt sich eine in letzter Zeit benutzte Datei auf die schnellste Art und Weise öffnen.

b2) Öffnen einer neuen, leeren Textdatei

Sie haben den Projektbericht *c:\edv\word\bwanpot.doc* noch geöffnet. Sie wollen ihn mit einem Anschreiben an Ihren Auftraggeber verschicken. Das Anschreiben soll in einer neuen Datei abgelegt werden.

Eine neue Datei öffnen Sie folgendermaßen:

- [*Datei/Neu*] auswählen
- Option *leeres Dokument* wählen oder Klick auf ⬜ in Standard-Symbolleiste
  → leeres Dateifenster erscheint

c) Schließen von Textdateien

In WORD können mehrere Dateien gleichzeitig geöffnet und bearbeitet werden. Beim Öffnen einer Datei legt sich das Fenster/Blatt der zuletzt geöffneten Datei auf den „Stapel" der übereinander liegenden Fenster/ Blätter.

Unter dem Menüpunkt *Fenster* sehen Sie eine Liste der aktuell geöffneten Dateien (hier z.B. *bwanpot* und *Dokument2*). Die oben auf dem Stapel liegende Datei ist durch einen Haken gekennzeichnet. Durch Anklicken des Dateinamens können Sie ein anderes Fenster aktivieren, d.h. oben auf den Stapel legen.

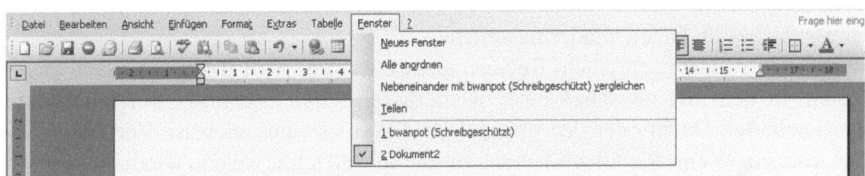

Abbildung 9: Arbeiten mit mehreren Fenstern

Geöffnete Dateien befinden sich im Arbeitsspeicher. Wenn Sie zu viele Dateien gleichzeitig öffnen, scheitern Sie beim Versuch, eine weitere Datei zu öffnen u.U. an den Grenzen des Arbeitsspeichers. Sie müssen daher ggf. Dateien aus dem Arbeitsspeicher entfernen, d.h. über [*Datei/Schließen*] schließen. Wenn alle Dateien geschlossen sind, erscheint eine leere Arbeitsfläche.

Der Unterschied zwischen Speichern und Schließen liegt in folgenden Punkten:

- Beim Speichern wird die Datei auf den permanenten Datenträger (z.B. Festplatte oder Diskette) geschrieben; sie bleibt jedoch weiterhin im Arbeitsspeicher.
- Beim Schließen wird die Datei aus dem Arbeitsspeicher entfernt. Falls Sie an der Datei Veränderungen vorgenommen haben, werden Sie beim Schließen gefragt, ob Sie die Veränderungen speichern möchten.

Aufgabe

Schreiben Sie Ihren Absender in die leere Datei, die Sie oben für das Anschreiben geöffnet haben. Schließen Sie die Datei und speichern Sie sie unter *c:\edv\word\anschrbwanpot.doc*. Schließen Sie die Datei *bwanpot.doc* ebenfalls.

Hinweis

Den Befehl *[Datei/Schließen]* können Sie auch verwenden, um Eingaben zu verwerfen. Dies kann z.B. sinnvoll sein, wenn Sie mit einer für Sie neuen Funktionalität von WORD experimentieren (z.B. Tabellen). Vor Experimentbeginn speichern Sie die Datei. Falls das Experiment misslingt und ein „Chaos" entsteht, wählen Sie *[Datei/Schließen]* und verneinen die Rückfrage, ob Sie die Datei speichern wollen. Wenn Sie die Datei nun erneut öffnen, erscheint sie wieder im alten Zustand auf dem Bildschirm.

Hinweis

WORD bietet im Rahmen der Datensicherung die Möglichkeit, eine nicht gespeicherte Datei nach einem Rechnerabsturz automatisch *wiederherzustellen*. Dazu müssen Sie unter *[Extras/Optionen]*, Registerkarte *Speichern* die Option *Autowiederherstellen-Info speichern alle* aktivieren und im Listenfeld *Minuten* eine bestimmte Zeitspanne (z.B. 30) eintragen. Damit speichern Sie neu eingegebene Daten üblicherweise automatisch alle z.B. 30 Minuten im Verzeichnis *c:\temp* ab. Aus diesen Daten kann WORD nach einem Rechnerabsturz die nicht in der Datei abgespeicherten Daten wiederherstellen.
Wenn Sie WORD nach einem Rechnerabsturz starten, wird Ihnen ein Menü angeboten, in dem Sie zwischen einer wiederhergestellten Version Ihrer noch nicht gespeicherten Daten oder den original Daten (zuletzt gespeicherte Version) wählen können. Wenn Sie Glück haben, enthält diese Datei, welche wiederhergestellt wurde, dann den Großteil der noch nicht abgespeicherten Daten.
Sie sollten die ursprüngliche Datei nicht gleich mit der automatisch wiederhergestellten Datei überschreiben. Speichern Sie die wiederhergestellte Datei zunächst unter einem neuen Namen (z.B. *bwanpotrett.doc*) und schauen dann, ob die ursprüngliche Datei (*bwanpot.doc*) oder die wiederhergestellte Datei umfangreicher ist. Arbeiten Sie dann mit der vollständigeren von beiden weiter.
Das automatische Speichern hat den Nachteil, dass es bei umfangreicheren Dateien relativ lange dauern und Sie so im Arbeitsfluss hemmen kann.

Hinweis

Eine weitere Möglichkeit der Datensicherung liegt darin, automatische Sicherungskopien zu erstellen. Wenn Sie unter *[Extras/Optionen]*, Registerkarte *Speichern* die Option *Sicherungskopie immer erstellen* aktivieren, wird die vorletzte Version Ihrer Datei automatisch als Sicherungskopie aufbewahrt. Falls die Originaldatei z.B. defekt ist, haben Sie die Möglichkeit auf die vorletzte Version der

Datei zurückzugreifen und verlieren so nur die seit der letzten Speicherung eingegebenen Daten.

Von der Datei *test.doc* würde die Sicherungskopie beispielsweise unter dem Namen *Sicherungskopie von Test.wbk* abgelegt. Wenn Sie die Datei über das Dialogfenster *[Datei/Öffnen]* öffnen wollen, müssen Sie im Listenfeld Dateityp also die Option *Alle Dateien (*.*)* einstellen, da die Sicherungskopie ansonsten nicht angezeigt wird.

Automatische Sicherungskopien verbrauchen Festplattenplatz. Da die Sicherungskopie beim Löschen der Hauptdatei[11] nicht automatisch mitgelöscht wird, sollten Sie nicht mehr benötigte Sicherheitskopien in gewissen Zeitabständen löschen.

4.2.3 Text bearbeiten

Wichtige Bearbeitungs- bzw. Korrekturaufgaben liegen im Löschen, Ergänzen und Umstellen von Text. Um längere Texte bearbeiten zu können, müssen Sie wissen, wie man sich in diesen bewegt und wie man Text markiert.

4.2.3.1 Bewegen mit der vertikalen Bildlaufleiste

Mit der am rechten Bildschirmrand angeordneten vertikalen Bildlaufleiste können Sie in längeren Texten von oben nach unten bzw. unten nach oben blättern.

Dies können Sie folgendermaßen handhaben:
- *Bewegen mit dem Bildlauffeld* (⊟)
    - Das Bildlauffeld gibt an, wo man sich relativ zur Gesamtgröße des Textes befindet. Wenn das Bildlauffeld also beispielsweise in der Mitte der Bildlaufleiste steht, befindet man sich in der Mitte des Textes.
    - Zum Navigieren setzen Sie den Mauszeiger auf das Bildlauffeld und ziehen es mit gedrückter linker Maustaste nach unten bzw. oben. Beim Ziehen erscheint eine „Sprechblase", die die jeweils erreichte Seitenzahl anzeigt. Wenn die angepeilte Seite erreicht wird, lassen Sie die linke Maustaste los und springen damit auf die entsprechende Seite.
- *Bewegen mit den Pfeilfeldern*
    - Wenn Sie mit dem Mauszeiger auf die Pfeilfelder ▲, ▼ klicken, verschiebt sich der Text zeilenweise nach oben bzw. unten.
    - Wenn Sie mit dem Mauszeiger auf die Pfeilfelder ⁑, ⁕ klicken, verschiebt sich der Text seitenweise nach oben bzw. unten.

---

[11] Zum Löschen von Dateien vgl. z.B. Kapitel 3.4.4.

Mit der vertikalen Bildlaufleiste bewegt man sich zu der gewünschten Seite. Die Feinpositionierung erfolgt dann mit Hilfe des Mauszeigers.

Aufgabe

Öffnen Sie die Datei *c:\edv\word\bwanpot_fremd.doc*. Falls Ihnen die Datei nicht vorliegt, geben Sie die nächsten ca. 1,5 Seiten des Projektberichtes[12] in Ihre Datei *c:\edv\word\bwanpot.doc* ein und speichern Sie diese. Gehen Sie mit Hilfe des Bildlauffeldes ans Ende des Textes. Gehen Sie dann zum zweiten Satz des Textes und löschen Sie ihn.

Mit der horizontalen Bildlaufleiste[13] kann man sich analog von links nach rechts und von rechts nach links bewegen. Man benötigt diese Funktion allerdings relativ selten.[14]

4.2.3.2 Text markieren

Markieren ist eines der Grundprinzipien von WORD und allen WINDOWS-Programmen, das Ihnen immer wieder begegnet. Textteile, die zu bearbeiten sind (z.B. zu löschen oder fett zu drucken), müssen vorher markiert werden.

Zum Markieren benötigt man die *Markierungsleiste*. Dabei handelt es sich um einen „unsichtbaren" Bereich links neben dem Textrand. Wenn Sie den Mauszeiger in die Markierungsleiste setzen, nimmt er die Form eines Pfeils an, der nach rechts auf den Text zeigt (⌐).

Aufgabe

Probieren Sie die im Folgenden skizzierten Markierungsmöglichkeiten anhand von *c:\edv\word\bwanpot_fremd.doc* bzw. *bwanpot.doc* aus. Der markierte Text wird dabei dunkel hinterlegt.

---

[12] Auszüge aus dem Projektbericht sind in Anhang 1 abgedruckt.
[13] Die horizontale Bildlaufleiste befindet sich am unteren Bildschirmrand über der Statuszeile.
[14] Die horizontale Bildlaufleiste ist manchmal für die Fehlersuche interessant. Ein versehentliches Ziehen des Bildlauffeldes nach rechts rollt den Text nach links aus dem Fenster hinaus, so dass er gar nicht mehr oder nicht mehr vollständig angezeigt wird. In diesem Fall muss das Bildlauffeld wieder nach links gezogen werden.

Zu markierender Text	Vorgehen
beliebige Zeichen	Mauszeiger rechts oder links neben erstes zu markierendes Zeichen setzen, linke Maustaste drücken und gedrückt halten, Markierung nach rechts oder links hinter letztes zu markierendes Zeichen ziehen, Maustaste loslassen
ein Wort	Mauszeiger auf Wort, Doppelklicken
Zeilen	*eine Zeile*: Mauszeiger in Markierungsleiste neben zu markierende Zeile setzen, linke Maustaste klicken *mehrere Zeilen*: Mauszeiger in Markierungsleiste neben erste zu markierende Zeile setzen, linke Maustaste drücken, gedrückt halten, nach oben bzw. unten bis zum Ende der zu markierenden Zeilen ziehen, Maustaste loslassen
Absätze	*ein Absatz*: Mauszeiger in Markierungsleiste neben zu markierenden Absatz setzen, linke Maustaste doppelklicken *mehrere Absätze*: Mauszeiger in Markierungsleiste neben ersten zu markierenden Absatz setzen, linke Maustaste doppelklicken, nach dem Doppelklicken gedrückt halten, nach oben bzw. unten bis zum Ende der zu markierenden Absätze ziehen, Maustaste loslassen
gesamtes Dokument	Mauszeiger in Markierungsleiste setzen, dreimal klicken
Markierung entfernen	linke Maustaste klicken (Mauszeiger darf nicht in Markierungsleiste stehen)

Abbildung 10: Markieren von Text

4.2.3.3 Text korrigieren

Im Rahmen einer Korrektur müssen Textteile häufig gelöscht, kopiert oder umgestellt werden. Eine weitere Möglichkeit zur Korrektur liegt darin, gerade durchgeführte Befehle (z.B. Texteingaben oder Löschungen) rückgängig zu machen.

Textteile löschen

- den betreffenden Textteil markieren
- den markierten Text z.B. durch Drücken von [*Entf*] löschen

Befehle rückgängig machen

- Die meisten Befehle können rückgängig gemacht werden[15].
- [*Bearbeiten/Rückgängig*] oder ↺ macht den zuletzt ausgeführten Befehl rückgängig.
- Erneutes [*Bearbeiten/Rückgängig*] oder ↺ macht den „zuvorletzt" ausgeführten Befehl rückgängig usw.[16]

Aufgabe

Löschen Sie den Inhalt von *c:\edv\word\bwanpot.doc*. Machen Sie den Löschvorgang rückgängig. Öffnen Sie eine neue Datei, geben Sie drei Worte ein, machen Sie die drei letzten Befehle rückgängig und schließen Sie die Datei wieder.

Kopieren und Umstellen von Textteilen über die Zwischenablage

Die *Zwischenablage*[17] ist ein Zwischenspeicher, in dem Dokumentteile (z.B. Text) kurzfristig aufbewahrt werden können. Sie steht in allen WINDOWS-Programmen zur Verfügung und dient dem Datenaustausch. Sie ermöglicht z.B. folgende Austauschvorgänge:

- Dokumentteile können von der mit WORD erstellten Textdatei *beispiel1.doc* in die Zwischenablage und von der Zwischenablage an eine andere Stelle der Datei *beispiel1.doc* transportiert werden.
- Dokumentteile können von der mit WORD erstellten Textdatei *beispiel1.doc* in die Zwischenablage und von der Zwischenablage in die Datei *beispiel2.doc* transportiert werden.
- Dokumentteile können z.B. von einer mit WORD verfassten Datei in eine mit EXCEL erstellte Datei übertragen werden.[18]

Das Kopieren bzw. Verschieben von Text erfolgt mit Hilfe folgender Zwischenablage-Befehle:

- [*Bearbeiten/Ausschneiden*] oder ✂ entfernt den markierten Dokumentteil aus dem Dokument und legt ihn in der Zwischenablage ab.
- [*Bearbeiten/Kopieren*] oder 📋 legt den markierten Dokumentteil ebenfalls in der Zwischenablage ab, belässt ihn aber im Dokument.
- [*Bearbeiten/Einfügen*] oder 📋 fügt den in der Zwischenablage abgelegten Dokumentteil an der Cursorposition in das Dokument ein.

---

[15] Nicht rückgängig gemacht werden können Festplattenaktionen, z.B. das Speichern.
[16] Insgesamt können so die letzten 100 Befehle schrittweise rückgängig gemacht werden.
[17] Sie finden in Kapitel 3.4 einen Exkurs zur Zwischenablage.
[18] Vgl. Kapitel 9.1.

Zum *Umstellen* bzw. *Kopieren* muss man folgendermaßen vorgehen:

- den umzustellenden bzw. zu kopierenden Dokumentteil markieren
- den Dokumentteil ausschneiden oder kopieren
- den Cursor an die Stelle setzen, an der der Dokumentteil eingefügt werden soll
- den Dokumentteil einfügen

Die in der Zwischenablage abgelegten Dokumentteile können beliebig oft herausgeholt werden. Die Zwischenablage enthält allerdings immer nur den zuletzt hineingelegten Dokumentteil; beim Hineinlegen eines neuen Inhaltes wird der alte also gelöscht.

Aufgabe

StudConsult will noch einen weiteren Brief schreiben (z.B. an den Steuerberater). Kopieren Sie den Absender aus der Datei *c:\edv\word\anschrbwanpot.doc* in die neu anzulegende Datei *c:\edv\word\steuerberat98.doc*.

Frage

- Schauen Sie sich obige drei Unterpunkte der Erläuterung des Punktes *Kopieren und Umstellen von Textteilen über die Zwischenablage* an. Wie lässt sich der Text des Unterpunktes 2 auf der Basis des Textes von Unterpunkt 1 „ökonomisch" mit Hilfe der Zwischenablage erstellen?[19]
- Schauen Sie sich obige drei Unterpunkte des Punktes *Das Kopieren bzw. Verschieben von Text erfolgt mit Hilfe folgender Zwischenablage-Befehle* an. Wie lässt sich die Reihenfolge der ersten beiden Unterpunkte mit Hilfe der Zwischenablage vertauschen?[20]

---

[19] Punkt 2 ergibt sich aus einer über die Zwischenablage erstellten Kopie von Punkt 1. Man muss dann in Punkt 2 nur ein paar kleinere Änderungen vornehmen.
[20] Unterpunkt 1 markieren und in die Zwischenablage ausschneiden; den Cursor in eine neue Zeile hinter Unterpunkt 2 setzen und die Inhalte aus der Zwischenablage einfügen.

4.2.4 Drucken

Über 🖨 starten Sie den Druck mit den aktuellen Druckereinstellungen. [Datei/Drucken] bietet Ihnen folgendes Dialogfenster zur Änderung der Drucker-Einstellungen:

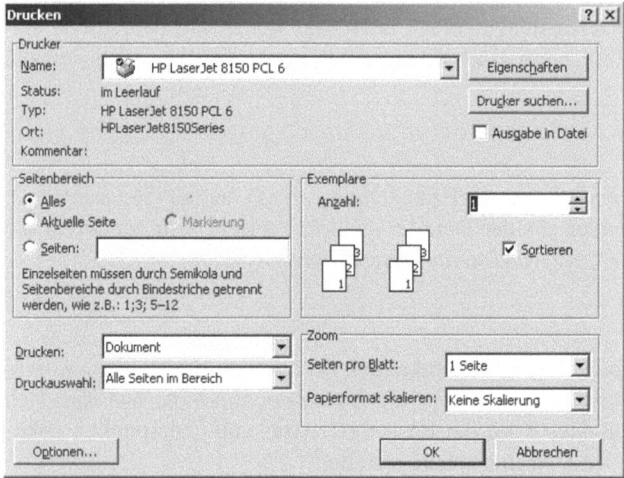

Abbildung 11: Drucker-Einstellungen

- *Drucker*
    - Die Druckdaten werden an den unter *Name* angegebenen Drucker(treiber) geschickt.
    - Ein anderer Drucker lässt sich durch Aufklappen des Listenfeldes[21] *Name* und Anklicken des entsprechenden Druckers wählen[22].
- *Seitenbereich* legt fest, welche Teile des Textes gedruckt werden sollen.
    - *Alles*: druckt den gesamten Text.
    - *Aktuelle Seite*: druckt die Seite, auf der der Cursor steht.
    - *Seiten*: druckt die angegebenen Seiten. Dies ist z.B. nützlich, um ausschließlich die Seiten, auf denen man noch Schreibfehler korrigiert hat, auszudrucken.
    - *Markierung*: druckt den markierten Teil des Textes; die Option erscheint nur, wenn vorher Textteile markiert worden sind.
- *Exemplare*: bestimmt die Anzahl der zu druckenden Exemplare.

---

[21] Sie klappen Listenfelder auf, indem Sie den Pfeil anklicken.
[22] Zum Installieren von Druckern vgl. Kapitel 3.5.2.

Hinweis

Das Aussehen des Textes (z.B. die Textlänge und die Schriftart) ist vom Drucker abhängig. Um sich vor unliebsamen Überraschungen zu schützen, sollten Sie bereits bei der Texterstellung den Drucker verwenden, den Sie später zum „Endausdruck" heranziehen wollen. Beispielsweise bereiten viele Studenten ihre Diplomarbeit zu Hause mit einem Tintenstrahldrucker vor und kommen dann am Abgabetag in das Computer-Labor der Universität, um die Abgabeversion am Laserdrucker auszudrucken. Hier geraten Sie dann häufig unter Druck, da die Textlänge durch den Wechsel des Druckers beispielsweise von 60 auf 65 Seiten hochschnellt und eine Diplomarbeit maximal 60 Seiten umfassen darf.

4.3 Grundelemente der Textformatierung

Die Formatierung legt die optische Aufbereitung des Textes fest. Es gibt verschiedene Arten der Formatierung. Die *Zeichenformatierung* legt das Aussehen einzelner Zeichen fest (z.B. **fett**). Im Rahmen der *Absatzformatierung* wird das Aussehen von Textblöcken/Absätzen (z.B. der Abstand zwischen den Textzeilen) bestimmt. Die *Seitenformatierung* gestaltet das Erscheinungsbild der Seiten (z.B. die Abmessung der Seitenränder).

4.3.1 Zeichenformatierung

Die Zeichenformatierung bezieht sich auf einzelne oder mehrere aufeinander folgende Zeichen, denen ein gemeinsames Aussehen (z.B. Hochstellung, Fettdruck) zugewiesen werden soll.

4.3.1.1 Skizzierung wichtiger Zeichenformate

Die wesentlichen Zeichenformatierungen sind in der folgenden Abbildung dargestellt.

```
Schriftgrad = Schriftgröße (z.B. 14pt, 12pt, 10pt, 8pt)¶
fett¶
kursiv¶
einfach unterstrichen¶
hochgestellt, tiefgestellt¶
Schriftart = Schrifttyp¶
    • → Courier New¶
    • → Times New Roman¶
    • → Arial¶
¶
```

Abbildung 12: Wesentliche Zeichenformatierungen[23, 24]

Bei den Schriftarten ist zwischen *Proportional-* und *Nicht-Proportional*-Schriften sowie zwischen *Serifen*-Schriften und *serifenlosen Schriften* zu unterscheiden.

Proportional- und Nicht-Proportional-Schriften

Bei *Nicht-Proportionalschriften* (z. B. Courier) haben alle Zeichen die gleiche Breite. Dies ist unabhängig davon, ob es sich um ein „schmales" (z.B. i) oder ein „breites" Zeichen (z.B. m) handelt. Bei *Proportionalschriften* (z.B. Times New Roman, Arial) haben die Zeichen eine unterschiedliche Breite. Die Breite des Zeichens wird hier an die Breite des Buchstabens angepasst.

Ein in *Proportionalschrift* ausgedruckter Text ist um einiges kürzer als derselbe in Nicht-Proportionalschrift ausgedruckte Text[25]. Durch die Wahl der Schriftart kann man also die Länge des Textes beeinflussen.

---

[23] Schriftgrößen werden aus druckhistorischen Gründen in Punkt (= pt) angegeben. (72 Punkt = 1 Zoll = 2,54 cm). Gängige Schriftgrößen sind 10 pt und 12 pt.
[24] Die zur Verfügung stehenden Schriftarten sind vom installierten Drucker und der eingesetzten Software abhängig. Arial kann übrigens an einem Laser-Drucker-Modell A ein anderes Aussehen/einen anderen Platzverbrauch haben, als an einem Laser-Drucker-Modell B.
[25] Kurztest zum Platzverbrauch (Times New Roman, 10 pt)
Kurztest zum Platzverbrauch (Courier, 10 pt)

Serifen-Schrift oder serifenlose Schrift

Serifen sind kleine Abschlussstriche an den End- und Eckstücken von Buchstaben[26]. Serifen erleichtern bei gängigen Schriftgraden die Lesbarkeit von längeren Texten; Fließtexte (z.B. Diplomarbeiten) werden daher meist in Serifenschriften erstellt. Bei kleineren und größeren Schriftgraden sind *serifenlose* Schriften meist besser lesbar; sie werden daher häufig in Überschriften verwendet.

Frage

Wie formatiert WORD Text standardmäßig?[27]

4.3.1.2 Handhabung der Zeichenformatierung

Öffnen Sie die Datei *c:\edv\word\bwanpot_fremd.doc* bzw. *bwanpot.doc* und formatieren Sie die ersten drei Absätze des zweiten Kapitels wie in der folgenden Abbildung angegeben:[28]

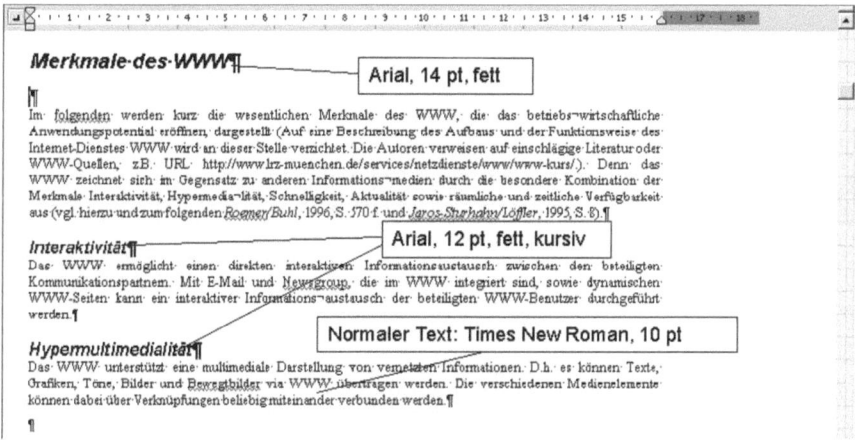

Abbildung 13: Beispiel zur Zeichenformatierung

Sie können Text nach oder während der Eingabe formatieren.

a) Nachträgliche Formatierung bereits eingegebenen Textes

- Markieren Sie zunächst den zu formatierenden Textteil. Wenn der Cursor in einem Wort steht, gilt das Wort - für die Zeichenformatierung - als markiert.

---

[26] Times New Roman und Courier sind Serifenschriften, während Arial serifenlos ist.
[27] Times New Roman, 10 pt.
[28] Falls Ihnen die Datei nicht vorliegt: Öffnen Sie Ihre Datei *c:\edv\word\bwanpot.doc* und tippen Sie die folgenden Absätze mit den angegebenen Formatierungen ein.

- Wenn Sie die gewünschten Zeichenformatierungen einschalten, werden die markierten Zeichen mit den entsprechenden Formatierungen versehen.
  - Die wichtigsten Formatierungen können über die *Formatierungssymbolleiste* ein- und ausgeschaltet werden
    - **F** zum Ein- und Ausschalten von Fettdruck
    - *K* zum Ein- und Ausschalten von Kursivdruck
    - U zum Ein- und Ausschalten von Unterstreichungen
    - 18 zur Festlegung der Schriftgröße
    - Arial zur Festlegung der Schriftart
  - Das *Zeichenformatierungs-Menü* stellt *alle* Zeichenformatierungen zur Verfügung:
    - Über [*Format/Zeichen*], Registerkarte Schrift erscheint ein Dialogfenster, in dem die Formatierungen eingeschaltet werden können.
    - Schneller geht es, wenn Sie [Kontextmenü29/Zeichen] wählen.
    - OK bzw. Abbrechen startet bzw. beendet die Zeichenformatierung.

b) Formatierung des Textes während der Eingabe

- Schalten Sie die gewünschten Formatierungen ein.
- Wenn Sie den Textteil, der mit den Zeichenformatierungen versehen werden soll, eingeben, erhält der Text die Zeichenformatierungen sofort.
- Wenn Sie anders formatiert weiter schreiben wollen, müssen Sie die Zeichenformatierungen wieder ausschalten.

Hinweis

Zeichen können mit einem „*Textmarker*" farbig markiert werden[30]. Dies ist z.B. sinnvoll, um noch zu überarbeitende Textteile hervorzuheben.

- Wenn Sie den Textmarker über aktivieren, nimmt der Cursor die Form eines Textmarkers an.
- Jetzt können Sie die hervorzuhebenden Textteile „anmarkern", indem Sie mit gedrückter Maustaste darüber ziehen.

---

[29] Befehle können auch über so genannte Kontextmenüs ausgewählt werden:
- Mit der rechten Maustaste auf das zu bearbeitende Textelement klicken → Es erscheint ein Kontextmenü, das die wichtigsten, aktuell sinnvoll verwendbaren Befehle anbietet.
- Die aktuell verwendbaren Befehle unterscheiden sich in Abhängigkeit vom Kontext; so erscheint z.B. in einer Tabelle ein anderes Kontextmenü als in normalem Text.

[30] Wenn Sie keinen Farbausdruck machen, werden die Farbmarkierungen als Schattierung ausgedruckt.

- Sie können die Textmarkerfunktion durch erneuten Klick auf ✎ wieder abstellen.
- Die Markierung kann durch ✎ und Wahl der Option *Ohne* wieder entfernt werden.

4.3.2 Absatzformatierung

Die Absatzformatierung bezieht sich auf einzelne oder mehrere aufeinander folgende Absätze, denen ein gemeinsames Absatzformat (z.B. zweizeiliger Zeilenabstand) zugewiesen werden soll. Ein Absatz ist kein inhaltlicher Block, sondern eine Texteinheit, die mit einer durch [*Return*] erzeugten Absatzmarke abgeschlossen ist.

4.3.2.1 Prinzipielle Handhabung

Die Absatzformatierung kann ähnlich wie die Zeichenformatierung gehandhabt werden. Sie kann ebenfalls über das Menü und teilweise über die Formatierungssymbolleiste bzw. das Lineal vorgenommen werden.

Analog zur Zeichenformatierung kann die Absatzformatierung während der Texteingabe oder nachträglich durchgeführt werden.

- *während der Texteingabe*
    - die gewünschten Formatierungen einschalten[31]
    - Wenn Sie den Absatz bzw. die Absätze, für welche die Formatierungen gelten sollen, schreiben, werden diese sofort mit den Formatierungsmerkmalen versehen.
    - Wenn Sie mit anderen Absatzformatierungen weiter schreiben wollen, müssen Sie die Absatzformatierungen ausschalten.
- *nach der Texteingabe*
    - Markieren Sie den Absatz bzw. die Absätze, die formatiert werden sollen[32].
    - Wenn Sie die gewünschten Formatierungen einschalten[33], wird der Absatz bzw. werden die Absätze nachträglich mit den gewünschten Formatierungen versehen.

---

[31] Das Einschalten wird im Folgenden bei den jeweiligen Formatierungen skizziert.
[32] Für die Absatzformatierung gilt ein Absatz als markiert, wenn der Cursor in dem Absatz steht. Wenn zwei oder mehr Absätze formatiert werden sollen, müssen Sie nicht vollständig markiert werden; es ist ausreichend, wenn in jedem der zu formatierenden Absätze ein Teil markiert ist.
[33] Das Einschalten wird im Folgenden bei den jeweiligen Formatierungen skizziert.

4.3.2.2 Ausrichtung

Folgende Abbildung verdeutlicht die zur Verfügung stehenden Ausrichtungsarten *linksbündig, rechtsbündig, zentriert* und *Blocksatz*:

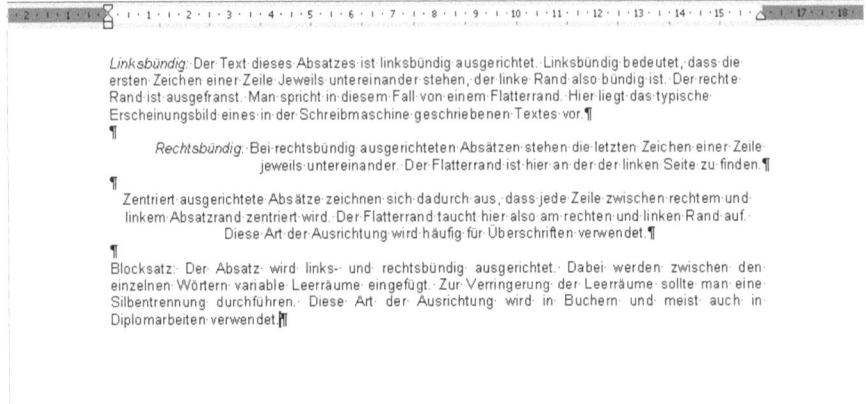

Abbildung 14: Ausrichtungsarten

Die Ausrichtungen können folgendermaßen eingeschaltet werden:[34]

- über die *Formatierungssymbolleiste*: durch Anklicken der Symbolfelder, auf denen die Ausrichtungsmöglichkeiten symbolisiert sind (▤ ▤ ▤ ▤)
- über das *Menü [Format/Absatz]* bzw. das Kontextmenü *Absatz*, Registerkarte *Einzüge und Abstände*, Listenfeld *Ausrichtung*

Frage

Wie richtet WORD Text standardmäßig aus?[35]

---

[34] Zeichen- und Absatzformatierungen können auch über Kurztastenkombinationen vorgenommen werden. *[Strg] + [Shift] + [f]* formatiert z.B. markierte Textteile fett. Die Tastenkombinationen können Sie in der WORD-Hilfe unter *Tastenkombinationen zum Formatieren von Zeichen und Absätzen* nachlesen.
Wie in allen WINDOWS-Programmen, können Sie sich auch in WORD über die *Hilfefunktion* Hilfe zum Arbeiten mit Word holen. Sie erreichen die Hilfefunktion über [?] in der Menüleiste. Sie können die Hilfefunktion analog zur WINDOWS-Hilfe (vgl. Kapitel 3.6) bedienen.

[35] Linksbündig.

4.3.2.3 Zeilenabstand

Der Zeilenabstand legt den Abstand zwischen den Zeilen innerhalb eines Absatzes fest.

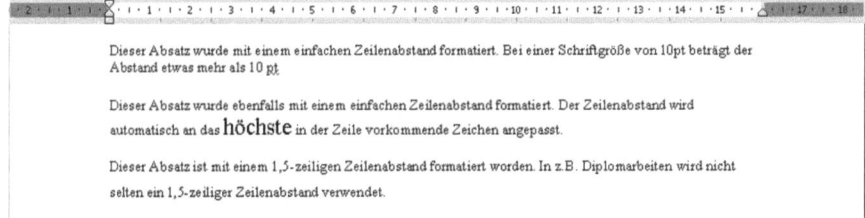

Abbildung 15: Häufig verwendete Zeilenabstände

Der Zeilenabstand wird über das Menü [*Format/Absatz*] bzw. das Kontextmenü [*Absatz*], Registerkarte *Einzüge und Abstände,* Listenfeld *Zeilenabstand* eingeschaltet.

Aufgabe

Formatieren Sie die folgenden, bereits bei der Zeichenformatierung bearbeiteten Absätze, wie unten dargestellt: Blocksatz der drei Textabsätze, Zentrierung der drei Überschriftenabsätze, einzeiliger Zeilenabstand des ersten Textabsatzes und 1,5-zeiliger Zeilenabstand der beiden anderen Textabsätze.

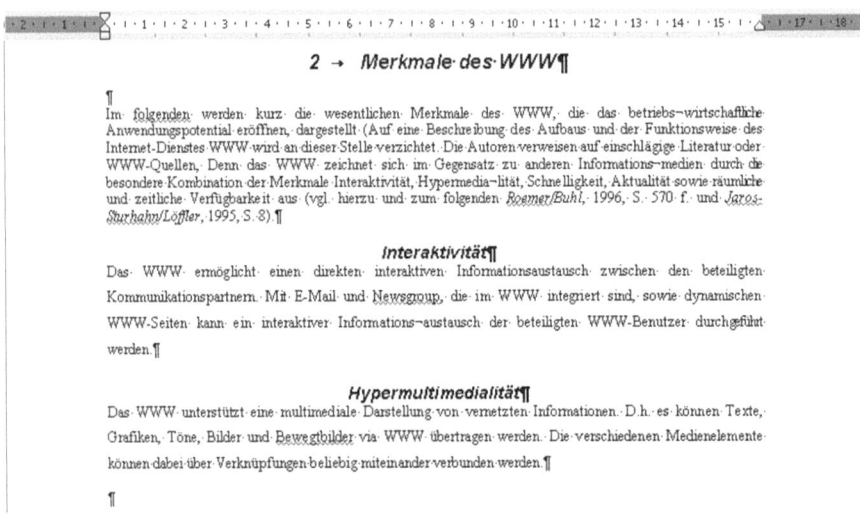

Abbildung 16: Übungsbeispiel zur Absatzformatierung

Frage

Ersetzen Sie in obigem Beispiel den Absatzwechsel hinter der Überschrift *Merkmale des WWW* durch einen Zeilenwechsel. Beobachten Sie, was passiert.[36]

---

[36] Da der Überschriftenabsatz und der Textabsatz nun zu *einem* Absatz verschmolzen sind, können Sie nur mit einem gemeinsamen Absatzformatierungsmerkmal versehen werden.

4.3.3 Seitenformatierung

Die Seitenformatierung bezieht sich auf alle oder einzelne[37] Seiten eines Dokumentes. Sie legt das Aussehen der Seiten fest (z.B. Hoch- oder Querformat).

In der standardmäßig von WORD verwendeten Bildschirmansicht (der Normalansicht) kann das Aussehen der Seiten nicht am Bildschirm kontrolliert werden. Zur Kontrolle des Seitenlayouts ist es erforderlich, z.B. in die Seitenlayout-Ansicht zu wechseln.

4.3.3.1 Wesentliche Ansichten eines Dokumentes

Ansichten sind die Art und Weise der Darstellung des Dokumentes auf dem Bildschirm. Sie unterscheiden sich v.a. in dem Grad der Übereinstimmung von Bildschirmansicht und Ausdruck sowie der Arbeitsgeschwindigkeit.

Normalansicht

Diese Standardeinstellung ist zum Schreiben des Textes geeignet. Sie baut die Seiten auf dem Bildschirm schnell auf, zeigt aber weder das Seitenlayout[38] noch Fußnoten[39] oder Seitenzahlen[40] an.

Die Normalansicht können Sie folgendermaßen einschalten:

- über [*Ansicht/Normal*] oder
- durch Anklicken von ≡ in der Symbolleiste zur Wahl der Ansicht (unten links über der Statuszeile ( ))

---

[37] Wenn man innerhalb eines Dokumentes verschiedene Seitenformatierungsmerkmale verwenden will, muss man mit Abschnitten arbeiten (vgl. Kapitel 4.5.3).
[38] Vgl. Kapitel 4.3.3.2.
[39] Vgl. Kapitel 4.5.4.
[40] Vgl. Kapitel 4.5.2.

Seiten-Layoutansicht[41]

Diese Darstellung ist im Bildschirmaufbau langsamer als die Normalansicht. Sie zeigt das Seitenlayout sowie Fußnoten und Seitenzahlen an. Die Seiten-Layoutansicht ist also zur Kontrolle der allgemeinen Textgestaltung geeignet.

Die Seiten-Layoutansicht ist über [*Ansicht/Seiten-Layout*] oder ▣ in der Symbolleiste zur Wahl der Ansicht einstellbar. Über [*Ansicht/Zoom*] lässt sich die Anzahl (und damit auch die Größe) der in der Seiten-Layoutansicht angezeigten Seiten festlegen:

- *Ganze Seite* verkleinert die Darstellung so, dass eine ganze Seite sichtbar wird.

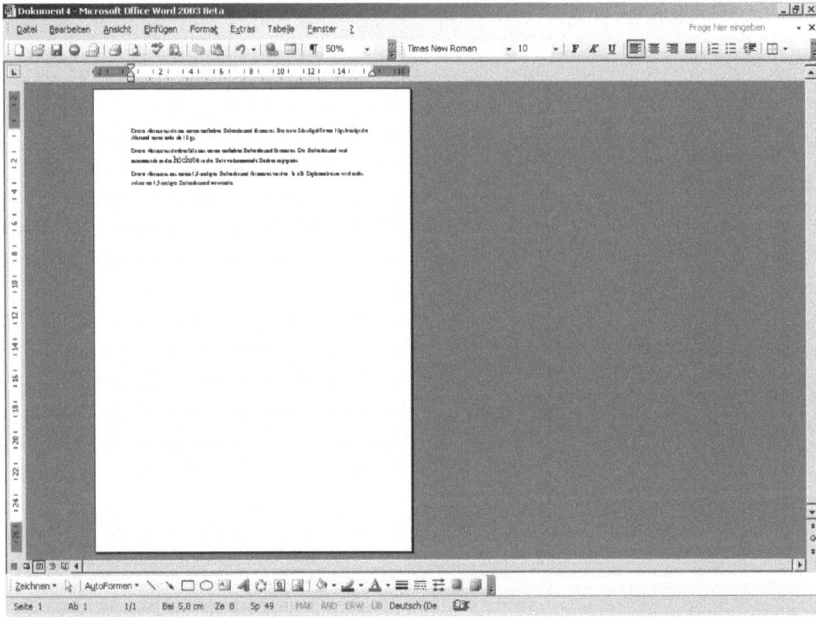

Abbildung 17: Seiten-Layoutansicht

- *Mehrere Seiten* verkleinert die Darstellung so, dass mehrere Seiten auf dem Bildschirm sichtbar werden. Zur Wahl der Seitenzahl können Sie das Bildschirmsymbol anklicken und die gewünschte Seitenanzahl durch Ziehen mit der Maus festlegen.

---

[41] Neben der Seiten-Layoutansicht gibt es noch die Seitenansicht, die über [*Datei/Seitenansicht*] erreichbar ist und eine ähnliche Funktionalität bietet.

Hinweis

Vor dem Ausdrucken eines Dokumentes sollte man sich unbedingt mit Hilfe der Seiten-Layoutansicht einen Überblick über das Aussehen des Dokumentes verschaffen. Auf diese Weise lässt sich unnötiger Papierverbrauch vermeiden.

4.3.3.2 Seitenränder und -ausrichtung

Beim Festlegen der *Seitenränder* bestimmt man die Größe des nicht zu bedruckenden weißen Randbereiches (d.h. den Abstand zwischen Papierkante und Textbeginn). Seitenränder lassen sich folgendermaßen einrichten:

- [*Datei/Seite einrichten*], Registerkarte *Seitenränder* wählen
- in die Listenfelder *oben/unten/rechts/links* den gewünschten Abstand zwischen dem oberen/unteren/rechten/linken Textbeginn und der Papierkante eingeben

Bei der *Ausrichtung* legt man fest, ob das Blatt im Hoch- oder Querformat bedruckt werden soll. Die Ausrichtung lässt sich folgendermaßen vornehmen:

- [*Datei/Seite einrichten*], Registerkarte *Papierformat* wählen
- im Feld *Ausrichtung* Hoch- oder Querformat aktivieren

4.3.3.3 Seiten umbrechen

Als Seitenumbruch wird ein Seitenwechsel, d.h. der Beginn einer neuen Seite, bezeichnet. Das folgende Kapitel skizziert zunächst die beiden Arten von Seitenumbrüchen. Anschließend geht es auf das Arbeiten mit Seitenumbrüchen ein.

Arten von Seitenumbrüchen

- *Automatische Seitenumbrüche* werden standardmäßig während der Texterstellung erzeugt (analog zum Zeilenwechsel, der bei einer vollen Zeile erfolgt).
- *feste/erzwungene Seitenumbrüche*
    o werden vom Benutzer erzeugt
    o sind sinnvoll, falls der automatische Seitenumbruch ungünstig liegt (wenn z.B. am Seitenende eine Überschrift ohne nachfolgenden Text steht)

Erzeugen von erzwungenen Seitenumbrüchen

- den Cursor vor die Zeile setzen, die auf der neuen Seite stehen soll
- gleichzeitiges Drücken von [*Strg*] + [*Return*] oder
- [*Einfügen/Manueller Wechsel*] wählen und die Option *Seitenwechsel* aktivieren

Anzeige der Seitenumbrüche in der Normalansicht

obere Linie: automatischer Seitenumbruch
untere Linie: erzwungener Seitenumbruch

.... Seitenwechsel ....

Löschen von Seitenumbrüchen

- Erzwungene Seitenumbrüche können wie jedes andere Zeichen markiert und gelöscht werden; die Markierung erfolgt über die Markierungsleiste.
- Automatische Seitenumbrüche lassen sich nicht löschen.

Verhältnis von automatischen zu erzwungenen Seitenumbrüchen

- Erzwungene Seitenumbrüche werden in jedem Fall vorgenommen.
- Die Position der automatischen Seitenumbrüche passt sich an die Position der erzwungenen an.
- Ein automatischer Seitenumbruch kann daher durch einen erzwungenen verändert werden.
    - o Wenn ein automatischer Seitenumbruch zu „weit hinten" liegt, kann er durch einen erzwungenen vorverlegt werden. Beispielsweise kann man einen automatischen Seitenumbruch, der direkt nach einer Kapitelüberschrift vorgenommen wird, vorverlegen, indem man vor der Kapitelüberschrift einen erzwungenen einfügt.
    - o Wenn ein automatischer Seitenumbruch dagegen zu „weit vorne" liegt, kann er durch einen erzwungenen nicht „nach hinten" verlegt werden. Die physische Größe der Seite lässt sich nicht verlängern.

Aufgabe

- Öffnen Sie die Datei *c:\edv\word\bwanpot_fremd.doc*. Falls Ihnen die Datei nicht vorliegt, sollten Sie jetzt den noch fehlenden Text in ihre Datei *c:\edv\word\bwanpot.doc* eintippen.[42]
- Setzen Sie sinnvolle Seitenumbrüche (z.B. nach dem Inhalts- und vor dem Literaturverzeichnis) und entfernen Sie unsinnige.
- Verändern Sie den linken Seitenrand (Setzen Sie ihn z.B. auf 5 cm.).
- Schauen Sie sich die Auswirkungen der Seitenrandänderung auf die Seitenumbrüche an und überarbeiten Sie diese ggf. noch einmal.

---

[42] Auszüge des Textes sind in Anhang 1 abgedruckt.

Fragen

- Zu welchem Zeitpunkt der Texterstellung erfolgt die Gestaltung der Seitenumbrüche?[43]
- Sie können beispielsweise die letzte Zeile eines Briefes, die auf einer neuen Seite steht, nicht durch erzwungene Seitenumbrüche auf die vorherige Seite bringen. Welche anderen Möglichkeiten gibt es, die Zeile auf die vorherige Seite zu bringen?[44]

4.4 Hilfsfunktionen

Hilfsfunktionen sind Funktionen, die das Arbeiten mit WORD erleichtern.

4.4.1 Rechtschreib- und Grammatikprüfung

Die Rechtschreib- und Grammatikprüfung durchsucht den Text anhand mitgelieferter Wörterbücher und Grammatikregeln nach Schreib- und Grammatikfehlern. Sie zeigt Fehler auf und macht gegebenenfalls Änderungsvorschläge. Der Text kann dabei nach der Fertigstellung oder während des Schreibens überprüft werden.

Text nach Fertigstellung überprüfen

Öffnen Sie die Datei *c:\edv\word\bwanpot_fremd.doc* bzw. *bwanpot.doc* und durchsuchen Sie diese mit Hilfe der nachfolgenden „Anleitung" nach Fehlern.

- Falls nicht das gesamte Dokument geprüft werden soll, muss der zu prüfende Bereich markiert werden.
- [*Extras/Rechtschreibung und Grammatik*] oder in der Standard-Symbolleiste startet die Rechtschreib- und Grammatikprüfung[45].
- Wenn ein unbekanntes Wort oder ein Verstoß gegen grammatikalische Regeln ermittelt wird, dann erscheint ein Dialogfenster mit einer Beschreibung des Fehlers und den im Folgenden skizzierten wesentlichen Vorschlägen zur Korrektur:

---

[43] Am Ende, da spätere Änderungen (z.B. Einfügen von Wörtern, Ändern von Formatierungen) die automatischen Seitenumbrüche verschieben können. Falls man die manuellen Umbrüche zu früh eingefügt hat, muss man diese u.U. wieder löschen und überarbeiten.

[44] Denkbar ist folgendes: an irgendeiner Stelle eine Leerzeile rausnehmen; den Seitenrand verkleinern; die Schriftgröße verkleinern; eine andere Schriftart wählen oder die Seite an einem anderen Drucker ausdrucken.

[45] Option *Grammatik prüfen* ist aktiviert bzw. deaktiviert → Grammatik wird mitgeprüft bzw. nicht mitgeprüft.

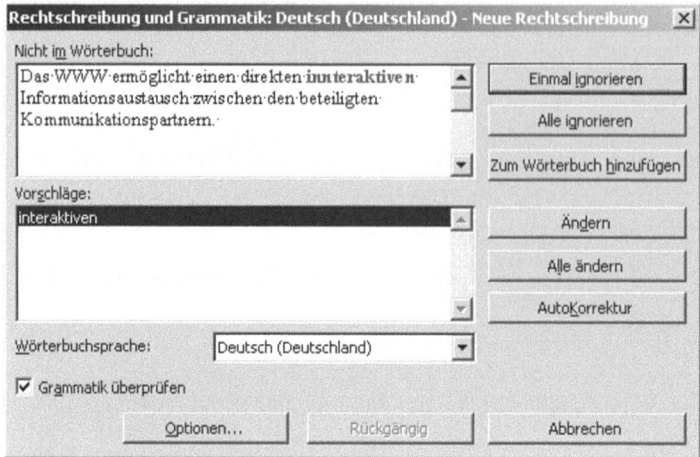

Abbildung 18: Rechtschreib- und Grammatikprüfung

- o Ändern
  - Es erscheint eine Liste mit Korrekturvorschlägen im Fenster Vorschläge: Falls mehrere Vorschläge erscheinen, sollten Sie den gewünschten markieren. Das Anklicken der Schaltfläche Ändern führt die Korrektur durch.
  - Es erscheint kein Korrekturvorschlag: Klicken Sie in die markierte Fehlerstelle im oberen Teil des Rechtschreib- und Grammatikfensters und nehmen die Änderung selbständig per Hand vor. Klicken Sie dann die Schaltfläche Ändern an.
  - Ignorieren: Der Vorschlag von Word wird nicht beachtet, da der vorhandene Text korrekt ist.
- o *Zum Wörterbuch hinzufügen*: Ermöglicht die Aufnahme eines WORD unbekannten (Fach)-Wortes in ein Wörterbuch. → Das Wort ist zukünftig im Wörterbuch enthalten.

Frage

Wieso kann es sinnvoll sein, Wörter des eigenen Fachjargons in das Wörterbuch aufzunehmen?[46]

---

[46] Da WORD diese Begriffe dann zukünftig kennt und nicht mehr unnötigerweise über häufig vorkommende Fachausdrücke stolpert.

Text während des Schreibens überprüfen

Wenn unter [*Extras/Optionen*], Registerkarte *Rechtschreibung und Grammatik* die Option *Rechtschreibung während der Eingabe überprüfen* aktiviert ist, werden unbekannte Worte während der Texterstellung mit einer roten Schlangenlinie unterstrichen:

Schreebfehler ¶

Dieser Hinweis auf Fehler ermöglicht es, Tippfehler sofort zu beseitigen. Falls die Schlangenlinien störend wirken, kann man die Option deaktivieren.

Hinweis

Der Menüpunkt [*Extras/Optionen*] sollte immer dann zu Rate gezogen werden, wenn irgendetwas nicht bzw. nicht wie gewohnt abläuft. In diesem Menüpunkt können viele Einstellungen vorgenommen werden, die das Verhalten von WORD beeinflussen. Die Gefahr des „Verstellens" von Optionen ist besonders groß, wenn ein PC von mehreren Anwendern benutzt wird.

4.4.2 AutoKorrektur

Das primäre Ziel liegt darin, individuell häufig wiederkehrende Rechtschreibfehler (z.B. Buchstabendreher) automatisch während der Texterstellung zu korrigieren. Im Folgenden werden die Funktionsweise und die Handhabung der AutoKorrektur erläutert.

Funktionsweise

- Der Abschluss eines Wortes mit der Leertaste setzt die AutoKorrektur in Gang.
- WORD prüft, ob für das jeweilige Wort ein Eintrag in einer AutoKorrekturliste vorhanden ist (z.B. *sit* durch *ist* ersetzen). Wenn unter [*Extras/AutoKorrektur*] die Option *Während der Eingabe ersetzen* aktiviert ist, werden in der Liste vorhandene Wörter sofort nach ihrer Eingabe ersetzt.

Aufbau der AutoKorrekturliste

- [*Extras/AutoKorrektur*]

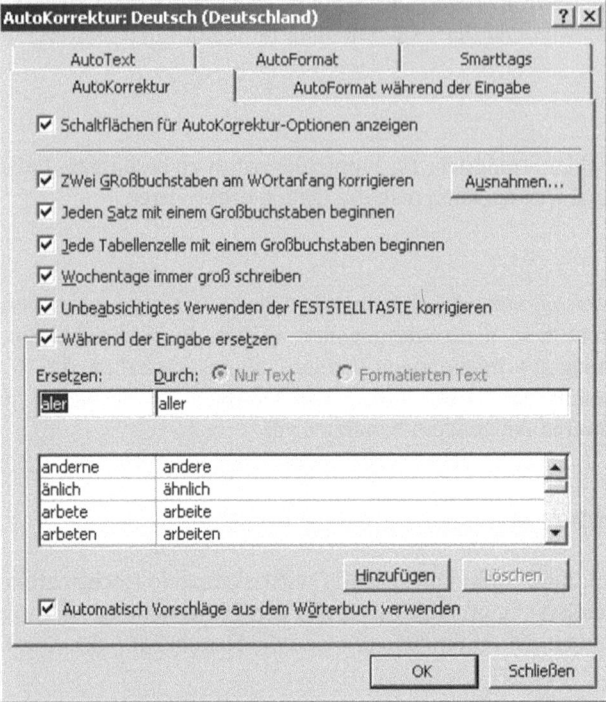

Abbildung 19: AutoKorrektur

- o im Feld *Ersetzen* das wiederholt falsch geschriebene Wort angeben
- o im Feld *Durch* die richtige Schreibweise des Wortes angeben
- mit der Schaltfläche *Hinzufügen* den Eintrag in die AutoKorrekturliste aufnehmen

Löschen von Korrektureinträgen

- zu löschenden Listeneintrag durch Anklicken auswählen
- Schaltfläche *Löschen* anklicken

Ändern von Korrektureinträgen

- zu ändernden Listeneintrag durch Anklicken auswählen
- Änderungen im Feld *Durch* vornehmen
- Schaltfläche *Hinzufügen* anklicken
- Anfrage, ob Eintrag neu definiert werden soll, bejahen

Die AutoKorrekturfunktion kann übrigens auch als AutoText-Funktion verwendet werden (z.B. *sg* durch *sehr geehrte Damen und Herren* ersetzen). Dies dient dann der Ökonomisierung des Eingabeaufwandes.

Aufgaben

- Legen Sie folgende Korrekturvorschläge an und testen Sie diese: sg → sehr geehrte Damen und Herren; Brauht → Braut.
- Geben Sie (c) ein und beobachten Sie, wie die AutoKorrektur hier wirkt.

4.4.3 Silbentrennung

Die Silbentrennung schlägt Worttrennungen vor bzw. führt sie selbständig durch. Beim Einsatz von Blocksatz ist sie ganz besonders wichtig. Da der Text hier stets auf die maximale Textbreite auseinander gezogen wird, entstehen ohne Silbentrennung u.U. große Leerräume zwischen den Wörtern, die ein unruhiges Schriftbild erzeugen:

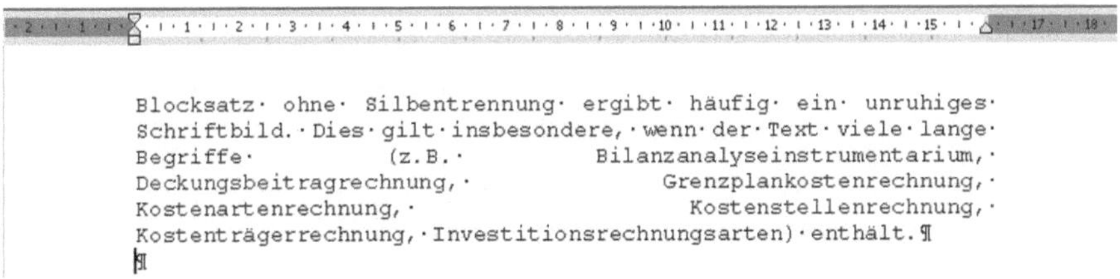

```
Blocksatz  ohne  Silbentrennung  ergibt  häufig  ein  unruhiges
Schriftbild. Dies gilt insbesondere, wenn der Text viele lange
Begriffe       (z.B.            Bilanzanalyseinstrumentarium,
Deckungsbeitragrechnung,               Grenzplankostenrechnung,
Kostenartenrechnung,                    Kostenstellenrechnung,
Kostenträgerrechnung, Investitionsrechnungsarten) enthält.
```

Abbildung 20: Blocksatz ohne Silbentrennung

Im Folgenden wird zunächst die Durchführung der Silbentrennung skizziert. Anschließend werden verschiedene Arten von Trennstrichen besprochen.

a) Durchführen der Silbentrennung

a1) mit der manuellen Trennhilfe nach der Texterstellung

Die manuelle Silbentrennung schlägt Trennungen vor, die der Benutzer annehmen oder ablehnen kann. Sie wird folgendermaßen gehandhabt:

- falls nicht das gesamte Dokument getrennt werden soll, den zu trennenden Bereich markieren
- [*Extras/Sprache/Silbentrennung*] auswählen, Schaltfläche *Manuell* anklicken → Dialogfenster mit Trennvorschlägen erscheint

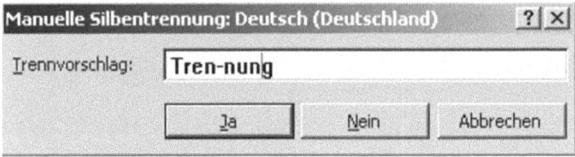

Abbildung 21: Silbentrennung

- *Ja* → Trennung wird durchgeführt
- *Nein* → das Wort wird nicht getrennt

a2) mit der automatischen Trennhilfe während der Texterstellung

Die automatische Trennhilfe trennt die Wörter während der Texterstellung automatisch. Sie wird folgendermaßen gehandhabt:

- [*Extras/Sprache/Silbentrennung*] auswählen
- Option *Automatische Silbentrennung* aktivieren

Hinweis

Leider arbeitet die Trennhilfe nicht immer ganz korrekt. Um falsche Trennungen zu vermeiden, sollte man abschließend einen letzten Korrekturblick auf automatisch durchgeführte Trennungen werfen. WORD fügt übrigens bei der Silbentrennung bedingte bzw. weiche Trennstriche ein, die sich automatisch an Textveränderungen anpassen.

b) Arten von Trennstrichen

Es gibt drei Arten von Trennstrichen: Den unbedingten, den bedingten und den geschützten.

b1) Unbedingter bzw. harter Trennstrich (Eingabe: [-]; Anzeige auf dem Bildschirm: z.B. Trenn-Strich)

- Bei der Texterstellung sollte man keine harten Trennstriche eingeben. Diese verhalten sich bei späteren Textänderungen ähnlich wie beabsichtigte Zeilen-, Absatz- oder Seitenwechsel, d.h. sie wandern mit.
- Wenn ein Wort mit einem Trennstrich *nicht mehr* in die Zeile passt, wird die Trennung durchgeführt; nach dem harten Trennstrich wird eine neue Zeile begonnen (gewünschte Funktion).

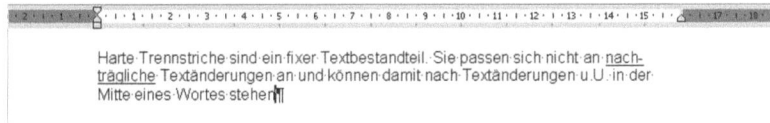

Abbildung 22: Erwünschte Funktion des harten Trennstrichs

- Wenn ein Wort mit einem Trennstrich *noch* in die Zeile passt, wird die Trennung nicht durchgeführt; der Trennstrich wird unerfreulicherweise in der Mitte des Wortes ausgedruckt (unerwünschte Funktion). Dies tritt häufig nach Änderungen von Text auf.

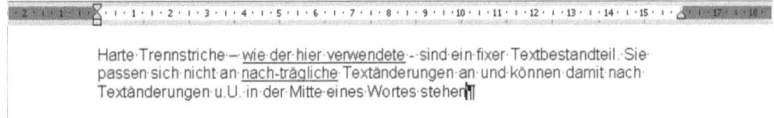

Abbildung 23: Unerwünschte Funktion des harten Trennstrichs

b2) Bedingter bzw. weicher Trennstrich (Eingabe: [Strg] + [-]; Anzeige auf dem Bildschirm: z.B. Trenn¬strich[47])

- Wenn ein Wort mit einem weichen Trennstrich *nicht mehr* in die Zeile passt, wird die Trennung durchgeführt; nach dem Trennstrich wird eine neue Zeile begonnen.
- Wenn ein Wort mit einem Trennstrich *noch* in die Zeile passt, wird die Trennung nicht durchgeführt; der weiche Trennstrich wird in diesem Fall auch nicht ausgedruckt (aber - je nach Einstellung - am Bildschirm angezeigt).

---

[47] Der Trennstrich wird am Bildschirm angezeigt, wenn unter *[Extras/Optionen]*, Registerkarte *Ansicht* unter *Nichtdruckbare Zeichen* die Option *bedingter Trennstrich* eingeschaltet ist.

b3) Geschützter Trennstrich bzw. Bindestrich (Eingabe: [Strg] + [Shift] + [-]; Anzeige auf dem Bildschirm: z.B. Trenn—strich)

- Der geschützte Trennstrich ist eher ein Verbindungs- bzw. Kopplungsstrich; er führt dazu, dass ein Wort *nie* getrennt wird.
- Wenn ein Wort nicht in die Zeile passt, wird das ganze - durch den geschützten Trennstrich verbundene - Wort in die nächste Zeile verschoben (z.B. bei Doppelnamen sinnvoll).
- Der geschützte Trennstrich wird immer ausgegeben.

Hinweis

Das *geschützte Leerzeichen* kann analog zum geschützten Trennstrich verwendet werden. Es verhindert, dass ein Begriff, der aus mehreren Teilen besteht und über Leerzeichen verbunden ist (z.B. 250 m), auf zwei Zeilen verteilt wird. Es wird über [*Strg*] + [*Shift*] + [*Leertaste*] eingegeben und folgendermaßen am Bildschirm angezeigt: 250°m

Aufgabe

Lassen Sie die manuelle Trennhilfe über die Datei *c:\edv\word\bwanpot_fremd.doc* bzw. *bwanpot.doc* laufen.

4.4.4 Suchen und Ersetzen

Die im Folgenden skizzierten Such- und Ersetzungsfunktionen sind eng miteinander verbunden bzw. bauen aufeinander auf.

Suchen von Textteilen und Formatierungen

Mit Hilfe der Suchfunktion lässt sich z.B. eine bestimmte Textstelle, an der man Ausbesserungen vornehmen oder weiterarbeiten möchte, suchen. Dabei kann man folgendermaßen vorgehen:

- ggf. den Textteil, der durchsucht werden soll, markieren

- [*Bearbeiten/Suchen*], Registerkarte *Suchen* → Dialogfenster mit folgenden Eintragungen erscheint:

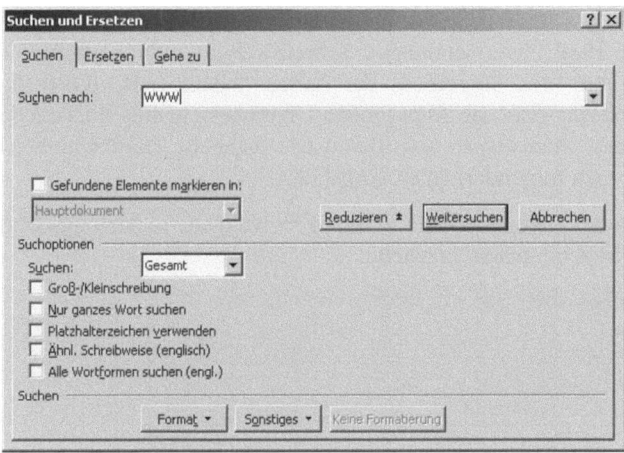

Abbildung 24: Suchen

- o Falls nur ein bestimmter Text - wie auch immer formatiert - gesucht werden soll, kann dieser im Dialogfenster *Suchen nach* eingegeben werden.
- o Falls nur nach bestimmten Formatierungen - welcher Text auch immer - gesucht werden soll, muss die Schaltfläche *Format* gewählt werden. Nach Angabe des Formattyps (z.B. Zeichen) sind die Eingaben in den bekannten Formatierungsdialogfenstern zu machen.
- o Falls nach einem bestimmten Text mit bestimmten Formatierungen gesucht werden soll, sind Eingaben unter *Suchen nach* und *Format* vorzunehmen.
- o Unter der Schaltfläche *Sonstiges* können zu suchende Sonderzeichen (z.B. ¶) eingegeben werden.
- *Weitersuchen bzw. Abbrechen löst den Suchvorgang aus bzw. setzt ihn fort oder beendet ihn.*

Ersetzen von Textteilen und Formatierungen

Beim Ersetzen wird ein gesuchter Begriff bzw. eine gesuchte Formatierung durch einen neuen Begriff bzw. eine neue Formatierung ersetzt. Ersetzungen sind sinnvoll, wenn sich die Begriffsverwendungs-, Schreibweisen- oder Formatierungsvorstellungen im Laufe des Schreibens der Arbeit ändern (z.B. *WWW* durch *World Wide Web* ersetzen oder die 20 pt großen Unterüberschriften im Text durch 14 pt große ersetzen). Man erspart sich damit das manuelle Durchkämmen des Textes. Dabei kann man folgendermaßen vorgehen:

- [*Bearbeiten/Ersetzen*], Registerkarte *Ersetzen* → weitgehend analoges Dialogfenster zu [*Bearbeiten/Suchen*] erscheint:

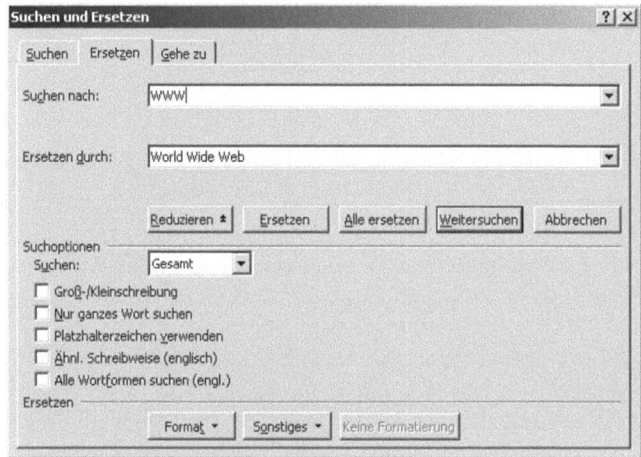

Abbildung 25: Suchen und Ersetzen (bei gewählter Option *Erweitern*)

  o Einträge unter *Suchen nach* wie oben vornehmen
  o unter *Ersetzen durch* Ersatzbegriff und/oder Ersatzformatierung wie oben eingeben
  o *Alle Ersetzen* ersetzt alle gefundenen Begriffe und Formatierungen ohne Rückfrage.
  o *Ersetzen* zeigt jeweils die gefundenen Begriffe und Formatierungen an und ersetzt erst nach Rückfrage.

Aufgabe

- StudConsult hat sich entschlossen, in ihrem Bericht (*c:\edv\word\ bwanpot_fremd.doc* bzw. *c:\edv\word\bwanpot.doc*) anstelle von *WWW* doch *World Wide Web* zu schreiben. Nehmen Sie die entsprechende Ersetzung vor.
- Ändern Sie die Schriftgröße des Berichtes auf 14 pt. Mit hoher Wahrscheinlichkeit stimmen jetzt viele der oben gesetzten manuellen Seitenwechsel nicht mehr. Löschen Sie daher alle manuellen Seitenwechsel (d.h. ersetzen Sie sie,

indem Sie unter *Ersetzen durch* gar nichts eingeben) und setzen Sie sie dann wieder neu.
- StudConsult entschließt sich, Hervorhebungen durchgängig durch Fettdruck zu kennzeichnen. Ersetzen Sie kursive durch fette Hervorhebungen (z.B. die Unterüberschriften des Kapitels 2).

4.4.5 Sortieren

Mit Hilfe der Sortierfunktion können definierte Texteinheiten bzw. Textblöcke sortiert werden. Im Rahmen von Projektberichten oder wissenschaftlichen Arbeiten ist dies v.a. für das Literaturverzeichnis interessant. Wichtig ist, dass jede Sortiereinheit durch z.B. einen Absatzwechsel abgeschlossen und gekennzeichnet wird. Dabei sollte man folgende Schritte ausführen:

- zu sortierenden Bereich markieren, falls nicht das gesamte Dokument sortiert werden soll
- [*Tabelle/Sortieren*] wählen → Dialogfenster mit folgenden Eintragungen erscheint:

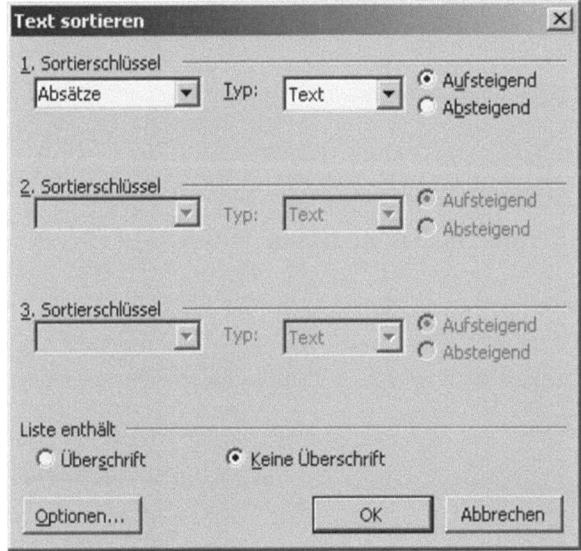

Abbildung 26: Sortieren

o unter *1. Sortierschlüssel* die Option *Absätze* und unter *Typ* die Option *Text* eingeben
o *aufsteigend* sortiert vom kleinsten zum größten Wert [z.B. A,..,Z], *absteigend* sortiert vom größten zum kleinsten Wert und kann entsprechend ausgewählt werden.

Aufgabe

Sortieren Sie das Literaturverzeichnis der Datei *c:\edv\word\bwanpot_fremd.doc* bzw. *bwanpot.doc*.

Frage

Warum ergeben sich beim Sortieren des folgenden Literaturverzeichnisses Probleme?[48]

Abbildung 27: Beispiel zu Fehlerquellen beim Sortieren

4.4.6 Symbole und Sonderzeichen einfügen

Symbole und Sonderzeichen sind Zeichen, die nicht direkt über die Tastatur eingegeben werden können (z.B. ©™덿Θ). Wichtige Symbol- und Sonderzeichenkategorien sind z.B. mathematische Symbole und ausländische Schriftzeichen.

---

[48] Sortiereinheit sind Absätze. Die Quellen werden auseinandergerissen, da innerhalb der Quellen Absatzwechsel gesetzt sind.

Vorgehen

- den Cursor an die Position setzen, an der das Sonderzeichen eingegeben werden soll
- [*Einfügen/Symbole*] anklicken → es erscheint ein Dialogfenster mit den im Folgenden skizzierten Eintragungen:

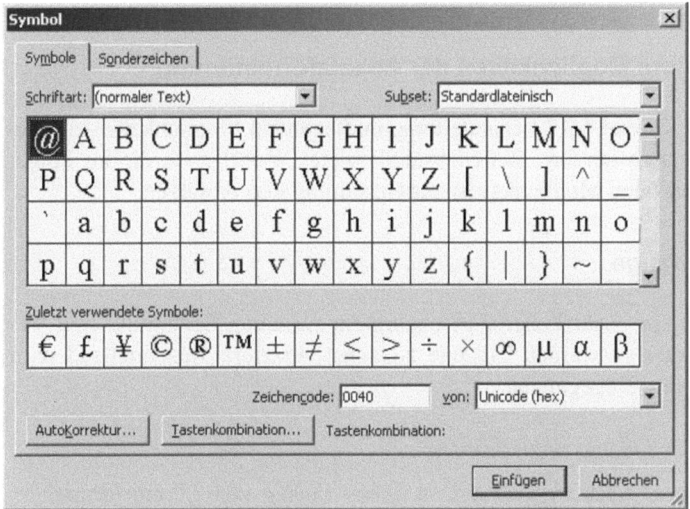

Abbildung 28: Symbole und Sonderzeichen

- o Registerkarte *Symbole* oder *Sonderzeichen* wählen
- o ggf. unter *Schriftart* den gewünschten Zeichensatz (z.B. Standardlateinisch) aktivieren
- o das gewünschte Zeichen anklicken
- o Schaltfläche *Einfügen* wählen → Das Zeichen wird an der Cursorposition in den Text übernommen.
- Schaltfläche *Schließen* klicken → Das Fenster wird geschlossen.

Aufgabe

Ergänzen Sie den Briefkopf Ihres Anschreibens zum Projektbericht (*c:\edv\word\anschrbwanpot.doc*) bei der Telefonnummer um das Telefonsymbol.

4.5 Fortgeschrittene Elemente der Texterstellung und -formatierung

In diesem Kapitel geht es um weiterführende Möglichkeiten in den beiden Aktivitätsbereichen Texterstellung und -formatierung.

4.5.1 Weitere Möglichkeiten der Absatzformatierung

Neben den in Kapitel 4.3.2 behandelten grundlegenden Möglichkeiten zur Absatzformatierung (Ausrichtung, Zeilenabstand) bietet WORD noch die im Folgenden skizzierten zentralen Möglichkeiten zur Gestaltung von Absätzen.

4.5.1.1 Einzüge

Einzüge sind ein zusätzlicher Zwischenraum zwischen Seitenrand und Textbeginn. Im Folgenden werden Einzüge zunächst skizziert. Anschließend wird auf ihre Handhabung eingegangen.

Skizzierung der Einzugsmöglichkeiten

      Dieser Absatz ist mit einem *linken Einzug* von 1,5 cm formatiert. Auf dem Zeilenlineal wird dieser Einzug durch die Position der beiden am linken Rand positionierten Dreiecke angezeigt.

Dieser Absatz ist mit einem *rechten Einzug* von 4 cm formatiert. Auf dem Zeilenlineal wird dieser Einzug durch die Position des am rechten Rand positionierten Dreiecks angezeigt.

      In diesem Absatz ist nur die *erste Zeile* um 1 cm eingezogen. Diese Form des Einzugs wird häufig in Büchern gewählt. Auf dem Zeilenlineal gibt das obere Dreieck den Einzug der ersten Zeile wieder, während das untere Dreieck den Einzug der übrigen Zeilen des Absatzes anzeigt. ( )

Hier ist die für wissenschaftliche Arbeiten interessanteste Form des Einzugs dargestellt – der *hängende Einzug*. Beim hängenden Einzug wird die erste Zeile nicht eingezogen, während alle übrigen Zeilen des Absatzes eingerückt werden ( ). Dieser Einzug kann bei der Formatierung von Fußnotentexten und Aufzählungen verwendet werden.

Einschalten der Einzugsformatierungen

Einzüge können folgendermaßen über das Zeilenlineal oder das Menü vorgenommen werden:
- Zeilenlineal[49]
- Den Mauszeiger auf das Symbol für den Einzug setzen (oberes Dreieck für Erstzeileneinzug/unteres Dreieck für hängenden Einzug). Das Dreieck mit gedrückter linker Maustaste an die gewünschte Position ziehen.
- Wenn der Mauszeiger auf das Rechteck am unteren Rand des unteren Dreiecks gesetzt wird, bewegen sich beide Dreiecke gleichzeitig (d.h. es wird ein linker Einzug gesetzt).

- *Menü*
  - [Format/Absatz], Registerkarte Einzüge und Abstände wählen
  - linker bzw. rechter Einzug
  - unter *Einzug* im Listenfeld *Rechts* bzw. *Links* die entsprechenden Werte eingeben
  - Erstzeileneinzug
  - Listenfeld *Extra,* Option *erste Zeile* und Eingabe eines Wertes unter *um* vornehmen
  - hängender Einzug
  - Listenfeld *Extra,* Option *hängend* und Eingabe eines Wertes unter *um* durchführen

Aufgabe

Ergänzen Sie den Projektbericht von StudConsult um folgendes, an den Anfang des Textes gestellte, Eingangszitat (Schriftgrad 9, rechter und linker Einzug von jeweils 2 cm).

„Das WWW wird die Wirtschaft revolutionieren. Es wird die Fiktion vom virtuellen Unternehmen zur Realität werden lassen."

4.5.1.2 Aufzählungen und Nummerierungen

Aufzählungen und Nummerierungen können eingesetzt werden, um Argumente oder Vorgehensschritte übersichtlich aneinanderzureihen. Aufzählungs- bzw. Nummerierungseinheit ist wieder der Absatz.

---

[49] Dieser Weg ist schnell, erfordert aber etwas Übung. Die Einzugsformatierungen lassen sich standardmäßig nur im Abstand von jeweils 0,25 cm fixieren. Wenn Sie dagegen beim Ziehen des Einzugssymbols die Taste [*Alt*] gedrückt halten, können Sie die Einzüge auch stufenlos setzen.

Aufzählungen können folgendermaßen erstellt werden:

- *über das Menü*
    o [Format/Nummerierung und Aufzählungszeichen] wählen
    o Registerkarte *Aufzählungen anklicken* → Dialogfenster mit folgenden Eintragungen erscheint:

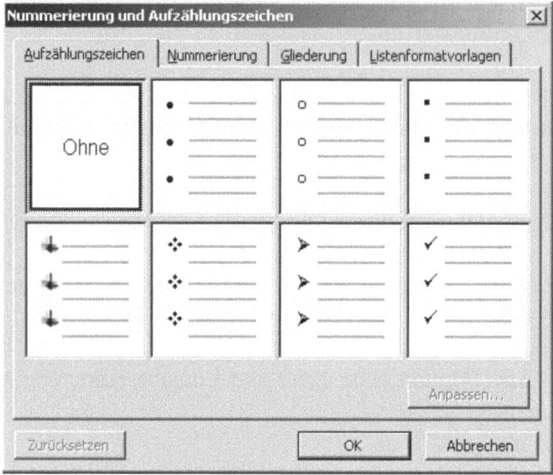

Abbildung 29: Aufzählungen

- Blatt mit gewünschtem Aufzählungszeichen anklicken
- ggf. über die Schaltfläche *Anpassen* Veränderungen (z.B. Veränderung des hängenden Einzugs) vornehmen
- mit *OK* die Aufzählungszeichen für die Absätze vergeben
- Mit Hilfe der Option *Ohne* lassen sich die Aufzählungszeichen entfernen.
- *über die Formatierungssymbolleiste*
    o ≔ erstellt eine Aufzählung mit den aktuellen Einstellungen.
    o Erneuter Klick auf das Symbol entfernt die Aufzählungszeichen.

Nummerierungen können wie folgt vergeben werden:

- *über das Menü*
    o [Format/Nummerierung und Aufzählung] auswählen
    o Registerkarte *Nummerierung* anklicken → dem Aufzählungsfenster ähnliches Fenster erscheint
- Blatt mit gewünschtem Nummerierungszeichen anklicken
- ggf. über die Schaltfläche *Anpassen* Veränderungen (z.B. Veränderung des hängenden Einzugs) vornehmen
- mit *OK* die Nummerierungszeichen für die Absätze vergeben (Option *Ohne* entfernt die Nummerierung)

Textverarbeitung mit Word   103

- *über die Formatierungssymbolleiste*
    o ⋮≡ erstellt eine Nummerierung mit den aktuellen Einstellungen
    o Erneuter Klick auf das Symbol entfernt die Nummerierung.

Aufgabe

Formatieren Sie den hinteren Teil des zweiten Kapitels der Datei *c:\edv\word\bwanpot_fremd.doc* bzw. *bwanpot.doc* auf folgendes Aussehen um. Verändern Sie dabei die standardmäßigen Einzugsformatierungen für alle Absätze so, dass der hängende Einzug 0,3 cm beträgt.

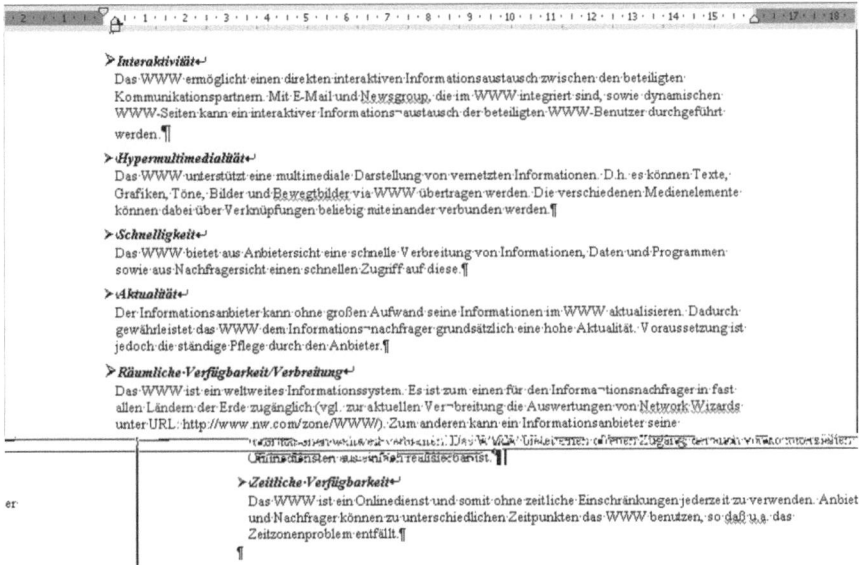

Abbildung 30: Beispiel zur Formatierung von Aufzählungen

4.5.1.3 Tabulatoren

Tabulatoren erleichtern die Arbeit, wenn die Zeichen innerhalb einer Zeile entsprechend eines größeren oder festen Abstandes ausgerichtet werden sollen. Dies trifft z.B. auf Lebensläufe, Tabellen und Inhaltsverzeichnisse zu.

Folgende Beispielaufgabe verdeutlicht, welche Probleme entstehen, wenn man bei der Ausrichtung von Text innerhalb einer Zeile nicht mit Tabulatoren arbeitet.

Aufgabe

Geben Sie folgende Tabelle mit einer Proportionalschrift (z.B. Times New Roman) ein. Überbrücken Sie die Zwischenräume mit Leerzeichen. Wieso wird die rechte Spalte u.U. „schlangenlinienförmig" ausgerichtet?[50] Können Sie das Problem umgehen, wenn Sie eine Nicht-Proportionalschrift verwenden?[51]

```
mmmm..........kuuuuuuuuu¶
pppppm······m¶
pppppm······m¶
```

Abbildung 31: Beispiel für Probleme beim Ausrichten von Text

Nachdem der Sinn von Tabulatoren nun verdeutlicht wurde, führen die folgenden drei Unterpunkte schrittweise in den Umgang mit Tabulatoren ein. Im Anschluss an eine beispielhafte Skizzierung von Tabulatoren wird auf deren grundlegende und detaillierte Bedienung eingegangen.

---

[50] Die einzelnen Zeichen sind hier unterschiedlich breit. Daher kann u.U. nicht in jeder Zeile der gleiche Zwischenraum gebildet werden (n Leerzeichen → Leerraum schmaler als in vorhergehender Zeile; n+1 Leerzeichen → Leerraum breiter als in vorhergehender Zeile).

[51] Das Problem der „Schlangenlinie" wird umgangen, da jedes Zeichen die gleiche Breite hat. Das Arbeiten mit Leerzeichen ist jedoch unökonomisch, da Sie z.B. bei späteren Verbreiterungen bzw. Verkürzungen des Zwischenraumes in jeder Zeile per Hand Leerzeichen einfügen bzw. löschen müssen.

a) Beispielhafte Skizzierung wichtiger Möglichkeiten von Tabulatoren

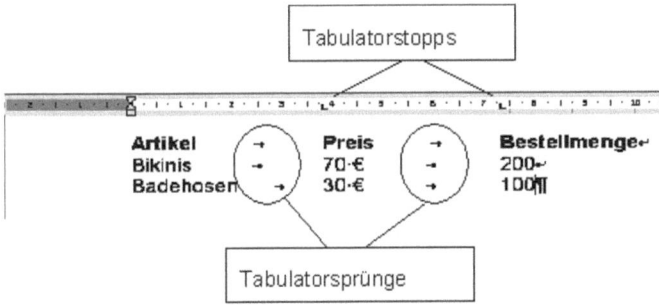

Abbildung 32: Beispiel eines *linksbündigen* Tabulatorstopps

Die Preis- und Bestellmengenspalten wurden mit Hilfe von Tabulatoren (Tabulatorstops und Tabulatorsprüngen) *linksbündig* an der Tabulatorstop-Position ausgerichtet. Die linksbündige Ausrichtung ist Ihnen bereits von der Absatzformatierung her bekannt.

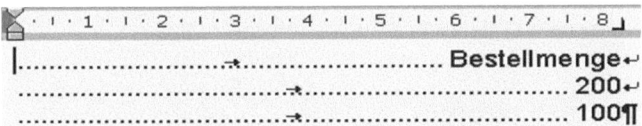

Abbildung 33: Beispiel eines *rechtsbündigen* Tabulatorstopps

Die Bestellmengenspalte wurde mit Hilfe von Tabulatoren *rechtsbündig* ausgerichtet. Der Zwischenraum wurde mit *Punkten als Füllzeichen* aufgefüllt. Auch die rechtsbündige Ausrichtung kennen Sie von der Absatzformatierung.

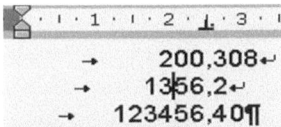

Abbildung 34: Beispiel eines *dezimalen* Tabulatorstops

Die Dezimalzahlen wurden mit Hilfe von Tabulatoren an der Kommaposition, d.h. *dezimal*, ausgerichtet. Die dezimale Ausrichtung ist neu für Sie.

b) Prinzipielle Handhabung von Tabulatorstops und -sprüngen am Beispiel eines linksbündigen Tabulators

StudConsult möchte in das Anschreiben zum Projektbericht (*c:\edv\word\anschrbwanpot.doc*) folgende Tabelle zur Abrechnung ihrer Leistung aufnehmen:

Berater	Stundensatz	Geleistete Stunden	Preis/Berater
Löffel	75 €	5	375 €
Bauer	65 €	10	650 €
Sinnlein	90 €	15	1350 €

Abbildung 35: Beispiel zur Handhabung von Tabulatoren

Geben Sie diese Tabelle ein. Vollziehen Sie dabei die im Folgenden skizzierten Schritte nach.

- Geben Sie zunächst den Text mit Zeilenwechseln ein.[52] Setzen Sie dabei im Text mit der Tabulatortaste *Tabulatorsprünge* (→).[53]

Berater	Stundensatz	Geleistete Stunden	Preis/Berater
Löffel	75 €	5	375 €
Bauer	65 €	10	650 €
Sinnlein	90 €	15	1350 €

Abbildung 36: Eingabe der Tabulatorsprünge

- Vergewissern Sie sich, dass die oben links im Zeilenlineal stehende Schaltfläche folgendermaßen [L][54] aussieht, und achten Sie darauf, dass sich der Cursor im Tabellenabsatz befindet. Klicken Sie jetzt bei 2 cm, 5 cm und 9 cm ins Zeilenlineal. Sie sehen, dass an diesen Positionen ein Tabulatorstop gesetzt und die Spalten an der Tabulatorstop-Position linksbündig ausgerichtet werden.[55] Sie erhalten damit die in Abbildung 35 dargestellte Tabelle.

---

[52] Die Tabelle stellt damit einen Absatz dar.

[53] Ein Tabulatorsprung bewirkt normalerweise einen voreingestellten Sprung nach rechts (Unter [*Format/Tabulator*] ist die Standard-Tabstopp-Sprungweite auf 1,25 cm voreingestellt.). Wenn ein Wort über 1,25 cm lang ist, kann die Standard-Tabstop-Sprungweite nicht eingehalten werden.

[54] Falls sie anders aussieht, klicken Sie bitte auf die Schaltfläche. Nach maximal drei Klicken sieht sie wie gefordert aus.

[55] Der Tabulatorstopp überschreibt gewissermaßen die Standardsprungweite des Tabulatorsprungs. Der Tabulatorsprung bedeutet jetzt nicht mehr „Spring um die Standardsprungweite nach rechts", sondern heißt: „Spring nach rechts und lande an der Position des Tabulatorstops".

- Löschen Sie in der ersten Zeile die Tabulatorsprünge.[56] Machen Sie die Löschungen rückgängig.
- Löschen Sie den Tabulatorstop, der die Spalte *Preis/Berater* der Tabelle linksbündig ausrichtet. Greifen Sie ihn dazu mit der linken Maustaste und ziehen Sie ihn nach unten aus dem Zeilenlineal heraus. Machen Sie auch diese Löschung rückgängig.
- Speichern Sie Ihre Tabelle ab.

Das Arbeiten mit Tabulatoren erfordert also immer zwei Aktivitäten: Das Setzen von Tabulatorsprüngen im Text und das Setzen von Tabulatorstops im Zeilenlineal. Tabulatorstop und Tabulatorsprung gehören dabei zusammen. Ohne Tabulatorsprung hat ein Tabulatorstop keine Wirkung. Ohne Tabulatorstop führt ein Tabulatorsprung zu einem Sprung mit der standardmäßig voreingestellten Weite. Es ist dabei gleichgültig, ob Sie zuerst den Tabulatorsprung oder den Tabulatorstop setzen.

c) Setzen, löschen und verändern von Tabulatorstops sowie Vergabe von Füllzeichen

Tabulatorstops können sowohl über die Formatierungssymbolleiste als auch über das Menü bearbeitet werden.

c1) über die Formatierungssymbolleiste und das Zeilenlineal

Die einzelnen Aktivitäten können wie folgt durchgeführt werden:

- *Ausrichtung bestimmen*
    o Dem Tabulatorsprung nachfolgender Text wird an der Position des Tabulatorstops entsprechend seiner Ausrichtung positioniert.
    o Das quadratische Feld links im Lineal gibt mögliche Ausrichtungen des Tabulatorstops an.

    ⌊ linksbündiger Tabulatorstopp

    ⌋ rechtsbündiger Tabulatorstopp

    ⊥ dezimaler Tabulatorstopp

    | Leiste-Tabulatorstopp

    ⊥ zentrierter Tabulatorstopp[57]

    o Ein Klicken auf das Feld ändert die Ausrichtung des Tabulatorstopps. Ein neu gesetzter Tabulatorstopp erhält jeweils die aktuell in dem Feld aktivierte Ausrichtung.

---

[56] Sie können die Tabulatorsprünge wie jedes andere Zeichen behandeln (d.h. z.B. mit der Taste [*Entf*] löschen).

[57] Ein zentrierter Tabulatorstop richtet den Text zentriert an der Tabulatorstop-Position aus.

- *Setzen*
  Mit dem Mauszeiger an die gewünschte Tabulatorstopp-Position im Lineal klicken → Das seiner Ausrichtung entsprechende Zeichen für den Tabulatorstopp erscheint im Lineal.
- *Löschen*
  Den Mauszeiger auf das zu löschende Tabulatorstoppsymbol setzen und mit gedrückter linker Maustaste das Tabulatorstopp-Symbol nach unten oder oben aus dem Lineal herausziehen (Symbol verschwindet).
- *Position ändern/verschieben*
  Den Mauszeiger auf das zu verschiebende Tabulatorstoppsymbol setzen und mit gedrückter linker Maustaste das Symbol an die gewünschte Position ziehen.

c2) über das Menü[58]

Wenn Sie [*Format/Tabulator*] oder [*Format/Absatz*], Schaltfläche *Tabstopps* wählen, erscheint folgendes Dialogfenster:

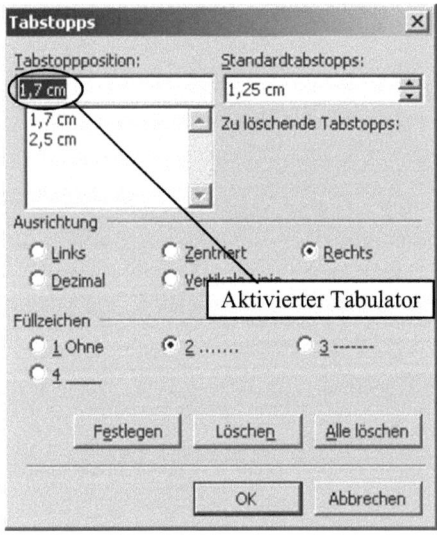

Abbildung 37: Tabstopps

---

[58] Wie bei den Einzügen gilt auch hier: Über das Zeilenlineal können Tabulatorstops nur im 0,25 cm-Abstand gesetzt werden. Wenn Sie beim Ziehen der Tabulatorstops die Taste [*Alt*] gedrückt halten, können Sie auch hier die Tabulatorstops stufenlos positionieren.

Hier kann folgendes festgelegt werden:

- *Tabstoppposition*
  gewünschtes Maß eingeben
- *Ausrichtung*
  für den aktivierten Tabulator gewünschte Ausrichtung angeben
- *Füllzeichen*
  Es legt fest, wie der Sprungraum für den jeweils aktivierten Tabulator gefüllt wird. In Inhaltsverzeichnissen werden z.B. zwischen Überschrift und Seitenzahl gerne Punkte gesetzt.
- *Festlegen*
  setzt den eingestellten Tabulator und ermöglicht die Eingabe weiterer Tabulatoren
- *OK*
  beendet das Menü
- *Alle Löschen/Löschen*
  löscht alle bzw. den markierten Tabulator

Aufgabe

Öffnen Sie die Datei *c:\edv\word\anschrbwanpot.doc*. Richten Sie alle Spalten zur Berechnung der Leistung rechtsbündig aus. Ergänzen Sie das Anschreiben mit Hilfe eines rechtsbündig, am rechten Seitenrand ausgerichteten Tabulators um eine Orts- und Datumsangabe.

4.5.2 Seitenzahlen ausgeben

Seitenzahlen werden in *Kopf-* bzw. *Fußzeilen* ausgegeben. Kopf- bzw. Fußzeilen sind Textteile, die im oberen bzw. unteren Seitenrand stehen. Sie werden auf allen oder vielen Seiten eines Textes wiederholt. Sie können einen auf jeder oder vielen Seiten identischen Textteil (z.B. Firmennamen oder - wie in diesem Buch - die Kapitelüberschrift) und/oder Variablen, deren aktueller Wert auf jeder Seite eingesetzt wird (z.B. wie in diesem Buch die Seitenzahl), enthalten.

Seitenzahlen werden in der Normalansicht nicht angezeigt. Zum Anschauen kann man z.B. in die Seitenlayout-Ansicht schalten. Es gibt die beiden im Folgenden erläuterten Möglichkeiten, Seitenzahlen einzufügen.

a) über [Einfügen/Seitenzahlen]

Wenn Sie [Einfügen/Seitenzahlen] auswählen erscheint ein Dialogfenster *Seitenzahlen* mit folgenden Eintragungen:

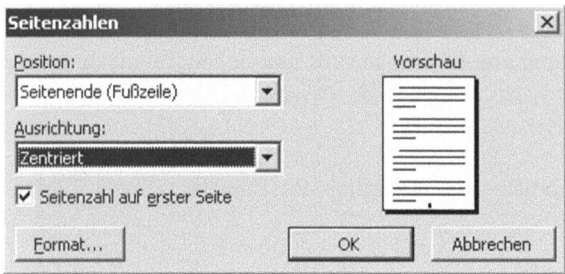

Abbildung 38: Seitenzahlen

Hier sind die unten angegebenen Eintragungen vorzunehmen:

- *Position*
  legt fest, ob die Seitenzahl oben oder unten auf der Seite stehen soll
- *Ausrichtung*
  legt fest, ob die Seitenzahl z.B. immer in der Mitte des Textes oder am linken bzw. rechten Rand stehen soll
- Option *auf erster Seite*
  legt fest, ob die erste Seite (z.B. das Deckblatt) auch nummeriert werden soll
- Schaltfläche *Format* mit folgenden wichtigen Eintragungen
  - *Seitenzahlen-Format*: weist die Art der Seitennummerierung (z.B. 1 oder I)[59] zu
  - *Seitennummerierung*: fängt mit der unter *beginnen mit* angegebenen Zahl an (ist v.a. wichtig, wenn die Nummerierung nicht mit 1 beginnen soll[60])

Diese Art der Seitennummerierung ist einfach zu handhaben. Sie bietet aber nur geringe Gestaltungsmöglichkeiten:

- Die Seitenangabe besteht ausschließlich aus einer Seitenzahl (z.B. 1); das Anfügen von Gedankenstrichen (z.B. -1-) ist nicht möglich.
- Die Seitenzahlen sind nicht formatierbar (z.B. ist die Schriftart nicht veränderbar).
- Die Seitenzahlen können nicht gelöscht werden.

---

[59] In wissenschaftlichen Arbeiten wird z.B. der Text häufig arabisch und das Inhaltsverzeichnis römisch nummeriert.
[60] Dies ist z.B. nötig, wenn ein umfangreicher Text auf zwei Dateien verteilt wird. Die Nummerierung der zweiten Datei könnte dann beispielsweise mit 150 beginnen.

b) über [Ansicht/Kopf- und Fußzeile]

Wenn Sie [Ansicht/Kopf- und Fußzeile] anklicken, wechseln Sie in den Kopf-/Fußzeilenmodus: Sie springen damit zu folgender Seiten-Layoutansicht und erhalten eine Anzeige der Kopf-/Fußzeilensymbolleiste:

Abbildung 39: Kopf- und Fußzeilenfenster

Der gestrichelte Rahmen stellt die Kopf-/Fußzeile dar; in diesen Rahmen gibt man normalerweise[61] *einmal* den Kopf-/Fußzeilentext ein. Dieser erscheint dann auf allen Seiten des Dokumentes. Im Einzelnen sind folgende Angaben vorzunehmen:

- festlegen, ob eine Kopf- oder Fußzeile erstellt werden soll (wechselt zwischen der Kopf- und Fußzeile)
- Seitenzahl über   eingeben; damit wird ein *Feld* eingefügt, das bei der Ausgabe den jeweils aktuellen Wert annimmt. Wenn man ein Feld anklickt/markiert, wird es übrigens hellgrau hinterlegt.[62]
- ggf. Ergänzungen (z.B. Gedankenstriche) wie normalen Text eingeben
- ggf. Seitenzahl wie normalen Text formatieren (z.B. zentriert, bestimmte Schriftart)
- ggf. gelangt man über   zu dem aus [Einfügen/Seitenzahlen] bekannten Dialogfenster, in dem man das Seitenzahlenformat (z.B. I oder 1) festlegen kann.
- Kopf-/Fußzeilenmodus mit der Schaltfläche *Schließen* verlassen

---

[61] Solange man nicht mit Abschnitten (vgl. Kapitel 4.5.3) arbeitet, gilt eine Kopf- bzw. Fußzeile für das gesamte Dokument.

[62] Falls Sie anstelle der Seitenzahl {Seite} sehen, sollten Sie folgende Option ausschalten: [Extras/Optionen], Registerkarte *Ansicht*, Option *Feldfunktionen*.

Seitenzahlen löschen

Sowohl über [*Einfügen/Seitenzahlen*] als auch über [*Ansicht/Kopf-/Fußzeile*] erstellte Seitenzahlen werden gelöscht, indem man im Kopf- und Fußzeilenrahmen die entsprechenden Angaben einmal[63] löscht.

Aufgabe

Fügen Sie am Anfang Ihrer Projekt-Berichts-Datei (*c:\edv\word\ bwanpot_fremd.doc* bzw. *bwanpot.doc*) ein Deckblatt an. Nummerieren Sie die Datei mit zentrierten Kopfzeilen-Seitenzahlen (10 pt, Arial, Gedankenstriche). Nummerieren Sie das Deckblatt nicht mit.

4.5.3 Abschnittsformatierung

Ein Abschnitt ist – nach Zeichen, Absätzen und Seiten – die nächstgrößte Formatierungseinheit. Üblicherweise besteht ein Dokument aus einem Abschnitt. In diesem Fall wird das gesamte Dokument mit den gleichen Seitenformatierungen versehen.

Wenn innerhalb eines Dokumentes verschiedene Seitenformatierungen erforderlich sind, muss mit Abschnitten gearbeitet werden. Aufeinanderfolgende Seiten, die mit gleichen Seitenformatierungen versehen werden sollen, müssen zu einem Abschnitt zusammengefasst werden. Das Arbeiten mit Abschnitten ist notwendig, wenn z.B. innerhalb eines Dokumentes

- unterschiedliche Seitenzahlenformate verwendet werden sollen (z.B. arabische für den Text, römische für den Anhang → Text = Abschnitt 1; Anhang = Abschnitt 2) oder
- unterschiedliche Seitenausrichtungen benötigt werden (z.B. Text im Hochformat = Abschnitt 1, Tabelle im Querformat = Abschnitt 2, Text im Hochformat = Abschnitt 3).

Im Folgenden wird darauf eingegangen, wie Sie Abschnittswechsel einfügen und löschen sowie Abschnitte formatieren können.

---

[63] pro Abschnitt

Einfügen und Löschen von Abschnittswechseln

- *Einfügen*
    - Cursor an die Stelle setzen, an der der Abschnittswechsel durchgeführt werden soll
    - [Einfügen/Manueller Wechsel] anklicken
    - unter *Abschnittswechsel* markieren, wo der Abschnittswechsel beginnen soll (*nächste Seite* → Gleichzeitig wird ein Seitenwechsel eingefügt.)
    - *OK* → Abschnittswechsel wird eingefügt
    - Anzeige am Bildschirm:
      ============================Abschnittswechsel (Nächste Seite)============================
- *Löschen*
  analog zum Löschen des manuellen Seitenwechsels; die Doppellinie über die Markierungsleiste markieren, [*Entf*] drücken

Formatierung von Abschnitten

- Abschnittswechsel einfügen
- Cursor irgendwo im zu formatierenden Abschnitt platzieren[64]
- die für den Abschnitt gewünschten Seitenformatierungen einstellen

Aufgabe

Formatieren Sie in der Datei *c:\edv\word\bwanpot_fremd.doc* bzw. *bwanpot.doc* das Literaturverzeichnis mit römischen Seitenzahlen und den Text mit arabischen Seitenzahlen. Lassen Sie die Nummerierung des Literaturverzeichnisses mit I beginnen. (Hinweis: Achten Sie darauf, dass die Kopf-/Fußzeilen der Abschnitte nicht über *wie vorherige* verknüpft sind; die Verknüpfung können Sie über ein- und ausschalten.)

4.5.4 Fußnoten

Fußnoten sind ein zentraler Bestandteil wissenschaftlicher Arbeiten. Im Folgenden lernen Sie, wie sie Fußnoten eingeben und bearbeiten können.

---

[64] Analog zur Absatzformatierung: Die Absatzformatierung gilt für den Absatz, in dem der Cursor steht; die Abschnittsformatierung gilt für den Abschnitt, in dem der Cursor steht.

Fußnoten eingeben

- Cursor an die Stelle setzen, an der die Fußnote eingegeben werden soll
- [*Einfügen/Referenz/Fußnote*] wählen → Dialogfenster mit folgenden Optionen wird geöffnet:

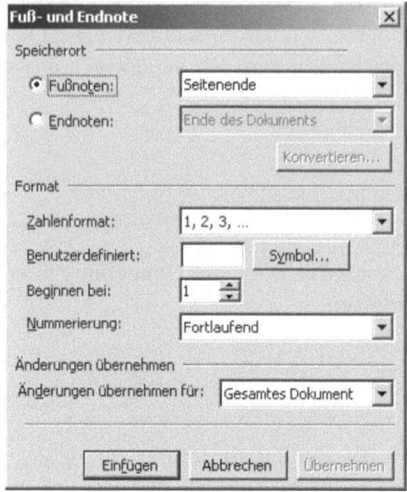

Abbildung 40: Fußnoten

- unter *Speicherort* i.d.R. Option *Fußnote* aktivieren und
    - Fußnoten werden automatisch hochgezählt
    - Nummerierung wird bei Änderungen (z.B. Löschen von Fußnoten) automatisch angepasst
        o *Zahlenformat*: die Zahlenart festlegen (ähnlich wie bei Seitenzahlen)
        o *Benutzerdefiniert:* Wenn Sie Schaltfläche *Symbol* anklicken, erscheint das Dialogfenster *Symbol*. Hier können Sie ein Symbol auswählen.
        o *Beginnen mit*: eine Startnummer für die Nummerierung angeben (ebenfalls analog zu den Seitenzahlen)
        o *Nummerierung*: Option *fortlaufend* wählen, wenn die Fußnoten fortlaufend über das gesamte Dokument hinweg nummeriert werden sollen.
- *Einfügen* → Hochgestelltes *Fußnotenzeichen* wird in den Text eingefügt und der zur Fußnote gehörende Text wird direkt in die Fußzeile eingetragen. Er kann auch dort formatiert werden.
- Wenn man den Cursor auf dem Fußnotenzeichen im Text platziert, erscheint ein „Sprechblasenfenster", das den Fußnotentext anzeigt.

Fußnotentext löschen, verschieben und kopieren

Dies erfolgt mit Hilfe des Fußnotenzeichens; der Fußnotentext „hängt" gewissermaßen am Fußnotenzeichen. Sie können dabei folgendermaßen vorgehen:

- *löschen*
  Fußnotenzeichen im Textfenster markieren, mit [*Entf*] löschen → Fußnotenzeichen und -text werden gelöscht
- *verschieben/kopieren*
  erfolgt über die Zwischenablage

Fußnotentext ändern

- Fußnote anklicken
- Fußnotentext in der Fußzeile ändern

Aufgabe

Der Projektbericht (*c:\edv\word\bwanpot_fremd.doc* bzw. *bwanpot.doc*) enthält einige Zitate, die in Klammern im Text stehen. Nehmen Sie die Zitate aus dem Text heraus und bringen Sie diese in Fußnoten unter (um das Auffinden zu erleichtern, sind einige Zitate mit XXX gekennzeichnet).

4.5.5 Abbildungen automatisch nummerieren

Ähnlich wie Fußnoten lassen sich auch Abbildungen automatisch durchnummerieren. Auch hier wird die Abbildungsnummerierung an das Löschen und Einfügen von Abbildungen angepasst. Dabei kann folgendermaßen vorgegangen werden:

- Cursor an die Stelle setzen, an der die Abbildungsbeschriftung eingefügt werden soll
- [*Einfügen/Referenz/Beschriftung*] anklicken
- unter *Optionen* die Bezeichnung *Abbildung* aktivieren und *OK* wählen

4.5.6 Textgestaltung mit Formatvorlagen

In diesem Kapitel geht es darum, den Formatierungsaufwand durch die „Wiederverwendung" einmal erstellter Formatierungsmuster (z.B. für Überschriften) zu senken.

4.5.6.1 Formate kopieren

Das Kopieren von Formaten ist nützlich, wenn man an einer Stelle Formatierungen vorgenommen hat, die man an einer zweiten Stelle benötigt und nicht wieder per Hand einstellen will (z.B. bei Überschriften). Dazu kann man folgendermaßen vorgehen:

- Textteil, dessen Formate kopiert werden sollen, markieren.
    - o Wenn nur Zeichenformate kopiert werden sollen, müssen nur die Muster-Zeichen markiert werden.
    - o Wenn Zeichen- und Absatzformate kopiert werden sollen, muss das Absatzzeichen ¶ mit markiert werden.
- anklicken → Die Formate werden in den Pinsel „gefüllt" → Der Mauszeiger wird im Text zum Pinselsymbol.
- mit dem Pinsel über den zu formatierenden Textteil „streichen" → Die Formate werden vom Pinsel auf den Textteil übertragen.
- Der Pinsel ist nach einmaligem „Streichen" leer und muss zur erneuten Benutzung wieder neu „aufgefüllt" werden; wenn Sie das Format an mehrere Stellen übertragen wollen, müssen Sie das Pinselsymbol zum Füllen doppelt anklicken; zum Entladen des Pinsels müssen Sie das Pinselsymbol nach der Formatübertragung nochmals anklicken.

Sehr häufig benötigte Formatierungsmuster (z.B. Überschriften) sollten daher besser in Formatvorlagen abgelegt werden. Diese speichern Formatierungen dauerhaft.

4.5.6.2 Grundlagen von Formatvorlagen

Formatvorlagen sind „Schnittmuster" für Formatierungen. Sie speichern alle für ein bestimmtes Textelement (z.B. Überschrift, Fußnote) wichtigen Formatierungen (z.B. 14 pt, fett, linksbündig) unter einem Namen (z.B. Überschrift 1, Fußnotentext) ab. In einer Formatvorlage gespeicherte Formatierungen können dem entsprechenden Textelement sehr einfach und schnell zugewiesen werden. Das Arbeiten mit Formatvorlagen ist mit zahlreichen Vorteilen verbunden:

- einheitliche Formatierung gleichartiger Textelemente; ansonsten formatiert man aus dem Gedächtnis heraus u.U. gleiche Textelemente uneinheitlich
- schnelle Formatierung bei der Texterstellung
- „pflegeleicht", wenn sich die Formatierung bestimmter Textelemente ändern soll: Änderung der Formatvorlage → Die Formatierung der Textelemente, die damit formatiert wurden, ändert sich automatisch.

Arten von Formatvorlagen

- *Automatische und benutzerdefinierte*
    - Wenn der Benutzer nicht ausdrücklich eine Formatvorlage anwendet, formatiert WORD bestimmte Textteile selbständig mit automatischen Formatvorlagen (z.B. Absätze mit der Formatvorlage *Standard*).
    - Formatvorlagen, die der Benutzer für seine Bedürfnisse (z.B. für direkte Zitate) erstellt, heißen benutzerdefinierte Formatvorlagen.
- *Zeichen- und Absatzformatvorlagen*
    - Zeichenformatvorlagen enthalten ausschließlich Zeichenformatierungen (z.B. die automatische Formatvorlage *Fußnotenzeichen*).
    - Absatzformatvorlagen enthalten Zeichen- und Absatzformatierungen (z.B. die automatische Formatvorlage *Fußnotentext*).

Frage

Wieso benötigt man neben Absatz- auch Zeichenformatvorlagen?[65]

Anzeigen der angewendeten Formatvorlagen

- *in der Formatvorlagenspalte*
    - Am linken Bildschirmrand lässt sich (in der Normalansicht) eine Spalte einblenden, in der der Name der auf den entsprechenden Absatz angewendeten Absatzformatvorlage (hier *Standard*) angezeigt wird.

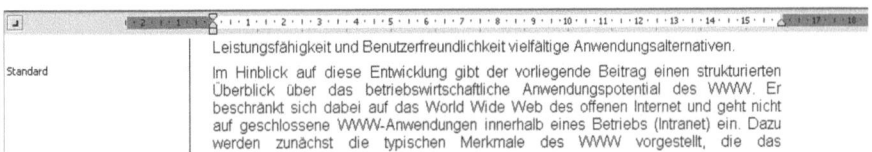

Abbildung 41: Anzeige der angewendeten Formatvorlage

    - einblenden der Formatvorlagenspalte erfolgt über [*Extras/Optionen*], Registerkarte *Ansicht*
    - hier unter *Breite der Formatvorlagenanzeige* einen Wert > 0 eingeben
- *im Formatvorlagenfeld*

Das Formatvorlagenfeld [Standard ▼] in der Formatierungssymbolleiste zeigt den Namen der Zeichen- oder Absatzformatvorlage an, die auf den Textteil angewendet wurde, in dem der Cursor steht.

---

[65] Ansonsten könnte man z.B. das Fußnotenzeichen, das in dem mit der Formatvorlage *Fußnotentext* formatierten Absatz enthalten ist, nicht via Formatvorlage anders formatieren. Zeichenformatvorlagen sind also erforderlich, um Zeichen innerhalb eines Absatzes mit einer Formatvorlage zu formatieren.

4.5.6.3 Erstellen von Formatvorlagen

In diesem Abschnitt geht es darum, die Formatierungen eines Textelementes in einer Formatvorlage festzuhalten. Dies kann sowohl über die Formatierungssymbolleiste als auch über den Aufgabenbereich Formatvorlagen und Formatierungen erfolgen.

Absatzformatvorlagen über die Formatierungssymbolleiste erstellen

- setzen Sie den Cursor vor das Muster des Absatzes (z.B. eine Überschrift der zweiten Gliederungsebene), für den die Formatvorlage angelegt werden soll, beispielhaft mit den entsprechenden Formatierungen formatieren
- den Namen der neuen Formatvorlage (z.B. MeineÜberschrift) in das Formatvorlagenfeld in der Formatierungssymbolleiste eingeben

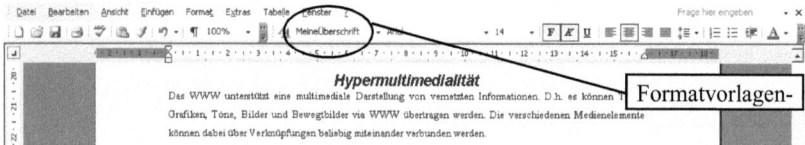

Abbildung 42: Formatvorlagen über die Formatierungssymbolleiste anlegen

- [*Return*] → Formatvorlage wird angelegt

Zeichen-[66] und Absatzformatvorlagen über den Aufgabenbereich erstellen

- markieren Sie das Muster des Textelementes, für das die Formatvorlage angelegt werden soll, beispielhaft mit den entsprechenden Formatierungen formatieren
- im Aufgabenbereich die Schaltfläche *Neue Formatvorlage* im Aufgabenbereich betätigen → Dialogfenster mit folgenden Eintragungen erscheint

Abbildung 43: Formatvorlagen über den Aufgabenbereich anlegen

  o im Feld *Name* den Namen der neu anzulegenden Formatvorlage eingeben
  o im Listenfeld *Formatvorlagen-Typ*, den Typ der Formatvorlage anklicken
- [*Return*] → Formatvorlage wird angelegt

Aufgabe

Sie haben oben folgendes Zitat - mit den Formatierungen Schriftgrad 9, rechter und linker Einzug von jeweils 2 cm - an den Anfang des Projektberichtes gestellt. Legen Sie dafür eine Formatvorlage *zitdir* an.

> „Das WWW wird die Wirtschaft revolutionieren. Es wird die Fiktion vom virtuellen Unternehmen zur Realität werden lassen."

---

[66] Zeichenformatvorlagen können ausschließlich über den Aufgabenbereich erstellt werden.

4.5.6.4 Zuweisen von Formatvorlagen

Die in einer Formatvorlage festgehaltenen Formatierungen sollen nun auf ein Textelement angewendet werden. Dies kann wiederum über zwei verschiedene Wege erfolgen.

Zuweisen über das Formatvorlagenfeld

- den zu formatierenden Textteil analog zur normalen Formatierung kenntlich machen
- *Formatvorlagenfeld* in der Formatierungssymbolleiste öffnen
- die gewünschte Formatvorlage anklicken → markierter Textteil wird mit der Formatvorlage formatiert

Zuweisen über den Aufgabenbereich Formatvorlagen und Formatierungen

- zu formatierenden Textteil analog zur normalen Formatierung kenntlich machen[67]
- [*Format/Formatvorlagen und Formatierungen*] anklicken, falls der Aufgabenbereich nicht bereits angezeigt wird
- im erscheinenden Aufgabenbereich gewünschte Formatvorlage wählen
- anklicken → markierter Textteil wird mit der Formatvorlage formatiert

Aufgabe

Stellen Sie ein weiteres Zitat an den Anfang des Projektberichtes. Formatieren Sie es mit der Formatvorlage *zitdir*.

4.5.6.5 Ändern und Löschen von Formatvorlagen

Nach einer Änderung der Formatvorlage werden alle Textteile, die mit der Formatvorlage formatiert sind, automatisch mit den neuen Formatierungen versehen. Formatvorlagen können wiederum über die Formatierungssymbolleiste oder den Aufgabenbereich *Formatvorlagen und Formatierungen* bearbeitet werden.

Ändern über das Formatvorlagenfeld

- Cursor in einem Textteil platzieren, in dem die zu ändernde Formatvorlage angewendet wurde
- Symbol Formatvorlagen und Formatierungen wählen
- für weiters Vorgehen siehe unten *Ändern über das Menü*

---

[67] Zeichen, die mit einer Zeichenformatvorlage formatiert werden sollen, markieren. Absatz/Absätze, die mit einer Absatzformatvorlage formatiert werden sollen, markieren.

Ändern über den Aufgabenbereich

- ggf. *[Format/Formatvorlagen und Formatierungen]* anklicken
- unter Formatvorlagen den Mauszeiger auf die betreffenden Formatvorlage stellen (nicht klicken!)
- das Pull-Down Menü der ausgewählten Formatvorlage öffnen und den Befehl *Formatvorlage ändern* wählen
- Dialogfenster *Formatvorlage ändern* erscheint
    - gewünschte Formatierungsart anklicken
    - die gewünschten Formatierungen in den von der normalen Formatierung bekannten Dialogfenstern eingeben
- ggf. über *Format* weitere Formatierungsarten verändern
- *OK* anklicken → Formatvorlage wird verändert

Löschen (nur über das Menü möglich)

- *[Format/Formatvorlagen und Formatierungen]* betätigen, falls der Aufgabenbereich *Formatvorlagen und Formatierungen* nicht bereits angezeigt wird
- unter *Formatvorlagen* den Mauszeiger auf die zu löschende Formatvorlage legen
- das Pull-Down Menü der ausgewählten Formatvorlage öffnen und *löschen* wählen
- die Anfrage, ob die Formatvorlage gelöscht werden soll, bejahen

Hinweis

Automatische Formatvorlagen lassen sich nicht löschen. Sie können allerdings auf die gleiche Art und Weise wie benutzerdefinierte geändert werden.

Aufgaben

- Verändern Sie die Formatvorlage *zitdir* (8 pt, rechter und linker Einzug von jeweils 3 cm).
- Verändern Sie die automatische Formatvorlage *Fußnotentext* so, dass sie in etwa folgendermaßen aussieht:[68]
- Löschen Sie die Formatvorlage *zitdir*. Achten Sie darauf, wie mit *zitdir* formatierten Absätzen jetzt formatiert sind.

Hinweis

Neu erstellte bzw. veränderte Formatvorlagen stehen zunächst nur in der Datei, in der sie erstellt wurden, zur Verfügung. Wenn sie auch in anderen Dateien zur

---

[68] Hinweis: Sie benötigen dazu einen hängenden Einzug von z.B. 0,3 cm.

Verfügung stehen sollen, müssen sie explizit einer Dokumentvorlage[69] hinzugefügt werden. Im Aufgabenbereich die Schaltfläche *Neue Formatvorlage* oder im Pull-Down Menü *Formatvorlage ändern* für die entsprechende Formatvorlage wählen. Im erscheinenden Dialogfenster die Option *zur Vorlage hinzufügen* aktivieren

4.5.7 Überschriftennummerierung und Inhaltsverzeichnis

Ziel dieses Kapitels ist es, Sie damit vertraut zu machen, wie Sie mit WORD effizient Überschriften nummerieren und aus nummerierten Überschriften ohne nennenswerten Aufwand ein Inhaltsverzeichnis ableiten.

4.5.7.1 Automatische Nummerierung von Überschriften

Für Überschriften sieht WORD die automatischen Formatvorlagen *Überschrift1*, *Überschrift2* usw. vor. Mit den automatischen Formatvorlagen formatierte Überschriften können automatisch durchnumeriert werden. Die automatische Numerierung passt sich - wie bei den Fußnoten - selbsttätig an Veränderungen (z.B. Umstellungen und Löschungen) an. Im Folgenden werden die Vergabe und Entfernung der Überschriftennummerierung skizziert.

---

[69] Dokumentvorlagen gehören nicht zum Inhalt dieses einführenden Buches. Sie stellen „Schnittmuster" für bestimmte Dokumenttypen (z.B. Faxe, Zeugnisse) dar. Sie enthalten in dem entsprechenden Dokumenttyp häufig benötigte Bestandteile (z.B. Briefkopf, immer wiederkehrende Zeugnisbausteine). Wenn der Benutzer nicht ausdrücklich eine Dokumentvorlage wählt, arbeitet er mit der sog. *normal.dot* (*.dot* ist also die Dateierweiterung für Dokumentvorlagen*)*. Wenn Sie ein neues Dokument über [*Datei/Neu*], Option *leeres Dokument* öffnen, aktivieren Sie automatisch die *normal.dot*.

Nummerierung vergeben

- zu nummerierende Überschrift markieren
- im Aufgabenbereich *Formatvorlagen und Formatierungen* im Pull Down Menü der höchstrangige Überschrift den Befehl ändern wählen
- im Dialogfenster *Nummerierung und Aufzählungszeichen*, Registerkarte Gliederung wählen

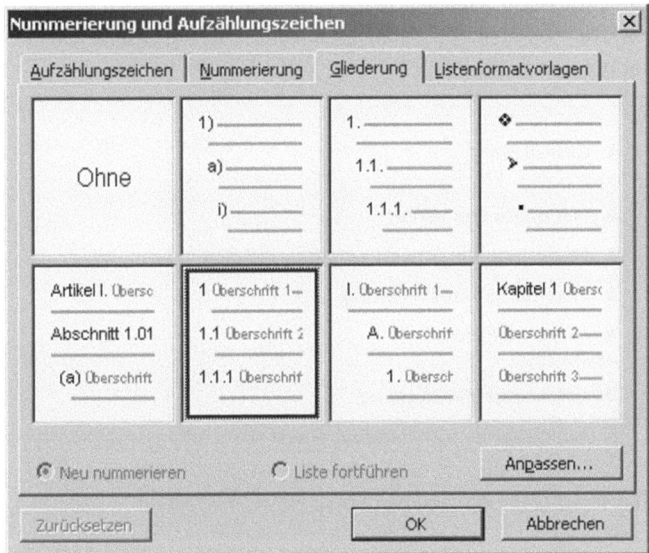

Abbildung 44: Überschriften nummerieren

- gewünschte Nummerierungsart(Nummerierungsart, welche mit dem blauem Rand gekennzeichnet ist wird für Text empfohlen) durch Anklicken aktivieren
- über die Schaltfläche *Anpassen* ggf. Veränderungen (z.B. Größe des hängenden Einzugs) vornehmen
- Schaltfläche *OK* wählen

Nummerierungen entfernen

- zu „entnummerierende" Überschrift(en) markieren
- im Dialogfenster *Nummerierung und Aufzählungszeichen* Registerkarte *Gliederung* wählen
- Option *Ohne* anklicken → Nummerierung wird entfernt

Hinweis

Am besten formatieren und nummerieren Sie die jeweiligen Überschriften gleich bei der Eingabe. Falls Ihnen die automatischen Formatvorlagen nicht gefallen, haben Sie die Möglichkeit, diese wie oben beschrieben zu verändern.

Aufgaben

- Öffnen Sie eine leere Datei. Geben Sie dort die folgenden Überschriften Ihres Projektberichtes ein. Nehmen Sie dabei gleich die Überschriftenformatierung und -nummerierung vor.

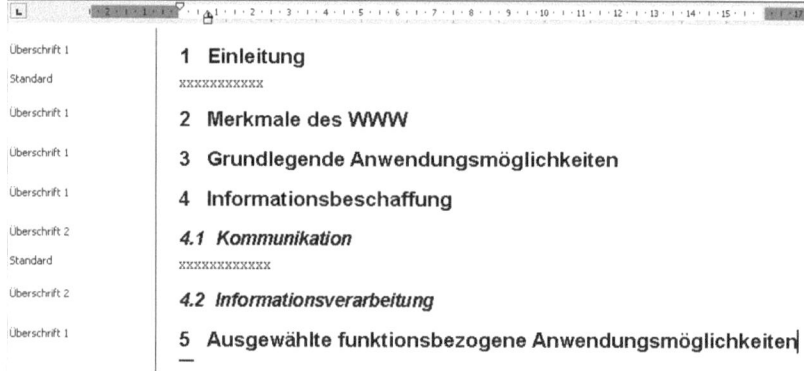

Abbildung 45: Beispielaufgabe zur Nummerierung von Überschriften

- Öffnen Sie den Projektbericht *c:\edv\word\bwanpot_fremd.doc* bzw. *bwanpot.doc*. Formatieren und nummerieren Sie auch hier die Überschriften.

4.5.7.2 Ableiten des Inhaltsverzeichnisses

Aus nummerierten Überschriften lässt sich automatisch ein Inhaltsverzeichnis mit Seitenzahlen ableiten. Auf spätere Änderungen (z.B. Einfügungen und Löschungen von Überschriften) reagiert das Inhaltsverzeichnis allerdings *nicht* automatisch. Die Aktualisierung muss hier ausdrücklich ausgelöst werden.

Anlegen des Inhaltsverzeichnisses

- Cursor an die Stelle setzen, an der das Inhaltsverzeichnis eingefügt werden soll (i.d.R. an den Anfang).
- [*Einfügen/Referenz/Index und Verzeichnisse*], Registerkarte *Inhaltsverzeichnis* wählen → Dialogfenster mit folgenden Eintragungen erscheint:

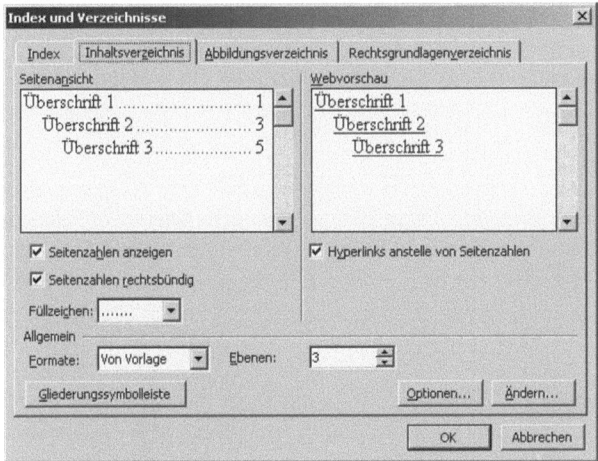

Abbildung 46: Anlegen des Inhaltsverzeichnisses

- o unter *Formate* die gewünschte Art des Inhaltsverzeichnisses angeben
- o *Ebenen* gibt an, wie viele Überschriftsebenen in das Inhaltsverzeichnis aufgenommen werden sollen (i.d.R. darauf achten, dass der Zähler so hoch steht, dass alle Ebenen enthalten sind).
- o unter *Füllzeichen* einstellen, mit welcher Füllzeichenart der Zwischenraum zwischen Überschrift und Seitenzahl aufgefüllt werden soll
- o ggf. Optionen Seitenzahlen anzeigen und Seitenzahlen rechtsbündig aktivieren
- o *OK* → Inhaltsverzeichnis wird als *Feld*[70] eingefügt
- Das Inhaltsverzeichnis wird mit den automatischen Formatvorlagen *Verzeichnis1*, *Verzeichnis2* usw. formatiert.

Aktualisieren des Inhaltsverzeichnisses

- Cursor im Inhaltsverzeichnis platzieren
- [*F9*] drücken

---

[70] Felder kennen Sie bereits von den Seitenzahlen her. Felder sind Variable, deren aktuelle Werte über kodierte Anweisungen berechnet werden. Wenn man ein Feld anklickt/aktiviert, wird es hellgrau hinterlegt.

- festlegen, ob nur die Seitenzahlen aktualisiert werden sollen oder ein neues Verzeichnis erstellt werden soll

Aufgabe

Erstellen Sie zu der oben eingetippten Gliederung das Inhaltsverzeichnis. Gehen Sie weiterhin in die Datei *c:\edv\word\bwanpot_fremd.doc* bzw. *bwanpot.doc* und erstellen Sie das Inhaltsverzeichnis des Projektberichtes. Prüfen Sie, ob Ihnen die automatischen Formatvorlagen (*Verzeichnis1*, *Verzeichnis2* usw.) gefallen. Falls nicht, verändern Sie sie (formatieren Sie z.B. *Verzeichnis2* mit einem hängenden Einzug).

Hinweis

Über [*Einfügen/Referenz/Index und Verzeichnisse*], Registerkarte *Abbildungsverzeichnis* lässt sich auch automatisch ein Abbildungsverzeichnis erstellen. Dies gilt nur, sofern die Abbildungsbeschriftung über [*Einfügen/Referenz/Beschriftung*] vorgenommen wurde.

4.5.8 Grundlegendes zu Tabellen

Tabulatoren[71] bieten die Möglichkeit, Text tabellarisch anzuordnen. Wenn Sie allerdings Tabellen mit Gitternetzlinien[72] erstellen wollen, sollten Sie auf die Tabellenfunktion von WORD zurückgreifen.

4.5.8.1 Tabellen anlegen

Das Anlegen einer leeren Tabelle umfasst das Erstellen der leeren Tabelle und das Eingeben der Tabelleninhalte.

Leere Tabelle erstellen

- Cursor an die Position setzen, an der die Tabelle eingefügt werden soll
- *über das Menü*
  [*Tabelle/Einfügen/Tabelle*] wählen → Dialogfenster erscheint, in das die Anzahl der gewünschten Zeilen/Spalten einzutragen ist
- *über die Standard-Symbolleiste*
  o Symbol für Tabelle anklicken
  o Markierung mit gedrückter linker Maustaste so weit aufziehen, bis die gewünschte Anzahl der Zeilen/Spalten erreicht ist
  o klicken und Maustaste loslassen

---

[71] Vgl. Kapitel 4.5.1.3.
[72] Vgl. z.B. Abbildung 47.

Eingeben in Tabellen

- In die Zellen können Zahlen, Texte oder Grafiken eingegeben werden.
- Eingaben erfolgen in die Zelle, in der der Cursor steht
- Zur nächsten Zelle kann man z.B. mittels der Tabulatortaste oder durch Klick mit dem Mauszeiger wechseln.
- Die in eine Zelle geschriebenen Eingaben schließen mit ¤ (= Feldendezeichen) ab.
- Formatierungen können - wie bereits bekannt - vorgenommen werden.
    - Zellen werden dabei wie Absätze behandelt.
    - Tabulatorsprünge werden mit [Strg] + [Tab] eingegeben.

Aufgabe

Öffnen Sie die Datei *c:\edv\word\anschrbwanpot.doc*. Löschen Sie die mit Tabulatoren erstellte Tabelle und ersetzen Sie diese durch eine Tabelle mit Gitternetzlinien.

Berater	Stundensatz	Geleistete Stunden	Preis/Berater
Löffel	150 €	5	750 €
Brauer	130 €	10	1300 €
Sinnlein	180 €	15	2700 €

Abbildung 47: Beispielaufgabe zu Tabellen mit Gitternetzlinien

4.5.8.2 Tabellen bearbeiten

Hier geht es v.a. darum, das Gitternetzraster der Tabelle zu verändern. In diesem Zusammenhang ist es beispielsweise wichtig, neue Zeilen bzw. Spalten einzufügen oder die Höhe bzw. Breite der Zeilen bzw. Spalten zu verändern.

Zeile/Spalte einfügen

- Tabelle markieren und den Cursor irgendwo in die Tabelle setzen
- *Tabelle/Einfügen* wählen
- wählen Sie im erscheinenden Menü die die für Sie passende Option aus

Hinweis

[*Entf*] löscht nur die Inhalte, nicht die Zeile/Spalte selbst.

Spaltenbreite/Zeilenhöhe ändern

- Zeilen/Spalten, deren Breite geändert werden soll, markieren
- *über das Menü*
    o [Tabelle/Tabelleneigenschften] wählen
    o Registerkarte *Zeile* oder *Spalte* anklicken

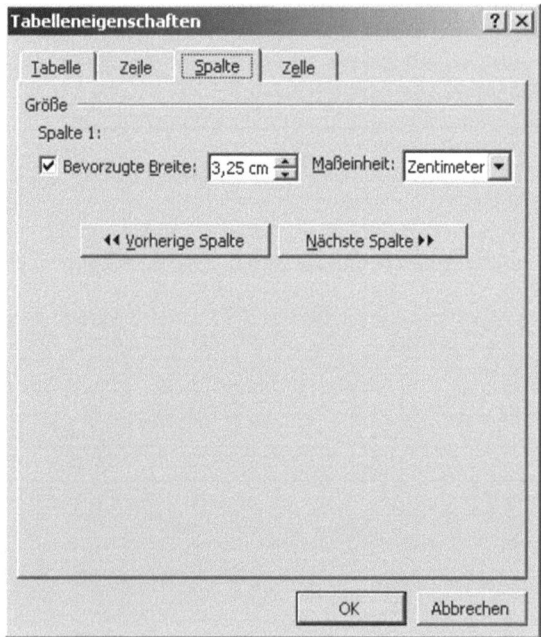

Abbildung 48: Registerkarte *Spalte* zur Veränderung der Spaltenbreite

- gewünschte Werte eingeben
- *über Lineale* (dazu in Seiten-Layoutansicht wechseln)
    o ▦ bzw. ▬ stellen im Lineal die Spalten- bzw. Zeilengrenzen dar.
    o Spalte bzw. Zeile, deren Breite bzw. Höhe geändert werden soll, markieren
    o Mauszeiger in das Lineal auf das Symbol für Spalten- bzw. Zeilengrenze setzen
    o linke Maustaste drücken und Symbol in die gewünschte Richtung ziehen

Zellen verbinden und teilen

Der Sinn liegt darin, mehrere „kleine" Zellen zu einer „großen" zusammenzufassen (z.B. wenn die erste Zeile einer Tabelle eine längere Überschrift enthalten soll). Man kann dazu folgendermaßen vorgehen:

- Zellen markieren
    - [Tabelle/Zellen verbinden] wählen
- Mit [*Tabelle/Zellen teilen*] kann die Verbindung der markierten Zelle wieder aufgehoben werden.

Aufgabe

Ergänzen Sie die obige Tabelle um die Überschriftenzeile *Abrechnung des Projektes Anwendungspotential des WWW*.

4.5.9 Grundlegendes zu Serienbriefen

Serienbriefe stellen eine große Arbeitserleichterung dar, wenn Sie einer Zielgruppe (z.B. Großkunden, Mitarbeitern) einen Gleichlautenden Brief schreiben wollen. Hier ist beispielsweise an einen Werbe- oder eine Einladungsbrief zu denken, den Sie an alle Kunden schicken wollen. Ziel des folgenden Kapitels ist es, Sie mit den grundlegenden Möglichkeiten von Serienbriefen vertraut zu machen.

4.5.9.1 Prinzip

Ein Serienbrief ist z.B. sinnvoll, wenn StudConsult seine Mitarbeiter schriftlich zu seiner Weihnachtsfeier einladen will. Der eigentliche Einladungstext ist immer gleich. Die Briefe unterscheiden sich aber bei der Adresse und Anrede. Ein Serienbrief besteht deshalb aus folgenden beiden Dateien:

- Dem eigentlichen Brief, d.h. hier dem Einladungstext. Diese Briefdatei heißt *Hauptdokument*.
- Der Adressdatei, d.h. hier den Mitarbeiternamen und -adressen. Diese Adressdatei heißt *Datenquelle*.

Die individuellen Einladungsbriefe entstehen, indem man das Hauptdokument und die Datenquelle miteinander verbindet. Man kann sich dazu vorstellen, dass die Mitarbeiteradressen von der Datenquelle aus in den Einladungsbrief bzw. das Hauptdokument einfließen. Das Hauptdokument enthält dazu Seriendruck- bzw. Platzhalterfelder (in Abbildung 49 z.B. die Felder <<Vorname>>, <<Name>> usw.), die jeweils die individuellen Adressdaten aus der Datenquelle aufnehmen.

Hauptdokument

«Vorname» «Name»
«Straße_Haus_Nr»

«Postleitzahl» «Ort»

Hallo,

mit diesem Schreiben laden wir Sie ganz
herzlich zu unserer Weihnachtsfeier am
15.12.99 ein.

Datenquelle

Vorname	Name	Straße_Haus_Nr	Postleitzahl	Ort
Herbert	Löffel	Baaderstr. 67	80469	München
Wolfgang	Brauer	Pfarrweg 34	81539	München
Stefan	Oldenbach	Emmastr. 23	40227	Düsseldorf
Florian	Sinnlein	Pettostr. 45	81249	München
Peter	Gruber	Hußweg 56	809999	München
Sybille	Heuer	Corellistr. 45	40593	Düsseldorf
Heike	Niemann	Gaberlstr. 23	81377	München
Petra	Daume	Kesselstr. 67	40221	Düsseldorf

Herbert Löffel
Baaderstr. 67

80469 München

Hallo,

mit diesem Schreiben laden wir Sie ganz
herzlich zu unserer Weihnachtsfeier am
15.12.99 ein.

Wolfgang Brauer
Pfarrweg 34

81539 München

Hallo,

mit diesem Schreiben laden wir Sie ganz
herzlich zu unserer Weihnachtsfeier am
15.12.99 ein.

Brief

Abbildung 49: Verbindung von Hauptdokument und Datenquelle im Serienbrief

4.5.9.2 Schreiben des ersten Serienbriefes

Ein Serienbrief kann auf verschiedene Art und Weise erstellt werden. Ein Weg liegt darin, zunächst das Hauptdokument (hier die Einladung zur Weihnachtsfeier) zu erstellen, anschließend die Datenquelle (hier die Mitarbeiteradressen) anzulegen, dann die Seriendruckfelder in das Hauptdokument einzufügen und schließlich den Seriendruck auszuführen.

a) Anlegen eines neuen Hauptdokumentes ohne Seriendruckfelder

Schreiben Sie den Einladungsbrief zunächst ohne Anschrift und speichern Sie ihn unter dem Namen einladwf99.doc ab; lassen Sie die Datei geöffnet.

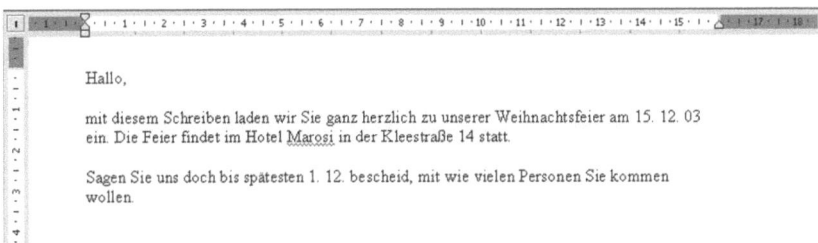

Abbildung 50: Auszug aus der Einladung zur Weihnachtsfeier

- Wechseln Sie über *[Extras/Briefe und Sendungen/Serienbrieferstellung]* in den Seriendruck-Assistenten im Aufgabenbereich; dieses Dialogfeld ist das zentrale Befehlsmenü zur Bearbeitung von Serienbriefen.
- Wählen Sie die Option 1 Briefe und klicken Sie auf *Weiter*.

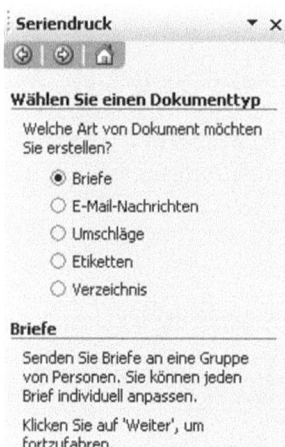

Abbildung 51: Ausschnitt Dialogfenster *Seriendruck*

- Da das geöffnete Fenster (die Datei einladwf99.doc) zum Hauptdokument werden soll, wählen Sie anschließend Aufgabenbereich die Option Aktives Fenster. (Mit Hilfe der Option Neues Hauptdokument können Sie ein neues, leeres Hauptdokument erstellen.)

b) Erstellen einer neuen Datenquelle[73]

Nachdem Sie nun die Datei einladwf99.doc zum Hauptdokument gemacht haben, legen Sie im dritten Schritt die Datenquelle an. Wählen Sie nun zuerst die Option *Neue Liste eingeben* dann klicken Sie auf *Erstellen*. Anschließend erhalten sie das Dialogfenster *Neue Adressliste*.

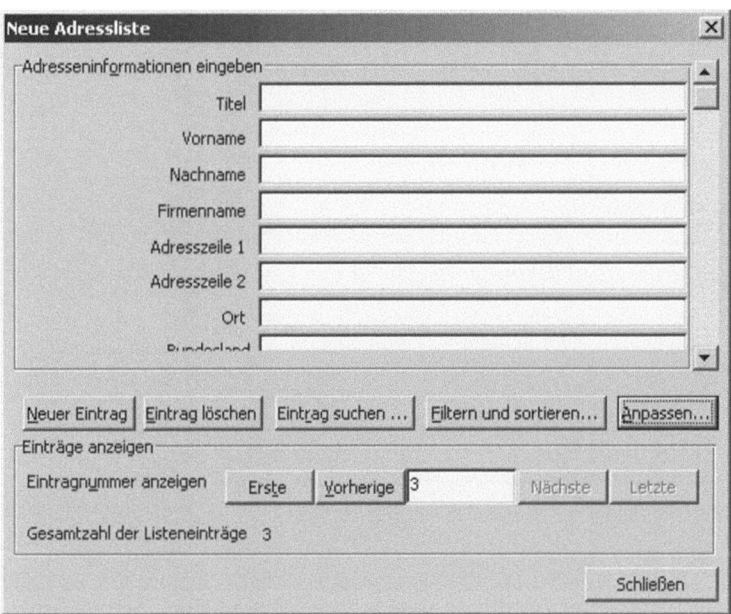

Abbildung 52: Dialogfenster *Neue Adressliste*

Klicken Sie anschließend auf den Button *Anpassen*. Legen Sie im aufscheinenden Dialogfenster fest, welche Bestandteile bzw. Felder der Adressdatensatz haben soll. Unsere Mitarbeiteradresse soll die Komponenten Vorname, Name, Straße_Haus_Nr, Postleitzahl, Ort und Geschlecht haben.

- Die Liste von Feldnamen im Fenster *Adressliste anpassen* enthält Musterfelder für Felder, die häufig in Adressdateien vorkommen.
- Löschen Sie nicht benötigte Feldnamen, indem Sie sie markieren und die Schaltfläche *Löschen* wählen; in unserem Beispiel sind die Felder Titel, Position, Firma, Adressezeile1, Bundesland, Land, Tel_privat und Tel_geschäftlich zu löschen.

---

[73] Sie können für Serienbriefe auch vorhandene Datenquellen (z.B. ACCESS-Tabellen) nutzbar machen (vgl. dazu Kapitel 5.1)

- Fügen Sie im Musterfeldsatz nicht vorhandene Feldnamen hinzu, indem Sie den Button *Hinzufügen* drücken. In unserem Fall ist das das Feld Geschlecht.
- Verändern Sie die Reihenfolge der Felder ggf. in dem Sie das zu verschiebende Feld markieren und wahlweise die Buttons *Nach oben* oder *nach unten* klicken. Sie erhalten folgendes Ergebnis:

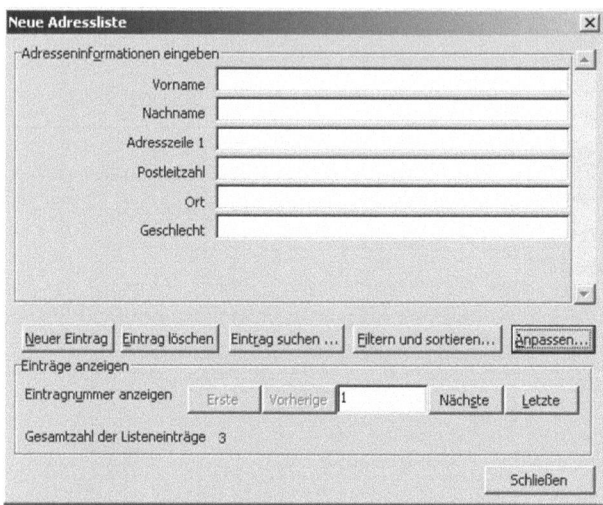

Abbildung 53: Felder des Beispiel-Neue Adresslisten

- Tragen Sie nun in die von Ihnen modifizierte Adressliste die Daten der einzelnen Mitarbeiter ein, klicken sie auf den Button *Schließen* und speichern Sie die Adressliste als *Microsoft Office Adressliste* unter mitarbadr.mdb ab.

Das Dialogfenster *Seriendruckempfänger* öffnet sich.

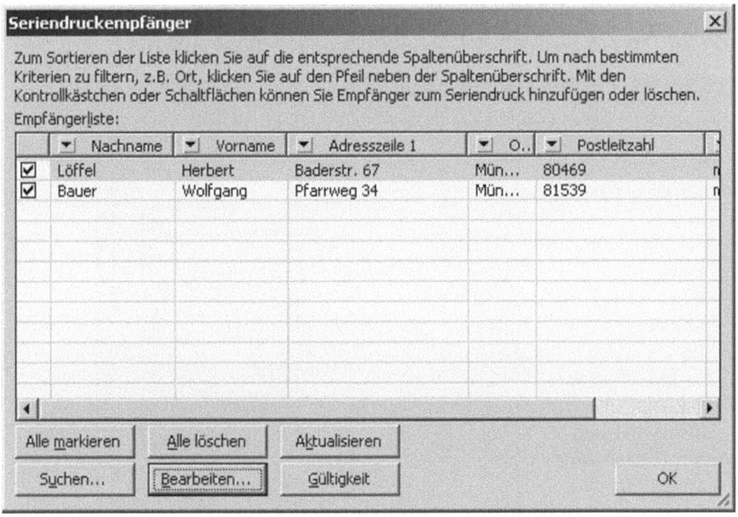

Abbildung 54: Fenster *Seriendruckempfänger*

- Wenn Sie den Button *Bearbeiten* drücken öffnet sich wieder das Dialogfenster *Neue Adressliste* und Sie haben die Möglichkeit weitere Daten einzutragen.
- Abschließend klicken Sie *OK*. Damit kehren Sie zum Schritt drei des Seriendruck Assistenten zurück.
- Klicken Sie auf Weiter um zu Schritt 4 zu gelangen.

c) Einfügen der Seriendruckfelder in das Hauptdokument

- Wählen sie nun im Aufgabenbereich die Option *Adressblock*
- Im erscheinenden Dialogfenster *Adressblock einfügen* drücken sie den Button *Felder wählen*

- Im aufgehenden Dialogfenster *Übereinstimmende Felder festlegen* legen Sie die Felder Ihres Adressblockes fest. Dieses Fenster können Sie über das Symbol in der Seriendruck Symbolleiste jederzeit aufrufen.

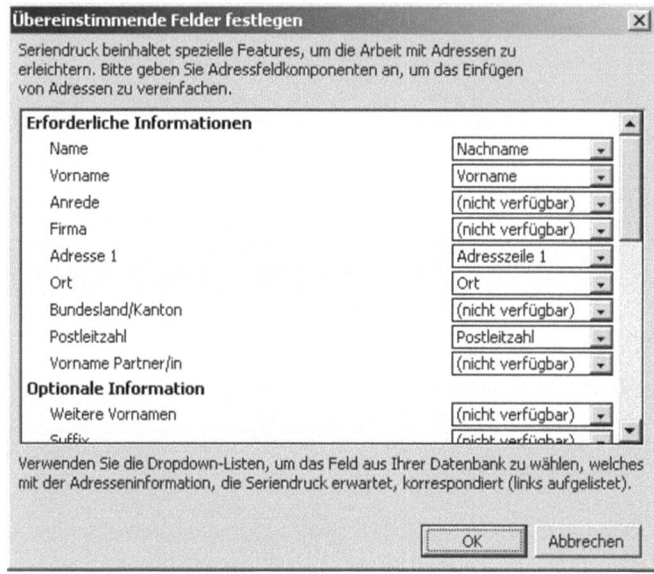

Abbildung 55: Übereinstimmende Felder festlegen

- Wenn Sie die Seriendruckfelder festgelegt haben klicken Sie auf OK und im Dialogfenster *Adressblock einfügen* klicken Sie ebenfalls auf OK .
- Der Adressblock wird in das Hauptdokument eingefügt.

d) Serienbriefe erstellen bzw. Seriendruck anstoßen

Da jetzt sowohl Hauptdokument als auch Datenquelle aufgebaut sind, können Sie den Serienbrief folgendermaßen erstellen.

- Bevor Sie die Serienbriefe auf Papier ausdrucken, sollten Sie sie zunächst auf Korrektheit überprüfen. Dazu eignet sich die Schaltfläche *Seriendruck-Vorschau*, die Datenquelle und Hauptdokument zusammenführt.

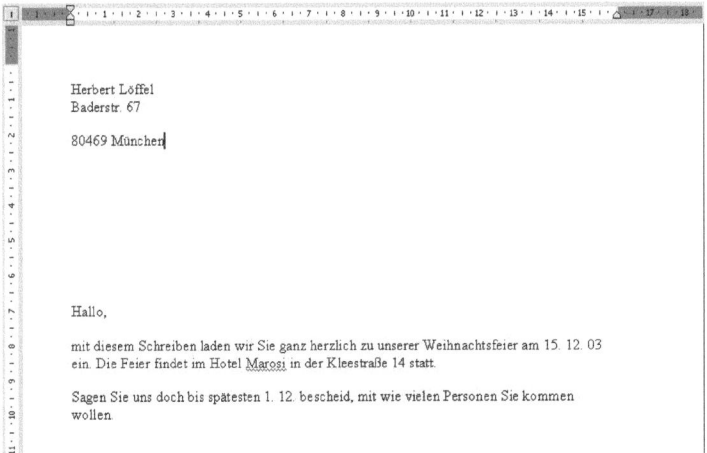

Abbildung 56: Zusammenführung von Hauptdokument und Datenquelle

- Falls das gewünschte Ergebnis erzielt wird, können Sie den Serienbrief über folgende Variablen erstellen:
  - Schaltfläche *Seriendruck in neues Dokument* den Seriendruck als neues Dokument abspeichern
  - Schaltfläche *Seriendruck an Drucker* schickt den Serienbrief direkt an den Drucker
  - Schaltflache *Seriendruck in E-Mail* verschickt den Serienbrief direkt als E-Mail
- Falls das Ergebnis Ihren Erwartungen noch nicht entspricht, können Sie über das Symbol *Seriendruck-Vorschau* wieder in das Hauptdokument zurückkehren und den Serienbrief abändern.

Aufgabe

- Vollziehen Sie obiges Beispiel am Rechner nach.
- Legen Sie für StudConsult eine Datenquelle mit den Kundendaten (Firma, Ansprechpartner, Adresse, Telefonnummer) an. Schicken Sie den Kunden einen Serienbrief, in dem Sie sie zu einer Informationsveranstaltung zum Thema Internet und Datenbankenanbindung einladen.

4.5.9.3 Weitere Serienbrieffunktionen

Auch für das grundlegende Arbeiten mit Serienbriefen sind noch ein paar vertiefende Informationen zum Einfügen von speziellen Seriendruckfeldern in das Hauptdokument, zum Umgang mit Datenquellen und zur Durchführung des Seriendrucks hilfreich.

a) Bedingte Seriendruckfelder ins Hauptdokument einfügen

In obigem Hauptdokument werden die Mitarbeiter mit Hallo angeredet. Professioneller wäre es, wenn weibliche Mitarbeiter mit Sehr geehrte Frau «Vorname» und männliche Mitarbeiter mit Sehr geehrter Herr «Vorname» angeredet würden. Dazu sind so genannte Bedingungsfelder erforderlich. Wenn es sich bei dem Mitarbeiter um eine Frau handelt, dann muss Sehr geehrte Frau «Name» geschrieben werden. Bei männlichen Mitarbeitern ist dagegen Sehr geehrter Herr «Name» die korrekte Anrede. Das entsprechende Bedingungsfeld lässt sich in obiges Hauptdokument folgendermaßen einfügen:

- Öffnen Sie die Datei einladwf99.doc und speichern Sie sie unter dem Namen einladwf99a.doc. Löschen Sie die Anrede Hallo.
- Wählen Sie in der Seriendrucksymbolleiste das Feld Bedingungsfeld einfügen ▼ und aktivieren die Option Wenn...Dann...Sonst....
- Füllen Sie das aufscheinende Dialogfenster so aus, dass folgendes gilt: Wenn im Feld Geschlecht = w steht - wenn es sich also um eine Frau handelt - soll der Text Sehr geehrte Frau geschrieben werden. Sonst, falls also im Feld Geschlecht etwas anderes als = w (z.B. = m) steht, soll der Text Sehr geehrter Herr geschrieben werden.

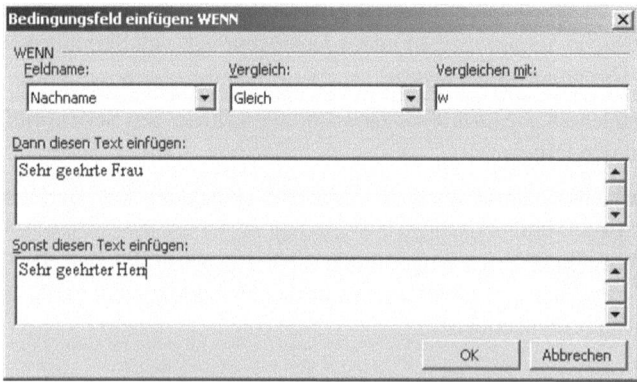

Abbildung 57: Dialogfenster *Bedingungsfeld einfügen*

- Führen Sie den Seriendruck wie oben beschrieben aus.

b) Mit Datenquellen umgehen

Grundsätzlich ist es möglich auch auf nicht in Word erstellte Datenquellen (z.B. MS Access) zuzugreifen. Die in Word neu erstellten Datenquellen werden im Access Datenformat gespeichert. Daten, welche aus einer Access-Datenbank importiert werden können teilweise in Word bearbeitet werden.

Beim Öffnen einer Access-Datenbank erscheint das bereits oben besprochene Dialogfenster *Seriendruckempfänger*. Man hat auch die Möglichkeit das Fenster *Übereinstimmende Felder festlegen* zu öffnen um eventuell notwendige Veränderungen vorzunehmen.

c) Verfeinern des Seriendrucks

Nachdem in den vorangehenden Punkten einige vertiefende Informationen zum Umgang mit dem Hauptdokument und der Datenquelle skizziert worden sind, werden abschließend noch einige weiterführende Hinweise zum Mischen der beiden gegeben. In obigem Beispiel könnte es z.B. sinnvoll sein, zu einer in München stattfindenden Weihnachtsfeier nur die in München wohnenden Mitarbeiter einzuladen. Dazu kann man folgendermaßen vorgehen:

- Wählen Sie [*Extras/Briefe und Sendungen/Serienbrieferstellung*] und gehen Sie zu Schritt 3 im Seriendruck-Assistenten. Klicken Sie dort auf *Empfängerliste bearbeiten* . Es öffnet sich das Dialogfenster *Seriendruckempfänger*. Klicken Sie dort auf das Pull-Down Menü der gewünschten Spalte (in unserem Beispiel ist die die Spalte *Ort*) und wählen Sie *Weitere Optionen* aus
- Aktivieren Sie die Registerkarte Datensätze filtern und stellen die Filterangaben so ein, dass für den Seriendruck nur jene Datensätze verwendet werden, bei denen im Feld Ort der Eintrag München steht. In diesem Fall werden also Datensätze, bei denen im Feld Ort z.B. Düsseldorf eingetragen ist, nicht zum Seriendruck in das Hauptdokument „eingeschleust".

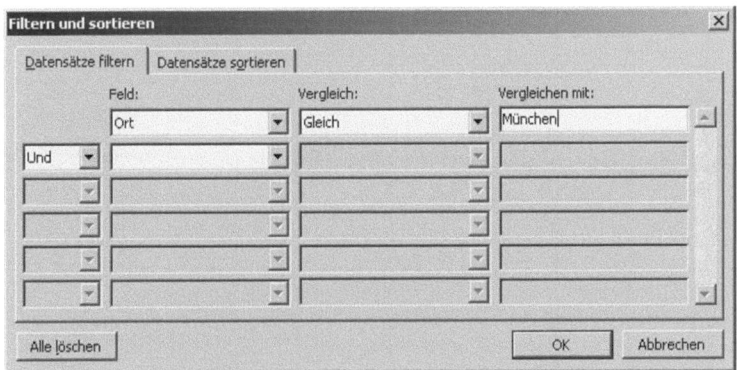

Abbildung 58: Dialogfeld *Optionen für Abfrage*

- Wählen Sie OK und führen Sie den Seriendruck wie gewohnt aus (z.B. indem Sie zunächst die Schaltfläche Ausführen und dann die Schaltfläche Verbinden wählen).

Aufgabe

Einer der Mitarbeiter von StudConsult heiratet und möchte seine männlichen Kollegen zu einem Junggesellenabschied einladen. Erstellen Sie die Einladung auf der Basis der Datenquelle mitarbadr.doc.

5 Entwurf und Erstellung von Datenbanken mit Access

Das Ziel dieses Kapitels liegt darin, ein Grundverständnis für Datenbanken zu wecken. Dazu geht es zum einen auf das prinzipielle Vorgehen beim Entwurf von Datenbanken ein[1], zum anderen erläutert es, wie man eine einfache Datenbank in ACCESS 2003 erstellen kann[2].

Als Fallbeispiel dient wieder die Unternehmensberatung StudConsult. Diese will ihre Geschäftsprozesse durch eine Datenbank unterstützen.[3]

5.1 Grundlagen

In diesem Kapitel wird als erstes kurz der Einsatzbereich von Datenbanken skizziert. Anschließend werden die wesentlichen Bestandteile von ACCESS, die den generellen Aufbau von Datenbankanwendungen widerspiegeln, vorgestellt.

5.1.1 Funktion von Datenbanken

In Betrieben fällt eine Vielzahl *strukturierter* Daten an. Hier ist z.B. an Kunden-, Mitarbeiter- und Produktdaten zu denken. Kennzeichnend für strukturierte Daten ist, dass z.B. für jeden Kunden die gleichen Merkmale, wie etwa Firmenname, Kundennummer oder Adresse festgehalten werden.

Früher wurden strukturierte Daten auf Karteikarten oder in Registern abgelegt. Heute werden sie i.d.R. in Datenbanken verwaltet. Datenbanken ermöglichen das Eingeben, Speichern und Auswerten der Daten sowie das optisch ansprechende

---

[1] Vgl. Kapitel 5.2.
[2] Vgl. Kapitel 5.3, 5.4 und 5.5.
[3] Falls Sie sich die Musterdateien besorgt haben (vgl. Kapitel 1.3), sollten Sie die Datenbank *studconsult_fremd.mdb* in das im WINDOWS-Teil angelegte Verzeichnis *c:\edv\access* kopieren. *Studconsult_fremd.mdb* enthält alle Objekte, die Sie auch erhalten, wenn Sie dieses Kapitel durcharbeiten. Damit Sie die Datenbank ohne größeren Tippaufwand selbst erstellen können, ist das Beispiel bewusst sehr einfach gehalten. Die in den Musterdateien enthaltene zweite Übungsdatenbank stellt ein größeres Datenvolumen zur Verfügung.

Präsentieren der Auswertungen. Das Auswerten ermöglicht es z.B., aus der Kundendatenbank alle Kunden herauszusuchen, die ihren Sitz im Münchner Raum haben.

Datenbanken sind häufig das Herzstück der betrieblichen Datenverarbeitung. Sie sind z.B. tragende Bestandteile der Personal- und Kundenverwaltung, des Controlling und der Materialwirtschaft. Letztendlich setzen auch alle betriebswirtschaftlichen Standardanwendungsprogramme (z.B. SAP, BAAN) auf einer Datenbank auf.

5.1.2 Access als Beispiel für eine Datenbank

Ziel des folgenden Kapitels ist es, Ihnen eine ungefähre Vorstellung vom Aussehen einer Datenbank zu vermitteln. Dazu sollten Sie kurz in eine mit der Datenbanksoftware ACCESS erstellte Datenbank „hineinschnuppern".

Bevor Sie sich die Benutzeroberfläche und die Bestandteile von ACCESS anschauen können, müssen Sie zunächst eine vorhandene Datenbank öffnen.

a) Öffnen einer vorhandenen Datenbank[4]

- ACCESS aufrufen
- *[Datei/Öffnen]* wählen
- *Laufwerk/Verzeichnis*, in dem die Datenbank-Datei gespeichert ist, unter *Suchen in* eingeben
- den *Dateinamen* im Dateifenster doppelt anklicken → Datenbankdatei wird geöffnet.

Aufgabe

Öffnen Sie die Beispieldatenbank *Nordwind.mdb*[5], die im Lieferumfang von ACCESS enthalten ist[6] über das Hilfe-Menü[7] oder suchen sie diese auf der Festplatte Ihres PCs mit Hilfe des EXPLORERS[8]. Der Pfad, unter dem Sie die Datenbank finden, ist von Ihrer Installation abhängig.

---

[4] Das Öffnen von Dateien läuft in allen WINDOWS-Programmen analog ab.
[5] *.mdb* ist die Dateierweiterung von ACCESS.
[6] Falls die Beispieldatenbank noch nicht installiert ist, führen Sie erneut das Setup von ACCESS aus und ergänzen Sie die Komponente *Beispieldatenbanken*.
[7] Wählen Sie hierfür [*?/Beispieldatenbanken.../Beispieldatenbank Nordwind*].
[8] Vgl. dazu Kapitel 5.

b) Benutzeroberfläche von ACCESS

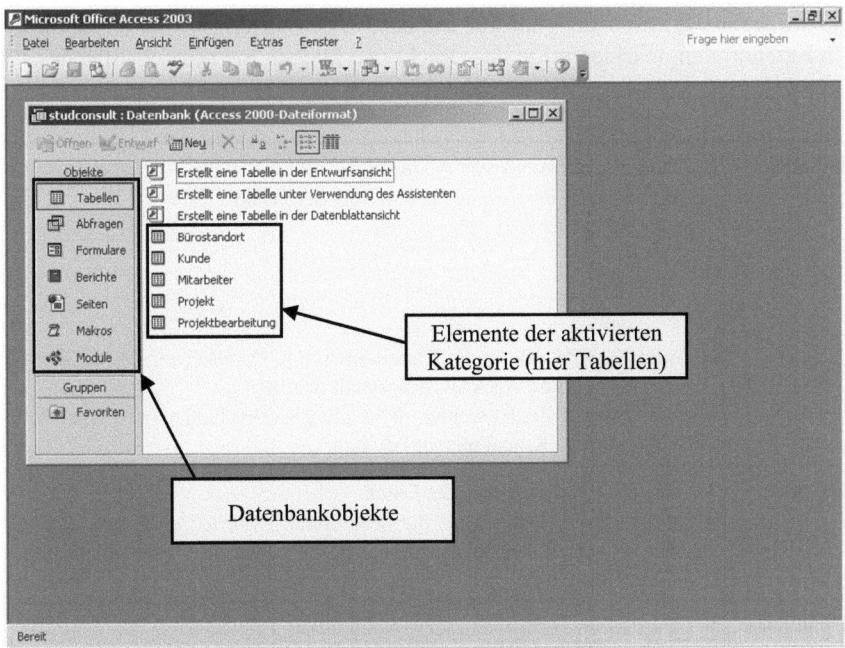

Abbildung 1: Benutzeroberfläche von ACCESS

Die Benutzeroberfläche von ACCESS besteht aus den bei allen WINDOWS-Programmen identischen Bestandteilen[9] und dem ACCESS-spezifischen *Datenbankfenster*. Dieses ermöglicht den raschen Zugriff auf alle *Datenbankobjekte*.

- Durch Anklicken der einzelnen Registerkarten aktiviert man die entsprechende Kategorie der Datenbankobjekte.
- Im rechten Teil des Fensters werden die Elemente der aktivierten Kategorie aufgelistet.

c) Datenbankobjekte in ACCESS

Entsprechend der Funktionen einer Datenbank existieren in ACCESS Datenbankobjekte (Tabellen, Abfragen, Formulare, Berichte, Seiten, Makros und Module), mit deren Hilfe die Daten eingegeben, gespeichert, ausgewertet und optisch ansprechend präsentiert, bzw. Arbeitsschritte automatisiert werden können.

---

[9] Z.B. die *Titelleiste*, die *Symbolleiste* und die *Befehlsleiste* (vgl. z.B. die Benutzeroberfläche von WORD in Kapitel 4).

Aufgabe

Machen Sie sich mit den Objekten von Datenbanken vertraut, indem Sie sich in der Datenbank *Nordwind.mdb* Beispiele der unterschiedlichen Kategorien (Tabelle, Abfrage usw.) anschauen. Klicken Sie dazu die Registerkarte der entsprechenden Kategorie an, markieren Sie das Objekt und klicken Sie die Schaltfläche *Öffnen* an.

Tabellen	<ul><li>sind das Herzstück von ACCESS</li><li>dienen zur *Eingabe* und *Speicherung* der Daten | Kunden-Code | Firma | Kontaktperson | | --- | --- | --- | | + ALFKI | Alfreds Futterkiste | Maria Anders | Vertriebs | | + ANATR | Ana Trujillo Emparedados y helados | Ana Trujillo | Inhaberir | | + ANTON | Antonio Moreno Taquería | Antonio Moreno | Inhaber | | + AROUT | Around the Horn | Thomas Hardy | Vertriebs | | + BERGS | Berglunds snabbköp | Christina Berglund | Einkaufs |</li><li>sind Karteikästen, in die Karteikarten, d.h. Datensätze (z.B. die Kunden ALFKI und ANATR) eingestellt werden</li><li>von jedem Kunden werden dabei die gleichen Felder (z.B. Kunden-Code, Firma, Kontaktperson) erfasst</li></ul>
Abfragen	<ul><li>dienen der *Auswertung* der Daten</li><li>dienen dazu, Datensätze, die bestimmten Kriterien entsprechen, aus der Datenbank herauszusuchen (z.B. die Firma mit dem Kundencode ANATR)</li></ul>
Formulare, Berichte und Seiten	<ul><li>*Formulare* (Eingabemasken) werden zur Erleichterung der *Eingabe* entwickelt.</li><li>*Berichte* (Ausgabemasken) präsentieren die Auswertungsergebnisse in einem optisch ansprechenden Layout.</li><li>*Seiten* bieten alle Möglichkeiten von Formularen und Berichten, wobei noch die Interaktion mit Daten über ein Netzwerk hinzukommt.</li></ul>
Makros und Module	<ul><li>lassen bestimmte *Operationen automatisch hintereinander ablaufen*</li><li>Mit Hilfe von *Makros* können v.a. Menübefehle automatisch hintereinander ablaufen. Beim Aufruf eines Makros könnten z.B. eine bestimmte Tabelle geöffnet und ein bestimmter Datensatz verändert werden.</li><li>*Module* sind Programme, die mit der Programmiersprache VISUAL BASIC geschrieben werden. Sie automatisieren Operationen, die mit Hilfe der vorgegebenen Makroaktionen nicht mehr realisierbar sind.</li></ul>

Abbildung 2: Datenbankobjekte in ACCESS

5.1.3 Architektur einer Datenbankanwendung

Der Aufbau einer Datenbank lässt sich folgendermaßen veranschaulichen:

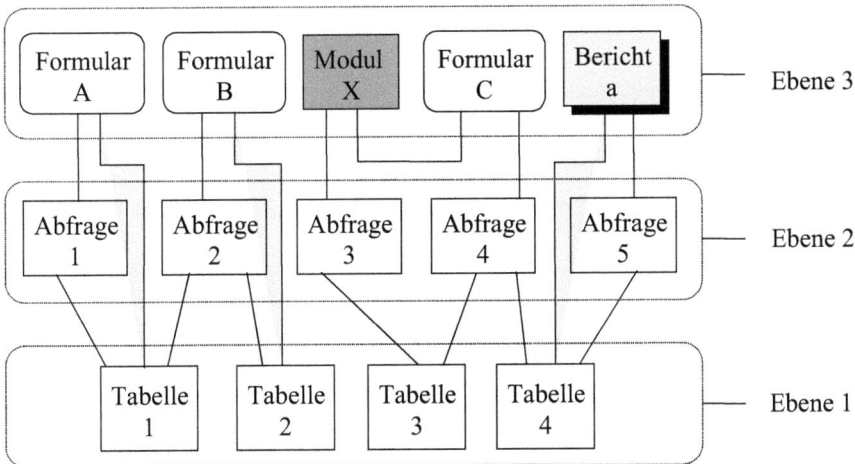

Abbildung 3: 3-Ebenen Modell einer Datenbankanwendung

Auf Ebene 1 befinden sich die Tabellen. Sie sind der Kern einer Datenbank und werden zuerst erstellt. Auf Ebene 2 liegen die Abfragen, die auf den Tabellen aufsetzen.

Der Benutzer greift beim Arbeiten mit der Datenbank i.d.R. nicht direkt auf die Tabellen und Abfragen zu. Er nimmt die Datenein- und Datenausgaben vielmehr über Formulare und Berichte vor. Da der Benutzer von der Datenbank also i.d.R. nur die Formulare und Berichte sieht, heißt Ebene 3 auch Benutzer-Ebene.

5.2 Entwurf von Datenbanken

Eine Datenbank bildet einen Ausschnitt der Realität ab. Sie spiegelt betriebliche Daten (z.B. Mitarbeiterdaten, Projektinformationen etc.) wider.

Bevor eine Datenbank mit Hilfe einer Datenbanksoftware implementiert wird, ist sie zunächst gedanklich zu entwerfen. Dazu muss im ersten Schritt die Realität analysiert und verbal beschrieben werden. In den nachfolgenden Schritten geht es darum, die verbal beschriebene Realität stufenweise von der „Denkwelt des Menschen" in die „Welt der Maschine" zu überführen.

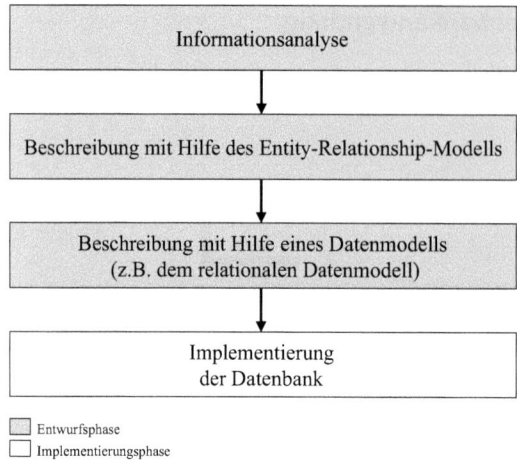

Abbildung 4: Phasen der Realisierung von Datenbanken

Die Entwurfsschritte sind weitgehend unabhängig von der später zur Implementierung der Datenbank eingesetzten Datenbanksoftware (z.B. ACCESS, ORACLE). Es ist sehr wichtig, der Entwurfsphase genügend Aufmerksamkeit zu schenken. Ein unsauberer Entwurf erfordert häufig nachträgliche Änderungen. Die damit verbundenen Kosten übersteigen die Kosten eines sorgfältigen Entwurfs fast immer um ein Vielfaches.

5.2.1 Informationsanalyse

Hier geht es darum, die in der Datenbank abzubildende Realität zu erfassen und in der Sprache des Anwenders zu formulieren. Dies kann beispielsweise mit Hilfe von Interviews erfolgen.

Als Ergebnis der Informationsanalyse erhält man einerseits die Funktionen, die den Anwender bei der Arbeit mit der Datenbank unterstützen.[10] Andererseits gewinnt man eine verbale Beschreibung der Daten, die dann stufenweise in die strukturierte „Welt der Maschine" überführt wird.

---

[10] Hier ist z.B. an eine Suchfunktion oder an eine Funktion zur Berechnung von Provisionen zu denken. Dieser Vorgang wird auch häufig als Funktionsanalyse bezeichnet.

Die verbale Datenbeschreibung von StudConsult könnte folgendermaßen aussehen:

> - Jeder *Mitarbeiter* arbeitet in einem *Raum*; in jedem *Raum* arbeitet nur ein *Mitarbeiter*.
> - *Kunden* vergeben Aufträge für *Projekte*. Ein *Kunde* kann mehrere *Projekte* in Auftrag geben. Es gibt keine *Projekte*, die von mehreren *Kunden* in Auftrag gegeben werden.
> - *Mitarbeiter* bearbeiten *Projekte*. Ein *Mitarbeiter* kann mehrere *Projekte* bearbeiten. Ein *Projekt* wird von mehreren *Mitarbeitern* bearbeitet.
> - Jedem *Mitarbeiter* ist ein *Bürostandort* zugeordnet; jedem *Bürostandort* sind mehrere *Mitarbeiter* zugeordnet.

Abbildung 5: Ergebnis der Informationsanalyse von StudConsult

5.2.2 Beschreibung von Daten mittels Entity-Relationship-Modell

Das Entity-Relationship-Modell (ERM) ermöglicht es, die verbal formulierten Fakten zu strukturieren. Ausgangspunkt ist die Annahme, dass sich die gesamte abzubildende Realität durch Entitäts- und Beziehungstypen strukturieren lässt.

Z.B. Mitarbeiter (*Entitätstyp*) bearbeitet (*Beziehungstyp*) Projekte (*Entitätstyp*).

Das ERM stellt außerdem verschiedene grafische Elemente zur Verfügung, mit deren Hilfe sich die Entitäts- und Beziehungstypen anschaulich darstellen lassen.

5.2.2.1 Entitäten und Entitätstypen

Entitäten und Entitätstypen sind die ersten Bausteine, die das ERM zur Strukturierung und Visualisierung der Realität anbietet.

Entitäten sind z.B. einzelne Personen und Gegenstände:
z.B. die Mitarbeiter *Brauer, Sinnlein, Löffel*.

Entitäten der gleichen Art werden zu *Entitätstypen* zusammengefasst:
z.B. *Mitarbeiter*.
Diese werden im ERM als *Rechtecke* dargestellt.

Abbildung 6: Entitätstypen im ERM

Entitätstypen werden durch Eigenschaftskategorien (*Attribute*) charakterisiert (z.B. *Mitarbeiter* durch: *Nachname, Vorname, Geburtsdatum, Geschlecht* usw.). Bei den einzelnen Entitäten nehmen die Attribute bestimmte Ausprägungen (*Werte*) an (z.B. *Löffel, Herbert, 21.3.68, m*).

Die Eigenschaftskategorien bzw. *Attribute* werden im ERM durch *Ellipsen* dargestellt:

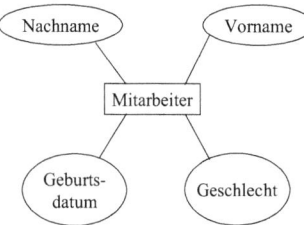

Abbildung 7: Attribute im ERM

Für jeden Entitätstyp müssen ein oder mehrere Attribute festgelegt werden, welche die einzelnen Entitäten eindeutig identifizieren. Diese Attribute heißen *Identifikations-* oder *Primärschlüssel*. Der Sinn liegt darin, zu vermeiden, dass Entitäten doppelt vorkommen. Außerdem ist es meist notwendig, Entitäten eindeutig adressieren zu können.

Im Falle des Entitätstyps *Mitarbeiter* kann z.B. jeder *Mitarbeiter* (Entität) durch eine bestimmte *Mitarbeiternummer* eindeutig identifiziert werden. Hier erhält also jeder *Mitarbeiter* eine andere *Mitarbeiternummer*.

Im ERM werden Primärschlüsselattribute unterstrichen.

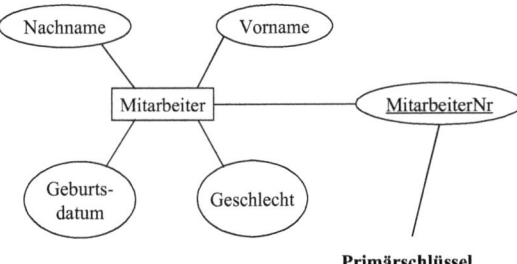

Abbildung 8: Primärschlüssel im ERM

Ein Primärschlüssel kann, wie oben bereits erwähnt, auch aus mehr als einem Attribut bestehen. Dies ist dann erforderlich, wenn eine Entität nur durch die Kombination der Attribute eindeutig zu identifizieren ist, oder man kein eigenes Attribut (z.B. *MitarbeiterNr*) mehr einfügen will. Man spricht dann von einem *zusammengesetzten Primärschlüssel.* Man könnte die einzelnen *Mitarbeiter* beispielsweise auch durch die Attribute *Nachname*, *Vorname* und *Geburtsdatum* identifizieren, da es ziemlich unwahrscheinlich ist, dass zwei Mitarbeiter denselben Vor- und Nachnamen sowie dasselbe Geburtsdatum besitzen.

5.2.2.2 Beziehungen und Beziehungstypen

Beziehungen und Beziehungstypen sind die zweiten Bausteine, die das ERM zur Strukturierung der Realität anbietet. *Beziehungstypen* bzw. *Beziehungen* bestehen zwischen den Entitätstypen bzw. Entitäten.

Beziehungen stellen das Verhältnis zwischen Entitäten dar (z.B. der *Mitarbeiter Löffel **bearbeitet** das Projekt Bodiweb*) und werden häufig durch Verben ausgedrückt.

Analog zum Vorgehen bei Entitäten werden Beziehungen des gleichen Typs zu *Beziehungstypen* zusammengefasst (z.B. die Menge aller *Bearbeitungen*, die *Mitarbeiter* an *Projekten* vornehmen).

Im ERM werden Beziehungstypen durch *Rauten* dargestellt. Die Verbindung der Beziehungstypen mit den Entitätstypen erfolgt über *Kanten*.

Abbildung 9: Beziehungstypen im ERM

Beziehungstypen lassen sich i.d.R. immer in zwei Richtungen „lesen":
- Aus der Sicht der Mitarbeiter: *Mitarbeiter* bearbeiten *Projekte*.
- Aus der Sicht des Projektes: *Projekte* werden von *Mitarbeitern* bearbeitet.

Einem Beziehungstypen kann man ebenfalls Attribute hinzufügen. Der Beziehungstyp *bearbeiten* ließe sich beispielsweise mit Hilfe des Attributes *Stundenzahl* näher beschreiben. Diese würde ausdrücken, welche Stundenzahl ein Mitarbeiter mit der Bearbeitung eines Projektes verbringt.

Beziehungstypen werden nach deren *Kardinalität*[11] unterschieden. Die häufigsten Beziehungen sind:

a) 1:1 - Beziehungen (Eins-zu-Eins-Beziehungen)

Jeder Entität des ersten Entitätstyps wird genau eine oder keine Entität des zweiten Entitätstyps zugeordnet und umgekehrt.

In der Realität kommt dieser Entitätstyp relativ selten vor. Als Beispiel lassen sich die beiden Entitätstypen *Mitarbeiter* und *Raum* anführen. Jeder *Mitarbeiter* arbeitet in **einem** ganz bestimmten *Raum* - und - in jedem *Raum* befindet sich **genau ein** *Mitarbeiter*.

Im ERM werden die *Kardinalzahlen* an die Kanten geschrieben.

Abbildung 10: 1:1 - Beziehung im ERM

---

[11] Die Kardinalität beschreibt, wie viele Entitäten des einen beteiligten Entitätstyps mit wie vielen Entitäten des anderen beteiligten Entitätstyps in Beziehung treten können.

b) 1:N - Beziehungen (Eins-zu-Viele-Beziehungen)

Jeder Entität des ersten Entitätstyps werden kein, ein oder mehrere Entitäten des zweiten Entitätstyps zugeordnet. Jeder Entität des zweiten Entitätstyps wird genau eine Entität des ersten Entitätstyps zugeordnet.

Als Beispiel betrachte man die beiden Entitätstypen *Kunde* und *Projekt*. Es besteht eine 1:N - Beziehung zwischen beiden:

- Ein *Kunde* kann **kein, ein oder mehrere** *Projekte* vergeben.
- Ein *Projekt* wird von **genau einem** *Kunden* vergeben.

Abbildung 11: 1:N - Beziehung im ERM

c) N:M - Beziehungen (Viele-zu-Viele-Beziehungen)

Jeder Entität des ersten Entitätstyps werden kein, ein oder mehrere Entitäten des zweiten Entitätstyps zugeordnet und umgekehrt.

Als Beispiel betrachte man die beiden Entitätstypen *Mitarbeiter* und *Projekt:*

- Jeder *Mitarbeiter* **kann kein, ein oder mehrere** *Projekte* bearbeiten.
- Jedes *Projekt* kann von **keinem, einem oder mehreren** *Mitarbeitern* bearbeitet werden.

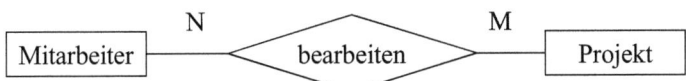

Abbildung 12: N:M - Beziehung im ERM

Die einzelnen Beziehungstypen können auch miteinander verbunden werden, so dass man zu einem ganzen Netz von Entitäts- und Beziehungstypen gelangt. Auf diese Art und Weise lassen sich dann letztendlich Daten eines Unternehmens abbilden.

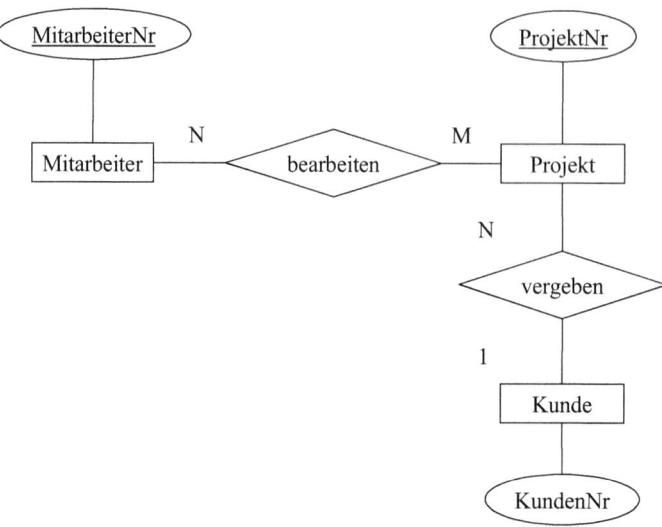

Abbildung 13: Auszug aus dem ERM von StudConsult

Mit dem ERM hat man die betrieblichen Daten auf hohem Abstraktionsniveau abgebildet bzw. modelliert. Diese Modellierung ist noch sehr maschinenfern. Sie ist allgemeingültig und völlig unabhängig von der später eingesetzten Datenbanksoftware.

Aufgabe

Gehen Sie zur verbalen Beschreibung der in der Datenbank von StudConsult abzubildenden Realität zurück (vgl. Abbildung 5). Ergänzen Sie das ERM (vgl. Abbildung 13) um die fehlenden Sachverhalte. Eine Musterlösung ist in Anhang 2 abgelegt. Sie sollten sich das ERM von StudConsult einprägen, da Sie es im weiteren Verlauf der Bearbeitung immer wieder benötigen.

5.2.3 Beschreibung betrieblicher Daten mit Hilfe von Datenmodellen

Im nächsten Konkretisierungsschritt (vgl. Abbildung 4) werden die im ERM abgebildeten Entitäts- und Beziehungstypen in ein konkretes Datenmodell überführt. Zu diesem Zweck steht eine Vielzahl von Datenmodellen zur Verfügung.

5.2.3.1 *Datenmodelle*

Bekannt sind das hierarchische, das relationale, das objektorientierte, das objektrelationale und das Netzwerk-Datenmodell. Die Datenmodelle unterscheiden sich darin, wie sie die Entitäts- und Beziehungstypen darstellen. Im relationalen Datenmodell werden sie z.B. durch so genannte *Relationen* dargestellt. Die Relationen lassen sich dann ganz konkret mit Hilfe einer Datenbanksoftware (z.B. ACCESS) in Form von Tabellen implementieren.

Die Ergebnisse der Beschreibung betrieblicher Daten mit Hilfe von Datenmodellen sind damit schon maschinennäher, jedoch keinesfalls auf eine bestimmte Datenbanksoftware bezogen. Datenbanksoftware basiert i.d.R. auf einem bestimmten Datenmodell - ACCESS und ORACLE z.B. auf dem relationalen Datenmodell. Relational modellierte Daten lassen sich folglich in allen relationalen Datenbank-Produkten implementieren.

5.2.3.2 Relationales Datenmodell

Die mit Hilfe des ERM gewonnenen Entitäts- und Beziehungstypen müssen bei der Umsetzung in ein relationales Datenmodell anschließend schrittweise in Relationen überführt werden. Das relationale Datenmodell kann mit Hilfe der *Normalisierung* optimiert werden. Im Rahmen der Normalisierung wird das ERM nach mehreren Gesichtspunkten hin überprüft[12], was zu Aufspaltungen und/oder Neudefinitionen von Relationen führen kann. Ziel dieses Prozesses ist es, Widersprüchlichkeiten zwischen Daten (*Inkonsistenzen*), sowie doppelt vorhandene Einträge (*Redundanzen*) zu vermeiden. Bei komplexen Entity-Relationship-Modellen ist dies eine anspruchsvolle Aufgabe, für die diverse Methoden und Programme entwickelt worden sind.

Im Folgenden zeigen wir, wie das ER-Diagramm mit Hilfe von Regeln in Relationen aufgelöst werden kann:

Regel 1: Handhabung von Entitätstypen

Jeder Entitätstyp wird durch *eine Tabelle* dargestellt. Die *Attribute* des Entitätstyps stellen die *Spaltenüberschriften* der Tabelle dar; Attribute werden häufig auch als Felder bezeichnet. Die einzelnen Entitäten stellen die *Zeilen* bzw. *Datensätze* der Tabelle dar.

---

[12] Ursprünglich gab es nur drei Kriterien (*Normalformen*), die von Edgar F. Codd (schuf die Grundlagen für relationale Datenbanken) definiert wurden. Es finden sich mittlerweile aber einige Weiterentwicklungen.

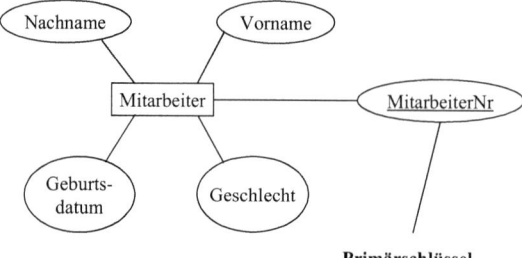

Primärschlüssel

Tabelle *Mitarbeiter*

MitarbeiterNr	Nachname	Vorname	Geburtsdatum	Geschlecht
2	Brauer	Wolfgang	04.02.1975	m
4	Sinnlein	Florian	01.01.1960	m

Abbildung 14: Überführung des Entitätstyps *Mitarbeiter* in eine Tabelle

Regel 2: Handhabung von Beziehungstypen

Jeder Beziehungstyp lässt sich *prinzipiell* durch eine eigenständige Tabelle darstellen. Eine eigenständige Beziehungstabelle ist jedoch - unter dem Gesichtspunkt der Normalisierung - nicht für alle Beziehungstypen sinnvoll.

Die drei oben beschriebenen Beziehungstypen lassen sich folgendermaßen in Tabellenform überführen:

a) N:M - Beziehung

Es **muss** eine *eigenständige Beziehungstabelle* erstellt werden, die die *Primärschlüssel der beiden Ausgangstabellen als Fremdschlüssel (Schlüssel, der in einer anderen Tabelle Primärschlüssel ist)* enthält. Der Primärschlüssel der Beziehungstabelle kann entweder aus den Fremdschlüsseln zusammengesetzt sein oder durch ein anderes identifizierendes Feld gebildet werden. Merkmale der Beziehungsmenge können als zusätzliches Attribut in der Beziehungstabelle erscheinen.

Als Beispiel sei die N:M - Beziehung *bearbeiten* zwischen *Mitarbeiter* und *Projekt*[13] angeführt. Diese wird durch folgende drei Tabellen abgebildet:

- Entitätstyp *Mitarbeiter* = Tabelle *Mitarbeiter*
- Entitätstyp *Projekt* = Tabelle *Projekt*
- Beziehung *bearbeiten* = eigenständige Beziehungstabelle *Projektbearbeitung*, deren zusammengesetzter Primärschlüssel aus den Fremdschlüsseln *MitarbeiterNr* und *ProjektNr* besteht.

---

[13] Vgl. Abbildung 12.

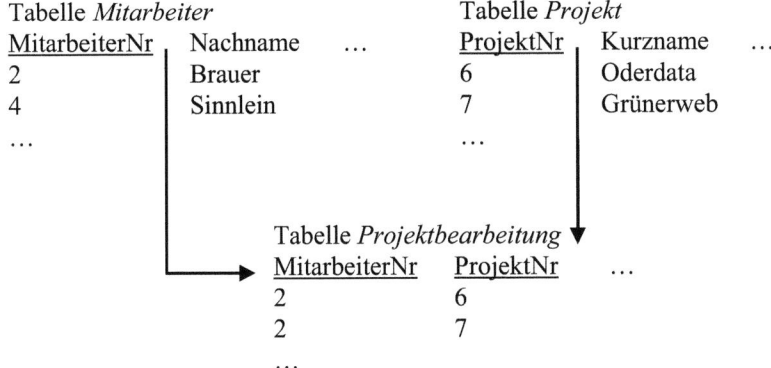

Abbildung 15: Überführung der N:M - Beziehung *bearbeiten* in eine neue Tabelle *Projektbearbeitung*

Die Tabellen *Mitarbeiter* und *Projekt* sind damit über jeweils gemeinsame Felder in der Tabelle *Projektbearbeitung* miteinander verbunden (daher auch der Name Beziehungstabelle). Die Frage, welche Projekte Herr *Brauer* bearbeitet hat, lässt sich damit folgendermaßen beantworten:

- Herr *Brauer* hat die *MitarbeiterNr 2* (Tabelle *Mitarbeiter*).
- *MitarbeiterNr 2* hat die *Projekte* mit den *ProjektNr 6* und *7* bearbeitet (Tabelle *Projektbearbeitung*).
- Bei den *Projekten* mit der *ProjektNr 6* und *7* handelt es sich um die Projekte *Oderdata* und *Grünerweb* (Tabelle *Projekt*).

Die N:M - *Bearbeitungs*-Beziehung zwischen *Mitarbeiter* und *Projekt* ist damit in zwei 1:N - Beziehungen zerlegt worden:

- Eine 1:N - Beziehung zwischen der Tabelle *Mitarbeiter* und *Projektbearbeitung:*
    o Einem *Mitarbeiter* sind keine, eine oder mehrere *Projektbearbeitungen* zugeordnet.
    o Einer *Projektbearbeitung* (d.h. der Arbeit, die ein Mitarbeiter an einem Projekt vornimmt) ist genau dieser eine *Mitarbeiter* zugeordnet.
- Eine 1:N - Beziehung zwischen der Tabelle *Projekt* und *Projektbearbeitung:*
    o Ein Projekt wird von keinem, einem oder mehreren Mitarbeitern bearbeitet.
    o Einer Projektbearbeitung (d.h. der Arbeit, die an einem Projekt von einem Mitarbeiter geleistet wird) ist genau dieses eine *Projekt* zugeordnet.

b) 1:N - Beziehung

Als Beispiel sei die 1:N - Beziehung zwischen *Kunde* und *Projekt*[14] angeführt. Entsprechend des Vorgehens bei N:M - Beziehungen könnte man eine Beziehungstabelle *Projektvergabe* anlegen:

Tabelle *Projektvergabe*

Projektnummer	Kundennummer
1	4
2	5
...	
...	
10	5
12	4
...	

Abbildung 16: Mögliche Beziehungstabelle bei einer 1:N - Beziehung

In der Tabelle *Projektvergabe* wird **jeder Projektnummer genau eine Kundennummer** zugeordnet: Da ein Projekt stets von nur genau einem Kunden vergeben wird, ist jeder Projektnummer genau eine Kundennummer zugeordnet. In der Tabelle Projektvergabe taucht deshalb keine Projektnummer doppelt auf.

Die Zuordnung der *Kundennummer* zu einer *Projektnummer* lässt sich in diesem Fall besser realisieren, indem man die *Kundennummer* in die Tabelle *Projekt* integriert. Man erspart sich damit den Aufbau der Beziehungstabelle *Projektvergabe*, in der die Spalte *Projektnummer* redundanterweise ein zweites Mal geführt würde. Damit folgt man den Normalisierungsregeln, die eine redundanzfreie Ablage fordern.

---

[14] Vgl. Abbildung 11.

Tabelle *Kunde*

Kundennummer	Firmenname	...
...		
4	Bodidas AG	
5	Schiemer AG	
...		

Tabelle *Projekt*

Projektnummer	Kurzname	*Kundenummer*	...
1	Bodiweb	4	
2	Schiemdata	5	
....			
10	Schiemweb	5	
...			
12	Bodidata	4	
...			

Abbildung 17: Redundanzfreie Überführung der 1:N - Beziehung *vergeben* in zwei Tabellen

Eine 1:N - Beziehung wird also durch zwei Tabellen dargestellt. Die auf der 1-er Seite der Beziehung stehende Tabelle (übergeordnete Tabelle, hier *Kunde*) bleibt unverändert. In die auf der N-er Seite der Beziehung stehende Tabelle (untergeordnete Tabelle, hier *Projekt*) wird das Primärschlüsselfeld der übergeordneten Tabelle als Fremdschlüssel integriert.

Aufgabe

Überführen Sie die 1:N - Beziehung zwischen *Bürostandort* und *Mitarbeiter* (vgl. dazu Anhang 3) in Tabellenform.

c) 1:1 - Beziehung

Als Beispiel sei die 1:1 - Beziehung zwischen *Mitarbeiter* und *Raum* (vgl. Abbildung 10) angeführt.

Da jedem *Mitarbeiter* eindeutig ein einziger *Raum* und jedem *Raum* eindeutig ein einziger *Mitarbeiter* zugeordnet ist, kann die Zuordnung von *Raum* und *Mitarbeiter* erfolgen, indem man beide in einer Tabelle zusammenfasst. Das Ablegen der beiden Primärschlüssel in einer eigenen Beziehungstabelle oder die Integration des Primärschlüssels von *Raum* in *Mitarbeiter* oder umgekehrt würde zum doppelten Führen der entsprechenden Felder führen und damit Redundanzen erzeugen. Es sei hier aber darauf hingewiesen, dass durch die oben beschriebene Zusammenfassung auch Probleme entstehen können. Verlässt z.B. ein Mitarbeiter das Unternehmen und werden dessen Daten aus der Datenbank gelöscht, so besteht die Gefahr, auch die Daten des zugeordneten Raums zu verlieren.

Tabelle *Mitarbeiter*

MitarbeiterNr	Nachname	...
2	Brauer	
4	Sinnlein	
...		

Tabelle *Raum*

RaumNr
1
2
...

Tabelle *Mitarbeiter*

MitarbeiterNr	Nachname	RaumNr	...
2	Brauer	1	
4	Sinnlein	2	
...			

Abbildung 18: Überführung der 1:1 - Beziehung *arbeitet in* in eine Tabelle

Fragen

Schauen Sie sich noch einmal obige 1:N - Beziehung zwischen *Kunde* und *Projekt* an[15]:

- Welche Redundanzen würde man erhalten, wenn man - wie bei einer 1:1 - Beziehung - die Tabelle *Kunde* in die Tabelle *Projekt* integriert?[16]
- Könnte man die Beziehung abbilden, indem man die Tabelle *Projekt* in die Tabelle *Kunde* integriert?[17]

5.3 Tabellenerstellung

Wenn die Daten in Tabellenform vorliegen, kann auf Maschinenebene mit der Implementierung der Datenbank - z.B. in ACCESS - begonnen werden. Der erste Schritt liegt darin, die Tabellen, die ja das Herzstück relationaler Datenbanken sind, zu erstellen.

---

[15] Vgl. Abbildung 11.
[16] Man würde bei *jedem* von einem Kunden vergebenen Projekt die gesamten Kundendaten aufführen.
[17] Nein, da die Kundennummer Primärschlüssel von *Kunde* ist und die Kunden in der Tabelle *Projekt* häufiger auftauchen können.

Entwurf und Erstellung von Datenbanken mit Access 159

5.3.1 Anlegen einer Datenbankdatei

Bevor Sie die Tabellen erstellen, müssen Sie eine neue leere Datenbankdatei erstellen und speichern. Hierfür ist folgendermaßen vorzugehen:
- im Aufgabenbereich *Erste Schritte* (erscheint nach dem Start von ACCESS) *Eine neue Datei erstellen...* wählen
- im anschließend erscheinenden Aufgabenbereich *Neue Datei* die Verknüpfung *Leere Datenbankdatei*[18] wählen

Abbildung 19: Aufgabenbereich zum Erstellen einer neuen Datenbank

- im Fenster *Neue Datenbankdatei* den Dateinamen und den Standort (Laufwerk/Verzeichnis) der neu zu erstellenden Datenbankdatei festlegen (hier *c:\edv\access\studconsult.mdb*)[19]
- Schaltfläche *Erstellen* wählen

ACCESS verhält sich also anders als z.B. WORD oder EXCEL - die Datenbankdatei muss schon vor der allerersten Eingabe gespeichert werden.

---

[18] Datenbanken können auch auf Basis von Vorlagen erstellt werden, die bereits mit ACCESS mitgeliefert werden. Es ist somit möglich, mit geringstem Aufwand eine Basis für die Entwicklung eigener Datenbanken zu schaffen. Da in diesem Kapitel aber ein Grundverständnis für die Umsetzung von Datenbanken geweckt werden soll, ist es sinnvoll, die Datenbank von Grund auf selbst aufzubauen.

[19] Die Datenbankdatei *studconsult.mdb* wird von Ihnen selbst erstellt, wohingegen *studconsult_fremd.mdb* die fremdbezogene Musterlösungsdatei ist.

5.3.2 Erstellung der Tabellenstruktur

Bevor die einzelnen Datensätze in eine Tabelle eingegeben werden können, muss man deren Struktur in der *Entwurfsansicht* festlegen. Eine neue Tabelle kann im Datenbankfenster über die Registerkarte *Tabelle*, Verknüpfung *Erstellt eine Tabelle in der Entwurfsansicht* erstellt werden, wobei man auch gleich in die Entwurfsansicht gelangt, in der die Struktur der Tabelle festgelegt werden kann.

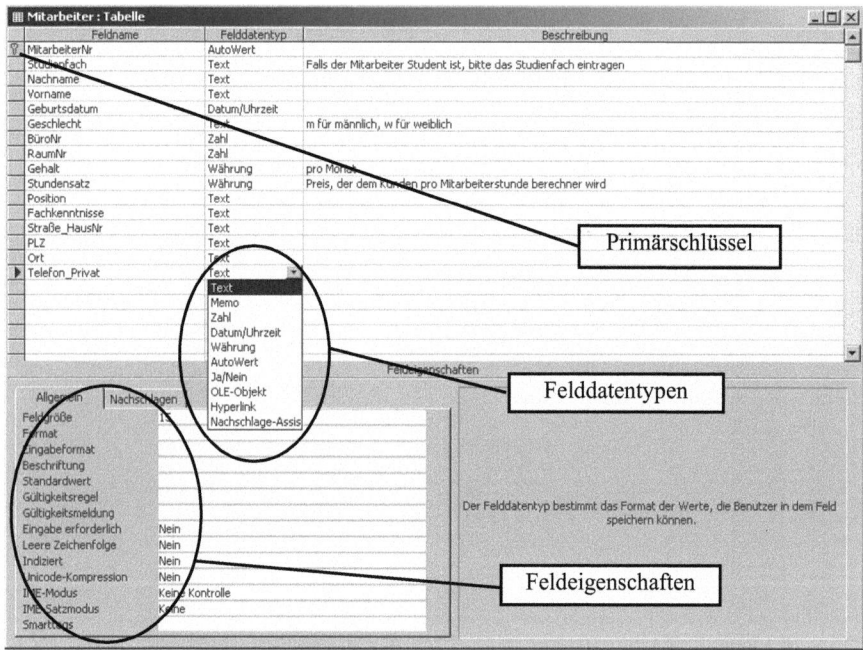

Abbildung 20: Entwurfsansicht der Tabelle *Mitarbeiter*

Beim Entwurf der Tabelle werden einerseits die Felder der Tabelle definiert, wird andererseits der Primärschlüssel vergeben und die Tabelle anschließend unter einem bestimmten Namen gespeichert.

a) Felder definieren

Bei der *Definition der Felder* müssen v.a. der *Feldname* und der *Felddatentyp* - mit den zum Felddatentyp gehörenden *Feldeigenschaften* - vergeben werden.

Der *Felddatentyp* bestimmt - ähnlich den Datentypen für Variablen bei der Programmierung - die *Art und den Bereich der Werte* (*Wertebereich*), die in ein Feld eingegeben werden können und legt deren Speicherplatzbedarf fest.

Datentyp	mögliche Feldeinträge
Text	Text und Zahlen, wie Namen, Adressen, Telefonnummern und Postleitzahlen, bis zu 255 Zeichen
Memo	Längere Texte und Zahlen, wie Kommentare oder Erläuterungen, bis zu 65.536 Zeichen
Zahl	Numerische Daten, mit denen man mathematische Berechnungen durchführen möchte (sofern es sich nicht um Währungswerte handelt)
Datum/Uhrzeit	Datums- und Uhrzeitangaben
Währung	Beliebige Zahlen, die von ACCESS mit Dezimalstellen und Währungssymbol (€) versehen werden.
AutoWert	Fortlaufende Zahlen, die von ACCESS automatisch eingefügt werden. Die Nummerierung beginnt bei eins. Dieser Datentyp kann nur einmal pro Tabelle vergeben werden.
Ja/Nein	Ja/Nein, Wahr/Falsch, Ein/Aus bzw. Felder, die einen von zwei Werten enthalten.
OLE-Objekt	Ein Objekt (z.B. eine EXCEL-Tabelle, ein Textdokument, Grafiken, u.s.w.), das mit einer ACCESS-Tabelle verknüpft oder darin eingebettet ist.
Hyperlink	Hyperlink- bzw. WWW-Adresse[20]
Nachschlage-Assistent	Auswahl eines Wertes aus einer anderen Tabelle oder aus einer Werteliste mithilfe eines Kombinationsfeldes

Abbildung 21: Datentypen in ACCESS

Jedes Feld kann über seine vom jeweiligen Felddatentyp abhängigen Feldeigenschaften[21] noch genauer spezifiziert werden. Wichtige Feldeigenschaften sind:

- *Feldgröße (*gibt es bei Text- und Zahlenfeldern)
    o Bei Textfeldern legt die Textgröße fest, wie viele Zeichen eingegeben werden dürfen. Standardmäßig wird hier 50 gesetzt (max. Größe 255).

---

[20] Vgl. Kapitel 8.3.1.
[21] Genauere Informationen zu den Feldeigenschaften finden Sie in der Hilfe zu ACCESS. Wie in allen WINDOWS-Programmen können Sie die Hilfe über *?* in der Menüleiste aufrufen (vgl. dazu Kapitel 3.6).

o   Bei Zahlenfeldern kann man zwischen den Feldgrößen *Byte*, *Integer*, *Long Integer*[22], *Single*, *Double*, *Dezimal*[23] und *Replikations-ID*[24] unterscheiden.
- *Format:* Hier kann man dem jeweiligen Datentyp ein bestimmtes Format zuweisen. Ein gängiges Beispiel stellt die Wahl eines bestimmten Datumsformates dar.

b) Primärschlüssel vergeben

In ACCESS muss nicht zwingend ein Primärschlüssel vergeben werden. Wie bereits beim ERM erläutert[25], ist es allerdings äußerst sinnvoll, für jeden Entitätstypen bzw. jede Tabelle einen Primärschlüssel festzulegen. Das Primärschlüsselfeld identifiziert jeden Datensatz eindeutig; d.h., dass jeder der Feldwerte pro Tabelle nur einmal vorkommen darf. Das Primärschlüsselfeld darf also weder Duplikate noch NULL-Werte (leere Felder) enthalten.

Prinzipiell kann man jedes Feld, das die Datensätze eindeutig identifiziert, als Primärschlüssel wählen. Besonders gut geeignet ist der Datentyp *AutoWert*, der die Felder automatisch hochzählt. Man erspart sich damit die manuelle Eingabe der Werte.

Ein Primärschlüssel kann folgendermaßen erstellt bzw. gelöscht werden:

- Zum *Erstellen* Feld/Felder[26] durch Anklicken markieren.
  o   Kontextmenü mit rechter Maustaste aktivieren und *Primärschlüssel* aktivieren oder
  o   [Bearbeiten/Primärschlüssel] aktivieren oder
  o   Symbol in Symbolleiste aktivieren.
- Zum *Löschen* Feld/Felder markieren und Primärschlüssel analog zum Vorgehen bei der Erstellung deaktivieren.

Falls man selbst keinen Primärschlüssel definiert hat, fragt ACCESS beim Verlassen bzw. Speichern der Entwurfsansicht, ob ein Primärschlüssel erstellt werden soll. Wählt man die Schaltfläche *Ja*, so legt ACCESS automatisch ein neues Feld mit der Feldnamen *ID* und dem Datentyp *AutoWert* an und weist diesem Feld den

---

[22] Byte, Integer und Long Integer umfassen nur ganze Zahlen.
[23] Single, Double und Dezimal umfassen Dezimalzahlen.
[24] Die Replikations-ID ist ein Globally unique identifier (GUID). Sie dient als eindeutige Kennung für eine Replikation. Unter Replikation versteht man das Kopieren einer Datenbank, sodass die somit entstandenen Kopien Aktualisierungen an Daten oder replizierten Objekten austauschen (synchronisieren) können.
[25] Vgl. Kapitel 5.2.2.1.
[26] Falls man einen zusammengesetzten Primärschlüssel definieren will, muss man die entsprechenden Felder markieren. Falls die Felder nicht direkt untereinander liegen, muss man beim Markieren die [*Strg*]-Taste gedrückt halten.

Entwurf und Erstellung von Datenbanken mit Access 163

Primärschlüssel zu. Besteht bereits ein Feld vom Datentyp *AutoWert*, so wird diesem der Primärschlüssel zugewiesen.

c) Tabelle speichern

Abschließend speichert man die Tabelle unter einem bestimmten Namen (z.B. *Mitarbeiter*), indem man ⊞ wählt oder das Entwurfsfenster schließt und die Speicheranfrage bejaht.

Nachträgliche Änderungen am Entwurf (z.B. Einfügungen und Löschungen von Feldern) sind möglich, indem man die zu ändernde Tabelle im Datenbankenfenster markiert und die Schaltfläche *Entwurf* wählt.

Aufgabe

Legen Sie die Struktur der Tabelle *Mitarbeiter* an. Legen Sie die Strukturen aller weiteren Tabellen von StudConsult an. Die erforderlichen Felder können Sie teilweise aus dem ERM ersehen. Im Anhang[27] ist eine vollständige Übersicht der Tabellenstrukturen abgedruckt.

5.3.3 Datensätze eingeben und Tabellen drucken

Eingeben von Datensätzen

Nachdem die Tabellenstruktur definiert ist, können die Daten in der *Datenblattansicht*[28] erfasst werden. Nachfolgende Tabelle zeigt das Aussehen der Datenblattansicht anhand eines Auszugs aus der Tabelle *Mitarbeiter*.

	MitarbeiterNr	Studienfach	Nachname	Vorname	Geburtsdatum	Geschle
+	1	BWL	Löffel	Herbert	21.03.1974	m
+	2	BWL	Brauer	Wolfgang	04.02.1981	m
+	3	Informatik	Oldenbach	Stefan	03.12.1983	m
+	4		Sinnlein	Florian	01.01.1966	m
+	5	Informatik	Gruber	Peter	24.07.1982	m
+	6	VWL	Heuer	Sybille	23.04.1981	w
+	7	BWL	Niemann	Heike	05.06.1978	w
+	8		Daume	Petra	02.08.1965	w
▶	(AutoWert)					

Abbildung 22: Auszug aus der Tabelle *Mitarbeiter* in der Datenblattansicht

---

[27] Vgl. Anhang 3.
[28] Tabellen in ACCESS ähneln in der Datenblattansicht von ihrem Aussehen und von ihrer Handhabung her den EXCEl-Tabellen sehr stark. Sie können EXCEL-Tabellen zum einen über die Zwischenablage (vgl. Kapitel 9.1) nach ACCESS transportieren. Ein zweiter Weg liegt im Import von EXCEL-Tabellen über [*Datei/Externe Daten/Importieren*].

Die Datenblattansicht einer Tabelle erreicht man z.B. über

- die Schaltfläche *Öffnen* aus dem Datenbankfenster oder
- ▦ bzw. *[Ansicht/Datenblattansicht]* aus dem Entwurfsfenster. Über ✎ gelangt man von der Datenblatt- in die Entwurfsansicht zurück.

Die Eingabe neuer und die Veränderung vorhandener Datensätze lassen sich folgendermaßen handhaben:

- Ein Feld wird für die Dateneingabe aktiviert, indem man z.B. mit der linken Maustaste in das Feld klickt.
- Um in das nächste Feld (rechts vom gerade aktivierten Feld) zu gelangen, kann man die Taste *[Return]*- oder *[Tab]* drücken.
- Die Einträge in ein Feld können gelöscht werden, indem man die Zeichen markiert (linke Maustaste gedrückt halten, während man mit der Maustaste über die Zeichen zieht) und dann *[Entf]* drückt.
- Um eine ganze Zeile zu markieren (z.B. um sie zu löschen), klickt man mit der linken Maustaste auf den linken grauen Tabellenrand.

Die Speicherung des Datensatzes erfolgt automatisch mit dem Wechsel zum nächsten Datensatz bzw. mit dem Schließen der Datenblattansicht.

In der Datenblattansicht legt man auch das Layout der Tabelle (z.B. die Spaltenbreite) fest. Zur Veränderung der Spaltenbreite können Sie nachfolgende Schritte vornehmen:

- Den Cursor auf die jeweilige Spaltentrennlinie in der grauen Titelzeile setzen.
- Wenn man die Spaltentrennlinie getroffen hat, nimmt der Cursor die Form eines Doppelpfeils an, der nach rechts und nach links zeigt.
- Die Spaltentrennlinie mit gedrückter linker Maustaste in die gewünschte Richtung ziehen.

Drucken von Tabellen

Sie können sich die eingegebenen Tabellen ausdrucken lassen. Dazu können Sie folgendermaßen vorgehen:

- die auszudruckende Tabelle im Datenbankenfenster durch Anklicken markieren oder
- falls Sie nur einen Teil der Datensätze ausdrucken wollen, müssen Sie die Tabelle öffnen und die auszudruckenden Datensätze markieren
- *[Datei/Drucken]* wählen →

Entwurf und Erstellung von Datenbanken mit Access 165

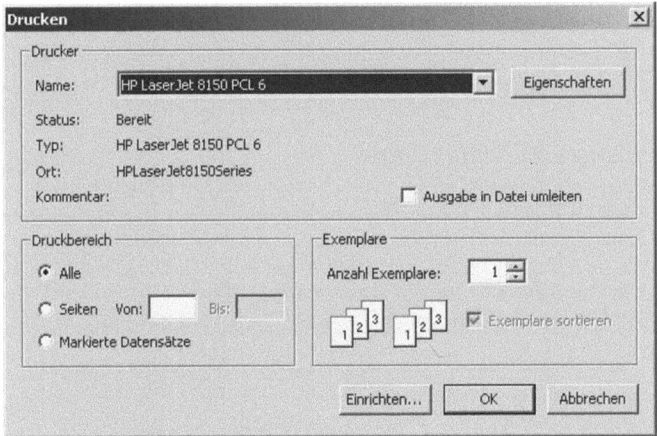

Abbildung 23: Dialogfenster *Drucken*

- ggf. unter *Seiten* die auszudruckenden Seitenzahlen eingeben oder die Option *Markierte Datensätze* aktivieren
- *OK* wählen

Aufgabe

Geben Sie die Datensätze in die Tabellen ein. Die Tabellen und die Datensätze sind im Anhang[29] abgedruckt.

Frage

Wieso erhalten Sie eine Fehlermeldung, wenn Sie in der Tabelle *Mitarbeiter* in das Feld *Gehalt* das Wort *zwanzigtausend* eingeben?[30]

5.3.4 Beziehungen

Im relationalen Datenmodell sind Beziehungen folgendermaßen umgesetzt worden:[31]

- durch Integration der Tabellen (1:1 - Beziehung)
- durch Aufbau einer eigenen Beziehungstabelle (N:M - Beziehung)
- durch Integration des Primärschlüssels der auf der 1-er Seite der Beziehung stehenden Tabelle in die auf der N-er Seite der Beziehung stehenden Tabelle (1:N - Beziehung)

---

[29] Vgl. Anhang 4.
[30] Weil Sie versuchen, in ein Feld vom Datentyp *Währung* eine Eingabe vom Datentyp *Text* vorzunehmen.
[31] Vgl. Kapitel 5.2.3.2.

Dies reicht jedoch noch *nicht* aus, um ACCESS die Existenz von Beziehungen mitzuteilen. Beziehungen müssen - wie im Folgenden Kapitel erläutert - in ACCESS explizit definiert werden.

5.3.4.1 Umsetzung von Beziehungen

Für Felder, über welche die Beziehungen zwischen zwei Tabellen definiert werden sollen, gilt folgendes:

- Sie müssen i.d.R. denselben Datentyp aufweisen.
- Folgende *Ausnahme* gilt: Falls der Primärschlüssel der übergeordneten Tabelle (= 1-er Seite der Beziehung) vom Datentyp *AutoWert* ist, so muss er als Fremdschlüssel der untergeordneten Tabelle (= N-er Seite der Beziehung) den Datentyp *Zahl* mit der Feldgröße *Long Integer* erhalten.
- Sie müssen nicht denselben Feldnamen haben, obwohl dies häufig der Fall ist.

Beziehungen lassen sich folgendermaßen erstellen:

- Aus dem Datenbankfenster [*Extras/Beziehungen...*] oder ▫ wählen.
- [*Beziehungen/Tabelle anzeigen...*] oder ▫ wählen
- Tabellen, die in Beziehung gesetzt werden sollen, auswählen.
    o Tabellen markieren (hier z.B. *Kunde*, *Projekt*), Schaltfläche *Hinzufügen* wählen

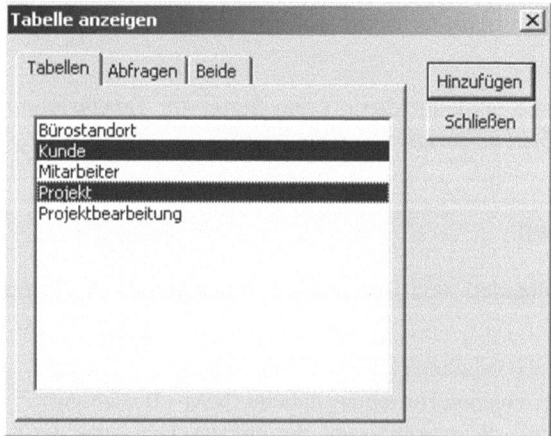

Abbildung 24: Auswahl von in Beziehung zu setzenden Tabellen[32]

    o Schaltfläche *Schließen* wählen
- Beziehung herstellen

---

[32] Falls Sie mehr als eine Tabelle gleichzeitig markieren wollen, müssen Sie - nach der Markierung der ersten - die anderen Tabellen mit gedrückter [*Strg*]-Taste anklicken.

Entwurf und Erstellung von Datenbanken mit Access 167

Abbildung 25: Anzeige der in Beziehung zu setzenden Tabellen

o   Primärschlüssel der übergeordneten Tabelle (hier *Kundennummer* in der Tabelle *Kunden*) mit der linken Maustaste anklicken, Maustaste gedrückt halten und auf das Fremdschlüsselfeld der untergeordneten Tabelle (hier *KundenNr* der Tabelle *Projekt*) ziehen.
o   ggf. Eigenschaften der Beziehung - z.B. referentielle Integrität - aktivieren[33]

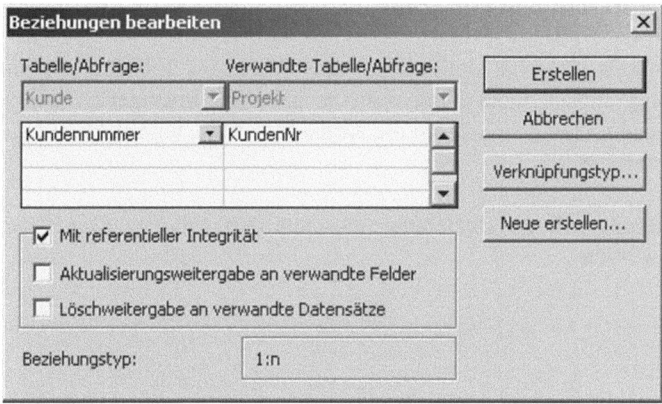

Abbildung 26: Definition der Eigenschaften von Beziehungen

o   Schaltfläche *Erstellen* wählen
o   Beziehungsfenster schließen und die Anfrage, ob die Veränderungen gespeichert werden sollen, bejahen

---

[33] Vgl. Kapitel 5.3.4.2.

Beziehungen können folgendermaßen verändert werden:

- Beziehungsfenster öffnen
- Über [*Beziehungen/Tabelle anzeigen...*] kann man die Auswahlliste der Tabellen öffnen und weitere Tabellen hinzufügen.
- Tabellen lassen sich entfernen, indem man sie durch Anklicken markiert und dann [*Entf*] drückt.
- Beziehungen lassen sich bearbeiten, indem man z.B. mit der rechten Maustaste auf den „Beziehungsfaden" klickt und im aufscheinenden Kontextmenü *Löschen* oder *Beziehung bearbeiten...* aktiviert.

Aufgabe

Erstellen Sie alle weiteren Beziehungen zwischen den Tabellen der Datenbank StudConsult. Das Beziehungsnetz zwischen den Tabellen ist ebenfalls im Anhang abgedruckt.[34]

Frage

Wie erstellt man in ACCESS 1:1 -Beziehungen?[35]

5.3.4.2 Referentielle Integrität

Die referentielle Integrität stellt sicher, dass Werte aus Tabellen, die miteinander in Beziehung stehen, nicht ohne weiteres gelöscht, hinzugefügt oder verändert werden können. Damit sichert sie die Konsistenz bzw. logische Schlüssigkeit des Datenbestandes.

Zur Erläuterung soll die Beziehung zwischen den Tabellen *Kunde* und *Projekt* betrachtet werden.

---

[34] Vgl. Anhang 5.
[35] I.d.R. gar nicht, da die beiden Tabellen integriert wurden. Falls die beiden Ausgangstabellen existieren und gemeinsame Felder aufweisen, werden die beiden Primärschlüssel über [*Bearbeiten/Beziehungen*] verknüpft.

Entwurf und Erstellung von Datenbanken mit Access 169

Kunde : Tabelle		
	Kundennu	Firmenname
+	1	Riemen GmbH
+	2	GBM KG
+	3	Haka GmbH
+	4	Bodidas AG
+	5	Schiemer AG
+	6	Oder Bank AG
+	7	Frankfurter Blatt GmbH
+	8	Herman & Co KG
+	9	Grüner GmbH
+	10	Schiemer AG
+	11	Gerhardt AG
+	12	Alting GmbH
▶	0	

Projekt : Tabelle			
	Projektnu	Kurzname	KundenNr
+	1	Bodiweb	4
+	2	Schiemdata	5
+	3	Gbmwork	2
+	4	Riemweb	1
+	5	Schiemweb	10
+	6	Oderdata	6
+	7	Grünerweb	9
+	8	Hermwork	8
+	9	Fbweb	7
+	10	Schiemweb	5
+	11	Hakagroup	3
+	12	Bodidata	4
+	13	Oderweb	6
+	14	Schiemgroup	10
+	15	Fbweb	7
+	16	Anwendwww	11
▶	AutoWert)		0

Abbildung 27: Auszüge aus den Tabellen *Kunde* und *Projekt*

Wenn die Beziehung *ohne* referentielle Integrität definiert ist, können Sie z.B.

1. der Tabelle *Projekt* ein neues Projekt (*Projektnummer 17*, *Kurzname Sparweb*, *KundenNr 13*) hinzufügen, ohne vorher den Kunden mit der *Kundennummer 13* in die Tabelle *Kunde* einzutragen oder
2. den Kunden *Bodidas/Kundennummer 4* aus der Tabelle *Kunde* löschen, ohne vorher die von ihm vergebenen Projekte *Bodiweb* und *Bodidata* aus der Tabelle *Projekt* zu löschen oder
3. die *Kundennummer* der *Riemen GmbH* in der Tabelle *Kunde* von 1 auf 100 verändern, ohne die *KundenNr* der *Riemen GmbH* in der Tabelle *Projekt* zu verändern.

In allen Fällen erhält man inkonsistente Projektdaten, da Projekte ohne zugehörige Kunden vorliegen. Man hat also in der *Detailtabelle* (Tabelle, die auf der N-er Seite der Beziehung steht) Datensätze, zu denen keine Datensätze in der *Mastertabelle* (auf der 1-er Seite der Beziehung stehende Tabelle) vorliegen. Die Projekt- bzw. Detaildaten hängen also ohne die entsprechenden Kunden- bzw. Masterdaten als „Waisen" oder „Karteileichen" in der Luft.

Wenn die Beziehung zwischen *Kunde* und *Projekt* mit referentieller Integrität definiert wurde, ist keine der drei obigen Aktionen möglich. Die Datenbank ist also vor Inkonsistenzen geschützt.

Wenn zusätzlich zur referentiellen Integrität bei der Definition der Eigenschaften der Beziehung[36] die Option

- *Aktualisierungsweitergabe an Detailfeld* aktiviert ist, werden Aktualisierungen von Werten im Primärschlüsselfeld der übergeordneten Tabelle in den Fremdschlüssel der untergeordneten Tabelle übernommen. Wenn man also die *Kundennummer* der *Riemen GmbH* in der Tabelle *Kunde* von 1 auf 100 verändern würde, so würde sich automatisch die *KundenNr* der *Riemen GmbH* in der Tabelle *Projekt* verändern.
- *Löschweitergabe an Detaildatensatz* aktiviert ist, werden - analog zu oben - Löschungen von der Master- an die Detailtabelle übertragen. Wenn man also den Kunden *Bodidas/Kundennummer 4* aus der Tabelle *Kunde* löscht, werden automatisch (nach Rückfrage) die von *Bodidas* vergebenen Projekte *Bodiweb* und *Bodidata* aus der Tabelle *Projekt* gelöscht.

Frage

Gegeben seien folgende Tabellen. Stimmen folgende Aussagen?

- Die Beziehung zwischen den Tabellen *ProjektNeu* und *ProjektbearbeitungNeu* ist *ohne* referentielle Integrität definiert[37].
- Die Beziehung zwischen den Tabellen *MitarbeiterNeu* und *ProjektbearbeitungNeu* ist *mit* referentieller Integrität definiert[38].

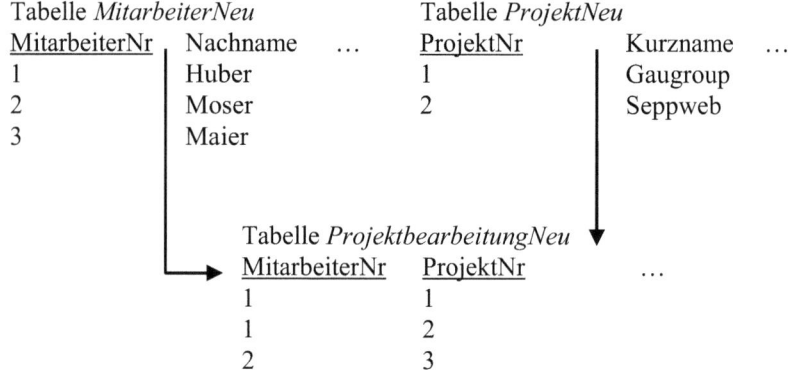

Abbildung 28: Frage zur referentiellen Integrität

---

[36] Vgl. Abbildung 26.
[37] Stimmt. Es kann keine referentielle Integrität vorliegen, da in der Tabelle *ProjektbearbeitungNeu* das Projekt mit der Projektnummer 3 auftaucht, das in der Tabelle *ProjektNeu* nicht enthalten ist.
[38] Die Frage kann nicht beantwortet werden. Es liegt zwar kein Verstoß gegen die referentielle Integrität vor; daraus lässt sich jedoch nicht folgern, dass die Beziehung mit referentieller Integrität definiert wurde.

Entwurf und Erstellung von Datenbanken mit Access 171

Aufgabe

Definieren Sie die Beziehungen zwischen den Tabellen der Datenbank *studconsult.mdb* mit referentieller Integrität. Aktivieren Sie dabei auch die Optionen *Lösch-* und *Aktualisierungsweitergabe*.

5.4 Abfragen

Abfragen setzen auf den in der Datenbank abgelegten Daten auf. Sie werten diese aus (Auswahlabfragen) oder verändern sie (Aktionsabfagen).

5.4.1 Auswahlabfragen

Auswahlabfragen sind der i.d.R. am häufigsten verwendete Abfragetyp. Hier geht es darum, Antworten auf Fragen zu den Daten der Tabelle zu erhalten (z.B. *"Welche Mitarbeiter wohnen in München?"*, „*Wie hoch ist der Durchschnittsgewinn der Projekte?*").

Auswahlabfragen setzen auf einer oder mehreren Tabellen auf. Als Abfrageergebnis (Dynaset) liefern sie wiederum eine Tabelle. Die Ergebnis-Tabellen von Abfragen können dann wiederum selbst die Basis für weitere Abfragen sein.

5.4.1.1 Projektion

Die Projektion filtert aus einer Ausgangstabelle eine Ergebnistabelle heraus, die nur bestimmte ausgewählte Felder bzw. Spalten enthält. Sie blendet also in der Ergebnistabelle bestimmte Spalten der Ausgangstabelle aus.

Es kann beispielsweise sinnvoll sein, aus der Tabelle *Mitarbeiter* eine Adressdatei mit den Feldern *Nachname, Vorname, Straße_HausNr, PLZ, Ort* und *Telefon_Privat* zu erstellen. Diese könnte dann beispielsweise an die Mitarbeiter weitergegeben werden, damit sie sich untereinander erreichen.

Obige Abfrage kann man folgendermaßen erstellen:
- die *Entwurfsansicht* einer neuen Abfrage öffnen
  - im Datenbanken-Fenster die Registerkarte *Abfrage* anklicken
  - Schaltfläche *Neu* wählen
  - Auswahl *Entwurfsansicht* und Schaltfläche *OK* wählen
- *Tabelle(n), auf der die Abfrage basieren soll, auswählen*[39] (hier *Mitarbeiter*)

---

[39] Die Handhabung erfolgt analog zur oben besprochenen Auswahl von Tabellen, die einer Beziehung hinzugefügt werden (vgl. Abbildung 24).

- *Abfrage entwerfen*
    - = Felder, die als Ergebnis der Abfrage angezeigt werden sollen, auswählen
    - dazu die gewünschten Felder in der Feldliste *Mitarbeiter*[40] mit der Maus greifen und in eine Zelle der Zeile *Feld* im Entwurfsbereich[41] ziehen oder doppelt anklicken[42]

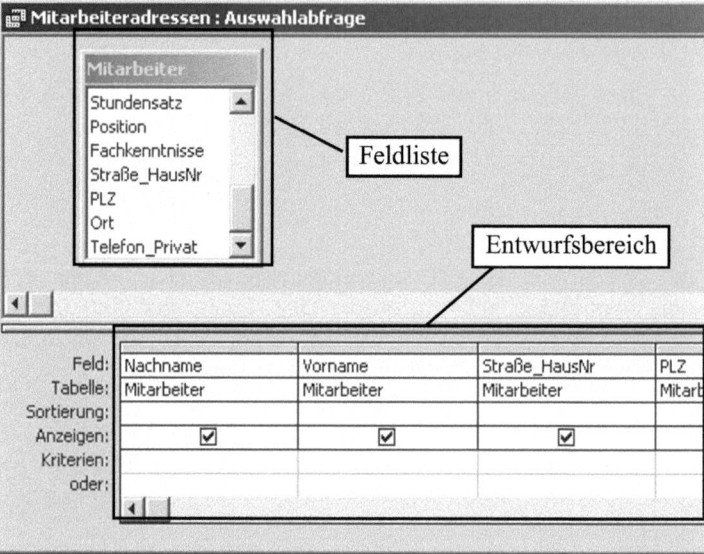

Abbildung 29: Abfrageentwurf

- *Abfrage speichern*
    - [Datei/Speichern] wählen
    - Abfragenamen (z.B. *Mitarbeiteradressen*[43]) eingeben
- *Abfrage durchführen*
    - ! oder [*Abfrage/Ausführen*] wählen →
    - Das Ergebnis der Auswahlabfrage wird in der *Datenblattansicht*[44] angezeigt.

---

[40] Falls Sie nicht alle Felder sehen, können Sie die Feldliste mit Hilfe des Rollbalkens nach unten bewegen.

[41] Die Abfragen werden durch Anklicken, Ziehen und Ablegen, oder alternativ durch Doppelklicken derjenigen Datenfelder, die in der Abfrage enthalten sein sollen, auf einfache Weise erstellt.

[42] Wenn Sie den ganz oben in der Feldliste stehenden * auswählen, werden alle Felder in die Tabelle einbezogen.

[43] Die im Buch abgebildeten Abfragen sind unter dem in der Titelleiste angezeigten Namen (z.B. *Mitarbeiteradressen*) in der Musterdatenbank s*tudconsult_fremd.mdb* enthalten.

[44] Die Datenblattansicht zeigt das Ergebnis in tabellarischer Form - so wie es Ihnen von der Erstellung der Tabellen her bekannt ist.

Nachname	Vorname	Straße_HausNr	PLZ	Ort	Telefon_Privat
Löffel	Herbert	Baaderstr. 67	80469	München	089/987654
Brauer	Wolfgang	Pfarrweg 34	81539	München	089/564321
Oldenbach	Stefan	Emmastr. 23	40227	Düsseldorf	0211/897665
Sinnlein	Florian	Pettostr. 45	81249	München	089/2344333
Gruber	Peter	Hußweg 56	80999	München	089/678954
Heuer	Sybille	Corellistr. 45	40593	Düsseldorf	0211/654789
Niemann	Heike	Gaberlstr. 23	81377	München	089/654321
Daume	Petra	Kesselstr. 67	40221	Düsseldorf	0211/7666666

Abbildung 30: Abfrageergebnis

Abfragen können nachträglich im Entwurfsmodus verändert werden. Das Wechseln zwischen Entwurfs- und Datenblattansicht wird analog zum Vorgehen bei Tabellen gehandhabt.[45]

Bei Abfragen wird nicht das Abfrageergebnis, sondern der Abfrageentwurf gespeichert. Daher passen sich die Abfrageergebnisse an Änderungen der zugrunde liegenden Daten an.

Aufgabe

Führen Sie eine Abfrage durch, die aus der Tabelle *Projekt* die Kurznamen und Kosten der Projekte extrahiert und speichern sie unter dem Namen *Projkunako*[46].

5.4.1.2 Selektion

In diesem Kapitel geht es zunächst um die Erklärung des Grundprinzips. Anschließend stehen Einzelheiten, wie mögliche Selektionskriterien, Verknüpfung von Kriterien und Bezeichner im Mittelpunkt.

a) Grundprinzip

Die Selektion filtert aus einer Ausgangstabelle eine Ergebnistabelle heraus, die nur bestimmte ausgewählte Datensätze bzw. Zeilen enthält. Die Ergebnistabelle blendet also bestimmte Zeilen aus der Ausgangstabelle aus.

Mit der Selektion ist fast immer eine Projektion verbunden. In diesem Fall filtert die Abfrage aus der Tabelle also bestimmte Zeilen und Spalten heraus.

---

[45] Vgl. Kapitel 5.3.3.
[46] Die in den Aufgaben zu erstellenden Abfragen sind in der Musterdatenbank *studconsult_fremd.mdb* unter dem in der jeweiligen Aufgabe angegebenen Namen (z.B. *Projkunako*) enthalten.

Es kann beispielsweise sinnvoll sein, den Mitarbeitern des Münchner Büros eine Adressliste mit in München wohnenden Mitarbeitern auszuhändigen. Dazu muss man eine Selektion durchführen, die nur jene Datensätze auswählt, bei denen im Feld *Ort* die Stadt *München* eingetragen ist.

Diese Abfrage kann man folgendermaßen erstellen:

- Entwerfen der Projektion wie oben
- Entwerfen der Selektion

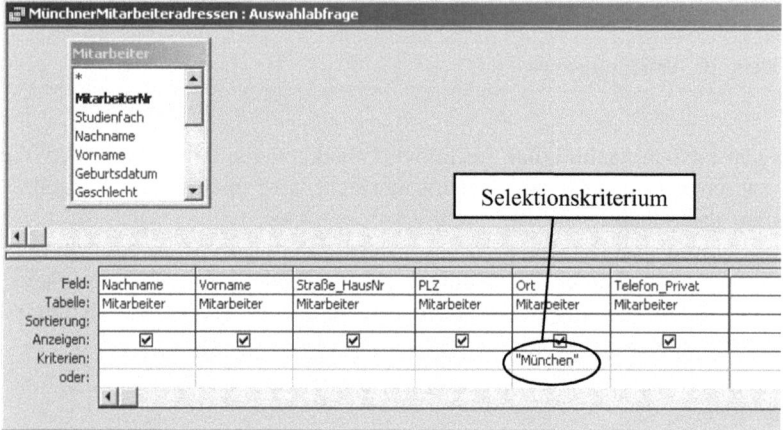

Abbildung 31: Selektion

- o Selektionskriterien (hier *München*[47]) werden in die Zeile *Kriterien* eingetragen.
- o Sie werden in der Spalte des Feldes, für die das Kriterium erfüllt sein soll, eingetragen (hier *Ort*).
- Das Speichern und Ausführen der Selektion erfolgt analog zum Speichern und Ausführen der Projektion.[48]

Aufgabe

Bauen Sie die Abfrage *Projkunako* aus, indem Sie nur Projekte selektieren, die Kosten von mehr als 2.000.000 €[49] verursacht haben. Speichern Sie die Abfrage unter dem Namen *TeureProjekte*.[50]

---

[47] Das Kriterium „*München*" hat den Datentyp *Text*. Textkriterien werden bei der Eingabe automatisch mit Hochkommata versehen.
[48] Vgl. Kapitel 5.4.1.1.
[49] Sie benötigen dazu den Operator >. Bei der Eingabe von Währungen dürfen Sie weder Tausendertrennzeichen noch Währungssymbole eingeben.

Entwurf und Erstellung von Datenbanken mit Access

b) Verknüpfung von Kriterien

Der Münchner Bereich von StudConsult hat sich in letzter Zeit großes Know-How im Bereich der Finanzdienstleistungen via Internet erworben. Er möchte deshalb herausfinden, welchen seiner Münchner Kunden (Banken und Versicherungen) er dieses Know-How anbieten kann. StudConsult erstellt dazu folgende Abfrage und nennt diese *MünchnerFinanzdienstleister*:

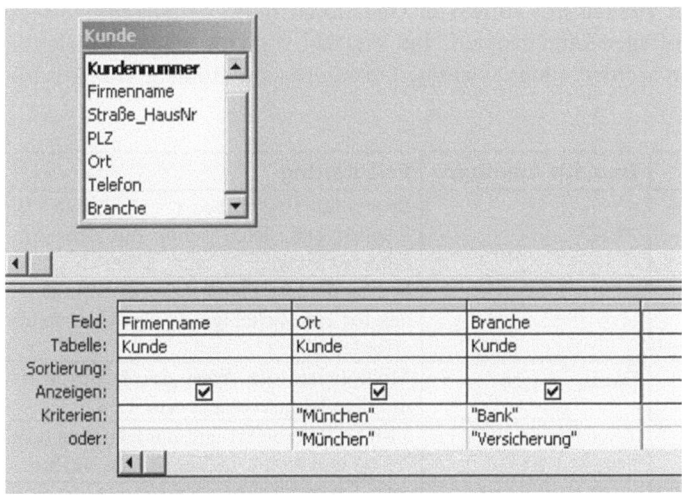

Abbildung 32: Abfragen mit *und* bzw. *oder*

- Herausgesucht werden die Kunden,
  o die in München angesiedelt sind und zur Banken- oder Versicherungsbranche gehören
  o d.h., für die gilt: (Ort = „München" **und** Branche = „Bank") **oder** (Ort = „München" **und** Branche = „Versicherung").
- Kriterien, die sich in *einer Zeile* befinden, werden also mit *und* verknüpft.
- Kriterien, die auf *verschiedene* Zeilen aufgeteilt sind, werden dagegen mit *oder* verknüpft.

Frage

Welche Kunden würden selektiert, wenn Sie in der Zeile *oder* den Eintrag „München" löschen?[51]

---

[50] Sie können zur Erstellung von *TeureProjekte* auf *Projkunako* aufsetzen, indem Sie die geöffnete Abfrage nach Eingabe des Selektionskriteriums über [Datei/Speichern unter] als *TeureProjekte* speichern.

[51] *Alle* Versicherungen und *Münchner* Banken.

Aufgabe

Selektieren Sie alle Projekte, die im Jahr 1998 begonnen haben und auf dem Gebiet des Internet oder des Intranet angesiedelt sind. Speichern Sie die Abfrage unter dem Namen *IntProjekte*.

c) Wesentliche Selektionskriterien

In das Kriterienfeld von Abfragen werden *Ausdrücke* wie z.B. *<2000000* eingegeben. Ausdrücke werden mit Hilfe von Operatoren (z.B. <) aufgebaut. Beim Entwerfen von Abfragen kann man auf eine Vielzahl von Operatoren zurückgreifen. Im Folgenden werden einige wichtige Operatoren zur Bildung von Ausdrücken skizziert.

Operatoren	Bsp. für Ausdruck	Erläuterung
=, <=, >=, <, >, <>[52]	<5 >=„C"	Spezialfall Buchstaben (>=C): Listet z.B. Kunden auf, deren Name mit dem Anfangsbuchstaben C und höher beginnt; hier sind keine Platzhalterzeichen (z.B. *, das für eine beliebige Zeichenkette steht) erforderlich.
*, +, -, /[53]	[Preis][54] * 1,16	Multipliziert den Wert des Feldes Preis mit dem Mehrwertsteuersatz 1,16.
Zwischen ..... Und	Zwischen #1.1.03# Und #1.7.03#[55]	Listet z.B. Projekte auf, die zwischen dem 1.1.03 und dem 1.7.03 begonnen wurden.
In(...;...; usw.)	In("Internet"; "Datenbanken")	Gibt z.B. Projekte aus, die auf dem Gebiet der Datenbanken oder des Internet liegen.
Wie "*...*"	Wie "Intern*"	Gibt z.B. Projekte aus, die die Zeichenkette Intern, gefolgt von einem beliebigen Rest, enthalten (d.h. z.B. Internet, Internationalisierung).
Ist Null Ist Nicht Null	Ist Null bzw. Ist Nicht Null	Zeigt z.B. Kunden an, bei denen im Feld Telefonnummer kein bzw. ein Eintrag vorhanden ist.
und, oder, nicht	"Bank" oder "Versicherung"	Zeigt z.B. alle Kunden an, die zur Banken- oder Versicherungsbranche gehören.

Abbildung 33: Wichtige Operatoren

Aufgabe

Selektieren Sie alle Mitarbeiter, die zwischen 1965 und 1975 geboren wurden und die Position Senior- oder Junior-Consultant innehaben. Speichern Sie die Abfrage

---

[52] <> bedeutet *ungleich*.
[53] / bedeutet *geteilt durch*.
[54] [Preis] ist ein Bezeichner (vgl. im Unterpunkt d) dieses Kapitels).
[55] Dieses Zeichen wird *Raute*, *Hash* oder auch „*Gartenzaun*" genannt.

unter dem Namen *GebPos*. Selektieren Sie in einer weiteren Abfrage Mitarbeiter, die ihr Studium bereits abgeschlossen haben, d.h. bei denen im Feld Studienfach kein Eintrag vorhanden ist. Speichern Sie diese Abfrage unter dem Namen *Stud-Mitarb*.

d) Bezeichner

In das Kriterienfeld von Abfragen können auch *Bezeichner* aufgenommen werden. Sie liefern den Wert eines Feldes. Bezeichner werden erstellt, indem der Name des Feldes in eckige Klammern[56] eingeschlossen wird. Wenn das bezeichnete Feld in einer anderen Tabelle enthalten ist, wird der Name der Tabelle dem Bezeichner in eckigen Klammern vorangestellt und durch einen Punkt von dem Bezeichner abgetrennt (z.B. liefert *[Kunde].[Firmenname]* den Wert des Feldes *Firmenname* in der Tabelle *Kunde.*).

Bezeichner sind z.B. erforderlich, wenn StudConsult feststellen will, welche ihrer Projekte einen Verlust gemacht haben. In nachfolgender Abfrage mit Namen *Verlust* wird also für jeden Datensatz der Eintrag im Feld *Vergütung* mit dem Wert bzw. dem Eintrag des Feldes *Projektkosten* verglichen. Es werden dann jene Datensätze ausgegeben, bei denen die *Vergütung* unter den *Projektkosten* liegt.

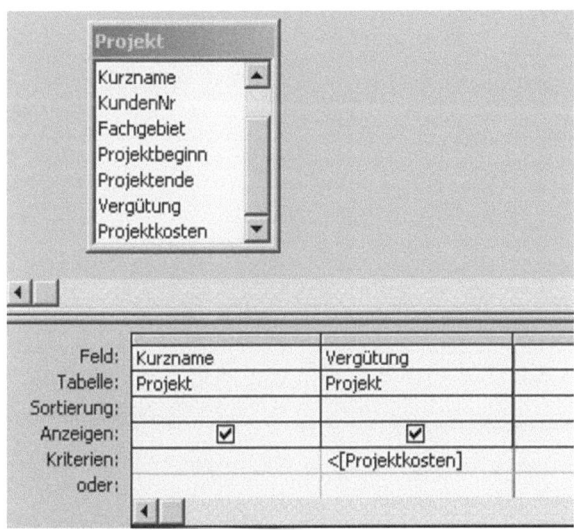

Abbildung 34: Bezeichner

---

[56] [oder] erhalten Sie, indem Sie die Taste [*Alt Gr*] gemeinsam mit den Zahlentasten 8 bzw. 9 drücken.

Hinweis

Abfrageergebnisse stellen Tabellen dar. Sie können analog zu Tabellen ausgedruckt werden.[57]

Frage

Was passiert, wenn man anstelle von [Projektkosten] die Zeichenfolge „Projektkosten" eingibt?[58]

5.4.1.3 Sortierung und Anzeige

StudConsult benötigt folgende Adressliste seiner Mitarbeiter, die zunächst nach dem Wohnort (in aufsteigender Reihenfolge) und innerhalb gleicher Wohnorte nach dem Nachnamen (in aufsteigender Reihenfolge) sortiert ist.

Nachname	Vorname	Straße_HausNr	PLZ	Ort
Daume	Petra	Kesselstr. 67	40221	Düsseldorf
Heuer	Sybille	Corellistr. 45	40593	Düsseldorf
Oldenbach	Stefan	Emmastr. 23	40227	Düsseldorf
Brauer	Wolfgang	Pfarrweg 34	81539	München
Gruber	Peter	Hußweg 56	80999	München
Löffel	Herbert	Baaderstr. 67	80469	München
Niemann	Heike	Gaberlstr. 23	81377	München
Sinnlein	Florian	Pettostr. 45	81249	München

Abbildung 35: Sortierte Adressliste

---

[57] Vgl. Kapitel 5.3.3.
[58] Man erhält eine Fehlermeldung, dass der Datentyp im Kriterienausdruck unverträglich ist. Dies beruht darauf, dass man versucht, die Einträge im Feld *Vergütung*, die vom Datentyp *Währung* sind, mit einem Eintrag vom Datentyp *Zeichenkette* (*"Projektkosten"*) zu vergleichen. Man kann jedoch nur Daten des gleichen Typs miteinander vergleichen.

StudConsult hat dazu folgende Abfrage entwickelt:

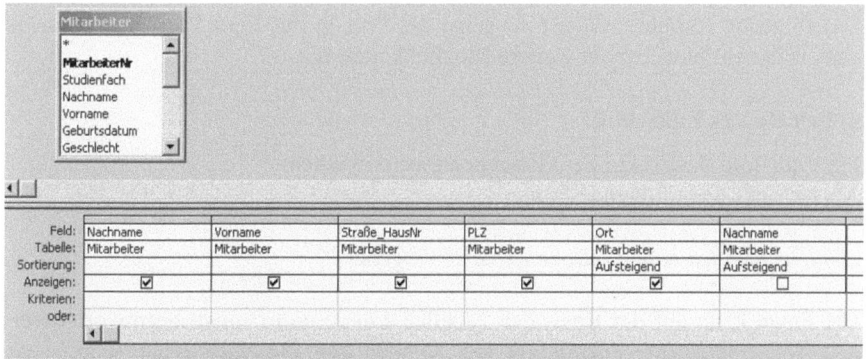

Abbildung 36: Sortierung und Anzeige

- Die *Sortierung* wird folgendermaßen vorgenommen:
  o Das Feld, nach dem als erstes sortiert werden soll (hier *Ort*), muss auch im Entwurfsbereich vor dem zweiten Sortierkriterium (hier *Nachname*) stehen.
  o Die Sortierung wird aktiviert, indem man in der Zeile *Sortierung* in das jeweilige Feld klickt und die gewünschte Sortierreihenfolge (*aufsteigend*, d.h. vom kleinsten zum größten Wert bzw. *absteigend*, d.h. vom größten zum kleinsten Wert) wählt.
- Die *Anzeige* eines Feldes (hier das erste Feld *Nachname*), das als Kriterienfeld benötigt wird, im Abfrageergebnis aber nicht angezeigt werden soll, wird durch deaktivieren von *Anzeigen* unterdrückt.

5.4.1.4 Equi-Join

Um den Blick auf den prinzipiellen Entwurf von Abfragen zu lenken, sind bisher nur auf einer Tabelle basierende Abfragen erstellt worden. Eine Abfrage setzt jedoch i.d.R. auf mehreren Tabellen und den zwischen ihnen definierten Beziehungen auf.

Dies ist darauf zurückzuführen, dass eine Abfrage i.d.R. einen größeren Teilausschnitt der in der Datenbank abgelegten Realität auswertet. Diese Realität ist beim Entwurf der Datenbank in Tabellen zerlegt worden[59] und wird bei relationalen Datenbanken durch ein Geflecht von miteinander in Beziehung stehenden Tabellen abgebildet. Um die Realität für die Abfrage zu „rekonstruieren", muss man ihr

---

[59] Vgl. Kapitel 5.2.3.2.

also den erforderlichen Ausschnitt des Tabellen- und Beziehungsgefüges zugrunde legen.[60]

Das folgende Kapitel erläutert zunächst das Prinzip des Equi-Join. Anschließend baut es ihn stufenweise um weitere Möglichkeiten aus.

a) Prinzip des Equi-Join

Ein Equi-Join basiert auf der Gleichheit zweier Spalten.
Als Beispiel dient folgende Frage:

„Welche Kunden haben welche Projekte vergeben?"

Die Frage kann auf der Basis der Tabellen *Kunde* und *Projekt* beantwortet werden. Die gewünschte Zuordnung von Kunden und Projekten erhält man, wenn man genau jene Datensätze kombiniert, die im Feld *Kundennummer* der Tabelle *Kunde* und im Feld *KundenNr* der Tabelle *Projekt* **identische** Einträge aufweisen. Man rekonstruiert damit den Sachverhalt *Kunden vergeben Projekte*. Dieser wurde ja im relationalen Datenmodell durch Integration des Primärschlüssels der Tabelle *Kunden* (*Kundennummer*) in die Tabelle *Projekt* (*KundenNr*) abgebildet.

Bei der Erstellung der Abfrage kann man folgendermaßen vorgehen:

- einer neuen Abfrage (*KundenundProjekte*) die Tabellen *Kunde* und *Projekt* hinzufügen

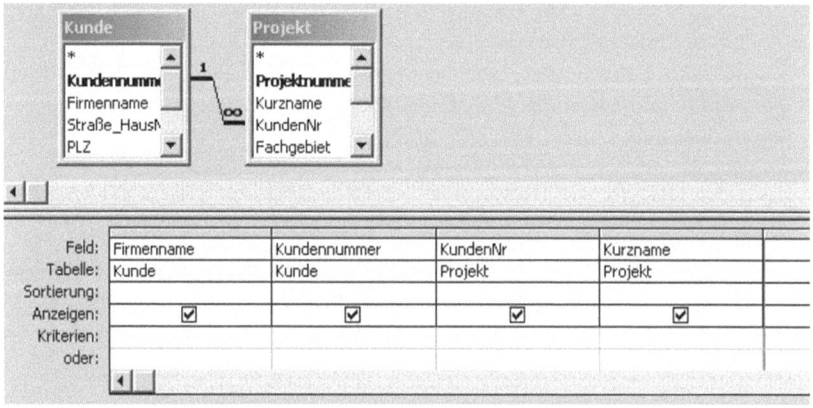

Abbildung 37: Abfrage-Entwurf zum Equi-Join (ohne Kriterien)

- Die benötigten Beziehungen identifizieren und ggf. bearbeiten:
    o Die beim Entwurf der Tabellen definierte 1:N - Beziehung gilt auch für die Abfrage.

---

[60] Vgl. dazu Abbildung 3.

Entwurf und Erstellung von Datenbanken mit Access

- o Beziehungen können auch im Abfrageentwurfsfenster erstellt und gelöscht werden. Die Handhabung erfolgt analog zur Erstellung im Beziehungsfenster.[61]
- o Die hier vorgenommenen Änderungen gelten jedoch nur für die jeweilige Abfrage und berühren die beim Entwurf der Tabellen definierten Beziehungen nicht.
- Projektion (hier *Firmenname* und *Kundennummer* aus der Tabelle *Kunde* sowie *KundenNr* und *Kurzname* aus der Tabelle *Projekt*) und Selektion (hier keine) durchführen.
- Abfrage speichern und ausführen → folgendes Abfrageergebnis:

Firmenname	Kundennummer	KundenNr	Kurzname
Riemen GmbH	1	1	Riemweb
GBM KG	2	2	Gbmwork
Haka GmbH	3	3	Hakagroup
Bodidas AG	4	4	Bodiweb
Bodidas AG	4	4	Bodidata
Schiemer AG	5	5	Schiemdata
Schiemer AG	5	5	Schiemweb
Oder Bank AG	6	6	Oderdata
Oder Bank AG	6	6	Oderweb
Frankfurter Blatt GmbH	7	7	Fbweb
Frankfurter Blatt GmbH	7	7	Fbweb
Herman & Co KG	8	8	Hermwork
Grüner GmbH	9	9	Grünerweb
Schiemer AG	10	10	Schiemweb
Schiemer AG	10	10	Schiemgroup
Gerhardt AG	11	11	Anwendwww

Abbildung 38: Abfrage-Ergebnis zum Equi-Join (ohne Kriterien)

Die Abfrage wird als Equi-Join bezeichnet, da sie alle Datensätze heraussucht, bei denen die Einträge in den Feldern *Kundennummer (*Tabelle *Kunde)* und *KundenNr* (Tabelle *Projekt*) **gleich** sind.

Wenn man einer Abfrage zwei über eine 1:N-Beziehung verbundene Tabellen zugrunde legt, erhält man damit automatisch einen Equi-Join. Die Definition von Beziehungen erleichtert also die Erstellung von Abfragen.

b) Equi-Join mit Kriterien

Ein Equi-Join beinhaltet i.d.R. auch eine Selektion. Obiges Beispiel lässt sich dazu z.B. folgendermaßen abwandeln: Der Münchner Zweig von StudConsult beabsichtigt, wichtige lokale Kunden zu einer Feier nach München einzuladen. Er möchte dazu herausfinden, welche Münchner Kunden Projekte mit einem Volu-

---

[61] Vgl. Kapitel 5.3.4.1. Wenn man hier eine Beziehung löscht und wieder neu erstellt, erscheinen die Kardinalitäten $(1, \infty)$ nicht mehr.

men von über 1.000.000 € vergeben haben. Die entsprechende Abfrage (*ProjekteMünchnerKunden*) könnte folgendermaßen aussehen:

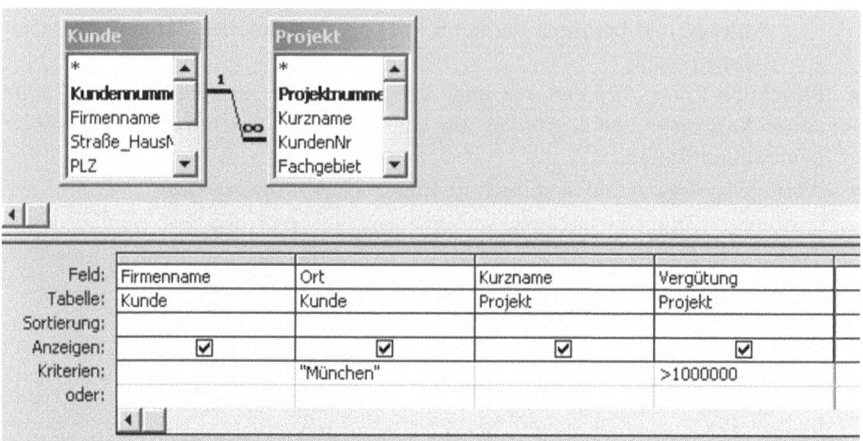

Abbildung 39: Abfrageentwurf zum Equi-Join mit Kriterien

Der Equi-Join läuft wie im Folgenden skizziert ab:

- Zunächst werden alle Datensätze herausgesucht, bei denen die Einträge in den Feldern *Kundennummer* (Tabelle *Kunde*) und *KundenNr* (Tabelle *Projekt*) identisch sind.
- Anschließend werden aus diesen Datensätzen jene herausgefiltert, die sich auf Münchner Kunden beziehen, die ein Projekt von mehr als 1.000.000 € vergeben haben.

Aufgabe

Geben Sie die Beispielabfrage der Abbildung 37 ein und löschen Sie die Beziehung zwischen den Tabellen *Kunde* und *Projekt*. Führen Sie die Abfrage aus und interpretieren Sie das Ergebnis.[62]

---

[62] Die Abfrage kombiniert jeden Datensatz der ersten Tabelle mit jedem Datensatz der zweiten Tabelle. Derartige Abfragen heißen *kartesisches Produkt*. Einen inhaltlichen Sinn macht diese Auflistung aller möglichen Kombinationen von Kunden und Projekten nicht. Sie soll lediglich noch einmal die Arbeitsweise des Equi-Join verdeutlichen.

Entwurf und Erstellung von Datenbanken mit Access   183

Aufgabe

Überlegen Sie sich - außerhalb des Beispiels StudConsult - einen sinnvollen Anwendungsfall für den in der letzten Aufgabe erstellten Abfragetyp *kartesisches Produkt*.[63]

Aufgabe

Zu welchem Ergebnis führt folgende Abfrage (*AufgabeEquiJoin*)[64, 65]:

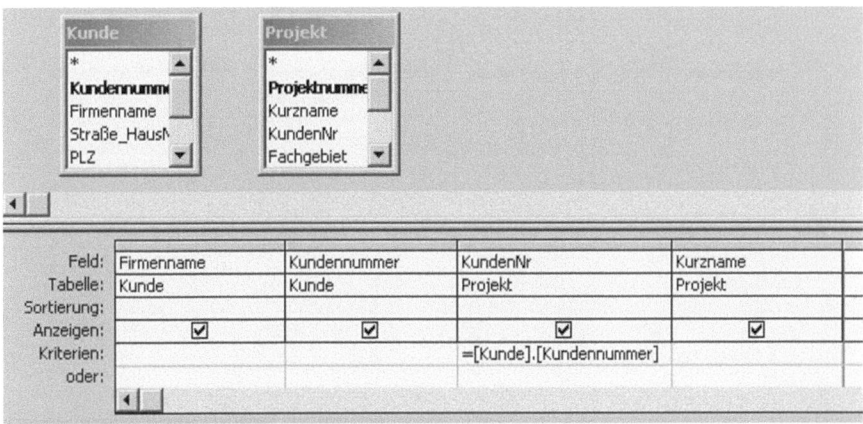

Abbildung 40: Übungsaufgabe zum Equi-Join

---

[63] Denkbar ist z.B. ein Tennisclub, der die Daten seiner 5 besten Spieler bzw. Spielerinnen in den Tabellen *Spieler* bzw. *Spielerinnen* abgelegt hat. Das kartesische Produkt zwischen den beiden Tabellen ergibt die 25 Matches, die ausgetragen werden, wenn jeder Spieler einmal gegen jede Spielerin antritt.

[64] Nähere Informationen zu den Bezeichnern ([…]) finden in Kapitel 5.4.1.2.

[65] Sie führt zum selben Ergebnis wie der Equi-Join der Abbildung 37. Der hier vorliegende Equi-Join wurde allerdings über die Eingabe des Selektionskriteriums *=[Kunde].[Kundennummer]* definiert.

c) Komplexere Abfragen mit mehreren Equi-Joins

Ein Equi-Join kann nicht nur auf zwei miteinander verbundenen Tabellen aufsetzen, sondern auch über eine ganze Beziehungskette „laufen". Dazu sei folgendes Beispiel gegeben: Die Firma *Bodidas* vergibt ein neues Projekt. StudConsult möchte das Projekt einem Mitarbeiter zuordnen, der schon mit *Bodidas* zu tun hatte. Es möchte deshalb wissen, welche Mitarbeiter schon auf von *Bodidas* vergebenen Projekten tätig waren und erstellt folgende Abfrage (*EquiJoin_komplex*):

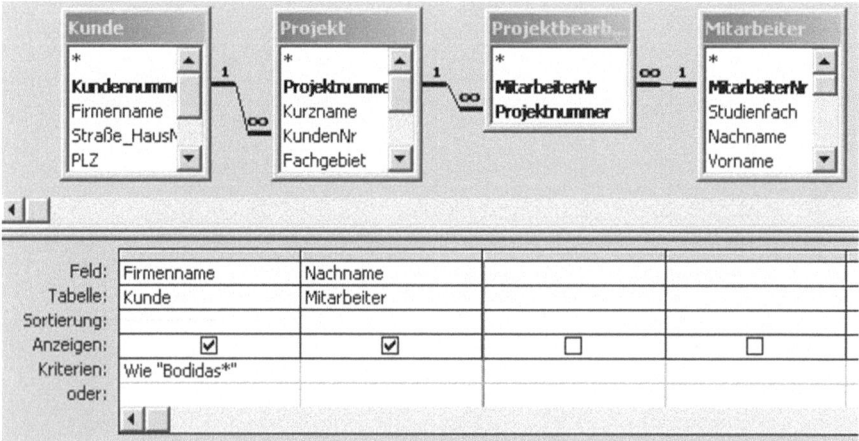

Abbildung 41: Entwurf einer komplexeren Abfrage mit mehreren Equi-Joins

Die Zuordnung zwischen *Bodidas* und den *Nachnamen* der *Mitarbeiter*, die schon für *Bodidas* gearbeitet haben, kann man sich „von links nach rechts" folgendermaßen veranschaulichen:

- Der Equi-Join zwischen den Tabellen *Kunde* und *Projekt* ermittelt über die *Kundennummer* die von *Bodidas* vergebenen *Projektnummern*.
- Der Equi-Join zwischen den Tabellen *Projekt* und *Projektbearbeitung* ermittelt über die *Projektnummer* die *MitarbeiterNr* der *Mitarbeiter*, die schon für *Bodidas* gearbeitet haben.
- Der Equi-Join zwischen den Tabellen *Projektbearbeitung* und *Mitarbeiter* ermittelt schließlich über die *MitarbeiterNr* die *Nachnamen* der *Mitarbeiter*, die schon für *Bodidas* gearbeitet haben.

Aufgabe

Ermitteln Sie, wie die Mitarbeiter der „ersten Stunde"[66] heißen. Speichern Sie die Abfrage unter dem Namen *Gründer*.

---

[66] Das sind jene Mitarbeiter, die das am frühesten begonnene Projekt bearbeitet haben.

5.4.1.5 Outer-Join

Im Folgenden interessiert StudConsult die Frage: *„Welche Kunden **haben keine** Projekte vergeben?"*. Dies kann mit der Absicht verbunden sein, eine Nachfassaktion bei Kunden zu starten, die - trotz eines Kontaktes zu StudConsult - bisher noch keine Projekte vergeben haben. Dabei handelt es sich um jene Kunden, die

- in der Tabelle *Kunde* mit einer *Kundennummer* geführt werden und
- in der Tabelle *Projekt* jedoch nicht mit einer *KundenNr* auftauchen.

Ein Equi-Join als Abfragebasis ist in diesem Fall nicht zielführend, da er nur jene Datensätze heraussucht, bei denen die Einträge in den verknüpften Feldern (*Kundennummer* der Tabelle *Kunde* und *KundenNr* der Tabelle *Projekt*) identisch sind.[67] Ein Equi-Join gibt also gerade die gesuchten Kunden, bei denen ja die Einträge in den verknüpften Feldern *nicht* identisch sind[68], nicht mit aus.

Als Abfragebasis ist hier ein *Outer-Join*, der folgendes Abfrageergebnis liefert, erforderlich:

Firmenname	Kundennummer	KundenNr	Kurzname
Riemen GmbH	1	1	Riemweb
GBM KG	2	2	Gbmwork
Haka GmbH	3	3	Hakagroup
Bodidas AG	4	4	Bodiweb
Bodidas AG	4	4	Bodidata
Schiemer AG	5	5	Schiemdata
Schiemer AG	5	5	Schiemweb
Oder Bank AG	6	6	Oderdata
Oder Bank AG	6	6	Oderweb
Frankfurter Blatt GmbH	7	7	Fbweb
Frankfurter Blatt GmbH	7	7	Fbweb
Herman & Co KG	8	8	Hermwork
Grüner GmbH	9	9	Grünerweb
Schiemer AG	10	10	Schiemweb
Schiemer AG	10	10	Schiemgroup
Gerhardt AG	11	11	Anwendwww
Alting GmbH	12		

Abbildung 42: Abfrageergebnis des Outer-Join I

---

[67] Verdeutlichen Sie sich die Funktionsweise des Equi-Joins noch einmal anhand der Abfrage *„Welche Kunden **haben welche** Projekte vergeben?"* (vgl. Abbildung 37 und Abbildung 38).

[68] Gesucht sind Kunden, für die gilt:
Kundennummer in der Tabelle *Kunden* = vorhanden (Ist Nicht Null)
KundenNr in der Tabelle *Projekte* = nicht vorhanden (Ist Null, d.h. leerer Eintrag)

Der Outer-Join gibt *alle* in der Tabelle *Kunden* mit *Kundennummern* geführten Kunden aus. Falls zu einem Kunden in der Tabelle *Projekt* ein Eintrag vorliegt, wird dieser ebenfalls ausgegeben. Falls nicht, bleiben die entsprechenden Felder im Abfrageergebnis leer. StudConsult hat also lediglich einen Kunden, der noch kein Projekt vergeben hat (*Kundennummer 12*).

Einen Outer-Join entwirft man am besten, indem man die Eigenschaften der Equi-Join-Beziehung zwischen den Tabellen *Kunde* und *Projekt* im Abfrageentwurfsfenster bearbeitet. Dazu kann man folgendermaßen vorgehen:

- mit der rechten Maustaste auf die Verbindungslinie zwischen den Tabellen *Kunde* und *Projekt* klicken
- Kontextmenüpunkt *Verknüpfungseigenschaften* wählen
- im Dialogfenster die 2. Option aktivieren und die Schaltfläche *OK* klicken

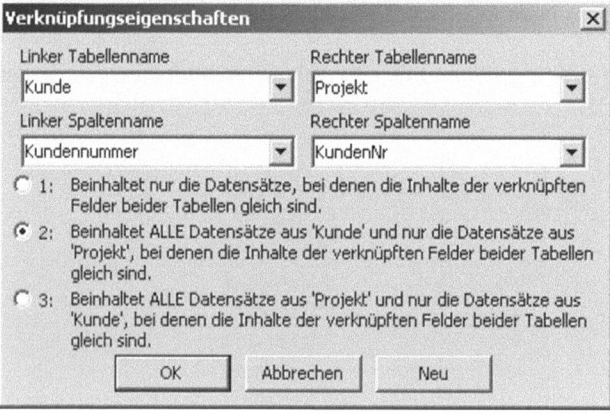

Abbildung 43: Dialogfenster Verknüpfungseigenschaften

Entwurf und Erstellung von Datenbanken mit Access 187

- Damit wird der Outer-Join erstellt und die Verbindungslinie zwischen den Tabellen erhält einen Pfeil.[69]

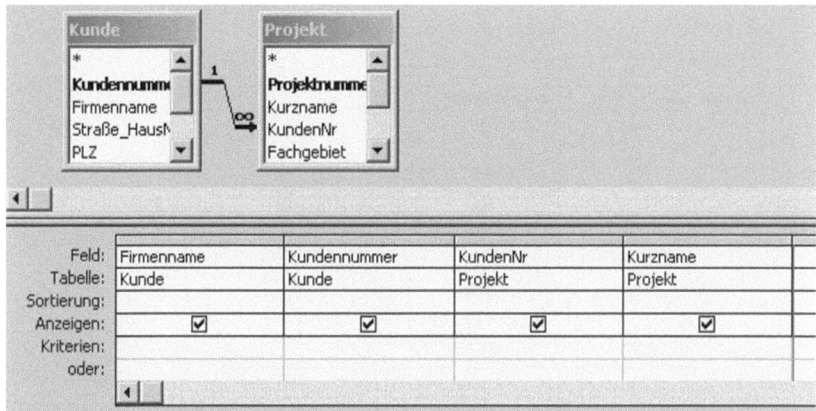

Abbildung 44: Abfrageentwurf des Outer-Join I (*OuterJoin_KundenProjekte*)

Das Ziel der Abfrage ist mit obigem Outer-Join I noch nicht zufrieden stellend erreicht. Die vollständige Auflistung der Kunden und der von ihnen vergebenen Projekte ist überflüssig, wenn man lediglich wissen möchte, welche Kunden noch keine Projekte vergeben haben. Es ist daher ausreichend, jene Kunden herauszufiltern, die in der Tabelle *Kunden* mit einer *Kundennummer* vorhanden sind und bei denen in der Tabelle *Projekte* im verbundenen Feld *KundenNr* nichts, d.h. der leere Wert (Ist Null) steht.

---

[69] Der Pfeil zeigt von derjenigen Tabelle, bei der alle Datensätze angezeigt werden, zu der Tabelle, bei der nur ausgewählte Datensätze angezeigt werden.

Obige Abfrage kann daher folgendermaßen abgewandelt werden:

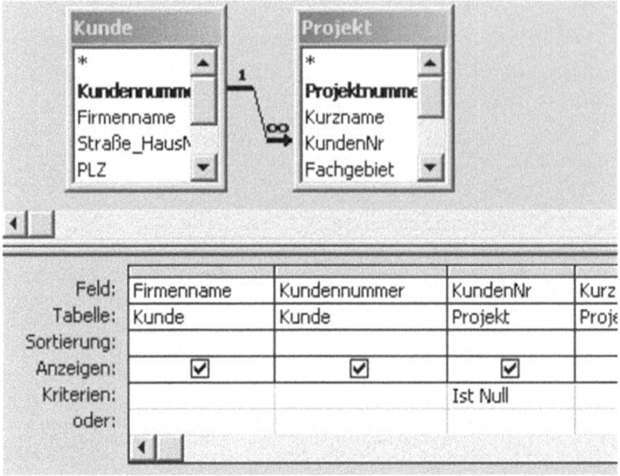

Firmenname	Kundennummer	KundenNr	Kurzname
Alting GmbH	12		

Abbildung 45: Abfrageentwurf und -ergebnis des Outer-Join II (*KundenohneProjekte*)

In der Datenbankpraxis kommen Outer-Joins relativ häufig vor. Es ist oft wichtig, zu wissen, ob Datensätze etwas *nicht* enthalten (z.B. Kunden, die noch keine Rechnung für ihre Bestellung erhalten haben).

Aufgabe

StudConsult will überprüfen, ob es Mitarbeiter gibt, die noch kein Projekt bearbeitet haben. Das könnten z.B. neue Mitarbeiter sein, die sich noch in der Einarbeitungsphase befinden. Erstellen Sie die entsprechende Abfrage und speichern Sie diese unter dem Namen *ProjektloseMitarbeiter*.

Entwurf und Erstellung von Datenbanken mit Access 189

Frage

Bei einer am 1.4.2003 durchgeführten Rechnungsprüfung stellt StudConsult fest, dass es für das Projekt mit der *Projektnummer 3* (abgeschlossen am 1.6.2001) nie eine Rechnung verschickt hat. Es will dies umgehend nachholen und erstellt folgende Abfrage, die zu dem angezeigten Abfrageergebnis führt:

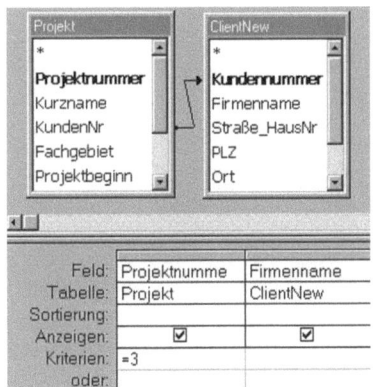

Abbildung 46: Abfrageentwurf und -ergebnis des Outer-Join III

Welches Desaster muss dem Abfrageergebnis zugrunde liegen?[70]

5.4.1.6 Erstellung berechneter Felder

Bei berechneten Feldern geht es darum, aus bestehenden Daten neue zu berechnen. Wichtige Ziele dieses Vorgehens liegen in der Konsistenz der Daten und der Einsparung von Speicherplatz.

---

[70] StudConsult hat die Beziehung zwischen *ClientNew* (entspricht vom Aufbau her der Tabelle *Kunde*) und *Projekt* nicht mit referentieller Integrität definiert. Der Kunde, der das Projekt mit der *Projektnummer 3* vergeben hat, wurde in der Zwischenzeit gelöscht. Daher kann das Projekt keinem Kunden mehr zugeordnet und die Rechnung nicht mehr verschickt werden (zumindest nicht ausschließlich mit Hilfe der in der Datenbank enthaltenen Informationen).

Als Beispiel sei der *Projektgewinn* angeführt, der sich aus der Differenz von *Vergütung* und *Projektkosten* ergibt. In diesem Fall ist es unnötig, ein eigenes Feld *Projektgewinn* zu führen, da sich dieses durch folgende Abfrage (*Projektgewinn*) berechnen lässt:

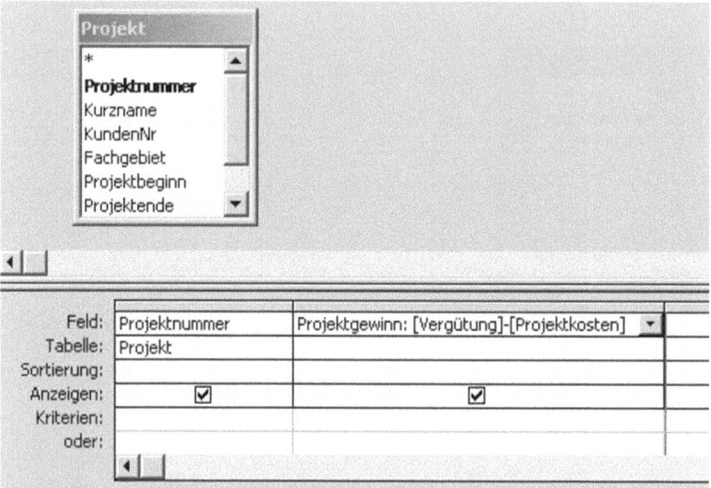

Abbildung 47: Beispiel für berechnete Felder

Die Abfrage können Sie - wie im Folgenden beschrieben - erstellen:

- In eine leere Spalte einen Namen für das zu berechnende Feld (mit abschließendem Doppelpunkt) eingeben[71] (hier *Projektgewinn*).
- In derselben Zelle die Anweisung für die Berechnung mittels Bezeichnern eingeben (hier [*Vergütung*]-[*Projektkosten*]).
- Damit werden für alle Datensätze die *Werte* der Felder *Vergütung* und *Projektkosten* subtrahiert und jeweils unter dem Feldnamen *Projektgewinn* angezeigt.

---

[71] Falls Sie keinen Namen eingeben, vergibt ACCESS den Platzhalternamen *Ausdr1*.

Aufgabe

StudConsult interessiert sich dafür, welchen Beitrag die einzelnen Mitarbeiter zur Deckung von Kosten bzw. zur Erzielung von Gewinnen leisten. Als groben Anhaltspunkt will es dazu die Differenz zwischen den durch die Mitarbeiter erzielten Einnahmen (= Stundensatz * monatliche Arbeitszeit[72]) und Ausgaben (= Gehalt) ermitteln. Das Abfrageergebnis soll so sortiert werden, dass der Mitarbeiter mit dem höchsten Beitrag oben in der Liste steht. Erstellen Sie die Abfrage und speichern Sie diese unter dem Namen *Beitrag*.

5.4.1.7 Funktionen

Berechnungen können nicht nur mit algebraischen Operatoren, sondern auch mit Hilfe von (statistischen) *Funktionen* durchgeführt werden. Funktionen ermöglichen Auswertungen bzw. Berechnungen über den Werten eines Feldes.

Die folgenden grundlegenden Funktionen können entweder über allen Werten eines Feldes durchgeführt oder auf aggregierte Felder angewendet werden.

Name	Auswertung/Berechnung
Summe	Summe der Werte eines Feldes
Mittelwert	Durchschnittswert der Werte eines Feldes
Minimum	niedrigster Wert eines Feldes
Maximum	höchster Wert eines Feldes
Anzahl	Anzahl der Werte eines Feldes (ohne leere Werte)

Abbildung 48: Grundlegende statistische Funktionen

---

[72] Für die monatliche Arbeitszeit setzen Sie bitte 172 Stunden an.

a) Auswertungen über alle Datensätze

Beispielhaft soll anhand der Tabelle *Projekte* die Anzahl der *insgesamt* durchgeführten Projekte ermittelt werden. Die Abfrage (*Anzahl_Projekte*) kann folgendermaßen aussehen:

Abbildung 49: Beispiel einer Abfrage mit einer Funktion

Als Ergebnis dieser Abfrage wird *16* ausgegeben.

Die Abfrage kann wie folgt erstellt werden:

- Σ in der Symbolleiste an- bzw. abklicken → Im Entwurfsbereich wird eine eigene Zeile für Funktionen geschaffen bzw. entfernt.
- In die Zeile *Funktion* die Funktion eingeben, nach der die Werte des Feldes ausgewertet werden sollen; dazu das mit einem Pfeil gekennzeichnete Listenfeld öffnen und die gewünschte Funktion anklicken.
- Im vorliegenden Fall ermittelt *Anzahl* die Anzahl der Einträge im Feld Projektnummer, d.h. die Anzahl der Projekte.

b) Auswertungen über eine Gruppe von Datensätzen

Hier werden zunächst gleiche Werte in einem Feld zu einer Gruppe zusammengefasst. Die Funktion wird dann auf jede der gebildeten Gruppen gesondert angewendet.

Entwurf und Erstellung von Datenbanken mit Access 193

Beispielhaft soll die Anzahl der *pro Fachgebiet* durchgeführten Projekte ermittelt werden. Die Abfrage (*Anzahl_Projekte_Fachgebiet*) könnte folgendermaßen aussehen und zu folgendem Ergebnis führen:

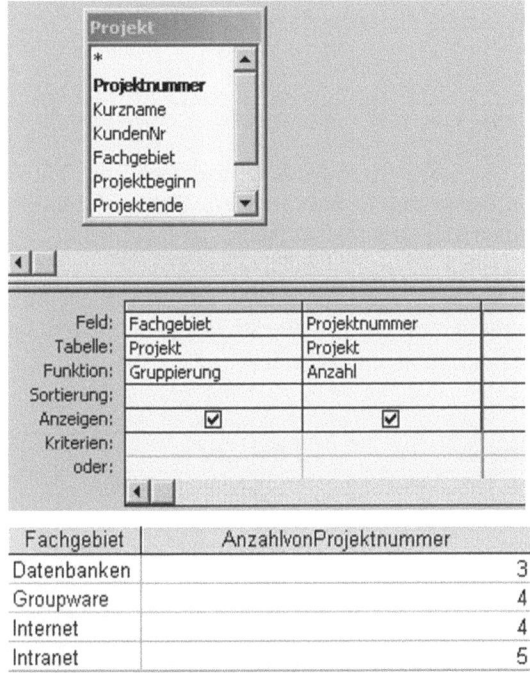

Abbildung 50: Beispiel einer Abfrage mit Gruppierung und Funktion

Zur Erstellung der Abfrage:

- In das Feld, über das gruppiert werden soll, gibt man in der Funktionszeile *Gruppierung* ein.
- In das Feld, auf das die Funktion gruppenweise angewendet werden soll, gibt man die entsprechende Funktion (z.B. *Anzahl*) ein.

Bei Verwendung von Funktionen muss jedem im Abfrageentwurf enthaltenen Feld eine Funktion zugewiesen werden. Für Felder, auf die keine Funktion angewendet wird, muss man entweder *Gruppierung*, *Bedingung* oder *Ausdruck* verwenden.

Bedingung ist zu verwenden, wenn in die entsprechende Feldspalte ein Kriterium eingegeben wird (z.B. wenn die Abfrage aus Abbildung 50 um die Tabelle *Kunde* und ein daraus entnommenes Feld *Ort* mit dem Eintrag *"München"* ergänzt wird).

Ausdruck ist zu verwenden, wenn in der entsprechenden Feldspalte eine Funktion auf ein berechnetes Feld angewendet wird.[73]

Aufgabe

Ermitteln Sie, wie viele Projekte die einzelnen Kunden vergeben haben. Speichern Sie die Abfrage unter dem Namen *Anzahl_Projekte_Kunde*.

5.4.2 Aktionsabfragen

Aktionsabfragen setzen auf dem Entwurf von Auswahlabfragen auf und führen Änderungen an den ausgewählten Daten durch. Sie verändern Daten in den der Abfrage zugrunde liegenden Tabellen, d.h. dem Datenbestand der Datenbank.

Das Abfrageergebnis wird nicht - wie bei Auswahlabfragen - auf dem Bildschirm angezeigt; es schlägt sich ausschließlich in den veränderten Tabellen nieder. Im Einzelnen lassen sich folgende Abfragetypen unterscheiden:

Typ	Funktion	Beispiel
Löschabfrage	löscht selektierte Datensätze	Löschen von Kunden, die nicht beraten werden.
Aktualisierungsabfrage	aktualisiert Werte von Feldern in ausgewählten Datensätzen	alle Gehälter um 5% erhöhen
Tabellenerstellungsabfrage	erstellt aus den selektierten Daten eine neue Tabelle	alle abgeschlossenen Beratungsprojekte in einer Tabelle *ProjektAlt* ablegen
Anfügeabfrage	fügt selektierte Daten an eine Tabelle an	Anfügen von Daten aus Projekt an *ProjektAlt*.

Abbildung 51: Arten von Aktionsabfragen

Im Folgenden sollen beispielhaft die Aktualisierungs- und Löschabfrage behandelt werden.

---

[73] Beispielsweise folgende Berechnung, die den erfolgsabhängigen Gehaltsanteil der Mitarbeiter ermittelt: (Mittelwert([Vergütung]-[Projektkosten]))*0,10.

a) Aktualisierungsabfrage[74]

Beispielhaft sollen die Gehälter der Juniorberater um 5 % erhöht werden.

Die Abfrage (*Gehaltserhöhung*) kann folgendermaßen erstellt werden:

- Auswahlabfrage erstellen
    o Auswahlabfrage erstellen, speichern und ausführen
    o Das Ziel liegt darin, vor Veränderung der Daten zu testen, ob die Aktualisierung die gewünschten Ergebnisse bringen wird.

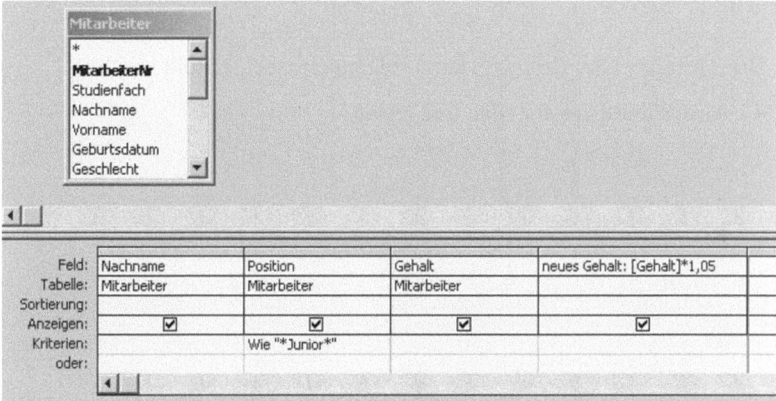

Abbildung 52: Beispiel einer Auswahlabfrage, die in eine Aktualisierungsabfrage umgewandelt werden soll

- Aktualisierungsabfrage erstellen
    o die Spalte *neues Gehalt* löschen
    o [Abfrage/Aktualisierungsabfrage] wählen → neue Zeile *Aktualisieren* wird eingefügt
    o in der Zeile *Aktualisieren* in der Spalte *Gehalt* folgendes eintragen: [Gehalt]*1,05
    o Aktualisierung mit starten
    o Sicherheitsabfrage bejahen → Die Daten in der Tabelle *Mitarbeiter* werden geändert.

---

[74] Falls Sie die im Buch vorgestellten Beispiele in Ihrer Datenbank *studconsult.mdb* nachvollziehen, sollten sie im Kapitel Aktionsabfragen mit einer Kopie von StudConsult arbeiten. Dies ist sinnvoll, da Aktionsabfragen die Originaldaten verändern.

Aufgabe

StudConsult hat seine Kalkulationsmethoden überarbeitet. Dies führt dazu, dass sich die Kosten von Projekten, die unter 500.000 € liegen, um 10% erhöhen. Führen Sie die entsprechende Aktualisierung durch und speichern Sie die Abfrage unter dem Namen *Aktualisierung_Projektkosten*.

b) Löschabfrage

Beispielhaft sollen alle Projekte, die vor dem 1.Jänner 2002 abgeschlossen waren, gelöscht werden.

Die Abfrage (*Alte_Projekte*) kann folgendermaßen erstellt werden:

- Auswahlabfrage erstellen und testen

Abbildung 53: Auswahlabfrage als Basis einer Löschabfrage

- in der Abfrageentwurfsansicht [*Abfrage/Löschabfrage*] wählen

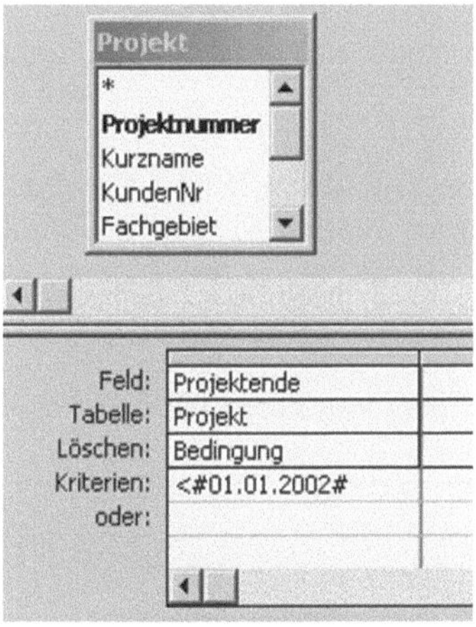

Abbildung 54: Löschabfrage

- Abfrage ausführen → Die Datensätze in Tabelle *Projekt* sind gelöscht.

Frage

Wie wirkt sich obige Löschabfrage (vgl. Abbildung 54) aus, wenn

- die Beziehung zwischen den Tabellen *Projekt* und *Projektbearbeitung mit referentieller Integrität*, aber **ohne** *Löschweitergabe* definiert ist?[75]
- die Beziehung zwischen den Tabellen *Projekt* und *Projektbearbeitung mit referentieller Integrität* und **mit** *Löschweitergabe* definiert ist?[76]
- die Beziehung zwischen den Tabellen *Projekt* und *Projektbearbeitung* **ohne** *referentielle Integrität* definiert ist?[77]

5.5 Grundlegendes zu Formularen und Berichten

Bei sehr breiten Tabellen kann es beispielsweise unübersichtlich sein, die Daten direkt in die Tabelle einzutragen. *Formulare* sind Masken, die in diesem Fall die

---

[75] Das Löschen funktioniert nicht, da es gegen die referentielle Integrität verstoßen würde. ACCESS weist auf das Problem hin und fragt, ob man trotzdem fortfahren möchte, löscht aber die Datensätze auch bei Bejahung der Rückfrage nicht.

[76] ACCESS löscht in der Tabelle *Projekt* die Datensätze mit den *Projektnummern 3* und *7*. Es löscht in der Tabelle *Projektbearbeitung* die Einträge, die sich auf die *Projektnummern 3* und *7* beziehen.

[77] ACCESS produziert „Karteileichen", d.h. Einträge in der Tabelle *Projektbearbeitung*, denen in der Tabelle Projekt kein *Projekt* zugeordnet ist. Hier sind das sind die Projekte mit den *Projektnummern 3* und *7*.

Eingabe der Daten in die Tabelle erleichtern. Die Daten werden jedoch weiterhin in der Tabelle gespeichert. Ein Formular ist nur eine „Brille", mit deren Hilfe man Daten eingeben und betrachten kann und stellt somit eine Schnittstelle zwischen Benutzer und Datenbank dar.

Berichte sind eine zweite Kategorie von „Brillen", mit deren Hilfe Abfrageergebnisse bzw. Tabellen anschaulich dargestellt werden können. Sie ähneln vom Aufbau und der Handhabung her den Formularen, haben aber teilweise einen etwas anderen Schwerpunkt.

In ACCESS gibt es drei Möglichkeiten zur Erstellung von Formularen und Berichten:

Möglichkeit	Beschreibung
automatisch	arbeitet vollautomatisch; bietet dem Benutzer keine Gestaltungsmöglichkeiten
mit Hilfe von Assistenten	arbeitet halbautomatisch; dem Benutzer steht ein Baukasten vorgefertigter Bestandteile zur Verfügung, aus dem er seinen Bericht bzw. sein Formular zusammenstellen kann
manuell	wird von Hand gefertigt; bietet alle von Access vorgesehenen Gestaltungsmöglichkeiten; automatisch oder mit Hilfe von Assistenten erstellte Formulare und Berichte können nachträglich manuell an die individuellen Bedürfnisse angepasst werden

Abbildung 55: Möglichkeiten zur Erstellung von Formularen und Berichten

Dieses Grundlagenbuch beschränkt sich auf die beiden ersten Möglichkeiten. Bei professionellen Datenbankentwicklungen ist es allerdings sehr wichtig, der Gestaltung von Formularen und Berichten große Aufmerksamkeit zu schenken. Formulare bilden die *Benutzeroberfläche*[78] der Datenbank und stellen damit einen zentralen Faktor für ihre Akzeptanz dar. Übersichtlich dargestellte Antworten auf die Auswertungsfragen (Berichte) sind letztendlich das eigentliche Ziel der Datenbankanwendung und daher ebenfalls entscheidend für deren erfolgreichen Einsatz.

In diesem Kapitel geht es um die beispielhafte Skizzierung der automatischen Erstellung eines Formulars und eines Berichtes sowie der assistentengestützten Erstellung eines Berichtes. Darüber hinaus wird kurz auf das Drucken von Formularen und Berichten eingegangen.

---

[78] Bei komplexeren Datenbanken (mit Makros und Modulen) wird die Datenbankanwendung häufig als Folge von Formularen entwickelt. Formulare sind dabei die „Bindeglieder" zwischen den einzelnen Makros und Modulen. Über die Eingaben, die der Benutzer in die Formulare macht, wird die Abfolge der Makros und Module gesteuert.

5.5.1 Automatische Erstellung

Beispielhaft soll ein *AutoFormular* zur Eingabe der Mitarbeiter-Daten entwickelt werden. Dazu kann man folgendermaßen vorgehen:

- Registerkarte *Formular* wählen
- Schaltfläche *Neu* wählen
- im Dialogfenster *Neues Formular* folgendes eingeben
  o Art des gewünschten *AutoFormulars* (hier *Einspaltig*)
  o Tabelle/Abfrage, auf der das Formular basieren soll (hier *Mitarbeiter*)
  o Schaltfläche *OK* wählen → Das Formular wird erstellt; jeder Datensatz wird auf einer eigenen „Karteikarte" angezeigt.

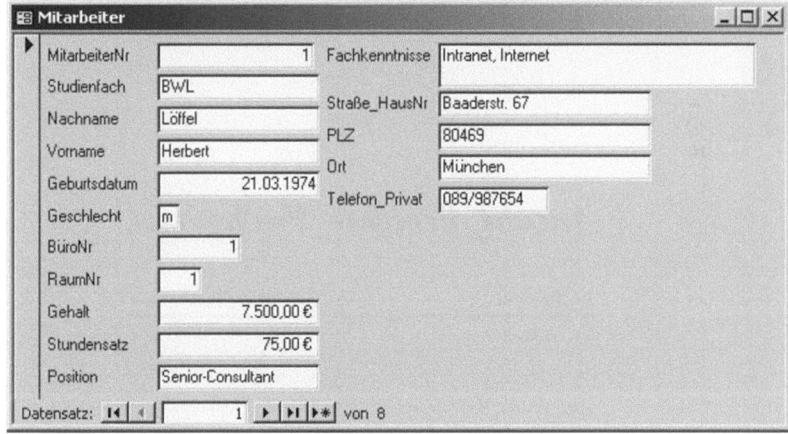

Abbildung 56: Beispiel eines einspaltigen *AutoFormulars*

- Zwischen den Datensätzen kann man sich mit Hilfe der Schaltflächen am unteren linken Formularrand bewegen:

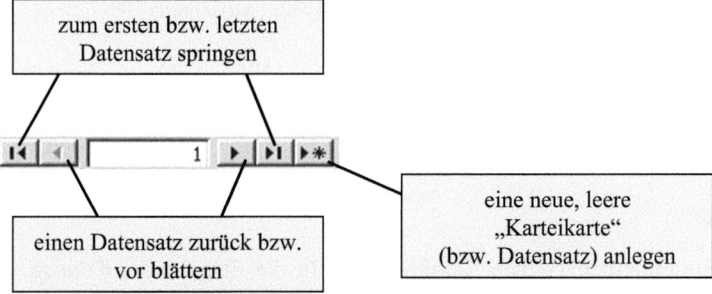

Abbildung 57: Navigationselemente in einem Formular

- Formular über [*Datei/Speichern*] speichern

Das Formular wird in der *Formularansicht* angezeigt. Diese zeigt das Ergebnis des Formularentwurfs, d.h. das fertige Formular an. Manuelle Formularentwicklungen oder -veränderungen werden in der *Entwurfsansicht* von Formularen vorgenommen. Diese erreicht man - wie bei den Tabellen - über ▨. Mit Hilfe von ▨ kommt man in die Formularansicht zurück.

Als zweites Beispiel soll ein Bericht dienen, der das Ergebnis der Abfrage *Anzahl_Projekte_Fachgebiet*[79] ausgibt. Wenn man analog zur Erstellung von Formularen vorgeht und einen *tabellarischen AutoBericht* erstellt, erhält man folgendes Ergebnis:

Anzahl_Projekte_Fachgebiet

Fachgebiet	AnzahlvonProjektnummer
Datenbanken	3
Groupware	4
Internet	4
Intranet	5

Abbildung 58: Beispiel eines tabellarischen *AutoBerichtes* (Ausschnitt)

Obiger *AutoBericht* wird in der *Seitenansicht* angezeigt. Manuelle Berichtsentwicklungen oder -veränderungen können auch hier in der Entwurfsansicht vorgenommen werden.

Aufgabe

Erstellen Sie ein tabellarisches AutoFormular für die Eingabe der Kunden. Speichern Sie es unter dem Namen *Kunde* ab.

---

[79] Vgl. Abbildung 50.

5.5.2 Erstellung mit Hilfe von Assistenten

Beispielhaft soll in diesem Kapitel ein Bericht erstellt werden, der die Kunden von StudConsult nach Branchen gruppiert und innerhalb der Branchen alphabetisch sortiert darstellt. Dazu kann man folgendermaßen vorgehen:

- Bericht *Neu* und Wahl der Basistabelle bzw. -abfrage (hier *Kunde*) wie bei der automatischen Erstellung[80] durchführen.
- anstelle des AutoBerichtes den *Berichts-Assistenten* wählen → es erscheint folgendes Fenster:

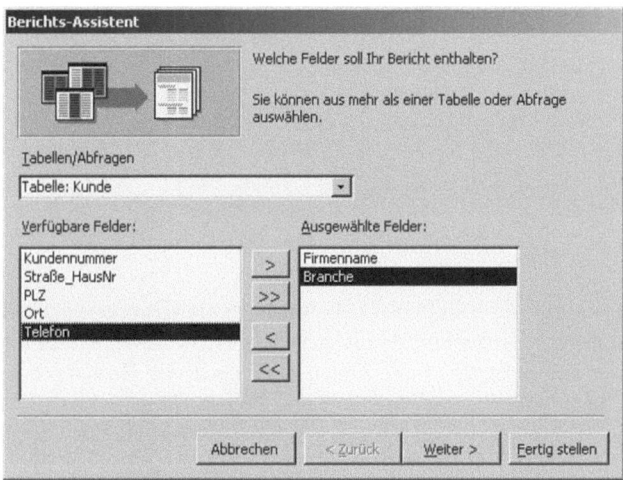

Abbildung 59: Fenster des *Berichtsassistenten* zur Auswahl gewünschter Felder

- Hier legt man fest, welche Felder der Bericht enthalten soll.
- Klick auf [>] oder Doppelklick auf ein verfügbares Feld fügen dieses hinzu (hier *Firmenname* und *Branche*).

---

[80] Vgl. Kapitel 5.5.1.

- Schaltfläche *Weiter* betätigen →

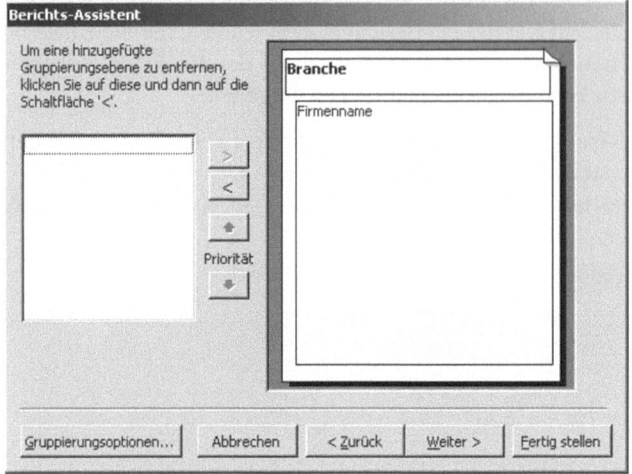

Abbildung 60: Gruppierungs-Wähl-Fenster des Berichtsassistenten

- o ≥ bietet *optional* die Möglichkeit, Feldnamen als Gruppierungskriterium zu wählen (hier *Branche*); damit werden - wie von der Gruppierung bei Abfragen her bekannt[81] - die Datensätze nach der Branche zusammengefasst ausgegeben.
- o Schaltfläche *Weiter* anklicken → es erscheint ein Fenster, das optional die Möglichkeit bietet, innerhalb der Gruppen alphabetisch zu sortieren (hier *Firmenname*).
- Die nächsten beiden Fenster dienen der Festlegung von Layoutfragen.
- Der im abschließenden Fenster einzugebende *Name des Berichtes* ist zugleich auch der Name, unter dem der Bericht gespeichert wird (hier *Kunden_nach_Branchen*).
- Schaltfläche *Fertigstellen* → Bericht wird erstellt und in der *Seitenansicht*, die das Aussehen des Berichtes auf dem späteren Ausdruck wiedergibt, angezeigt.

---

[81] Vgl. Kapitel 5.4.1.7.

Kunden_nach_Branchen

Branche	Firmenname
Badekleidung	
	Bodidas AG
Bank	
	Oder Bank AG
	Riemen GmbH
Baubedarf	
	Haka GmbH
Druckmedien	
	Grüner GmbH

Abbildung 61: Beispiel eines gruppierten und sortierten Berichtes (Ausschnitt)

Der Formularassistent ist weitgehend analog zum Berichtsassistenten zu bedienen. Die Möglichkeiten zum Gruppieren sind hier allerdings nicht erforderlich und werden deshalb auch nicht angeboten.

5.5.3 Drucken von Formularen und Berichten

Formulare und Berichte können Sie ebenfalls analog zu Tabellen ausdrucken.[82] Da der Sinn von Berichten in der übersichtlichen Datenausgabe liegt, sind bei Berichten einige Möglichkeiten zur Gestaltung des Ausdrucks gegeben. So können Sie für einen markierten Bericht z.B. über

- [*Datei/Seite einrichten*], Registerkarte *Seite* mit den Optionen *Hoch-* oder *Querformat* festlegen, in welchem Format die Seite ausgedruckt wird.

---

[82] Vgl. Kapitel 5.3.3.

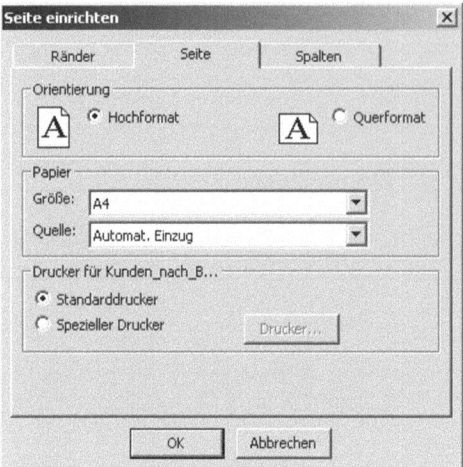

Abbildung 62: Dialogfenster zum Einrichten von Seiten

- Bei Berichten platziert ACCESS auf jeder Seite des Ausdrucks standardmäßig am unteren Seitenrand eine Fußzeile, die das Datum (*Jetzt ()*) und eine Seitenzählung (*„Seite" ...*) enthält. Falls Sie diese löschen wollen, müssen Sie über in die *Entwurfsansicht* wechseln. Zum Löschen müssen Sie die beiden Einträge am unteren Ende der Seite durch Anklicken markieren und dann die Taste [*Entf*] drücken.

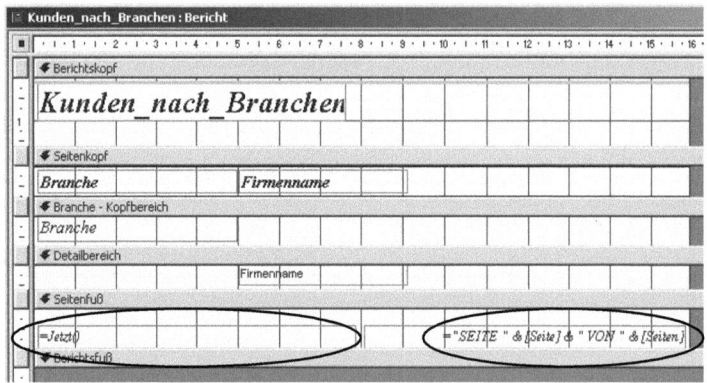

Abbildung 63: Entwurfsansicht von Berichten

Aufgabe

Erstellen Sie mit Hilfe des Berichtsassistenten einen Bericht, der die Mitarbeiter von StudConsult nach Wohnorten gruppiert und innerhalb der Wohnorte alphabetisch nach Nachnamen sortiert ausgibt. Beziehen Sie dabei die Felder *Nachname*, *Vorname*, *Ort*, *Straße_HausNr* und *Telefon_Privat* ein. Geben Sie dem Bericht den Namen *Mitarbeiterliste*.

6 Tabellenkalkulation mit Excel

Das Ziel dieses Kapitels ist es, Ihnen die grundlegenden Funktionen von Tabellenkalkulationsprogrammen am Beispiel von EXCEL 2003 zu vermitteln. Sie lernen daher in diesem Abschnitt, mit EXCEL Tabellen zu erstellen, Rechenformeln und -funktionen anzuwenden und Zahlen in Diagrammen zu präsentieren.

Als Fallbeispiel wird wieder die Firma StudConsult herangezogen. Die Unternehmensberatung möchte einige Berechnungen und Auswertungen zu den Daten ihrer Mitarbeiter sowie den von ihr durchgeführten Projekten mit EXCEL vornehmen.

6.1 Grundlagen

Tabellenkalkulationsprogramme kommen zum Einsatz, wenn mit Zahlen gerechnet werden soll. Mit ihrer Hilfe lässt sich Zahlenmaterial zu Kontroll- und Planungszwecken auswerten und grafisch darstellen.

In kleineren Firmen kann ein Tabellenkalkulationsprogramm auch zur Unterstützung eines erheblichen Anteils der Aufgaben am Arbeitsplatz und der wirtschaftlichen Gesamtaufgaben (z.B. Rechnungswesen) eingesetzt werden. Große Firmen verwenden meist funktionsbezogene Programme für die einzelnen Bereiche (z.B. Buchführungsprogramme); EXCEL wird hier häufig am Arbeitsplatz (z.B. zur Kalkulation eines Angebotes) eingesetzt.

6.1.1 Prinzip von Tabellenkalkulationsprogrammen

Die eingegebenen Werte (z.B. Zahlen oder Wörter) werden in Tabellenkalkulationsprogrammen *tabellarisch*, d.h. in Zeilen und Spalten, erfasst.

	A	B	C	D	E
1	Projektnr.	Kurzname	Vergütung	Projektkosten	Projektgewinn
2	1	Bodiweb	2.500.000 €	1.650.000 €	850.000 €
3	2	Schiemdata	3.500.000 €	2.050.000 €	1.450.000 €
4	3	Gbmwork	1.250.000 €	850.000 €	400.000 €
5	4	Riemweb	650.000 €	500.000 €	150.000 €
6	5	Schiemweb	850.000 €	750.000 €	100.000 €
7					

Abbildung 1: Tabelle *Projekt*

In der Tabelle stehen die Werte in den Zellen eines Gitternetzrasters, das sich aus den Zeilen- und Spaltentrennlinien ergibt. Die einzelnen Zellen werden durch den Buchstaben des Spaltenkopfes (A, B, C, ...) und die Ziffer des Zeilenkopfes (1, 2, 3, ...) eindeutig bezeichnet. Die Zelle C1 enthält z.B. das Wort *Vergütung*, die Zelle E5 enthält z.B. den Gewinn des Projektes *Riemweb*.

6.1.2 Benutzeroberfläche

Nach dem Starten von EXCEL erscheint folgende Benutzeroberfläche:

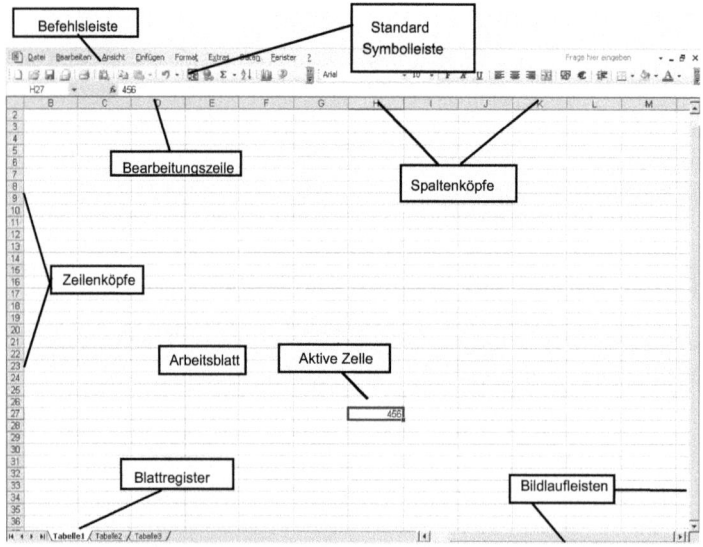

Abbildung 2: Benutzeroberfläche von Excel

Wesentliche Elemente

Die EXCEL-Benutzeroberfläche besteht aus bei allen WINDOWS-Programmen identischen und EXCEL-spezifischen Bestandteilen.
- *Befehlsleiste*
  enthält - sachlich geordnet - die Befehle, die EXCEL zur Verfügung stellt
- *Symbolleisten*
  stellen über Schaltflächen/Listenfelder die wesentlichen Befehle schnell zur Verfügung und ersparen den Aufruf des Menübefehls
  o *Standard-Symbolleiste:* enthält die wesentlichen Standardbefehle und Formatierungsbefehle (z.B. Speichern und Drucken)
- *Bearbeitungszeile*
  kann zum Bearbeiten von Zellinhalten verwendet werden
- *Arbeitsblatt*
  stellt die Arbeitsoberfläche dar (= Gitternetz, in das die Werte eingegeben werden)
- *Spalten- und Zeilenköpfe*
  geben die Spaltenbuchstaben und Zeilenziffern des Arbeitsblattes an
- *Aktive Zelle*
  ist die aktuell markierte Zelle
- *Blattregister*
  dient zum Wechseln zwischen verschiedenen Tabellenblättern einer Arbeitsmappe[1]
- *Bildlaufleisten*
  ermöglichen das horizontale bzw. vertikale Bewegen des Arbeitsblattes

6.2 Grundaktivitäten einfacher Tabellenkalkulationen

In den folgenden Abschnitten werden die Grundaktivitäten einfacher Tabellenkalkulationen vorgestellt. Dazu gehören das Eingeben, Korrigieren und Markieren von Daten, das Handhaben von Arbeitsblättern, die Eingabe einfacher Formeln sowie das optische Gestalten der Tabellen.

---

[1] Vgl. Kapitel 6.2.5.

6.2.1 Eingeben von Daten

Aufgabe

Geben Sie die Daten der Tabelle *Mitarbeiter* anhand der nachfolgenden Anleitung ein:

	A	B	C	D	E	F	G
1	MitarbeiterNr	Nachname	Geburtsdatum	Ort	Stundensatz	Stunden	Beratungsleistung
2	1	Löffel	21.03.1974	München	75,00 €	82	6.150,00 €
3	2	Brauer	04.02.1981	München	65,00 €	76	4.940,00 €
4	3	Oldenbach	03.12.1983	Düsseldorf	60,00 €	80	4.800,00 €
5	4	Sinnlein	01.01.1966	München	125,00 €	84	10.500,00 €
6	5	Gruber	24.07.1982	München	65,00 €	68	4.420,00 €
7	6	Heuer	23.04.1981	Düsseldorf	55,00 €	73	4.015,00 €
8	7	Niemann	05.06.1978	München	45,00 €	45	2.025,00 €
9	8	Daume	02.08.1965	Düsseldorf	155,00 €	71	11.005,00 €

Abbildung 3: Tabelle *Mitarbeiter*

Achten Sie bei der Eingabe auf folgendes:

- Die Zelle, in die Eingaben gemacht werden sollen, einmal mit der linken Maustaste anklicken. → Die Zelle wird stärker umrandet (aktive Zelle).
- Daten eingeben → eingegebene Daten werden in der aktiven Zelle und der Bearbeitungszeile angezeigt.
- Eingabe abschließen und bestätigen; hierzu stehen folgende Alternativen zur Verfügung:
  o mit dem Mauszeiger in die nächste Eingabezelle klicken
  o [*Return*] drücken
  o eine beliebige Cursortaste drücken.
- auf das Eingabefeld ✓ in der Bearbeitungszeile klicken

Wenn Sie eine neue Tabelle in EXCEL eingeben, empfiehlt sich folgendes Vorgehen zum Aufbau der Tabelle:

1. Tabellenstruktur eingeben (d.h. Zeilen- und Spaltenbeschriftungen)
2. Daten eingeben
3. Formeln[2] für Rechenoperationen eingeben

6.2.2 Korrigieren von Eingabefehlern

Die beiden folgenden Punkte zeigen Ihnen mehrere Möglichkeiten, eingegebene Zellinhalte wieder zu korrigieren. Sie können hierzu zum einen den gesamten

---
[2] Vgl. zur Handhabung von Formeln Kapitel 6.2.6.

eingegebenen Zellinhalt oder zum anderen nur Teile des eingegebenen Zellinhaltes löschen. Dabei ist zu berücksichtigen, ob die Eingabe bereits abgeschlossen ist.

a) Gesamten Zellinhalt löschen

Eingabe noch nicht abgeschlossen

- Klicken Sie auf das Stornierfeld ❌ in der Bearbeitungszeile.

Eingabe schon abgeschlossen

- mit dem Mauszeiger *einmal* in die zu bearbeitende Zelle klicken → Zelle wird markiert → [*Entf*] drücken oder
- mit dem Mauszeiger *einmal* in die zu bearbeitende Zelle klicken → Zelle wird markiert → mit der Eingabe neuer Werte beginnen → Beim Tippen des ersten neuen Zeichens werden die alten Zeichen gelöscht.

b) Teile des Zellinhaltes löschen

Eingabe noch nicht abgeschlossen

- Den Mauszeiger mit einem Klick an eine beliebige Stelle der eingegebenen Zeichen setzen (Falls Sie einmal mit der Maus in die Zelle geklickt haben, können Sie sich innerhalb der Zelle auch mit den Cursortasten bewegen.).
- Einzelne Zeichen mit der [*Rück*]-Taste (Zeichen links vom Cursor wird gelöscht) oder mit der [*Entf*]-Taste (Zeichen rechts vom Cursor wird gelöscht) löschen.
- Ebenso können Sie mit der Maus auch mehrere Zeichen innerhalb der Zelle markieren[3] und mit [*Entf*] löschen.

Eingabe schon abgeschlossen

- mit der linken Maustaste *zweimal* die zu bearbeitende Zelle anklicken → Bearbeitungen können in der Zelle vorgenommen werden oder
- mit der Maustaste *einmal* die zu bearbeitende Zelle anklicken und danach mit dem Mauszeiger in die Bearbeitungsleiste klicken → Bearbeitungen können in der Bearbeitungsleiste vorgenommen werden oder
- mit der Maustaste *einmal* die zu bearbeitende Zelle anklicken → [*F2*] drücken → Bearbeitungen können in der Zelle vorgenommen werden.

---

[3] Vgl. zum Markieren in EXCEL das nachfolgende Kapitel 6.2.3.

6.2.3 Zellen markieren

Damit Sie nach dem Eingeben Zellinhalte bearbeiten können (z.B. fett darstellen oder Schriftart verändern), müssen Sie vorher die zu bearbeitenden Zellinhalte markieren. Sie können in EXCEL einzelne Zeichen innerhalb einer Zelle oder auch Zellbereiche markieren. Wenn Sie Zellen markiert haben, werden diese invers dargestellt (d.h. mit schwarzem Hintergrund und weißer Schrift). Die folgende Tabelle gibt einen Überblick über die wichtigsten Markierungsmöglichkeiten:

Zu markierende Einheit	Vorgehen
Zeichen	mit gedrückter Maustaste über zu markierende Zeichen ziehen
Zelle	mit Maustaste einmal in Zellbereich klicken
Zellbereich (nebeneinander liegende Zellen, z.B. A1 bis F4)	mit Mauszeiger in erste Zelle des gewünschten Bereichs klicken, linke Maustaste gedrückt halten und Mauszeiger in letzte Zelle des zu markierenden Bereichs ziehen
mehrere Zellbereiche (nicht nebeneinander liegend)	ersten Zellbereich markieren, [Strg]-Taste drücken und gedrückt halten, mit der Maus weitere Zellbereiche markieren
Zeile/Spalte	Mauszeiger in entsprechenden Zeilen-/Spaltenkopf setzen, linke Maustaste einmal klicken
mehrere Zeilen/Spalten, nebeneinander liegend	ersten Zeilen-/Spaltenkopf markieren, linke Maustaste gedrückt halten und über zu markierende Zeilen/Spalten ziehen
mehrere Zeilen/Spalten *nicht* nebeneinander liegend	erste Zeile/Spalte markieren, [Strg]-Taste drücken und gedrückt halten, mit der Maustaste weitere Zeilen/Spalten anklicken
gesamtes Arbeitsblatt	links in Spaltenkopfzeile anklicken
Markierung entfernen	irgendwo im Arbeitsblatt mit linker Maustaste klicken

Abbildung 4: Markierungsarten

Tabellenkalkulation mit Excel

6.2.4 Arbeitsmappen speichern, öffnen und schließen

Eine EXCEL-Datei wird als *Arbeitsmappe* bezeichnet. Sie können die Arbeitsmappen mit einem Namen auf einem Datenträger abspeichern, wieder öffnen oder schließen.

a) Speichern

Dieser Abschnitt zeigt Ihnen die notwendigen Schritte zum Speichern von Arbeitsmappen.

Erstes Speichern einer neu erstellten Arbeitsmappe

- Menüpunkt [*Datei/Speichern*] oder ▣ in Standard-Symbolleiste anklicken
  → Dialogfenster *Speichern unter* erscheint

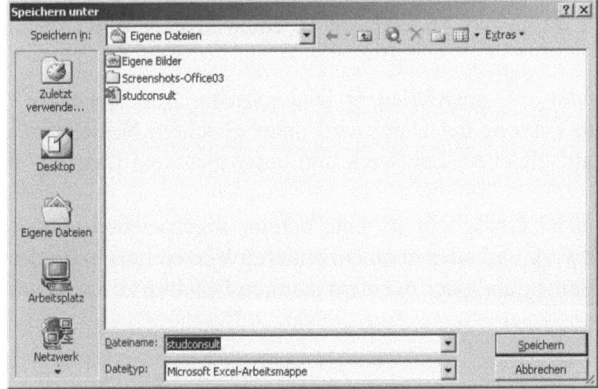

Abbildung 5: Dialogfenster *Speichern unter*

- *Laufwerk* und *Verzeichnis* wählen
  ○ öffnen des Listenfeldes *Speichern in* zeigt die Laufwerks- und Verzeichnisstruktur an
  ○ gewünschtes Laufwerk/Verzeichnis analog zur Handhabung im EXPLORER[4] öffnen
- Dateiname
  Eingabe in Textfeld Dateiname

---

[4] Vgl. zum EXPLORER Kapitel 3.4.

- Dateityp
  o legt fest, in welchem Dateiformat die Arbeitsmappe gespeichert wird
  o Standardvorgabe *.xls = Dateiformat von EXCEL (z.B. *studconsult.xls*[5])
  o Andere Dateiformate sind interessant, wenn die Tabelle mit einem anderen Programm weiterverarbeitet werden soll (z.B. wenn eine mit EXCEL 2003 erstellte Tabelle in EXCEL 97 weiter bearbeitet werden soll). [6]
- *Speichern* bzw. *Abbrechen* anklicken → Speichervorgang wird abgeschlossen bzw. abgebrochen

Aufgabe

Speichern Sie Ihre Arbeitsmappe mit den eingegebenen Mitarbeiterdaten unter dem Namen *studconsult.xls* auf Ihrer Festplatte im Verzeichnis *c:\edv\excel* ab.[7]

Wiederholtes Speichern einer bereits vorhandenen Arbeitsmappe

- ist z.B. erforderlich, wenn Sie Änderungen an einer Arbeitsmappe speichern wollen
- [*Datei/Speichern*] oder 🖫 auswählen → Dialogfenster zum Speichern wird übergangen; neueste Fassung der Datei wird unter gleichem Namen, im gleichen Verzeichnis, auf gleichem Laufwerk und unter gleichem Dateityp abgelegt.
- [*Datei/Speichern unter*] ermöglicht es, eine bereits abgespeicherte Datei auf einem anderen Laufwerk und/oder in einem anderen Verzeichnis und/oder unter einem anderen Namen und/oder in einem anderen Dateityp zu speichern.

Aufgabe

Speichern Sie die Datei *c:\edv\excel\studconsult.xls,* die Sie oben auf der Festplatte abgelegt haben, unter dem gleichen Namen auf einer Diskette oder einem anderen Speichermedium (z.B. ZIP-Diskette) ab. Beenden Sie anschließend EXCEL.

---

[5] Der Anwender braucht die Dateierweiterung *.xls* beim Dateinamen nicht eintippen; sie wird automatisch von EXCEL vergeben.
[6] Programme wie EXCEL sind normalerweise aufwärtskompatibel; d.h., neue EXCEL-Versionen (z.B. EXCEL 2003) können mit älteren EXCEL-Versionen (z.B. EXCEL 6.0 oder EXCEL 97) erstellte Dateien öffnen. Ältere EXCEL-Versionen können dagegen mit neueren EXCEL-Versionen erstellte Dateien nicht öffnen; Abwärtskompatibilität liegt also nicht vor (außer Excel XP kann auch Excel 2003 Dateien öffnen. Daher ist es in diesem Fall erforderlich, die mit der neuen Version erstellte Datei in dem Format der alten Version abzuspeichern.
[7] Dieses Verzeichnis wurde in Kapitel 3.4 erstellt.

b) Öffnen

Im folgenden erfahren Sie, wie Sie eine bereits gespeicherte Arbeitsmappe wieder öffnen können.

Öffnen bereits vorhandener Arbeitsmappen

Aufgabe

Rufen Sie EXCEL wieder auf. Öffnen Sie die auf der Festplatte abgespeicherte Datei *c:\edv\excel\studconsult.xls*. Sie können dazu folgendermaßen vorgehen:

- [Datei öffnen] wählen oder Klick auf ▫ in der Standard-Symbolleiste → Das Dialogfenster *Öffnen* erscheint:

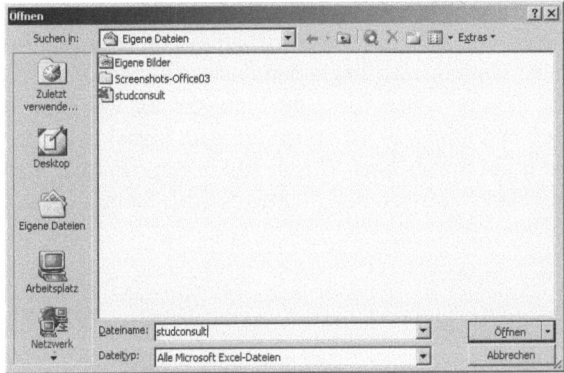

Abbildung 6: Dialogfenster *Öffnen*

- *Laufwerk/Verzeichnis*, unter dem die Datei gespeichert ist, über das Öffnen des Listenfeldes *Suchen in* eingeben
- *Dateiname*: den Namen im Dateifenster doppelt anklicken → Dokument wird automatisch geöffnet.
  - Im Dateifenster werden Dateien des unter *Dateityp* aktivierten Formates angezeigt (Standardmäßig ist *.xls aktiviert; damit werden mit EXCEL 2003 und anderen EXCEL-Versionen erstellte Dateien angezeigt.).
  - Um mit anderen Programmen erstellte Dateien öffnen zu können, muss unter *Dateityp* das entsprechende Format bzw. die Option *alle Dateien* aktiviert werden.

Schnellöffnung von Dateien: Im unteren Bereich des Menüpunktes *Datei* befindet sich eine Liste der zuletzt geöffneten Dateien. Durch Anklicken lässt sich eine in letzter Zeit benutzte Datei auf die schnellste Art und Weise öffnen.

Öffnen einer neuen, leeren Arbeitsmappe

Sie können über das Befehlsmenü eine neue, leere Datei öffnen (falls Sie z.B. neben einer bereits geöffneten Datei eine zweite Datei erstellen wollen). Dazu wählen Sie

- [Datei/Neu] und in der rechts erscheinenden Menüleiste die Option *Leere Arbeitsmappe* wählen oder
- Klick auf ⬜ in der Standard-Symbolleiste → leeres Dateifenster erscheint

c) Schließen

In EXCEL 2003 können mehrere Dateien gleichzeitig geöffnet und bearbeitet werden. Dabei ist folgendes zu beachten:

- Beim Öffnen einer Datei legt sich das Fenster/Blatt der zuletzt geöffneten Datei auf den „Stapel" der übereinander liegenden Fenster/Blätter.
- Unter dem Menüpunkt *Fenster* sehen Sie eine Liste der aktuell geöffneten Dateien (z.B. *studconsult* und *Mappe2*). Die oben auf dem Stapel liegende Datei ist durch einen Haken gekennzeichnet. Durch Anklicken des Dateinamens können Sie ein anderes Fenster aktivieren, d.h. oben auf den Stapel legen.

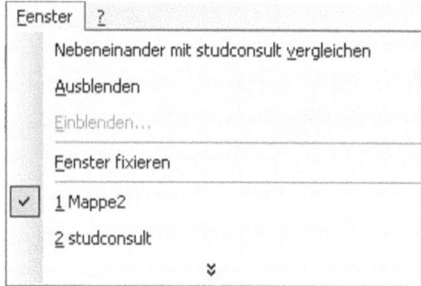

Abbildung 7: Befehlsmenü *Fenster*

- Geöffnete Dateien befinden sich im Arbeitsspeicher. Wenn Sie zu viele Dateien gleichzeitig öffnen, scheitern Sie beim Versuch, eine weitere Datei zu öffnen, u.U. an den Grenzen des Arbeitsspeichers. Sie müssen in diesem Fall Dateien aus dem Arbeitsspeicher entfernen, d.h. beispielsweise folgendermaßen schließen: [Datei/Schließen] auswählen
- Wenn alle Dateien geschlossen sind, erscheint eine leere Arbeitsfläche mit dem Datei-Menü.

Unterschied zwischen Speichern und Schließen

- Beim Speichern wird die Datei auf den permanenten Datenträger (Festplatte oder Diskette) geschrieben; sie bleibt jedoch weiterhin im Arbeitsspeicher.
- Beim Schließen wird die Datei aus dem Arbeitsspeicher entfernt. Falls Sie an der Datei Veränderungen vorgenommen haben, werden Sie beim Schließen gefragt, ob Sie die Veränderungen speichern möchten.

Aufgabe

Öffnen Sie zusätzlich zur bereits geöffneten Datei *studconsult.xls*[8] eine neue Arbeitsmappe. Gehen Sie in das Menü *Fenster* und wechseln Sie zwischen den Fenstern der beiden Arbeitsmappen. Schließen Sie die leere Arbeitsmappe.

6.2.5 Verwalten von Arbeitsmappen und Arbeitsblättern

Eine Arbeitsmappe kann aus mehreren Arbeitsblättern bestehen. Das bedeutet, dass sich ein Themen- oder Arbeitsbereich (z.B. Einnahmen und Ausgaben einer Firma, die in den jeweiligen Arbeitsblättern nach Monaten ausgewertet werden[9]) gut in einer Arbeitsmappe verwalten lässt. Wenn Sie einen neuen Themenbereich beginnen, legen Sie eine neue Mappe an, die ihrerseits wieder aus unterschiedlichen Blättern bestehen kann.

Die Arbeitsblätter sind durch beschriftete Registerkarten am unteren Rand des Arbeitsblattes gekennzeichnet. Das geöffnete Arbeitsblatt ist hierbei im Register hell unterlegt. Zum Öffnen eines Blattes klicken Sie auf die entsprechende Registerkarte im Arbeitsblattregister.

Im Fall der Unternehmensberatung StudConsult wurde eine Arbeitsmappe *projekt.xls* angelegt. In den jeweiligen Arbeitsblättern finden Sie genauere Daten zu den durchgeführten Projekten. Im Arbeitsblatt *Alle* ist eine Liste aller Projekte vorhanden, in den weiteren Arbeitsblättern (z.B. *Bodiweb*, *Schiemdata* usw.) wurden die jeweiligen Budgetaufteilungen der Projekte vermerkt.

---

[8] In diesem Buch arbeiten Sie mit den Übungsdateien *studconsult.xls* und *projekt.xls*. Diese Dateien sind eine gekürzte Version der Musterdateien *studconsult_fremd.xls* und *projekt_fremd.xls*, die Sie in der WWW-Ergänzung zu diesem Buch finden.

[9] Beispielsweise ein Arbeitsblatt für die Einnahmen und Ausgaben im Januar, ein zweites Arbeitsblatt für die Einnahmen und Ausgaben im Februar usw.

	A	B	C	D	E
1	Projektnr.	Kurzname	Vergütung	Projektkosten	
2	1	Bodiweb	2.500.000 €	1.650.000 €	
3	2	Schiemdata	3.500.000 €	2.050.000 €	
4	3	Gbmwork	1.250.000 €	850.000 €	
5	4	Riemweb	650.000 €	500.000 €	
6	5	Schiemweb	850.000 €	750.000 €	
7					
8					
9					
10					
11					
12					
13					
14					
15					
16					

⧏ ⧎ ⧐ ⧑ \ **Alle** / Bodiweb / Schiemdata / Gbmwork / Riemweb / Schiemweb / Gesamt / B

Abbildung 8: Arbeitsblatt *Alle* in der Arbeitsmappe *projekt.xls*

	A	B	C
1	Projektbudget		
2			
3	Personal	925.000 €	
4	EDV	275.000 €	
5	Reisekosten	115.000 €	
6	Unterbringung	285.000 €	
7	Sonstige Mittel	50.000 €	
8			
9	Summe	1.650.000 €	
10			

⧏ ⧎ ⧐ ⧑ \ Alle \ **Bodiweb** / Schiemdata / Gbmwork / R

Abbildung 9: Arbeitsblatt *Bodiweb* in der Arbeitsmappe *projekt.xls*

	A	B	C
1	Projektbudget		
2			
3	Personal	1.130.000 €	
4	EDV	435.000 €	
5	Reisekosten	160.000 €	
6	Unterbringung	260.000 €	
7	Sonstige Mittel	65.000 €	
8			
9	Summe	2.050.000 €	
10			

⧏ ⧎ ⧐ ⧑ \ Alle / Bodiweb \ **Schiemdata** / Gbmwork / R

Abbildung 10: Arbeitsblatt *Schiemdata* in der Arbeitsmappe *projekt.xls*

Das Arbeiten mit mehreren Arbeitsblättern innerhalb einer Arbeitsmappe bietet mehrere Vorteile:
- Zum Öffnen inhaltlich zusammenhängender Arbeitsblätter muss nicht jedes Mal eine eigene Datei geöffnet werden. Zwischen den verschiedenen Blättern kann einfach per Mausklick gewechselt werden. Das ist wesentlich bequemer und schneller als das Arbeiten mit verschiedenen Arbeitsmappen.
- Bestimmte Operationen (z.B. Eingabe von Daten) können für mehrere Arbeitsblätter gleichzeitig durchgeführt werden. Eine einheitliche Tabellenstruktur kann beispielsweise gleichzeitig für mehrere Arbeitsblätter eingegeben werden.

Das Blattregister bietet Ihnen verschiedene Möglichkeiten zum Arbeiten mit den Arbeitsblättern:

Bewegen im Blattregister
- Durch Anklicken des Blattnamens im Blattregister können Sie ein bestimmtes Arbeitsblatt aktivieren.
- Mit den Steuerdreiecken links neben dem Blattregister können Sie sich zwischen den Blättern der Mappe bewegen.
    o Mit ◄► bewegen Sie sich blattweise nach links bzw. rechts.
    o Mit ◄ wechseln Sie zum ersten Blatt des Blattregisters.
    o Mit ► wechseln Sie zum letzten Blatt des Blattregisters.

Mehrere Blätter markieren
Sie können im Blattregister mehrere Arbeitsblätter gleichzeitig markieren. Das ist notwendig, wenn man mehrere Blätter gleichzeitig bearbeiten möchte (z.B. gemeinsame Dateneingaben, Formatierungen oder gleichzeitiges Löschen). Sie können dabei folgendermaßen vorgehen:
- nebeneinander liegende Blätter markieren
    o erstes Blatt markieren (anklicken)
    o [Shift] drücken und gedrückt halten
    o letztes Blatt markieren (anklicken)
- nicht nebeneinander liegende Blätter markieren
    o erstes Blatt markieren
    o [Strg] drücken und gedrückt halten
- zu markierende Blätter einzeln anklicken

Zum Aufheben der Markierung klicken Sie mit der Maus auf ein nicht markiertes Arbeitsblatt.

Blätter löschen

- zu löschende Blätter markieren
- [*Bearbeiten/Blatt löschen*]

Blätter umbenennen

- umzubenennendes Blatt markieren
- [*Format/Blatt/Umbenennen*] wählen
- neuen Namen eingeben

Blätter mit der Maus kopieren/verschieben[10]

Wenn Sie beispielsweise die Tabellenstruktur eines Arbeitsblattes in einem neuen Arbeitsblatt übernehmen wollen, ist es sinnvoll, eine Kopie des beschriebenen Arbeitsblattes zu erstellen. In der Kopie des Arbeitsblattes müssen Sie die Tabellenstruktur nicht mehr neu eingeben und brauchen ggf. nur noch die Daten zu ändern. Sie gehen dazu folgendermaßen vor:

- zu kopierende/zu verschiebende Blätter markieren
- verschieben: Register mit gedrückter Maustaste an neue Position ziehen
- kopieren: [*Strg*] drücken und gedrückt halten und Register mit der Maus an die neue Position ziehen (dann zuerst Maustaste loslassen, anschließend die [*Strg*]-Taste)

Einfügen weiterer Arbeitsblätter

Standardmäßig bietet EXCEL drei Arbeitsblätter in einer Arbeitsmappe an. Wenn Sie zusätzliche Arbeitsblätter benötigen, fügen Sie einfach Arbeitsblätter ein. Hierzu gehen Sie wie folgt vor:

- das Blatt, neben dem das neue Arbeitsblatt eingefügt werden soll, anklicken
- Menüpunkt [*Einfügen/Tabellenblatt*] wählen

Hinweis

Sie können die meisten Befehle zu Arbeitsblättern auch über das zugehörige *Kontextmenü*[11] aufrufen. Zum Öffnen des Kontextmenüs klicken Sie im Blattregister einmal mit der rechten Maustaste. Ebenso können Sie in anderen Kontexten, z.B. bei einer Zelle, ein entsprechendes Kontextmenü aufrufen.

---

[10] Alternativ zur Maus kann der Menüpunkt [*Bearbeiten/Blatt verschieben/kopieren*] verwendet werden.
[11] Vgl. zum Kontextmenü den Exkurs zur Mausbedienung in Kapitel 3.1.

Aufgabe

- Öffnen Sie eine neue Arbeitsmappe und speichern Sie diese mit dem Namen *projekt.xls* auf Ihrer Festplatte unter *c:\edv\excel* ab.
- Benennen Sie das erste Arbeitsblatt in *Alle* und das zweite Arbeitsblatt in *Bodiweb* um.
- Geben Sie die Daten der Abbildung 8 und der Abbildung 9 in die jeweiligen Arbeitsblätter ein.
- Erstellen Sie eine Kopie des Arbeitsblattes *Bodiweb* und benennen Sie die Kopie in *Schiemdata* um.
- Ersetzen Sie die kopierten Budgetzahlen in dem Arbeitsblatt *Schiemdata* durch die richtigen Zahlen aus Abbildung 10.
- Speichern und schließen Sie die Arbeitsmappe *projekt.xls*.

6.2.6 Einfache Formeln

Um in EXCEL Berechnungen durchzuführen, benötigen Sie Formeln. Formeln sind Rechenanweisungen. Sie werden in diejenigen Zellen eingegeben, die das Ergebnis der Formel enthalten sollen.

Abbildung 11: Formel zum Subtrahieren von Zahlen

Damit Formeln in EXCEL als solche erkannt werden, müssen sie mit einem Gleichheitszeichen beginnen. Danach können Sie - wie aus der Mathematik bekannt[12] - mit den entsprechenden Rechenoperatoren eingegeben werden. Nachdem Sie die Eingabe der Formel bestätigt haben, wird das Ergebnis in der Zelle angezeigt.

---

[12] Auch in EXCEL gilt z.B. Punkt- vor Strichrechnung. Ebenso können Sie Klammern in Ihren Formeln verwenden.

Die wichtigsten Rechenoperatoren[13] sind in der nachfolgenden Tabelle zusammengefasst.

Operator	Funktion
+	Addition
-	Differenz
*	Produkt
/	Division
^	Potenz

Abbildung 12: Rechenoperatoren

Der eigentliche Sinn der Formeln ergibt sich jedoch erst, wenn in den Formeln auf die *Inhalte* anderer Zellen Bezug genommen wird: Es stehen dann nicht mehr die konkreten Zellinhalte (z.B. Zahlen) in der Formel, sondern die Adressen der Zellen, auf die Bezug genommen wird. Diese Adressen heißen *Zellbezüge*.

Beispiel: Berechnung des Projektgewinnes aus Vergütung und Projektkosten

	A	B	C	D	E
1	Projektnr.	Kurzname	Vergütung	Projektkosten	Projektgewinn
2	1	Bodiweb	2.500.000 €	1.650.000 €	850.000 €
3	2	Schiemdata	3.500.000 €	2.050.000 €	
4	3	Gbmwork	1.250.000 €	850.000 €	
5	4	Riemweb	650.000 €	500.000 €	
6	5	Schiemweb	850.000 €	755.000 €	
7					

E2 f_x =C2-D2

Abbildung 13: Formel mit Zellbezügen

In Abbildung 13 wird in Zelle E2 der Projektgewinn aus der Differenz von *Vergütung* und *Projektkosten* berechnet. In der Formel der Zelle E2 wird vom Wert der Zelle C2 (Vergütung) der Wert der Zelle D2 (Projektkosten) abgezogen. In der Formel *=C2-D2* werden also keine konkreten Zahlenwerte verwendet, sondern die Zellbezüge der Zellen, in denen die Vergütungs- bzw. Projektkostenwerte stehen. Die Verwendung von Zellbezügen hat den Vorteil, dass Sie bei einer Änderung eines Wertes nicht die Formeln ändern müssen, in denen dieser Wert

---

[13] Die Rechenoperatoren können Sie einfach mit den entsprechenden Tasten der Tastatur eintippen.

vorkommt. Wenn Sie z.B. die Werte in den Zellen C2 oder D2 ändern, passt sich das Ergebnis in E2 automatisch an. Es handelt sich deshalb um so genannte dynamische Berechnungen.

Vorgehen beim Eingeben von Formeln mit Zellbezügen

- Zelle, in die die Formel eingetragen werden soll, anklicken
- Formel vollständig manuell mit der Tastatur eingeben (d.h. *=C2-D2* eintippen)

oder

- Formel zum Teil im Zeigemodus mit Hilfe der Maus eingeben
    o [=] eingeben
    o mit der Maus auf die erste Zelle, auf die Bezug genommen werden soll, (d.h. auf C2) klicken → Zelladresse erscheint an der Cursorposition
    o mit der Tastatur den Rechenoperator eingeben (d.h. [-])
    o mit der Maus auf die nächste Zelle, auf die Bezug genommen werden soll, (d.h. auf D2) klicken → Zelladresse erscheint an der Cursorposition

Nachdem Sie die Formel eingegeben haben, bestätigen Sie die Formeleingabe mit *[Return]*. Die Eingabe von Formeln mit Zellbezügen kann nicht mit den Cursortasten oder einem Mausklick in eine andere Zelle bestätigt werden.

Aufgabe

- Öffnen Sie in Ihrer Datei *projekt.xls* das Arbeitsblatt *Alle*.
- Fügen Sie an die Tabelle eine neue Spalte *Projektgewinn* an.
- Geben Sie anschließend in die Zelle E2 die Formel *=C2-D2* zur Berechnung des Projektgewinns ein. Ändern Sie den Wert der Vergütung für das Projekt *Bodiweb* auf 2.800.000 € ab und beobachten Sie, was in Zelle E2 passiert.
- Berechnen Sie in der Zelle C7 die durchschnittliche Vergütung der Projekte. Geben Sie dazu die Formel *=(C2+C3+C4+C5+C6)/5* ein.

Frage

Was passiert, wenn Sie im Arbeitsblatt *Projekt* in die Zelle E1 die Formel *=C1-D1* eingeben?[14]

Hinweis

Wenn Sie die Tasten *[Strg]*+*[#]* gleichzeitig drücken, sehen Sie in Ihrem Arbeitsblatt nicht mehr die Ergebnisse der Formeln, sondern die Formeln selbst. Das kann z.B. bei einer Fehlersuche hilfreich sein. Mit einem nochmaligen Drücken der Tastenkombination stellen Sie diese Ansicht wieder zurück.

---

[14] Es erscheint in der Zelle E1 die Fehlermeldung *#WERT!*. Der Grund liegt darin, dass in den Zellen C1 bzw. D1 keine Zahlen stehen, sondern Texte. Formeln können aber nur mit Zahlen Ergebnisse berechnen. Vgl. Kapitel 6.2.11.

6.2.7 Summenfunktion

In EXCEL gibt es eine Vielzahl von Funktionen, mit denen zum Teil sehr komplexe Rechenoperationen durchgeführt werden können. Die einfachste und am bequemsten einzugebende Funktion ist die *Summenfunktion*.

	A	B	C	D
1	Projektnr.	Kurzname	Vergütung	Projektkosten
2	1	Bodiweb	2500000	1650000
3	2	Schiemdata	3500000	2050000
4	3	Gbmwork	1250000	850000
5	4	Riemweb	650000	500000
6	5	Schiemweb	850000	1510000
7			=SUMME(C2:C6)	
8				

Abbildung 14: Summenfunktion

Mit der Summenfunktion können mehrere Zahlen auf einmal addiert werden, d.h. *=SUMME(C2:C6)* steht analog für *=C2+C3+C4+C5+C6*. Die allgemeine Form der Summenfunktion lautet *SUMME(Argumente)*.

Funktionen sind Namen für Rechenvorschriften/Formeln (z.B. Werte in den Zellen addieren). Diese Formeln wurden von den EXCEL-Systemprogrammierern in allgemeiner Form eingegeben und mit einem Namen (z.B. SUMME) versehen. Funktionen werden generell mit den in Klammern stehenden Argumenten durchgeführt (z.B. C2 bis C6).

Bei der Summenfunktion schlägt EXCEL zunächst einen Bereich für die Aufzusummierenden Zellen vor. Zellbereiche werden gebildet, indem die erste und letzte Zelle eines Zellbereiches angegeben und durch einen *Doppelpunkt* getrennt werden. Die weiteren Zellen innerhalb des Summenbereiches sind nicht mehr angegeben, z.B. SUMME(C1:C6).

Die zugrunde liegenden Werte können in den Klammern auch *einzeln* stehen. Werden die Werte in der Klammer der Funktion einzeln genannt, müssen sie durch ein „Strichpunkt" getrennt werden, z.B. SUMME(C1;C2;C3;C4;C5;C6). Beide Darstellungsformen - Bereichs- und Einzelangabe -, können in der Funktion auch gemischt werden, z.B. SUMME (C1:C3;C4;C5;C6).

Tabellenkalkulation mit Excel 223

	A	B	C	D
1	Projektnr.	Kurzname	Vergütung	Projektkosten
2	1	Bodiweb	2500000	1650000
3	2	Schiemdata	3500000	2050000
4	3	Gbmwork	1250000	850000
5	4	Riemweb	650000	500000
6	5	Schiemweb	850000	1510000
7			=SUMME(C2:C6)	=SUMME(D2;D3;D4;D5;D6)
8				

Abbildung 15: Summenfunktion mit Zellbereich und einzelnen Werten

Vorgehen bei der Eingabe der Summenfunktion

- Zelle, in die Summenfunktion eingetragen werden soll, anklicken
- auf Σ in der Standard-Symbolleiste klicken → Summenformel wird automatisch für den angrenzenden Zellbereich vorgeschlagen
- falls der gekennzeichnete Bereich korrekt ist, Eingabe mit [*Return*] bestätigen
- Falls der gekennzeichnete Bereich nicht korrekt ist, kann er umdefiniert werden. Dazu können Sie mit der gedrückten linken Maustaste über einen beliebigen Zellbereich ziehen. Dieser Bereich wird dann mit einer bewegten gestrichelten Linie gekennzeichnet. Anschließend bestätigen Sie die Eingabe der Funktion durch [*Return*].

	A	B	C	D
1	Projektnr.	Kurzname	Vergütung	Projektkosten
2	1	Bodiweb	2500000	1650000
3	2	Schiemdata	3500000	2050000
4	3	Gbmwork	1250000	850000
5	4	Riemweb	650000	500000
6	5	Schiemweb	850000	1510000
7				
8				
9	=SUMME(C2:C6)			
10				

Abbildung 16: Summenformel mit frei gewähltem Summenbereich

Die Summenfunktion kann als einzige über ein eigenes Symbol aufgerufen werden. Andere Funktionen lassen sich über den Funktionsassistenten eingeben.[15]

Nutzen von Funktionen

Der Nutzen der Funktionen liegt zum einen darin, dass sie bequemer eingegeben werden können als die zugehörige Rechenvorschrift. Zum anderen brauchen dem Anwender die hinter den Funktionen stehenden Rechenregeln nicht bekannt zu sein. Bei der Summenfunktion ist die Rechenvorschrift noch leicht ersichtlich; bei komplexeren Funktionen kann man sie jedoch häufig schwer erkennen (z.B. bei Zinseszinsberechnungen).

---

[15] Vgl. Kapitel 6.3.3.

Aufgabe

Öffnen Sie das Arbeitsblatt *Projekt* Ihrer Datei *c:\edv\excel\projekt.xls*. Geben Sie in den Zellen C7 und D7 die Summenfunktion zur Berechnung der Summe der Vergütungen und der Projektkosten ein.

6.2.8 Effizientes Eingeben

In diesem Kapitel werden mehrere Möglichkeiten aufgezeigt, mit denen das Eingeben effizienter wird. Diese „Ökonomisierung" des Eingebens ist vor allem interessant, wenn

- in mehreren Zellen dieselben Inhalte benötigt werden oder
- die Zellinhalte nach einer bestimmten Regel gebildet werden können.

6.2.8.1 Verschieben und Kopieren

Eine wichtige Möglichkeit, das Eingeben von Werten[16] zu erleichtern, stellt das Verschieben und Kopieren von bereits eingegebenen Werten dar.

Prinzipieller Unterschied zwischen Kopieren und Verschieben

Beim Kopieren werden Zellinhalte von der alten Position zu einer neuen Position kopiert, d.h. die Zellinhalte sind an der alten und neuen Position vorhanden. Beim Verschieben werden Zellinhalte von der alten Position zu einer neuen Position verschoben, d.h. die Zellinhalte an der alten Position werden dabei gelöscht.

Die folgenden Punkte zeigen Ihnen wesentliche Möglichkeiten, eingegebene Zellinhalte zu verschieben bzw. zu kopieren.

Verschieben und kopieren nach dem Ziehprinzip mit der Maus

Vorgehen beim Verschieben

- die zu verschiebende Zelle bzw. den zu verschiebenden Zellbereich markieren[17]
- den Mauszeiger so auf den Markierungsrahmen setzen, dass er eine Pfeilkreuzform annimmt
- die linke Maustaste drücken (Mauszeiger bekommt eine Pfeilform) und gedrückt halten
- den Markierungsrahmen an die neue Position ziehen
- die Maustaste loslassen

---

[16] Werte sind alle Formen von Zelleingaben (z.B. Zahlen oder Zeichen).
[17] Vgl. zum Markieren Kapitel 6.2.3.

Tabellenkalkulation mit Excel 225

Vorgehen beim Kopieren

- die zu verschiebende Zelle bzw. den zu verschiebenden Zellbereich markieren
- den Mauszeiger auf den rechten unteren Rand des Markierungsrahmens setzen, dass er eine Kreuzform annimmt
- die linke Maustaste drücken und gedrückt halten
- zusätzlich die [*Strg*]-Taste drücken und gedrückt halten → der Pfeil wird um ein kleines Pluszeichen ergänzt
- den Markierungsrahmen an die neue Position ziehen
- zuerst die Maustaste, dann die [*Strg*]-Taste loslassen

Kopieren mit Hilfe des Ausfüllkästchens

Das Ausfüllkästchen ist das kleine Rechteck am rechten unteren Rand der aktiven Zelle bzw. des aktiven Zellbereichs.

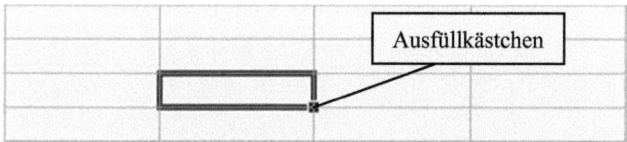

Abbildung 17: Ausfüllkästchen

Wenn Sie den Mauszeiger auf das Ausfüllkästchen setzen, nimmt er die Form eines Kreuzes an. Sie können nun mit Hilfe des Ausfüllkästches die markierten Zellinhalte in benachbarte Zellen kopieren.

Vorgehen

- die zu kopierende Zelle bzw. den zu kopierenden Zellbereich markieren
- den Mauszeiger auf das Ausfüllkästchen setzen
- die linke Maustaste drücken, gedrückt halten und über den mit Kopien auszufüllenden Bereich ziehen
- die Maustaste loslassen

Frage

Auf welche Weise könnten Sie die Zellinhalte noch verschieben bzw. kopieren?[18]

---

[18] Sie können die Zellinhalte auch über die Zwischenablage verschieben oder kopieren. Zum Verschieben müssen Sie hierbei den *Ausschneiden*-Befehl und zum Kopieren den *Kopieren*-Befehl der Zwischenablage verwenden. Sie finden in Kapitel 3.4 einen Exkurs zur Zwischenablage.

6.2.8.2 *Automatisches Erzeugen von Datenreihen*

Das automatische Erzeugen von Datenreihen hilft ebenfalls, beim Arbeiten mit EXCEL Zeit zu sparen. *Datenreihen* sind Reihen, die bestimmten Gesetzmäßigkeiten entsprechen.

Beispiele:
- Mo Di Mi Do Fr
- 8:15 9:15 10:15
- Artikel 1 Artikel 2 Artikel 3
- 3 6 9 12 15

Mit dem Ausfüllkästchen ist es möglich, derartige Datenreihen automatisch zu erzeugen. Die Voraussetzung dafür ist, dass EXCEL das System der Datenreihe erkennt.

Zusammenhang zwischen dem Kopieren und dem Bilden von Datenreihen

Das Kopieren (mit Hilfe des Ausfüllkästchens) und das Bilden von Datenreihen (mit Hilfe des Ausfüllkästchens[19]) erfolgt nach demselben „handwerklichen" Vorgehen. Beim Versuch, mit Hilfe das Ausfüllkästchens zu kopieren, kann es passieren, dass EXCEL nicht kopiert, sondern eine Datenreihe bildet. Das liegt daran, dass EXCEL den Inhalt der markierten Zellen prüft, bevor es kopiert. Wenn sich daraus eine Datenreihe bilden lässt, wird diese gebildet. Wenn nicht, wird kopiert. Das Bildungsgesetz der Datenreihe ist entweder bereits in EXCEL vorprogrammiert (z.B. Mo, Di, ...) oder wird aus den markierten Zellen abgeleitet. In diesem Fall müssen Sie so viele Zellen markieren, dass das Bildungsgesetz für EXCEL erkennbar wird.

Wenn man beim Ziehen des Ausfüllkästchens die [S*trg*]-Taste gedrückt hält, kann folgendes erreicht werden:

- EXCEL kopiert, obwohl eine Reihenbildung möglich wäre.
- EXCEL bildet eine Reihe, wo ansonsten nur kopiert würde.

Das Vorgehen von EXCEL wird sozusagen umgekehrt.

---

[19] Datenreihen können auch über [*Bearbeiten/Ausfüllen/Reihe*] gebildet werden.

Tabellenkalkulation mit Excel

Aufgabe

Bilden Sie aus folgender Ausgangsposition

	A	B	C	D
1	1	1	2	2
2			4	4
3				
4				

mit Hilfe des Ausfüllkästchens folgende Kopien/Datenreihen

	A	B	C	D
1	1	1	2	2
2	1	2	4	4
3	1	3	6	2
4	1	4	8	4
5				

.

Aufgabe

Wechseln Sie in ein neues Arbeitsblatt Ihrer Arbeitsmappe *studconsult.xls*. Nennen Sie das Arbeitsblatt *Beratung* und geben Sie die nachfolgend abgebildete Tabelle ein. Gehen Sie dabei möglichst ökonomisch vor, indem Sie die Kopierfunktion und das automatische Bilden von Datenreihen nutzen.

	A	B	C	D	E	F	G
1	Beratungsstunden						
2							
3	Projekt	Bodiweb					
4							
5		Januar	Februar	März	April	Mai	Juni
6	Brauer	28	44	24	16	0	0
7	Gruber	0	0	0	0	0	0
8	Löffel	0	0	0	0	0	0
9	Oldenbach	72	48	54	32	0	0
10	Sinnlein	36	34	42	10	0	0
11							
12							
13	Projekt	Schiemdata					
14							
15		Januar	Februar	März	April	Mai	Juni
16	Brauer	0	0	0	0	21	45
17	Gruber	0	0	0	0	0	0
18	Löffel	0	0	14	28	35	35
19	Oldenbach	0	0	0	0	0	0
20	Sinnlein	0	0	0	18	24	47

Abbildung 18: Arbeitsblatt *Beratung*

6.2.9 Ändern von Spaltenbreite und Zeilenhöhe

Ein Anpassen der Spaltenbreite ist oft erforderlich, wenn beispielsweise die vorgegebene Spaltenbreite zu schmal ist, um den gesamten Zellinhalt anzuzeigen.

a) Verhalten von EXCEL bei zu breitem Zellinhalt

Falls der Zellinhalt zu breit ist, um in der vorgesehenen Spaltenbreite angezeigt zu werden, verändert EXCEL häufig die Darstellung der Inhalte. Das Verhalten ist jedoch abhängig vom eingegebenen Datentyp:[20]

- *Numerische Werte*
  Bei numerischen Werten ändert sich die Darstellung, falls die Zahl für die Spalte zu breit ist. Intern bleibt die Zahl gespeichert, d.h. es folgen aus einer zu schmalen Spalte keine Rechenfehler. Zunächst werden nur die Dezimalstellen weggelassen. Bei sehr großen Zahlen geht EXCEL zur Platz sparenden Exponentialschreibweise (z.B. 1E+12 anstelle von 1.000.000.000.000) über. Meistens erscheinen die so genannten Gartenzäune (####). Die Darstellungsart der numerischen Werte ist abhängig von der Zahlenformatierung[21]. Die Gartenzäune kommen z.B. , wenn die Zelle als *Zahl*[22] formatiert ist.

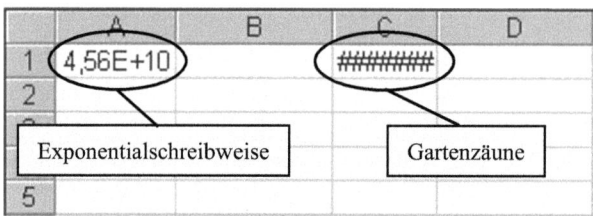

Abbildung 19: Darstellung numerischer Werte bei zu schmaler Spaltenbreite

- *Zeichenfolgen*
  Zeichenfolgen werden bei der Eingabe vollständig angezeigt. Nach der Eingabe werden zu lange Teile nicht mehr angezeigt, wenn die Zelle daneben einen Zellinhalt enthält. Die Zeichenfolge wird in diesem Fall durch die rechte Zellbegrenzung einfach abgeschnitten.

---

[20] Datentypen in Excel:
- *Numerische Werte* sind Zahlen (z.B. auch Datums- und Zeitangaben).
- *Zeichenfolgen* sind Daten, mit denen nicht gerechnet wird (z.B. Texte).

Wenn eine Zahl als Zeichenfolge angesehen werden soll, kann man ihr beispielsweise ein einfaches Anführungszeichen voranstellen (z.B. bei Artikelnummern).

[21] Vgl. zur Zahlenformatierung Kapitel 6.2.11.

[22] Andere Zahlenformatierungen sind z.B. Währung, Prozent oder Datum.

b) Lösungsmöglichkeiten bei zu breitem Zellinhalt

Bei zu breiten Zellinhalten gibt es die im Folgenden skizzierten Möglichkeiten, die Zellinhalte dennoch vollständig darzustellen.

Einfügen eines Zeilenumbruches innerhalb einer Zelle

Sie haben die Möglichkeit, in der Zelle einen manuellen Zeilenwechsel (Zeilenumbruch) einzufügen.

Vorgehen

- Zeilenumbruch manuell setzen
    - Cursor an die gewünschte Position setzen
    - [*Alt*]+[*Return*] gleichzeitig drücken
- Zeilenumbruch automatisch von EXCEL vornehmen lassen
    - Zellen markieren
    - [*Format/Zellen*] wählen
    - Registerkarte *Ausrichtung* anklicken
- Option *Zeilenumbruch* aktivieren

Sie entfernen den Zeilenumbruch wieder, indem Sie bei [*Format/Zellen*] im Register *Ausrichtung* die Option *Zeilenumbruch* deaktivieren.

Verändern der Spaltenbreite

Sie können die Breite der Spalte verändern und somit die Spaltenbreite der Länge des Zellinhaltes anpassen.

Vorgehen

- Verändern der Spaltenbreite im Arbeitsblatt
    - Den Mauszeiger in der Spaltenkopfleiste auf die Begrenzungslinie für die Spalten setzen. → Der Mauszeiger verwandelt sich in einen Doppelpfeil.
    - Die linke Maustaste drücken, gedrückt halten und in die gewünschte Richtung ziehen → Die Breite der entsprechenden Spalte wird geändert.
- Verändern der Spaltenbreite über das Menü
    - Die Spalte(n), deren Breite geändert werden soll, markieren.

o   [*Format/Spalte*] → Untermenü für Spalteneinstellungen erscheint

Format	Extras	Daten	Fenster		
Zellen...		Strg+1			
Zeile			▶		
Spalte			▶	↔	Breite...
Blatt			▶		Optimale Breite festlegen
AutoFormat...					Ausblenden
Bedingte Formatierung...					Einblenden
Formatvorlage...					Standardbreite...

Abbildung 20: Untermenü *Spalte*

o   *Optimale Breite bestimmen* → Markierte Spalte(n) werden auf die für den gegenwärtigen Inhalt optimale Breite gesetzt. (Alternativ können Sie einen Doppelklick auf die Spaltenbegrenzungslinie im Spaltenkopf vornehmen.) Die Meßlatte für die optimale Breite ist der längste Eintrag in der jeweiligen Spalte. Das Setzen auf die optimale Breite muss bei verändertem Inhalt wiederholt werden.

• Der Menüpunkt *Breite* ermöglicht es, manuell einen Wert für die Breite der markierten Spalten einzugeben; dieser Befehl ist beispielsweise dann angebracht, wenn mehrere Spalten die gleiche Breite haben sollen.

Hinweis

Analog zum Verändern der Spaltenbreite können Sie mit [*Format/Zeile*] oder mit der Maus in der Zeilenkopfleiste die *Zeilenhöhe* verändern. Die Zeilenhöhe muss allerdings erfahrungsgemäß nicht so oft geändert werden, da sich die Zeilenhöhe automatisch an größere Schriftgrade[23] und Zeilenumbrüche anpasst.

6.2.10 Löschen und Einfügen von Zellen

Sie können in den Arbeitsblättern neue Zellen (z.B. Spalten oder Zeilen) einfügen, falls Sie nachträglich Platz brauchen. Ebenso können Sie Zellen löschen, wenn Sie beim Aufbau der Tabellen zu viele Zellen unbenutzt gelassen haben bzw. benutzte Zellen nicht mehr benötigen. Hierbei ist das Löschen von Zellen vom Löschen von Zellinhalten zu unterscheiden. Beim Löschen von Zellen verschwindet die ganze Zelle und die benachbarten Zellen rutschen in die Lücke nach. Beim Löschen von Zellinhalten bleibt die geleerte Zelle weiterhin erhalten.[24]

---

[23] Der Schriftgrad gibt die Größe der Schrift an.
[24] Vgl. zum Löschen von Zellinhalten 6.2.2.

Löschen von Zeilen oder Spalten

- zu löschende Zeile(n) oder Spalte(n) markieren
- [*Bearbeiten/Zellen löschen*] wählen → markierte Zeile(n)/Spalte(n) sind gelöscht

Löschen von einzelnen Zellen oder Zellbereichen

Das Löschen von einzelnen Zellen ist sinnvoll, wenn man z.B. beim Eingeben von Werten in eine Spalte einen Wert doppelt eingegeben hat. Dies hat zur Folge, dass alle nach dem doppelt eingegebenen Zellinhalt folgenden Werte eine Zelle zu tief stehen.

Das Löschen können sie folgendermaßen durchführen:

- die zu löschende Zelle(n) markieren
- [*Bearbeiten/Zellen löschen*] wählen → das Dialogfenster *Zellen löschen* erscheint

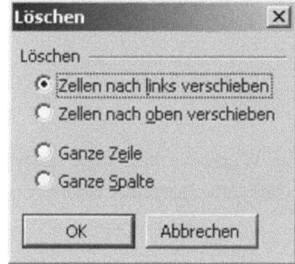

Abbildung 21: Dialogfenster zum Löschen von Zellen

- anklicken, ob die verbleibenden Zellen nach links oder nach oben rücken sollen
- mit *OK* bestätigen

Einfügen von Zeilen/Spalten

- Zeile, *oberhalb derer* eine Zeile eingefügt werden soll, markieren bzw.
- Spalte, *auf deren linker Seite* eine Spalte eingefügt werden soll, markieren
- [*Einfügen/Zeilen*] bzw. [*Einfügen/Spalten*] wählen

Einfügen von einzelnen Zellen

Das Einfügen einzelner Zellen ist sinnvoll, wenn man z.B. Werte in eine Spalte eingibt und einen Wert vergessen hat. Dies hat zur Folge, dass alle nach dem vergessenen Wert eingegebenen Werte eine Zelle zu hoch stehen.

Zum Einfügen einzelner Zellen sind folgende Schritte nötig:

- die Zelle oberhalb derer bzw. links von der eine Zelle eingefügt werden soll, markieren
- [*Einfügen/Zellen*] wählen → das Dialogfenster *Zellen einfügen* erscheint

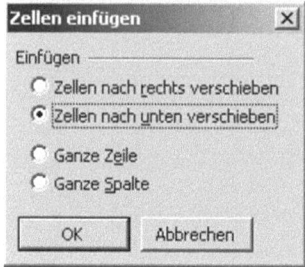

Abbildung 22: Dialogfenster *Zellen einfügen*

- anklicken, ob die verbleibenden Zellen nach rechts oder nach unten geschoben werden sollen
- mit *OK* bestätigen

Frage

Wie könnten Sie das oben skizzierte Problem (alle Werte stehen eine Zelle zu hoch, wenn Sie die Eingabe eines Wertes vergessen haben) alternativ lösen?[25]

Hinweis

Falls Sie Zellen versehentlich gelöscht haben, können Sie den Löschbefehl wieder rückgängig machen. Zum Rückgängig machen von Befehlen können Sie generell folgendermaßen Vorgehen

Befehle rückgängig machen

- [*Bearbeiten/Rückgängig*] oder ↩ macht den zuletzt ausgeführten Befehl rückgängig.
- Erneutes [*Bearbeiten/Rückgängig*] oder ↩ macht den „zuvorletzt" ausgeführten Befehl rückgängig usw.

Auf diese Weise können Sie die meisten Befehle rückgängig machen.[26]

---

[25] Indem Sie alle eingegebenen Werte der Spalte markieren und eine Zelle nach unten verschieben.
[26] Nicht rückgängig gemacht werden können Festplattenaktionen - z.B. speichern.

Tabellenkalkulation mit Excel

Aufgabe

Wechseln Sie in ein neues Arbeitsblatt Ihrer Arbeitsmappe *projekt.xls*. Nennen Sie das Arbeitsblatt *Budget* und geben Sie die folgende Tabellenstruktur ein:

	A	B	C	D	E
1	Projektbudgets				
2			Projekte		
3		Bodiweb	Schiemdata		Gbmwork
4	Personal				
5	EDV				
6	Reisekosten				
7	Sonstige Mittel				
8					

Abbildung 23: Entwurf der Tabelle *Projektbudgets*

Fügen Sie in diese Tabelle Zeilen und Zellen ein bzw. löschen Sie Zellen und ergänzen Sie die Tabelle so, dass Sie folgende Tabellenstruktur erhalten:

	A	B	C	D
1	Projektbudgets			
2				
3			Projekte	
4		Bodiweb	Schiemdata	Gbmwork
5	Personal			
6	EDV			
7	Reisekosten			
8	Unterbringung			
9	Sonstige Mittel			
10				

Abbildung 24: Überarbeitete Tabelle *Projektbudgets*

6.2.11 Gestalten von Arbeitsblättern

EXCEL bietet eine Reihe von Möglichkeiten, die eingegebenen Tabellen auf den Arbeitsblättern zu formatieren, d.h. optisch zu gestalten. Die Formatierungsmöglichkeiten beziehen sich im Wesentlichen auf das Aussehen der Zellinhalte.

Die wesentlichen Fragen im Zusammenhang mit der Gestaltung von Tabellen lauten:
a) Wie werden die Zahlen dargestellt?
b) Wie werden die Zellinhalte ausgerichtet?
c) Wie sieht die Schrift aus?
d) Sollen bestimmte Zellen/Zellblöcke durch Rahmen/Linien hervorgehoben werden?

Die gewünschten Formateinstellungen zu den Zellen können über den Menüpunkt [*Format/Zelle*] oder über das Kontextmenü mit *Zellen formatieren* vorgenommen werden. Die wesentlichen Formatierungsbefehle kann man auch direkt über die Formatierungssymbolleiste aktivieren.

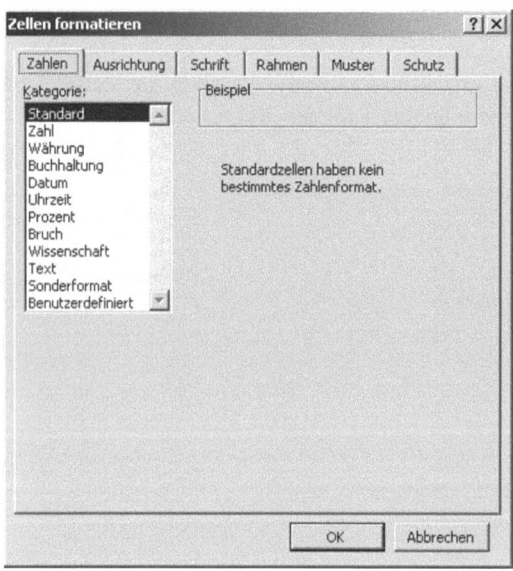

Abbildung 25: Dialogfenster *Zellen*

Grundsätzliches Vorgehen beim Formatieren

- zu formatierende Zelle(n) markieren
- Formatierungsmerkmale in der entsprechenden Registerkarte (z.B. *Zahlen*) des Dialogfensters *Zellen* oder über die Formatierungssymbolleiste einstellen
- Die Formatierungsmerkmale können vor oder nach der Eingabe der Daten eingestellt werden.

a) Zahlenformat wählen

Das Zahlenformat bestimmt die Art und Weise der Darstellung von Zahlen auf dem Bildschirm. Die Darstellung kann von der Eingabe abweichen (z.B. Währungszahlen werden ohne € eingegeben, aber mit € angezeigt). Dies bringt Arbeitserleichterungen bei der Eingabe mit sich. Die Formatierungseinstellungen können im Dialogfenster *Zellen* über die Registerkarte *Zahlen* vorgenommen werden. Dort sind die Zahlenformate in verschiedene Kategorien (z.B. Währung, Prozent) aufgeteilt.

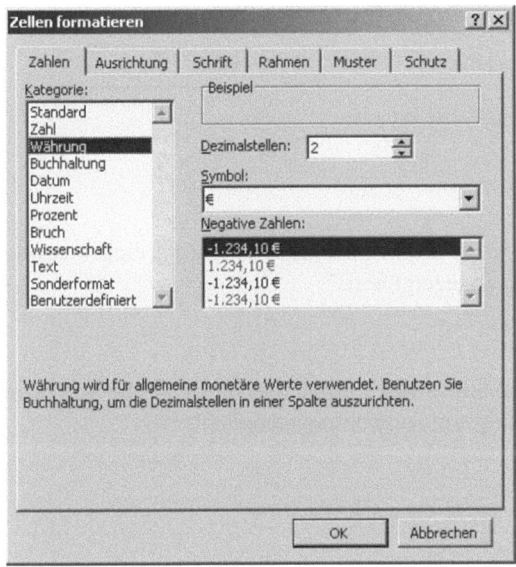

Abbildung 26: Dialogfenster *Zellen*, Registerkarte *Zahlen*, Kategorie *Währung*

Die wesentlichen Zahlenformatierungen kann man auch über die Formatierungssymbolleiste einstellen. Die folgende Tabelle gibt Ihnen einen Überblick über die wichtigsten Zahlenformatierungen und zeigt Ihnen, wie Sie diese einstellen können.

Eingabe	Anzeige	Einstellung unter [Format/Zelle], Registerkarte Zahlen	Einstellung in Formatierungssymbolleiste
3000	3000	Kategorie Standard	
3000	3.000,00	Kategorie Zahl Dezimalstellen 2 und 1000er-Trennzeichen verwenden.	000 ←,0 ,00 ,00 →,0
3000	3.000,00 €	Kategorie Währung; Dezimalstellen 2 und Symbol €	€
0,03	3%	Kategorie Prozent; Dezimalstellen 0	%

Abbildung 27: Wesentliche Zahlenformateinstellungen

Frage

Worin kann die Ursache liegen, wenn Sie in eine Zelle eine Zahl eingeben und Ihnen nach der Eingabe ein Datum angezeigt wird?[27]

b) Ausrichtung wählen

Die Ausrichtung legt die Positionierung des Zellinhaltes in der Zelle fest. Die folgende Abbildung zeigt die wichtigsten Ausrichtungsmöglichkeiten.

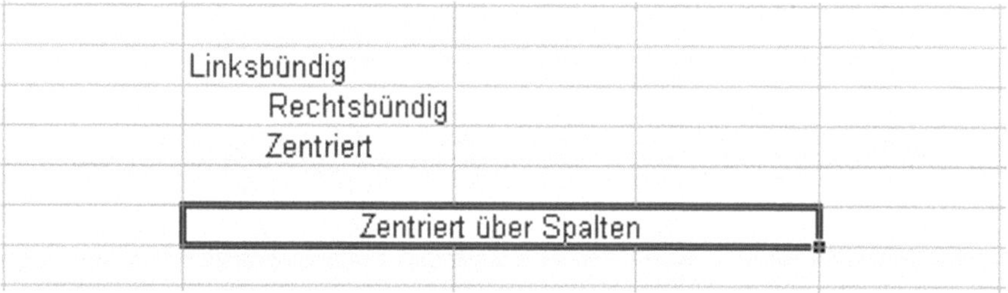

Abbildung 28: Verschiedene Ausrichtungsarten

Die Formatierungseinstellungen können im Dialogfenster *Zellen* in der Registerkarte *Ausrichtung* vorgenommen werden. Die wesentlichen Formatierungen kann man auch über die Standardsymbolleiste vornehmen.

---

[27] Die Ursache liegt darin, dass diese Zelle mit dem Format *Datum* formatiert wurde. Irritierende Ausgaben in Zellen können also mit der Zellenformatierung zusammenhängen.

Ausrichtung	Einstellung unter [*Format/Zellen*], Registerkarte *Ausrichtung*, Textanordnung horizontal	Einstellung über Formatierungssymbolleiste
Linksbündig	Links	≣
Rechtsbündig	Rechts	≣
Zentriert	Zentriert	≣
Zentriert über Spalten[28]	Zentriert über Spalten	🔲
Zeichenfolgen rechtsbündig, numerische Werte linksbündig	Standard	

Abbildung 29: Wesentliche Ausrichtungseinstellungen

c) Schrift wählen

Die Schriftformatierungen legen das Aussehen und die Größe der Zeichen fest (v.a. Schriftart/-größe und Fett- oder Normaldruck). Die Einstellungen zur Schrift können im Dialogfenster *Zellen* in der Registerkarte *Schrift* vorgenommen werden.

---

[28] Diese Formatierung benötigt man für Überschriften, die mittig über den beschriebenen Spalten ausgerichtet werden sollen.

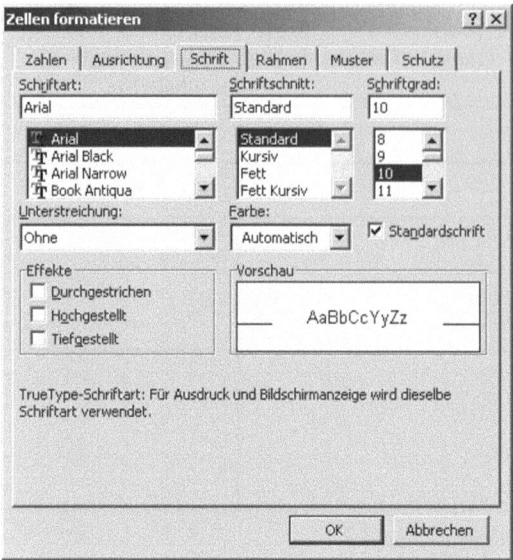

Abbildung 30: Dialogfenster *Zellen*, Register *Schrift*

Gängige Einstellungen

- Schriftgrößen
    - 10 pt, 12 pt für Tabelleninhalte
    - 14/16 pt für Überschriften
- Schriftarten
    - Times New Roman
    - Arial
    - Courier
- Schriftschnitt
    - Standard
    - Fett
    - *Kursiv*

Die wesentlichen Schriftformatierungen können auch über die Formatierungssymbolleiste eingestellt werden:

- Arial ▼ zur Festlegung der Schriftart
- 18 ▼ zur Festlegung der Schriftgröße
- **F** für Fettdruck

d) Rahmen setzen

Zur Hervorhebung einzelner Zellen, Zellblöcke oder Überschriften können Rahmen festgelegt werden. Hierbei kann ein Rahmen vollständig um eine Zelle, einen Zellbereich oder jeweils nur auf eine oder mehrere Seiten der Zelle bzw. des Zellbereichs beschränkt werden. Die Gestaltung des Rahmens kann im Dialogfenster *Zellen* in der Registerkarte *Rahmen* vorgenommen werden.

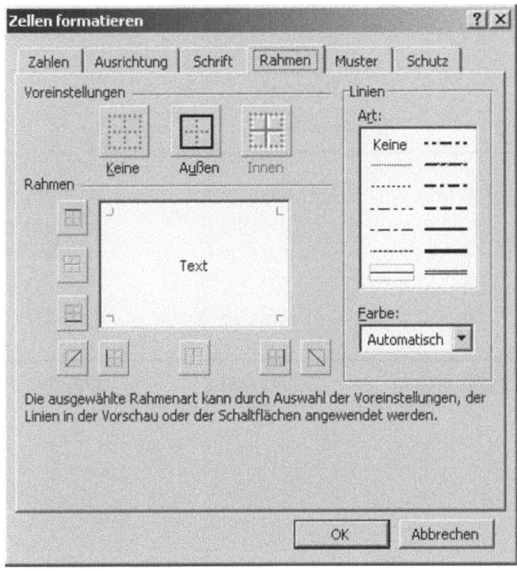

Abbildung 31: Dialogfenster *Zellen*, Register *Rahmen*

Vorgehen

- einzurahmende Zelle(n) markieren
- [*Format/Zelle*] aufrufen, Registerkarte *Rahmen* wählen
- unter *Voreinstellungen* durch Anklicken festlegen, ob der Zellbereich ganz (*Außen*) oder nur innen (*Innen*) umrahmt werden soll
- unter *Rahmen* durch Anklicken festlegen, ob der Zellbereich nur an bestimmten Seiten mit Linien versehen werden soll; das An- und Abklicken einer Linie setzt bzw. entfernt diese.
- unter *Art* durch Anklicken die Art der Rahmenlinie festlegen

In der Formatierungssymbolleiste kann der Rahmen mit ▦ gesetzt werden.

Aufgabe

Ergänzen Sie im Arbeitsblatt *Budget* Ihrer Arbeitsmappe *projekt.xls* die Tabelle um die Zahlenwerte. Erstellen Sie daraufhin eine Kopie des Arbeitsblattes und nennen Sie die Kopie *Budgetform*. Formatieren Sie anschließend die Tabelle in dem Arbeitsblatt *Budgetform* so, dass sie wie folgende Tabelle aussieht:

	A	B	C	D	E
1	**Projektbudgets**				
2					
3				Projekte	
5	Ausgabeposten		Bodiweb	Schiemdata	Gbmwork
7					
8	Personal		925.000 €	1.130.000 €	340.000 €
9	EDV		275.000 €	435.000 €	245.000 €
10	Reisekosten		115.000 €	160.000 €	55.000 €
11	Unterbringung		285.000 €	260.000 €	90.000 €
12	Sonstige Mittel		50.000 €	65.000 €	120.000 €
13					
15	Summe		1.650.000 €	2.050.000 €	850.000 €
16					

Abbildung 32: Formatierte Tabelle

6.2.12 Seiteneinstellungen und Drucken

Bevor Sie eine Arbeitsmappe ausdrucken, sollten Sie die voreingestellten Seiteneinstellungen prüfen und gegebenenfalls ändern.

6.2.12.1 Seiteneinstellungen

Mit [*Datei/Seite einrichten*] kommen Sie zum Dialogfenster *Seite einrichten*. In den Registerkarten dieses Dialogfensters können Sie das Aussehen der Seiten festlegen (z.B. Hoch- oder Querformat).

Tabellenkalkulation mit Excel 241

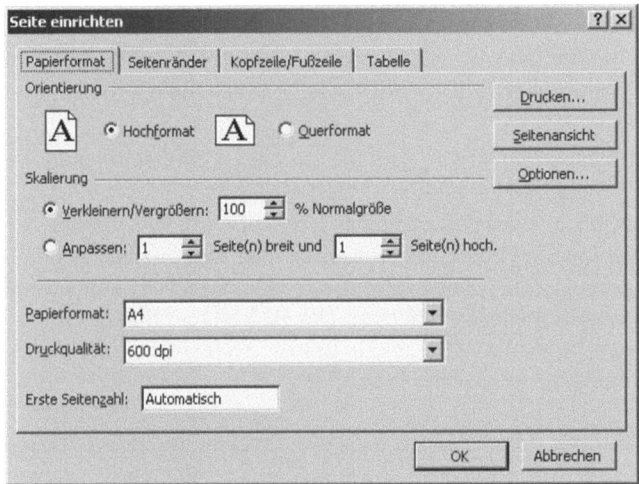

Abbildung 33: Dialogfenster *Seite einrichten*

Wesentliche Seiteneinstellungen

- *Hoch- oder Querformat*
  In der Registerkarte *Papierformat* können Sie durch Anklicken das gewünschte Seitenformat einstellen.
- *Anpassen*
  Mit der Option *Anpassen: 1 Seite(n) breit und 1 Seite(n) hoch* haben Sie die Möglichkeit, eine Tabelle, die z.B. größer als eine Seite ist, auf die Größe einer Seite anzupassen. Damit können beispielsweise Tabellen, die knapp nicht mehr auf eine Seite passen, dennoch vollständig auf eine Seite gedruckt werden.
- *Seitenränder*
  Beim Festlegen der *Seitenränder* bestimmt man die Größe des nicht zu bedruckenden weißen Randbereiches, d.h. den Abstand zwischen Papierkante und Arbeitsblattrand. Seitenränder lassen sich in der Registerkarte *Seitenränder* einstellen. Dazu geben Sie in die Listenfelder *oben/unten/rechts/links* den gewünschten Abstand zwischen dem oberen/unteren/rechten/linken Arbeitsblattrand und der Papierkante ein.
- *Kopf- und Fußzeile*
  Kopf- und Fußzeilen sind festgelegte Bereiche am oberen bzw. unteren Blattrand. Dort können Sie einen festen Text (z.B. Dateiname, Datum oder Ihren Namen als Ersteller der Datei) eingeben, der dann auf jeder Seite erscheint. Die Kopf- und Fußzeile richten Sie im Registerblatt *Kopfzeile/Fußzeile* ein.

- *Gitternetzlinien*
  In der Registerkarte Tabelle können Sie mit der Option Gitternetzlinien festlegen, ob Sie die angezeigten Gitternetzlinien der Arbeitsblätter drucken wollen.

| Hinweise |

Sie können die Seitenwechsel eines Arbeitsblattes manuell einfügen. Wählen Sie dazu [*Einfügen/Seitenumbruch*]. Die Seitenwechsel werden im Arbeitsblatt durch gestrichelte Linien angezeigt. Mit [*Einfügen/Seiteumbruch aufheben*] können Sie einen manuellen Seitenwechsel wieder entfernen. Der Befehl zum Entfernen wird nur angezeigt, wenn sich die aktive Zelle unterhalb bzw. rechts neben der gestrichelten Linie eines manuellen Seitenwechsels befindet.

Falls Ihre Tabelle zu breit für eine Seite ist, wird dies im Arbeitsblatt durch eine vertikale gestrichelte Linie (Seitenwechsel) angezeigt. Hier kann es u.U. sinnvoll sein, die Tabelle etwas schmaler zu machen, damit Sie noch auf eine Seite gedruckt werden kann. Dies können Sie z.B. durch kleinere Spaltenbreiten oder Seitenränder erreichen.

6.2.12.2 Drucken

Zum Drucken einer Arbeitsmappe oder eines Arbeitsblattes wählen Sie

- 🖨 → Der Druck wird mit den aktuellen Druckereinstellungen gestartet oder
- [*Datei/Drucken*] → Dialogfenster zur Änderung der Druckereinstellungen erscheint

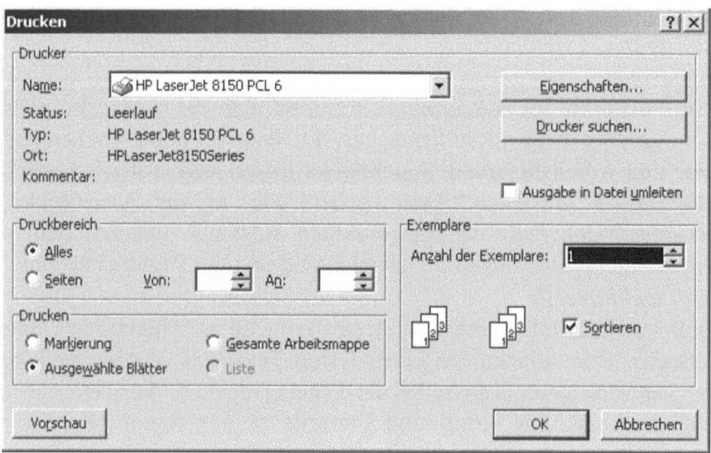

Abbildung 34: Dialogfenster *Drucken*

Druckereinstellungen des Drucken-Dialogfensters

- *Drucker*
    - Druckdaten gehen an den unter *Name* angegebenen Drucker(treiber)
    - Ändern des Druckers erfolgt durch Aufklappen des Listenfeldes *Name* und Anklicken des entsprechenden Druckers
- *Drucken*
  Hier wird festgelegt, was gedruckt werden soll.
    - *Markierung*: Es werden nur vorher markierte Bereiche gedruckt.
    - *Gesamte Arbeitsmappe*: Es wird die gesamte Arbeitsmappe mit allen Arbeitsblättern gedruckt.
    - *Ausgewählte Blätter*: Es werden nur die vorher markierten Arbeitsblätter gedruckt.
- *Druckbereich*
  Der Druckbereich legt fest, welche Seiten der Arbeitsmappe bzw. ausgewählten Arbeitsblätter gedruckt werden sollen.
    - *Alles*: druckt alle Seiten
    - *Seiten*: druckt nur die angegebenen Seiten
- *Exemplare*: Hier wird die Anzahl der zu druckenden Exemplare bestimmt.

Sie können mit EXCEL auch nur einen Teilbereich des Arbeitsblattes ausdrucken. Dazu markieren Sie auf dem Arbeitsblatt den zu druckenden Bereich und rufen den Befehl [*Datei/Druckbereich/Druckbereich festlegen*] auf. Anschließend wird der ausgewählte Bereich auf dem Arbeitsblatt mit einer gestrichelten Linie gekennzeichnet. Wenn Sie nun den Druckvorgang starten, wird nur der markierte Zellbereich gedruckt. Im Gegensatz zum Ausdruck eines markierten Bereichs über *Markierung* im Dialogfenster *Drucken* bleibt hier der Druckbereich dauerhaft bestehen. Mit [*Datei/Druckbereich/Druckbereich aufheben*] heben Sie den festgelegten Druckbereich wieder auf.

Hinweis

Sie können sich mit [*Datei/Seitenansicht*] den späteren Ausdruck der jeweils aktuellen Seite auf dem Bildschirm komplett anzeigen lassen. Damit sind Sie in der Lage, das Layout zu überprüfen, bevor Sie Ihre Arbeitsmappe bzw. Arbeitsblätter ausdrucken.

6.3 Fortgeschrittenes Kalkulieren

In diesem Kapitel lernen Sie die einige Möglichkeiten des fortgeschrittenen Kalkulierens mit EXCEL kennen. Neben dem Sortieren von Daten stehen hierbei vor allem das Arbeiten mit verschiedenen Zellbezügen, die Verwendung von Funktionen sowie das Verknüpfen von Arbeitsblättern im Mittelpunkt.

6.3.1 Sortieren

Nachdem Sie die Daten einer Tabelle eingegeben haben, kann es oft nützlich sein, die Daten nach bestimmten Kriterien (z.B. alphabetisch oder numerisch) zu sortieren. In der nachfolgenden Tabelle *Mitarbeiter* sind die Mitarbeiter von StudConsult beispielsweise unsortiert erfasst.

	A	B	C	D	E	F	G
1	MitarbeiterNr	Nachname	Geburtsdatum	Ort	Stundensatz	Stunden	Beratungsleistung
2	1	Löffel	21.03.1974	München	75,00 €	82	6.150,00 €
3	2	Brauer	04.02.1981	München	65,00 €	76	4.940,00 €
4	3	Oldenbach	03.12.1983	Düsseldorf	60,00 €	80	4.800,00 €
5	4	Sinnlein	01.01.1966	München	125,00 €	84	10.500,00 €
6	5	Gruber	24.07.1982	München	65,00 €	68	4.420,00 €
7	6	Heuer	23.04.1981	Düsseldorf	55,00 €	73	4.015,00 €
8	7	Niemann	05.06.1978	München	45,00 €	45	2.025,00 €
9	8	Daume	02.08.1965	Düsseldorf	155,00 €	71	11.005,00 €
10							

Abbildung 35: Unsortierte Tabelle *Mitarbeiter*

Die Mitarbeiterdaten können z.B. nach dem Stundensatz und innerhalb gleicher Stundensätze nach der alphabetischen Reihenfolge der Nachnamen sortiert werden.

Vorgehen

- eine Zelle der Tabelle, die sortiert werden soll, anklicken
- [*Daten/Sortieren*] wählen → Dialogfenster *Sortieren* erscheint

Abbildung 36: Dialogfenster *Sortieren*

Tabellenkalkulation mit Excel 245

- Sortierkriterium/-schlüssel wählen
    - Listenfeld *Sortieren nach*: erstes Sortierkriterium angeben (z.B. Stundensatz)
    - Listenfeld *Anschließend nach*: Innerhalb der durch das erste Sortierkriterium gebildeten Gruppen kann nach dem zweiten Kriterium (z.B. Nachname) sortiert werden.
- Sortierrichtung angeben
    - *Aufsteigend*: vom kleinsten zum größten Wert (0,1,2,......A,B,C); hier nach Nachnamen aufsteigend sortieren
    - *Absteigend*: vom größten zum kleinsten Wert (Z,Y,X,......9,8,7); hier nach Stundensätzen absteigend sortieren
- Schaltfläche *OK* wählen → Ergebnis der Sortierung erscheint

	A	B	C	D	E	F	G
1	MitarbeiterNr	Nachname	Geburtsdatum	Ort	Stundensatz	Stunden	Beratungsleistung
2	8	Daume	02.08.1965	Düsseldorf	155,00 €	71	11.005,00 €
3	4	Sinnlein	01.01.1966	München	125,00 €	84	10.500,00 €
4	1	Löffel	21.03.1974	München	75,00 €	82	6.150,00 €
5	2	Brauer	04.02.1981	München	65,00 €	76	4.940,00 €
6	5	Gruber	24.07.1982	München	65,00 €	68	4.420,00 €
7	3	Oldenbach	03.12.1983	Düsseldorf	60,00 €	80	4.800,00 €
8	6	Heuer	23.04.1981	Düsseldorf	55,00 €	73	4.015,00 €
9	7	Niemann	05.06.1978	München	45,00 €	45	2.025,00 €
10							

Abbildung 37: Sortierte Tabelle *Mitarbeiter*

Sie können den Sortierbefehl auch über die Standard-Symbolleiste aufrufen. ↓A/Z und ↓Z/A führen eine auf-/bzw. absteigende Sortierung durch. Zur Durchführung der Sortierung reicht es, wenn der Mauszeiger in einer Zelle der Spalte, nach der sortiert werden soll, steht.

Aufgabe

Sortieren Sie in dem Arbeitsblatt *Mitarbeiter* aus der Arbeitsmappe *studconsult.xls* die Tabelle nach der Beratungsleistung. Der Mitarbeiter mit der größten Beratungsleistung soll hierbei an der ersten Stelle der sortierten Tabelle stehen.

6.3.2 Verschiedene Bezugsarten in Formeln

Es gibt drei unterschiedliche Arten von Zellbezügen in Formeln: relative, absolute und gemischte. EXCEL verwendet i.d.R. standardmäßig die bisher behandelten relativen Bezüge. Die Unterscheidung zwischen relativen und absoluten Bezügen ist im Zusammenhang mit dem Verschieben und Kopieren von Formeln wichtig.

In den folgenden Abschnitten werden die verschiedenen Bezugsarten und ihre Auswirkungen auf Kopier- und Verschiebevorgänge dargestellt.

6.3.2.1 Relativer Bezug

Zelle A3 der Tabelle in der Abbildung 38 beinhaltet einen relativen Bezug:

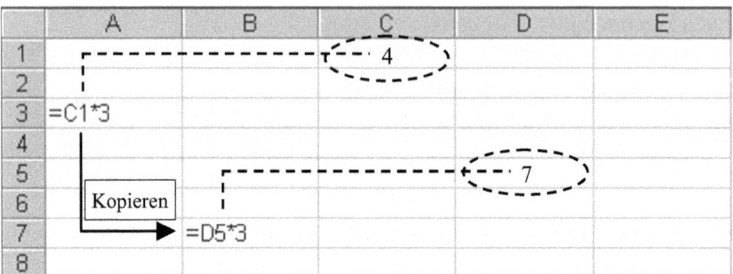

Abbildung 38: Relativer Bezug

In Zelle A3 wird die Zahl aus Zelle C1 mit 3 multipliziert. Kopiert man die Formel aus A3 nach B7, verändert sie sich. Aus =C1*3 wird =D5*3, d.h. in B7 wird die Zahl aus der Zelle D5 mit 3 multipliziert. EXCEL hat die Formel also den neuen Gegebenheiten angepasst.

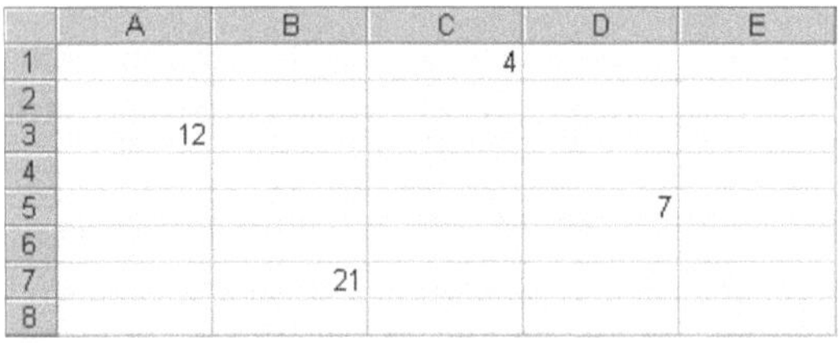

Abbildung 39: Ergebnis des relativen Bezuges aus Abbildung 38

Schreibweise

Beim relativen Bezug werden der Spaltenbuchstabe und die Zeilenziffer ohne weitere Ergänzungen geschrieben: z.B. C1.

Erläuterung

In der Zelle, die den relativen Bezug enthält (A3), wird nicht auf die absolute Zelle C1 Bezug genommen. In A3 wird vielmehr auf eine Zelle Bezug genommen, die zwei Zeilen weiter oben und zwei Spalten weiter rechts steht. Beim *Kopieren* der Formel von A3 nach B7 wird der Bezug angepasst, d.h. in B7 wird ebenfalls auf eine Zelle Bezug genommen, die zwei Zeilen weiter oben und zwei Spalten weiter rechts steht; hier ist das D5.

Beispiel für einen wichtigen Anwendungsbereich

	A	B	C	D	E
1	Projektnr.	Kurzname	Vergütung	Projektkosten	Projektgewinn
2	1	Bodiweb	2500000	1650000	=C2-D2
3	2	Schiemdata	3500000	2050000	=C3-D3
4	3	Gbmwork	1250000	850000	=C4-D4
5	4	Riemweb	650000	500000	=C5-D5
6	5	Schiemweb	850000	1510000	=C6-D6
7					

Abbildung 40: Anwendung von relativen Bezügen

Häufig benötigt man ein „Formelprinzip" (hier =Vergütung - Projektkosten) in mehreren Zellen gleichzeitig. Durch das Kopieren einer Formel (hier von E2 nach E3/E4/E5/E6), muss man sie nur einmal eingeben (hier in E2). Bei relativen Bezügen wird das „Formelprinzip" kopiert, nicht die absolute Formel. Relative Bezüge sind also zu verwenden, wenn die Bezüge an die Umgebung angepasst werden sollen.

Aufgabe

Wechseln Sie in das Arbeitsblatt *Alle* Ihrer Arbeitsmappe *projekt.xls* und berechnen Sie in der Zelle E2 mit der Formel *=C2-D2* den Gewinn für das Projekt *Bodiweb*. Berechnen Sie anschließend die Gewinne der restlichen Projekte. Kopieren Sie dazu die Formel aus Zelle E2 in die Zellen E3 bis E5.

Hinweis

Beim *Verschieben* einer Formel werden die Bezüge *nicht* angepasst. Die Formel bleibt unverändert.

Frage

Warum kann es u.U. sinnvoll sein, eine Formel zu verschieben?[29]

6.3.2.2 Absoluter Bezug

In folgender Tabelle ist in die Zelle A3 ein absoluter Bezug eingetragen:

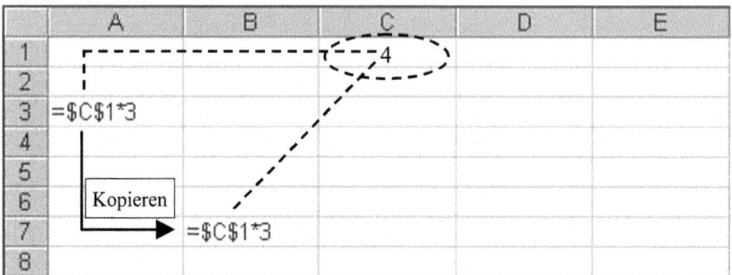

Abbildung 41: Absoluter Zellbezug

In Zelle A3 wird die Zahl aus Zelle C1 mit 3 multipliziert. Kopiert man diese Formel aus A3 nach B7, verändert sich die Formel nicht, d.h. in B7 wird wiederum die Zahl aus der Zelle C1 mit 3 multipliziert.

	A	B	C	D
1			4	
2				
3	12			
4				
5				
6				
7		12		
8				

Abbildung 42: Ergebnis des absoluten Bezuges aus Abbildung 41

Schreibweise

Beim absoluten Zellbezug wird vor dem Spaltenbuchstaben *und* vor der Zeilenziffer jeweils ein „$"-Zeichen gesetzt: z.B. $C$1.

---

[29] Es macht Sinn, eine Formel zu verschieben, wenn man das gleiche Ergebnis der Formel an einer anderen Stelle des Arbeitsblattes haben möchte.

Erläuterung

In der Zelle, die den Bezug enthält (A3), wird genau auf die absolute Zelle C1 Bezug genommen. Nach dem Kopieren der Formel von A3 nach B7 weist der Bezug weiterhin auf C1. Ein absoluter Bezug verändert sich beim Kopieren nie.

Beispiel für einen wichtigen Anwendungsbereich

	A	B	C	D	E	F
1	Projektnr.	Kurzname	Vergütung	Projektkosten	Projektgewinn	Anteil des Projektes am Gesamtgewinn
2	1	Bodiweb	2500000	1650000	=C2-D2	=E2/$E$7
3	2	Schiemdata	3500000	2050000	=C3-D3	=E3/$E$7
4	3	Gbmwork	1250000	850000	=C4-D4	=E4/$E$7
5	4	Riemweb	650000	500000	=C5-D5	=E5/$E$7
6	5	Schiemweb	850000	1510000	=C6-D6	=E6/$E$7
7					=SUMME(E2:E6)	

Abbildung 43: Anwendung eines absoluten Bezuges

Die Formel =E2/$E$7 wird von F2 nach F3, F4, F5 und F6 kopiert. Der relative Bezug (E2) wird beim Kopieren angepasst, der absolute Bezug ($E$7) verweist auch nach dem Kopieren immer auf dieselbe Zelle. Absolute Bezüge werden also verwendet, wenn der Bezug immer genau auf den in der bezogenen Zelle stehenden Wert weisen soll.

Aufgabe

Berechnen Sie im Arbeitsblatt *Alle* Ihrer Arbeitsmappe *projekt.xls* in der Zelle F2 den anteiligen Gewinn des Projektes *Bodiweb* am Gesamtgewinn. Geben Sie dazu die Formel *=E2/$E$7* ein. Berechnen Sie die Gewinnanteile der restlichen Projekte, indem Sie die Formel in die Zellen F3 bis F6 kopieren.

6.3.2.3 Gemischter Bezug

In der folgenden Tabelle wurde in die Zelle A3 ein gemischter Bezug eingetragen:

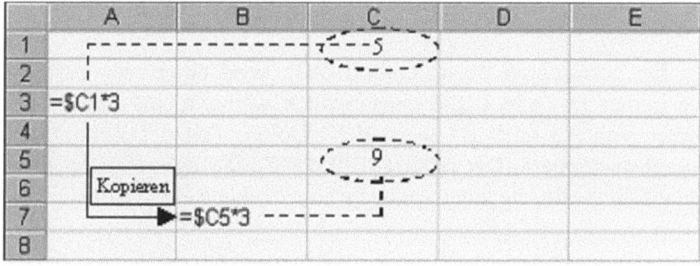

Abbildung 44: Gemischter Bezug I

In Zelle A3 wird die Zahl aus Zelle C1 mit 3 multipliziert. Kopiert man die Formel aus A3 nach B7, verändert sich die Formel. Aus =$C1*3 wird =$C5*3, d.h. in B7 wird die Zahl aus der Zelle C5 mit 3 multipliziert.

Schreibweise

Beim gemischten Bezug wird entweder vor dem Spaltenbuchstaben oder vor die Zeilenziffer ein „$"-Zeichen gesetzt: z.B. $C1.

Erläuterung

In der Zelle, die den gemischten Bezug enthält (A3), wird ein Bezug auf eine Zelle gesetzt, die zwei Zeilen oberhalb und immer in Spalte C stehen soll. Das heißt, der gemischte Zellbezug besteht aus einem absoluten und einem relativen Teil. Nach dem Kopieren von A3 nach B7 weist der absolute Teil des Zellbezuges (Spalte) weiterhin auf die Spalte C. Der relative Teil des Zellbezuges (Zeile) passt sich an und weist auf die Zelle, die zwei Zeilen oberhalb steht (Zeile 5).

Folgende Tabelle zeigt ein weiteres Beispiel für einen gemischten Bezug:

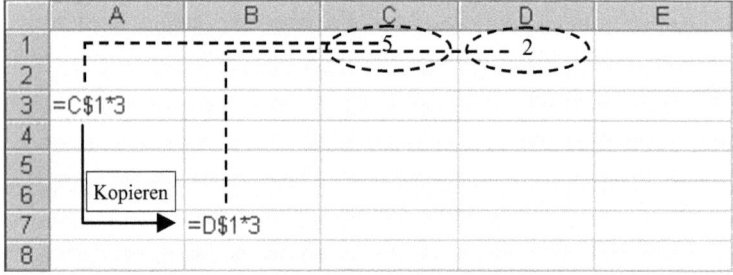

Abbildung 45: Gemischter Bezug II

In Zelle A3 wird die Zahl aus Zelle C1 mit 3 multipliziert. Kopiert man die Formel aus A3 nach B7, verändert sich die Formel. Aus =C$1*3 wird =D$1*3, d.h. in B7 wird die Zahl aus der Zelle D1 mit 3 multipliziert.

Erläuterung

In der Zelle, die den gemischten Bezug enthält (A3), wird ein Bezug auf eine Zelle gesetzt, die immer in Zeile 1 und zwei Spalten weiter rechts stehen soll. Nach dem Kopieren von A3 nach B7 weist der absolute Teil des Zellbezuges (Zeile) weiterhin auf die Zeile 1. Der relative Teil des Zellbezuges (Spalte) passt sich an und weist auf die Zelle, die zwei Spalten weiter rechts steht (Spalte D).

Ein einfaches Anwendungsbeispiel für den gemischten Bezug sehen Sie in der folgenden Tabelle:

	A	B	C	D
1				
2		4	6	9
3	12	=B$2+$A3	=C$2+$A3	=D$2+$A3
4	21	=B$2+$A4	=C$2+$A4	=D$2+$A4
5	37	=B$2+$A5	=C$2+$A5	=D$2+$A5
6				

Abbildung 46: Anwendungsbeispiel für den gemischten Bezug

In den Zellen B3 bis D5 sollen jeweils die Werte des Zeilen- und Spaltenkopfes der eingegebenen Tabelle addiert werden (z.B. in Zelle B4 die Werte 4 und 21, in Zelle C5 die Werte 6 und 37). Mit Hilfe des gemischten Bezuges braucht nur einmal eine entsprechende Formel (z.B. =B$2+$A3 in Zelle B3) in die Tabelle eingegeben werden. Diese Formel kann man dann in die weiteren Zellen der Tabelle kopieren. Daraufhin wird in allen Formelzellen die richtige Summe berechnet.

Frage

Bleibt das Ergebnis in Abbildung 46 korrekt, wenn Sie in die Zelle B3
- =$B$2+$A3 oder
- =B$2+$A$3

eingeben und diese Formeln in die entsprechenden Zellen kopieren?[30]

Hinweis

Mit dem wiederholten Drücken der [F4]-Taste kann die Bezugsart verändert werden. Gehen Sie dazu folgendermaßen vor:
- zunächst Zelle durch Doppelklick aktivieren und Mauszeiger irgendwo in den Bezug setzen
- Durch wiederholtes Drücken von [F4] werden die Bezüge in folgender Reihenfolge durchlaufen:
  A7→[F4]→$A$7→[F4]→A$7→[F4]→$A7→[F4]→A7 usw.

---

[30] In beiden Fällen werden die Zeilen- und Spaltenkopfsummen nicht mehr korrekt berechnet, da jeweils eine Zelle vollkommen absolut gesetzt wurde. Der absolute Zellbezug passt sich beim Kopieren nicht an. Bei =$B$2+$A3 wird als Spaltenkopfwert immer 4, bei =B$2+$A$3 wird als Zeilenkopfwert immer 12 zugrunde gelegt.

Frage

Bleiben Sie im Arbeitsblatt *Alle* Ihrer Arbeitsmappe *projekt.xls*. Beantworten Sie folgende Fragen zur Berechnung der anteiligen Gewinne.

- Wäre das Ergebnis noch korrekt, wenn Sie in Zelle F2 folgende Formel eingeben und diese dann in die Zellen F3-F6 kopieren: =E2/E$7?[31]
- Wäre das Ergebnis noch korrekt, wenn Sie in Zelle F2 folgende Formel eingeben und diese dann in die Zellen F3-F6 kopieren: =E2/$E7?[32]
- Wäre das Ergebnis noch korrekt, wenn Sie in Zelle F2 folgende Formel eingeben und diese dann in die Zellen F3-F6 kopieren: =$E2/$E$7?[33]
- Wäre das Ergebnis noch korrekt, wenn Sie in Zelle F2 folgende Formel eingeben und diese dann in die Zellen F3-F6 kopieren: =E$2/$E$7?[34]

6.3.3 Funktionen

EXCEL verfügt über mehr als 300 Funktionen, mit denen z.T. komplexe Berechnungen (z.B. zur Statistik und zur Finanzmathematik) durchgeführt werden können. In Kapitel 6.2.7 haben Sie bereits die Summenfunktion kennen gelernt. Während die Summenfunktion über ein vorgegebenes Symbol aktiviert werden kann, unterstützt Sie bei der Eingabe der übrigen Funktionen der Funktionsassistent.

Die folgenden Abschnitte zeigen Ihnen die Bedienung des Funktionsassistenten und einige Beispiele für Funktionen.

a) Eingeben von Funktionen mit dem Funktionsassistenten

Der folgende Anwendungsfall zeigt die Handhabung des Funktionsassistenten am Beispiel der Summenfunktion. In Zelle G7 ist die Summe der Beratungsleistungen zu bilden.

---

[31] Ja, da sich beim Kopieren der Formel der Zellbezug auf Zelle E7 nicht verändert.
[32] Nein, da sich beim Kopieren der Formel der Zellbezug auf Zelle E7 verändert (aus $E7 wird $E8 usw.).
[33] Ja, da sich beim Kopieren der Formel der Zellbezug auf Zelle E7 nicht verändert und sich die Zeilenziffer des Zellbezuges auf Zelle E2 richtig anpasst.
[34] Nein, da sich beim Kopieren der Formel die Zeilenziffer des Zellbezuges auf Zelle E2 nicht mehr anpasst.

Tabellenkalkulation mit Excel 253

	A	B	C	D	E	F	G	H
1	MitarbeiterNr	Nachname	Geburtsdatum	Ort	Stundensatz	Stunden	Beratungsleistung	
2	8	Daume	02.08.1965	Düsseldorf	155,00 €	71	11.005,00 €	
3	4	Sinnlein	01.01.1966	München	125,00 €	84	10.500,00 €	
4	1	Löffel	21.03.1974	München	75,00 €	82	6.150,00 €	
5	2	Brauer	04.02.1981	München	65,00 €	76	4.940,00 €	
6	5	Gruber	24.07.1982	München	65,00 €	68	4.420,00 €	
7	3	Oldenbach	03.12.1983	Düsseldorf	60,00 €	80	4.800,00 €	
8	6	Heuer	23.04.1981	Düsseldorf	55,00 €	73	4.015,00 €	
9	7	Niemann	05.06.1978	München	45,00 €	45	2.025,00 €	
10							=SUMME(G2:G9)	
11								

Abbildung 47: Anwendung der Summenfunktion

Vorgehen

- Mauszeiger in die Zelle setzen, in der das Ergebnis der Funktion stehen soll (hier G10)
- Funktionsassistenten aufrufen: alternativ über *fx* in der Bearbeitungszeile oder über [*Einfügen/Funktion*] → Dialogfenster *Funktion einfügen* erscheint

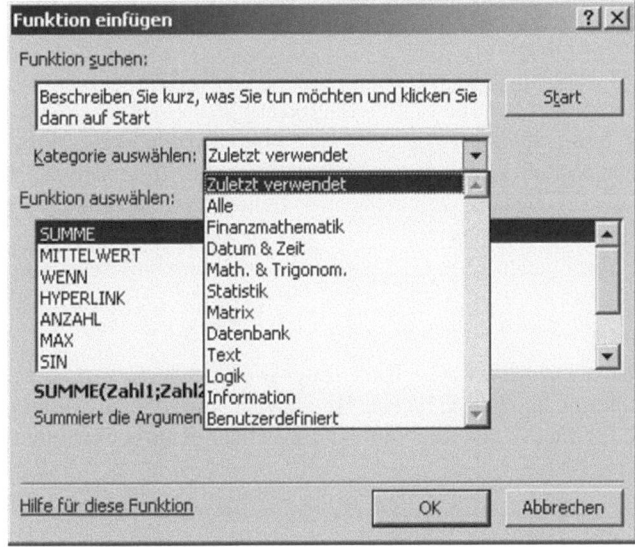

Abbildung 48: Dialogfenster *Funktion einfügen*

- unter *Kategorie auswählen* den Bereich selektieren, aus dem die Funktion stammt (hier z.B. Mathematik und Trigonometrie); falls Ihnen nicht bekannt ist, zu welchem Bereich die Funktion gehört, können Sie über die Kategorie *Alle* alle Funktionen auflisten lassen.
- unter *Funktion* die gewünschte Funktion wählen (hier Summe)
- Schaltfläche *OK* klicken → Ein zweites Dialogfenster zur Eingabe der Argumente erscheint.

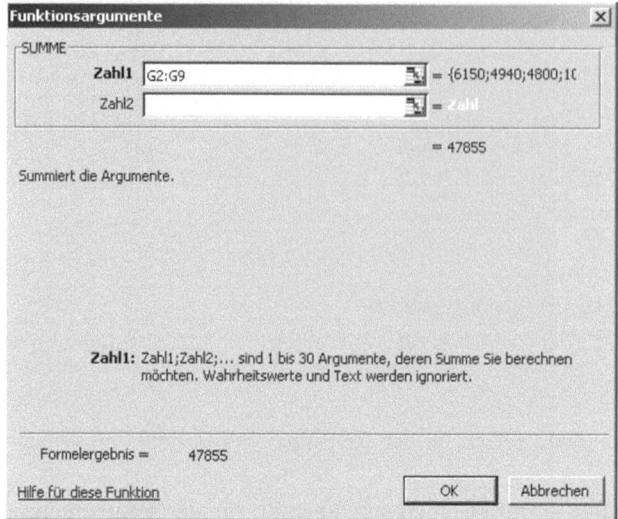

Abbildung 49: Dialogfenster zur Eingabe der Funktionsargumente

- Funktionsargumente eingeben
    o direkt in das Dialogfenster: dazu in das Feld *Zahl 1* klicken und dort die Zelladressen bzw. den Zellbereich eintippen[35] (hier G2:G9) oder
    o mit der Maus auf die entsprechenden Zellen klicken bzw. über den betreffenden Zellbereich des Arbeitsblattes ziehen (hier also z.B. über den Bereich von G2 bis G9 ziehen) → Zelle(n) bzw. Zellbereich wird im Dialogfenster angezeigt
- Eingabe mit *OK* abschließen → in G10 wird das Formelergebnis angezeigt

Aufgabe

Öffnen Sie das Arbeitsblatt *Mitarbeiter* Ihrer Datei *studconsult.xls*. Addieren Sie mit der Summenfunktion in Zelle G10 alle Beratungsleistungen der Mitarbeiter auf. Verwenden Sie für die Eingabe der Summenformel den Funktionsassistenten.

Hinweis

Falls Sie eine eingegebene Funktion überarbeiten wollen, setzten Sie den Mauszeiger in die Zelle mit der Funktion. Wenn Sie anschließend den Funktionsassistenten aufrufen, erscheint das Dialogfenster zur Eingabe der Funktionsargumente. Dort haben Sie die Möglichkeit zur Überarbeitung der Funktion.

---

[35] Das Verkleinern des Dialogfensters erleichtert das Markieren der entsprechenden Zellen. das dazu notwendige Symbol finden Sie neben dem Eingabefeld der Funktionsargumente.

b) Beispiele für Funktionen

Mittelwert/Durchschnittswert

In Zelle E10 der Tabelle Mitarbeiter soll der durchschnittliche Stundensatz der Mitarbeiter mit der Funktion *Mittelwert* berechnet werden. Die Funktion *Mittelwert* hat die Syntax: Mittelwert(A1;A2; ....;A30). Dahinter steht die Rechenvorschrift: = (A1+A2+...+AN)/N.

	A	B	C	D	E	F
1	MitarbeiterNr	Nachname	Geburtsdatum	Ort	Stundensatz	
2	8	Daume	02.08.1965	Düsseldorf	155,00 €	
3	4	Sinnlein	01.01.1966	München	125,00 €	
4	1	Löffel	21.03.1974	München	75,00 €	
5	2	Brauer	04.02.1981	München	65,00 €	
6	5	Gruber	24.07.1982	München	65,00 €	
7	3	Oldenbach	03.12.1983	Düsseldorf	60,00 €	
8	6	Heuer	23.04.1981	Düsseldorf	55,00 €	
9	7	Niemann	05.06.1978	München	45,00 €	
10					=MITTELWERT(E2:E9)	
11						

Abbildung 50: Mittelwert-Funktion

Vorgehen

- Mauszeiger in Zelle E10 setzen
- Funktionsassistenten aufrufen
- Funktion *Mittelwert* auswählen
- Argumente eingeben, indem man über den Zellbereich von E2 bis E9 mit der Maus zieht.

Hinweis

Analog zur Summenfunktion werden bei der Mittelwertfunktion die angrenzenden Zellen der „Funktionszelle" (= Zelle, in der die Funktion steht) automatisch für die Argumente vorgeschlagen.

Aufgabe

Öffnen Sie das Arbeitsblatt *Mitarbeiter* Ihrer Datei *studconsult.xls* und berechnen Sie in Zelle E10 den Mittelwert aller Stundenkostensätze.

Abschreibungsfunktion

Mit der Abschreibungsfunktion können Sie z.B. die lineare Abschreibung[36] eines Wirtschaftsgutes berechnen. Hier bietet EXCEL die Funktion LIA

---

[36] Mit der linearen Abschreibung wird derjenige Betrag ermittelt, den ein Wirtschaftsgut gleichmäßig pro geplantem Nutzungsjahr durch Verschleiß an Wert verliert. Ausgangs-

(Ansch_wert;Restwert;Nutzungsdauer) an. Diese Funktion finden Sie in der Kategorie *Finanzmathematik*.

Wenn-Funktion

Die Wenn-Funktion prüft eine Bedingung (z.B. Höhe der Beratungsleistung größer als 10.000 €). Trifft diese Bedingung zu, kommt als Ergebnis ein bestimmter Wert heraus (z.B. Sonderprämie von 10 % auf den Stundensatz), ansonsten kommt ein anderer Wert heraus (z.B. 0 % Sonderprämie).

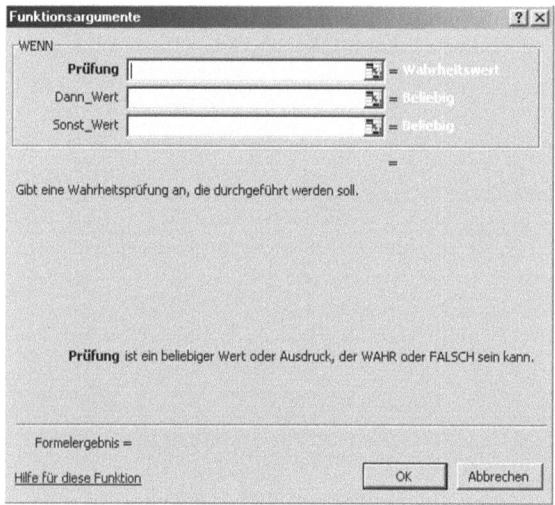

Abbildung 51: Wenn-Funktion

- *Prüfung:* Hier wird ein beliebiger Ausdruck eingetragen, der entweder **wahr** oder **falsch** sein kann.
- *Dann_Wert:* Der Dann_Wert wird ausgegeben, wenn die Bedingung **wahr** – also zutreffend ist.
- *Sonst_Wert:* Der Sonst_Wert wird ausgegeben, wenn sich die Bedingung als **falsch** herausstellt.

Um eine Bedingung, die mit der Wenn-Funktion überprüft werden soll aufzustellen, braucht man Vergleichsoperatoren.

---

punkte sind hierbei der Anschaffungswert sowie der Restwert, den das Wirtschaftsgut nach der Nutzungsdauer noch hat.

Tabellenkalkulation mit Excel 257

=	Gleichheitszeichen
>	Größer-als-Zeichen
<	Kleiner-als-Zeichen
>=	Größer-gleich-Zeichen
<=	Kleiner-gleich-Zeichen
<>	Ungleich

Abbildung 52: Vergleichoperatoren

Aufgabe

In der Spalte „H" der Tabelle Mitarbeiter soll mit Hilfe der Wenn-Funktion errechnet werden, welcher Mitarbeiter eine Prämie verdient. Eine solche Prämie steht nur jenen Mitarbeitern zu, die eine Beratungsleistung erbringen, welche höher als 10.000 € ist. Die Prämie beträgt 10 % vom Stundensatz.

	A	B	C	D	E	F	G	H
1	MitarbeiterNr	Nachname	Geburtsdatum	Ort	Stundensatz	Stunden	Beratungsleistung	Prämie
2	1	Löffel	21.03.1974	München	75,00 €	82	6.150,00 €	0
3	2	Brauer	04.02.1981	München	65,00 €	76	4.940,00 €	0
4	3	Oldenbach	03.12.1983	Düsseldorf	60,00 €	80	4.800,00 €	0
5	4	Sinnlein	01.01.1966	München	125,00 €	84	10.500,00 €	10%
6	5	Gruber	24.07.1982	München	65,00 €	68	4.420,00 €	0
7	6	Heuer	23.04.1981	Düsseldorf	55,00 €	73	4.015,00 €	0
8	7	Niemann	05.06.1978	München	45,00 €	45	2.025,00 €	0
9	8	Daume	02.08.1965	Düsseldorf	155,00 €	71	11.005,00 €	10%
10					80,63 €		47.855,00 €	
11								

Abbildung 53: Ergebnis der Wenn-Funktion

Hinweis

Um kompliziertere Bedingungen zu formulieren kann man bis zu sieben Wenn-Funktionen „schachteln".

6.4 Verknüpfen von Arbeitsblättern

Bisher wurden nur Bezüge innerhalb eines Arbeitsblattes verwendet. Darüber hinaus sind auch Bezüge auf Zellen möglich, die sich in anderen Arbeitsblättern befinden. Falls Sie Bezüge zwischen verschiedenen Arbeitsblättern setzen, verknüpfen Sie damit diese Arbeitsblätter. Sie können hierbei sowohl Arbeitsblätter innerhalb einer Arbeitsmappe als auch Arbeitsblätter verschiedener Arbeitsmappen verknüpfen. In diesem Abschnitt wird das Verknüpfen von Arbeitsblättern innerhalb einer Arbeitsmappe vorgestellt.[37]

Die folgenden Abbildungen zeigen drei verschiedene Arbeitsblätter der Arbeitsmappe *projekt.xls*. In den Arbeitsblättern *Bodiweb* und *Schiemdata* sehen Sie die Aufteilung der einzelnen Projektbudgets auf die verschiedenen Ausgabeposten. Im Arbeitsblatt *Gesamt* sollen die Summen der jeweiligen Ausgabeposten der Projekte gebildet werden. Dazu werden im Arbeitsblatt *Gesamt* Zellbezüge auf die Arbeitsblätter *Bodiweb* und *Schiemdata* gesetzt.

	A	B	C
1	Projektbudget		
2			
3	Personal	925.000 €	
4	EDV	275.000 €	
5	Reisekosten	115.000 €	
6	Unterbringung	285.000 €	
7	Sonstige Mittel	50.000 €	
8			
9	Summe	1.650.000 €	
10			

Abbildung 54: Arbeitsblatt *Bodiweb* in der Arbeitsmappe *projekt.xls*

	A	B	C
1	Projektbudget		
2			
3	Personal	1.130.000 €	
4	EDV	435.000 €	
5	Reisekosten	160.000 €	
6	Unterbringung	260.000 €	
7	Sonstige Mittel	65.000 €	
8			
9	Summe	2.050.000 €	
10			

Abbildung 55: Arbeitsblatt *Schiemdata* in der Arbeitsmappe *projekt.xls*

---

[37] Neben Arbeitsblättern einer Arbeitsmappe können auch Arbeitsblätter verschiedener Arbeitsmappen miteinander verknüpft werden. Diese Verknüpfungen treten jedoch seltener auf und werden daher in diesem einführenden Buch nicht besprochen.

Tabellenkalkulation mit Excel

	A	B
1		Gesamtbudget
2		
3	Personal	=Bodiweb!B3+Schiemdata!B3
4	EDV	
5	Reisekosten	
6	Unterbringung	
7	Sonstige Mittel	
8		
9	Summe	=SUMME(B3:B7)
10		

\\ Alle / Bodiweb / Schiemdata / Gbmwork / Rier

Abbildung 56: Arbeitsblatt *Gesamt* in der Arbeitsmappe *projekt.xls*

In Zelle B3 des Arbeitsblattes *Gesamt* soll die Summe der Personalkosten aus den Projekten berechnet werden. Die erforderlichen Beträge stehen jeweils in den Zellen B3 der Arbeitsblätter *Bodiweb* und *Schiemdata*. Die Formel für diese Summe lautet *=Bodiweb!B3+Schiemdata!B3*.

Schreibweise

Bei einem Bezug auf ein anderes Arbeitsblatt derselben Arbeitsmappe wird vor der Zelladresse der Name des Arbeitsblattes mit einem Ausrufezeichen geschrieben (z.B. *Bodiweb!B3*).

Die Zellbezüge können Sie folgendermaßen eingeben:

Über das Klicken mit der Maus

- mit dem Cursor die Zelle anklicken, die die Formel enthalten soll (hier die Zelle B3 im Arbeitsblatt *Gesamt* anklicken)
- = eingeben
- über das Blattregister in das Arbeitsblatt wechseln, in dem die benötigten Zahlen stehen (hier in das Arbeitsblatt *Bodiweb* wechseln)
- dort die entsprechende Zelle anklicken → Bezug wird eingefügt (hier Bodiweb!B3)
- den gewünschten Operator eingeben (hier +)
- die nächste Zelle per Mausklick wählen (z.B. in ein anderes Arbeitsblatt wechseln und dort eine Zelle anklicken; hier in das Arbeitsblatt *Schiemdata* wechseln und dort die Zelle B3 anklicken)
- die Formel mit [*Return*] bestätigen → EXCEL wechselt in das Ausgangsarbeitsblatt und berechnet dort die Formel

Durch das Eintippen der Formel

Sie geben die Formel in der richtigen Schreibweise in die entsprechende Zelle ein.

Aufgabe

Legen Sie in Ihrer Arbeitsmappe *projekt.xls* das Arbeitsblatt *Gesamt* gemäß Abbildung 56 neu an. Berechnen Sie dort in Zelle B3 die Summe der Personalkosten aus den Projekten *Bodiweb* und *Schiemdata*.

Frage

Was passiert, wenn Sie im Arbeitsblatt *Gesamt* die Formel von B3 nach B4 bis B7 kopieren?[38]

Hinweis

Sie können Zellbezüge, die sich auf andere Arbeitsblätter beziehen, wie „normale" Bezüge auch gemischt oder absolut adressieren.

6.5 Möglichkeiten zur Tabellenauswertung und -analyse

6.5.1 Zusammenführen von Daten über Rechenoperationen

Rechenoperationen bieten eine einfache Möglichkeit, mit vorhandenen Daten ohne Formeln Berechnungen durchzuführen. Dies soll am Beispiel der Tabelle *Mitarbeiter* erläutert werden:

	A	B	C	D	E	F	G
1	MitarbeiterNr	Nachname	Geburtsdatum	Ort	Stundensatz	Stunden	Beratungsleistung
2	8	Daume	02.08.1965	Düsseldorf	155,00 €	71	11.005,00 €
3	4	Sinnlein	01.01.1966	München	125,00 €	84	10.500,00 €
4	1	Löffel	21.03.1974	München	75,00 €	82	6.150,00 €
5	2	Brauer	04.02.1981	München	65,00 €	76	4.940,00 €
6	5	Gruber	24.07.1982	München	65,00 €	68	4.420,00 €
7	3	Oldenbach	03.12.1983	Düsseldorf	60,00 €	80	4.800,00 €
8	6	Heuer	23.04.1981	Düsseldorf	55,00 €	73	4.015,00 €
9	7	Niemann	05.06.1978	München	45,00 €	45	2.025,00 €
10							

Abbildung 57: Tabelle *Mitarbeiter*

Sie wollen mittels einer Rechenoperation die Stundensätze der Mitarbeiter um 5% erhöhen. Dazu können Sie folgendermaßen vorgehen:

- Tragen Sie den Faktor für die Erhöhung des Stundensatzes (1,05) in eine beliebige freie Zelle ein und kopieren ihn in die Zwischenablage (z.B. über [*Bearbeiten/Kopieren*]).

---

[38] Die relativen Bezüge der Formel passen sich an. Damit werden die Summen der verbleibenden Ausgabeposten richtig berechnet.

- Markieren Sie die Spalte *Stundensatz* und wählen [*Bearbeiten/Inhalte einfügen*]. Wählen Sie unter *Einfügen* die Option *Werte* und unter *Operationen* die Option *Multiplizieren*.
- Bestätigen Sie die Eingaben mit OK und löschen den Wert 1,05 wieder.

Excel multipliziert jetzt jeden der Stundensätze mit 1,05 und zeigt in den Zellen die neuen Werte an.

Frage

Wie würden Sie die Erhöhung der Stundensätze berechnen, wenn Ihnen nur Formeln zur Verfügung stehen würden?

Frage

Falls Sie den Access-Teil bearbeitet haben - an welche Art der Abfragen erinnern Sie die Rechenoperationen?[39]

Aufgabe

Gegeben sei folgendes Arbeitsblatt *Beratung*. Addieren Sie die insgesamt für die Projekte Bodiweb und Schiemdata angefallenen Beratungsstunden in der Tabelle Bodiweb auf und löschen dann die Tabelle Schiemdata.

	A	B	C	D	E	F	G
1	Beratungsstunden						
2							
3	Projekt	Bodiweb					
4							
5		Januar	Februar	März	April	Mai	Juni
6	Brauer	28	44	24	16	0	0
7	Gruber	0	0	0	0	0	0
8	Löffel	0	0	0	0	0	0
9	Oldenbach	72	48	54	32	0	0
10	Sinnlein	36	34	42	10	0	0
11							
12							
13	Projekt	Schiemdata					
14							
15		Januar	Februar	März	April	Mai	Juni
16	Brauer	0	0	0	0	21	45
17	Gruber	0	0	0	0	0	0
18	Löffel	0	0	14	28	35	35
19	Oldenbach	0	0	0	0	0	0
20	Sinnlein	0	0	0	18	24	47

Abbildung 58: Arbeitsblatt *Beratung*

---

[39] Aktualisierungsabfragen

6.5.2 Zielwertsuche

Beim Arbeiten mit Funktionen (vgl. Kapitel 6.3.3) geht es darum, aus vorgegebenen Werten ein Ergebnis zu berechnen. So zielt die Funktion LIA (Ansch_wert;Restwert;Nutzungsdauer) z.B. darauf ab, die jährliche lineare Abschreibung eines Wirtschaftgutes zu berechnen. Mit Hilfe von LIA können Sie z.B. ausrechnen, dass StudConsult jährlich € 7.500 abschreiben muss, wenn die Firma einen Server für € 25.000 kauft, den sie 3 Jahre einsetzt und der nach den 3 Jahren noch einen Restwert von € 2.500 hat.

	A	B	C	D	E	F
1	Berechnung der jährlichen linearen Abschreibung					
2	Anschaffungswert	Nutzungsdauer	Restwert	lineare Abschreibung		
3	25.000 €	3	2.500 €	7.500 €		
4						
5	**Zielwertsuche**					
6						
7	Berechnung der Nutzungsdauer bei einer jährlichen linearen Abschreibung von 5.000 €					
8	Anschaffungswert	Nutzungsdauer	Restwert	lineare Abschreibung		
9	25.000 €	4,5	2.500 €	5.000 €		
10						
11	Berechnung des Anschaffungswertes bei einer jährlichen linearen Abschreibung von 5.000 €					
12	Anschaffungswert	Nutzungsdauer	Restwert	lineare Abschreibung		
13	17.500 €	3	2.500 €	5.000 €		
14						

Abbildung 59: Funktion und Zielwertsuche am Beispiel der linearen Abschreibung

Bei der Zielwertsuche dagegen gibt man das Ergebnis vor und lässt Excel ausrechnen, mit welchen Werten man das gewünschte Ergebnis erzielen kann. Pro Zielwertsuchlauf kann man dabei allerdings nur einen Wert variieren. In obigem Beispiel könnte man z.B. davon ausgehen, dass sich StudConsult nur eine jährliche Abschreibung von € 5.000 leisten will. Damit stellen sich z.B. folgende Fragen:

- Wie lange muss StudConsult die Maschine nutzen, damit die Firma jährlich nur € 5.000 abschreiben muss?
- Wie teuer darf der Server sein, wenn StudConsult jährlich € 5.000 abschreiben will?

Zur Klärung der ersten Frage können Sie folgendermaßen vorgehen:

- Kopieren Sie den Bereich von A1 bis D3 in z.B. den Bereich A7 bis D9 und passen die Überschrift entsprechend an (vgl. Abbildung 59)
- Aktivieren Sie die Zelle, in der das Ergebnis stehen soll (hier D9).
- Wählen Sie den Menüpunkt [*Extras/Zielwertsuche*]
- Tragen Sie im Feld *Zielwert* den Zielwert ein (hier: 10.000); geben Sie im Feld *veränderbare Adresse* die Adresse der variierbaren Zelle ein (hier die Nutzungsdauer, d.h. Zelle B9) und bestätigen die Eingaben mit *OK*.

Frage

Können Sie mit Hilfe der Zielwertsuche folgende Fragestellung beantworten?
„Mit welchen Werten von Nutzungsdauer und Anschaffungswert lässt sich bei einer 3-jährigen Nutzung des Servers eine jährliche Abschreibung von € 5.000 errechnen?"[40]

Aufgabe

Die Aufgabe basiert auf der Barwertfunktion, die den heutigen Wert einer zukünftigen Zahlungsreihe berechnet. Gehen Sie beispielhaft davon aus, dass StudConsult einen Teil ihrer zukünftigen EDV-Ausstattung über einen Kredit finanzieren möchte. Mit der Funktion Barwert (BW) kann StudConsult ausrechnen, wie hoch der heute ausgezahlte Kreditbetrag sein kann, wenn StudConsult den Kredit zu einem Zinssatz von 5 % erhält und 3 Jahre lang pro Jahr € 15.000 zurückzahlen kann.

	A	B	C	D
1	Berechnung des Barwertes			
2				
3	Zinsatz	Zahlungszeitraum	pro Periode bezahlter Betrag	Barwert
4	5%	3	15.000 €	-40.848,72 €
5				

Abbildung 60: Funktion *Barwert*

Klären Sie mit Hilfe der Zielwertsuche, welchen Betrag StudConsult pro Jahr zurückzahlen müsste, wenn die Firma einen Kredit von € 50.000 benötigt. Was passiert, wenn Sie versuchen, den Kredit von € 50.000 über die Variation des Zinssatzes zu erhalten?

6.5.3 PivotTabellen

PivotTabellen erinnern von ihrem Prinzip her ein wenig an Kreuztabellen. Sie lassen aber eine etwas komfortablere Datenanalyse zu. Um die Erstellung von PivotTabellen zu erleichtern, stellt Excel einen PivotTabellen Assistenten zu Verfügung, den wir im folgenden Abschnitt kurz vorstellen.

---

[40] Nein, da bei der Zielwertsuche immer nur ein Wert variieren kann.

6.5.3.1 Erstellen einer PivotTabelle

Ausgangspunkt zur Erstellung der PivotTabelle ist folgende EXCEL Tabelle.

	A	B	C
1	Kundennummer	Firmenname	Kurzname
2		1 Riemen GmbH	Riemweb
3		2 GBM KG	Gbmwork
4		3 Haka GmbH	Hakagroup
5		4 Bodidas AG	Bodiweb
6		4 Bodidas AG	Bodidata
7		5 Schiemer AG	Schiemdata
8		5 Schiemer AG	Schiemweb
9		6 Oder Bank AG	Oderdata
10		6 Oder Bank AG	Oderweb
11		7 Frankfurter Blatt GmbH	Fbweb
12		7 Frankfurter Blatt GmbH	Fbweb
13		8 Herman & Co KG	Hermwork
14		9 Grüner GmbH	Grünerweb
15		10 Schiemer AG	Schiemweb
16		10 Schiemer AG	Schiemgroup
17		11 Gerhardt AG	Anwendwww
18			

Abbildung 61: Tabelle *Kunden und Kurznamen der Projekte*

Vorgehen

- PivotTabellen Assistenten mit [*Daten/PivotTable- und PivotChart-Bericht*] öffnen → Das Dialogfenster *PivotTable- und PivotChart-Assistent* (Schritt 1) erscheint.

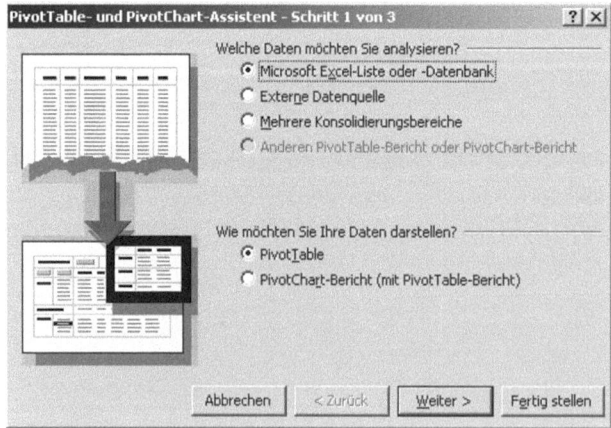

Abbildung 62: Fenster *PivotTable- und PivotChart-Assistent* Schritt 1

Tabellenkalkulation mit Excel 265

- Unter Rubrik *Welche Daten möchten Sie analysieren* die Option *Microsoft EXCEL-Liste oder –Datenbank* belassen.
- In der Rubrik *Wie möchten Sie die Daten darstellen* ebenfalls die Standardeinstellung (*PivotTabelle*) übernehmen.
- Auf *Weiter* klicken → Es öffnet sich das Dialogfenster *PivotTable- und PivotChart-Assistent* (Schritt 2).

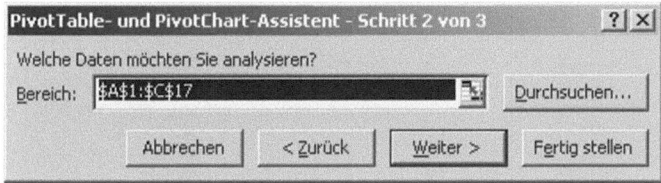

Abbildung 63: Fenster *PivotTable- und PivotChart-Assistent* Schritt 2

- Markieren Sie den Bereich in dem die zu analysierenden Daten stehen ($A$1:$C$17).
- Auf *Weiter* klicken → Das Fenster *PivotTable- und PivotChart-Assistent* (Schritt 3) erscheint.

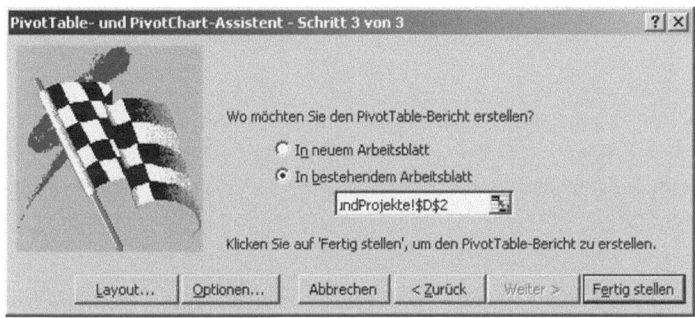

Abbildung 64: Fenster *PivotTable- und PivotChart-Assistent* Schritt 3

- Die Option *In bestehendem Arbeitsblatt* wählen
- Klicken Sie auf *Fertig stellen* → Es erscheint das Dialogfenster *PivotTable-Feldliste*.

- Abschließend müssen Sie die PivotTabelle selbst „konstruieren". Zu diesem Zweck weisen Sie Daten der PivotTabelle zu. Wählen Sie die Felder, welche Sie in einer PivotTabelle analysiert haben wollen aus. In unserem Beispiel wird der Firmenname dem Zeilenbereich und der Kurzname dem Datenbereich zugewiesen.
- Klicken Sie auf *Hinzufügen* → Als Endresultat erscheint nun die fertige PivotTabelle an dem von Ihnen angegebenen Platz in der EXCEL-Tabelle.

Abbildung 65: Fenster *PivotTable- Feldliste* und Ergebnis PivotTabelle

Dies ist allerdings nur eine Möglichkeit die Ausgangsdaten zu analysieren. Wie Sie sicher selbst herausfinden werden, gibt es andere Darstellungsmöglichkeiten der Tabelle *Kunden und Kurznamen der Projekte*. Ein großer Vorteil der PivotTabelle ist ihre Flexibilität bei der Darstellung und Analyse des Datenmaterials.

6.6 Grundlegendes zu Diagrammen

Mit Hilfe von Diagrammen können Sie Ihre Zahlen anschaulich darstellen. Sie schaffen einen besseren Überblick und verstärken die Aussagekraft der Zahlen.

Tabellenkalkulation mit Excel 267

6.6.1 Diagrammtypen und -elemente

Das Arbeitsblatt *Budget* Ihrer Datei *projekt.xls* zeigt die Aufteilung der Projektbudgets in die verschiedenen Ausgabeposten. Diese Tabelle soll mit einem Diagramm veranschaulicht werden.

	A	B	C	D
1	**Projektbudgets**			
2				
3			Projekte	
4		Bodiweb	Schiemdata	Gbmwork
5	Personal	925.000 €	1.130.000 €	340.000 €
6	EDV	275.000 €	435.000 €	245.000 €
7	Reisekosten	115.000 €	160.000 €	55.000 €
8	Unterbringung	285.000 €	260.000 €	90.000 €
9	Sonstige Mittel	50.000 €	65.000 €	120.000 €
10	Summe	1.650.000 €	2.050.000 €	850.000 €
11				

Abbildung 66: Tabelle *Projektbudgets*

EXCEL bietet zur Darstellung von Zahlen verschiedene Diagrammtypen an. Nicht jeder Diagrammtyp ist für jede Art von Zahlen geeignet. Aus der Tabelle in Abbildung 66 lassen sich beispielsweise Säulen- oder Kreisdiagramm ableiten.

Säulendiagramm

Säulendiagramme zeigen häufig die Veränderungen über einen Zeitraum (z.B. Umsatzentwicklung der letzten 10 Jahre). Sie stellen die zugrunde liegenden Werte vergleichend dar. Im Säulendiagramm der Abbildung 67 werden für die verschiedenen Projekte die jeweiligen Ausgabepostenbeträge verglichen.

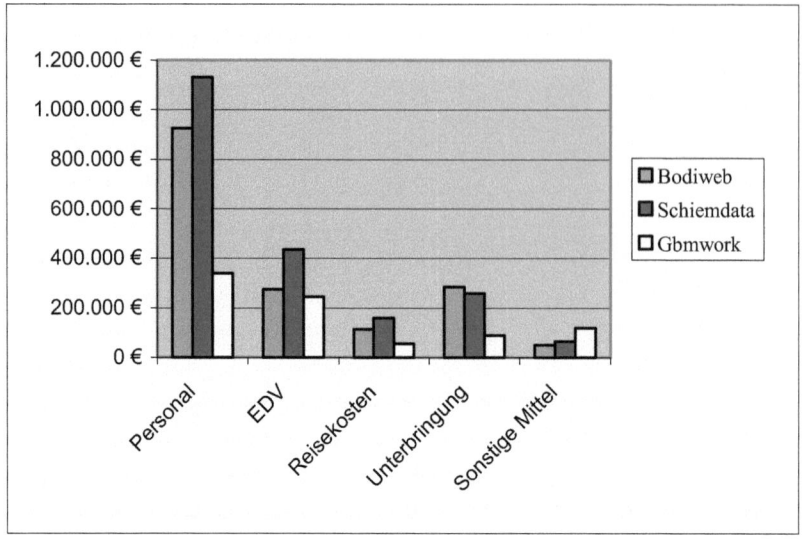

Abbildung 67: Säulendiagramm

Die wesentlichen Elemente von EXCEL-Diagrammen sollen kurz anhand des Säulendiagrammes skizziert werden.

Diagrammelemente

- *Diagrammfläche*
  Die Diagrammfläche wird durch den Markierungsrahmen des Diagramms festgelegt.
- *Zeichnungsfläche*
  Die Zeichnungsfläche ist die Fläche, die durch die Achsen des Diagramms eingegrenzt wird.
- *Legende*
  Die Legende gibt an, wofür die einzelnen grafischen Elemente stehen (hier für die jeweiligen Projekte).
- *Rubrikenachse*
  Die Rubrikenachse ist die waagrechte x-Achse. Auf dieser Achse finden Sie die Rubriken, die im Diagramm dargestellt werden (hier die Ausgabeposten).
- *Größenachse*
  Die Größenachse ist die senkrechte y-Achse, welche die Werte der zu messenden Rubriken angibt (hier die Ausgabesummen).
- *Achsenbeschriftungen und Diagrammtitel*
  Die Achsenbeschriftungen erläutern die Werte der Achsen und der Diagrammtitel benennt das Diagramm.

Kreisdiagramm

Bei einem Kreisdiagramm wird ein Kreis Anteilsweise nach vorliegenden Werten aufgeteilt. Dieser Diagrammtyp ist für Daten geeignet, bei denen sich die Anteile zu einer Gesamtheit addieren (z.B. Aufteilung des Umsatzes nach Produktarten). Im Kreisdiagramm der Abbildung 68 werden die Ausgabeposten anteilig am gesamten Projektbudget dargestellt.

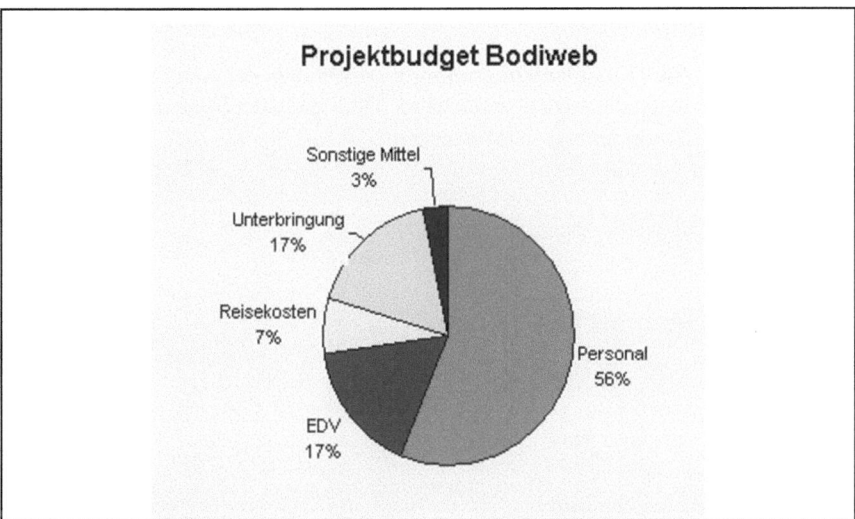

Abbildung 68: Kreisdiagramm

Liniendiagramme

Liniendiagramme dienen zur Darstellung kontinuierlicher Zahlenreihen innerhalb bestimmter Zeitabläufe (Veränderungen oder Trends)[41].

6.6.2 Erstellen von Diagrammen

EXCEL unterstützt das Erstellen von Diagrammen mit dem Diagrammassistenten. Mit ihm können Sie zu vorhandenen Tabellen in vier menügeführten Schritten Diagramme erstellen.

---

[41] Eine Abbildung eines Liniendiagramms finden Sie im Kapitel 7.5.

Vorgehen

Das Erstellen von Diagrammen wird anhand der Tabelle *Projektbudgets* (vgl. Abbildung 66) beispielhaft gezeigt.

Sie beginnen das Erstellen des Diagramms, indem Sie in der Tabelle die darzustellenden Daten markieren (Zellen, die Zeilen- oder Spaltenbeschriftungen enthalten, müssen Sie mitmarkieren, wenn sie im Diagramm als Legende oder Achsenbeschriftungen enthalten sein sollen; im Beispiel ist der Bereich von A4 bis D10 zu markieren).

Danach wählen Sie [*Einfügen/Diagramm*] oder ⏢ aus der Standard-Symbolleiste. → Diagrammassistent wird gestartet → Dialogfenster *Diagramm-Assistent - Schritt 1 von 4 - Diagrammtyp* wird angezeigt

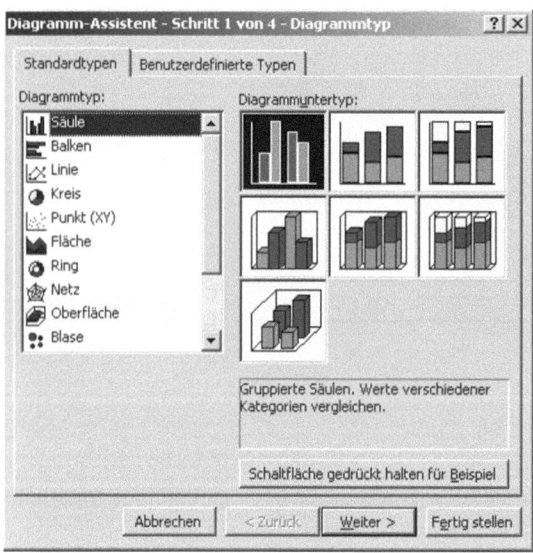

Abbildung 69: Dialogfenster *Schritt 1 von 4* des Diagrammassistenten

Schritt 1

- Zunächst wählen Sie den Typ des zu erstellenden Diagramms aus. Dazu wählen Sie den Diagrammtyp (hier Säule) und Untertyp des gewählten Diagrammtyps durch Anklicken aus.

- Bestätigen Sie die Auswahl mit *Weiter*. → Das Dialogfenster *Diagramm-Assistent - Schritt 2 von 4 - Diagramm-Datenquelle* wird angezeigt.

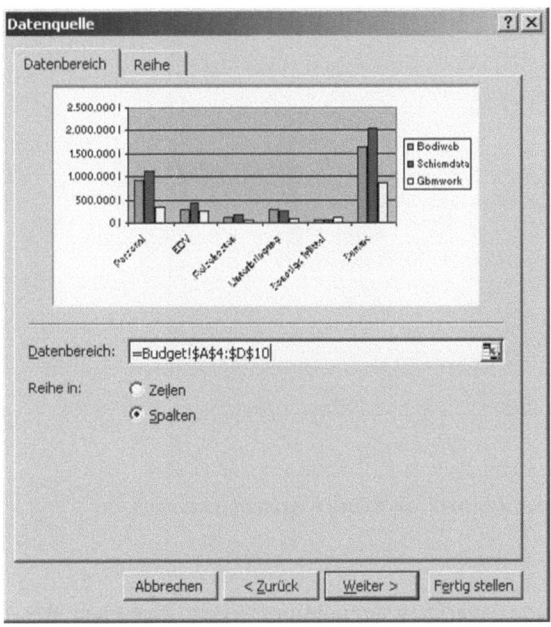

Abbildung 70: Dialogfenster *Schritt 2 von 4* des Diagrammassistenten

Schritt 2

- Hier sehen Sie zum einen eine erste Vorschau auf das Diagramm.
- Zum anderen wird Ihnen der Tabellenbereich angezeigt, aus dem das Diagramm erstellt werden soll (hier =Budget!$A$4:$D$10). Der ursprünglich gewählte Bereich kann unter *Datenbereich* geändert werden.
- In Abhängigkeit vom gewählten Diagrammtyp können Sie z.B. festlegen, ob die Datenreihen in den Zeilen oder Spalten stehen sollen. Wenn die Datenreihen in der Spalte stehen, dann werden die in der Tabelle in der ersten Spalte stehenden Kategorien auf die Rubrikenachse gesetzt (d.h. im Beispiel die Ausgabeposten). Wenn die Datenreihen in der Zeile stehen, dann werden die in der Tabelle in der ersten Zeile stehenden Kategorien auf die Rubrikenachse gesetzt (d.h. im Beispiel die Projekte).

- Bestätigen Sie die Einstellungen mit *Weiter.* → Das Dialogfenster *Diagramm-Assistent - Schritt 3 von 4 - Diagrammoptionen* wird angezeigt.

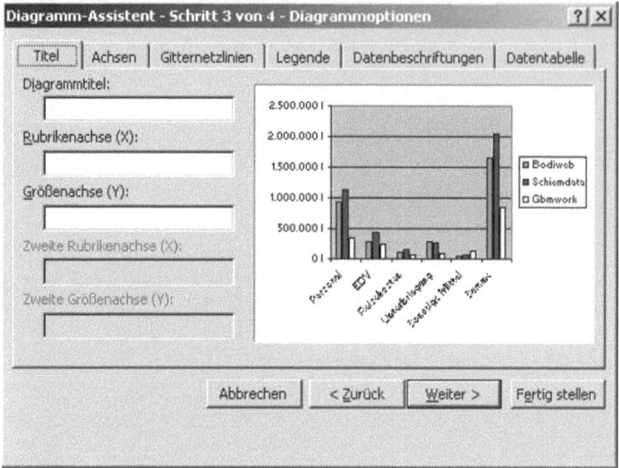

Abbildung 71: Dialogfenster *Schritt 3 von 4* des Diagrammassistenten

Schritt 3

Hier können Sie eine Reihe von Diagrammoptionen zum Aussehen des Diagramms bestimmen:

- *Titel:* Diagrammtitel und Achsenbeschriftungen
- *Legende:* Anzeige der Legende
- *Datenbeschriftungen*: zusätzliche Anzeige der Diagrammwerte

Die angebotenen Diagrammoptionen sind an den Diagrammtyp angepasst. Sie können beispielsweise bei einem Säulendiagramm zusätzlich nachfolgende Einstellungen vornehmen:

- *Achsen*: Anzeige der Diagrammachsen
- *Gitternetz*: Anzeige von Gitternetzlinien
- *Datentabelle*: Anzeige der dem Diagramm zugrunde liegenden Tabelle im „Diagrammbild"

Nachdem Sie die gewünschten Optionen ausgewählt haben, bestätigen Sie Ihre Eingaben mit *Weiter.* → Das Dialogfenster *Diagramm-Assistent - Schritt 4 von 4 - Diagrammplatzierung* wird angezeigt.

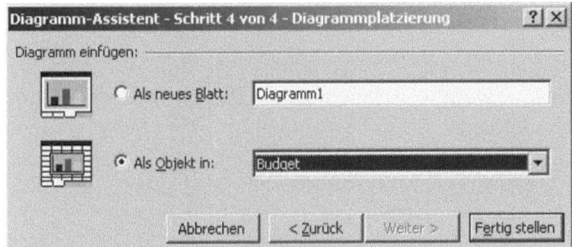

Abbildung 72: Dialogfenster *Schritt 4 von 4* des Diagrammassistenten

Schritt 4

Im letzten Schritt legen Sie die Platzierung des Diagramms fest:

- *Als neues Blatt:* Diagramm wird auf einem neuen Arbeitsblatt erstellt
- *Als Objekt in:* Diagramm wird auf dem angegebenen Arbeitsblatt erstellt

Nachdem Sie diese Eingabe mit *Fertig stellen* bestätigt haben, wird das Diagramm eingefügt.

6.6.3 Verändern von Diagrammen

Nachdem Sie das Diagramm erstellt haben, können Sie das Aussehen des Diagramms weiter verändern und gestalten.

Größe des Diagramms verändern

Sie können die Größe des Diagramms mit den acht schwarzen Größen-Ziehpunkten verändern. Diese Größen-Ziehpunkte erscheinen, wenn Sie mit der Maus einmal auf die Diagrammfläche klicken.

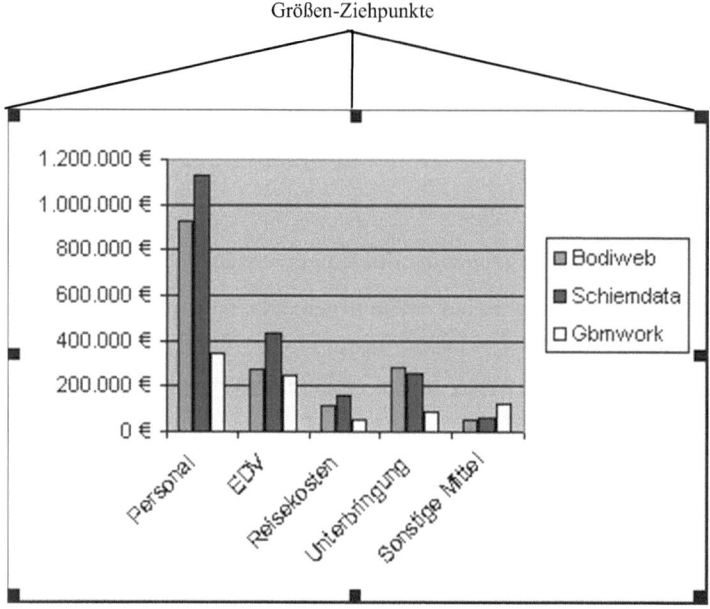

Abbildung 73: Größen-Ziehpunkte eines Diagramms

Vorgehen

- Setzen Sie den Mauszeiger auf einen der Größenziehpunkte. Aus dem Mauszeiger wird dann ein Doppelpfeil.
- Drücken Sie die linke Maustaste und halten Sie diese gedrückt.
- Ziehen Sie mit gedrückter Maustaste das Diagramm in die gewünschte Richtung.
- Lassen Sie die Maustaste los.

Tabellenkalkulation mit Excel 275

Hinweis

Häufig ist das Diagramm nach dem Erstellen zu klein, so dass die Beschriftungen nicht vollständig angezeigt werden können. Verändern Sie in diesem Fall einfach die Diagrammgröße bzw. wählen Sie für die Beschriftungen eine kleinere Schriftgröße[42].

Ändern der Tabellenwerte

Falls Sie nachträglich die Werte in der Tabelle ändern wollen, ist das unproblematisch. Geben Sie einfach die neuen Werte in die Tabelle ein. Das Diagramm passt sich automatisch an die neuen Werte an.

Ändern des Diagrammtyps

Sie können nach dem Erstellen des Diagramms den Diagrammtyp ändern, indem Sie

- das Diagramm durch einmaliges Anklicken markieren,
- [*Diagramm/Diagrammtyp*] aufrufen
- und den gewünschten Diagrammtyp auswählen.

Ändern der Datenquelle

Zum Ändern der Datenquelle (= der Tabellenbereich, aus dem das Diagramm erstellt wurde) klicken Sie einmal auf das Diagramm und wählen [*Diagramm/Datenquelle*].

Verändern der Diagrammoptionen

Zum Ändern der bei der Erstellung angegebenen Diagrammoptionen klicken Sie einmal auf das Diagramm und wählen [*Diagramm/Diagrammoptionen*].

Weitere Änderungen an den Diagrammelementen

Zum Verändern der einzelnen Diagrammbestandteile (z.B. der Säulen) klicken Sie das zu verändernde Element mit einem *Doppelklick* an. Daraufhin erscheint das entsprechende Formatierungsdialogfenster; in Abbildung 74 beispielsweise das zum Formatieren der Legende.

---

[42] Sie können die Schriftgröße verändern, indem Sie die Beschriftung mit einem Doppelklick anklicken und in dem erscheinenden Dialogfenster die Registerkarte *Schrift* wählen.

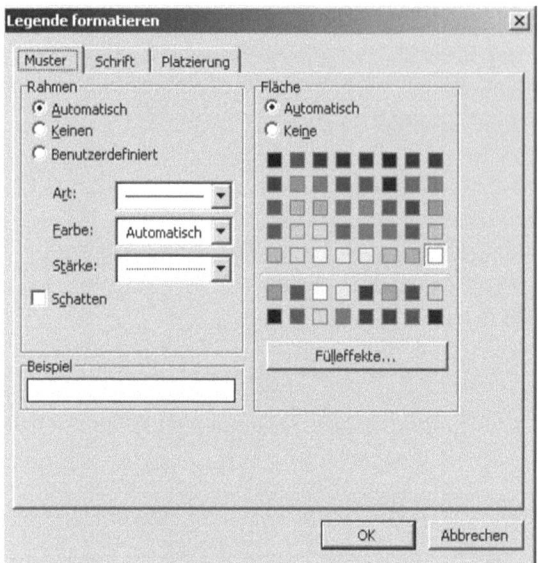

Abbildung 74: Dialogfenster zum Formatieren der Legende

Sie können nun in den verschiedenen Registern des Dialogfensters die gewünschten Formatierungen vornehmen. Nachdem Sie Ihre Änderungseingaben mit *OK* bestätigt haben, wird Ihr Diagramm entsprechend angepasst.

Hinweis

Falls Sie in einem Kreisdiagramm ein einzelnes Kreissegment (Kuchenstück) verändern wollen (z.B. die Farbe), müssen Sie zunächst einmal auf den Kreis klicken und dann einmal auf das einzelne Kreissegment. Danach ist das Kreissegment einzeln markiert und Sie können mit einem Doppelklick das dazugehörige Formatierungsdialogfenster aufrufen. Analog können Sie die einzelnen Säulen eines Säulendiagramms bearbeiten.

Aufgabe

Erstellen Sie zu den Projektbudgetangaben des Arbeitsblattes *Budget* ein Säulendiagramm. Machen Sie sich nach dem Erstellen des Diagramms mit den verschiedenen Veränderungsmöglichkeiten vertraut, indem Sie für jedes Diagrammelement das zugehörige Formatierungsdialogfenster aufrufen.

7 Erstellung von Präsentationsgrafiken mit Powerpoint

Dieses Kapitel hat zwei Zielrichtungen. Zum einen vermittelt es Ihnen die Grundlagen der Vorbereitung und Gestaltung von Präsentationen bzw. Präsentationsfolien. Zum anderen lernen Sie, wie Sie Ihre Präsentationsfolien mit dem Präsentationsprogramm POWERPOINT 2003 erstellen. Hierbei soll nicht das komplette Funktionalitätsspektrum des Programms abgehandelt werden, sondern vielmehr diejenigen Elemente, die für übliche Präsentationen im Studium und im Unternehmensbereich benötigt werden.

Wiederum wird die Unternehmensberatung StudConsult als Fallbeispiel verwendet. StudConsult hat eine Studie zum betriebswirtschaftlichen Anwendungspotential des Internet durchgeführt. Der Mitarbeiter Wolfgang Brauer will die Ergebnisse der Studie in einer Präsentation vor dem Kunden vorstellen. Ihre Aufgabe liegt darin, die Folien für diese Präsentation zu erstellen.

7.1 Grundlagen

Eine Präsentation ist genau genommen mehr als ein Vortrag. Bei einer Präsentation wird das Publikum stärker integriert, indem es während der Präsentation Fragen stellen kann. Meist schließt sich im Anschluss an eine Präsentation auch eine Diskussion zum präsentierten Thema an. Ein wesentlicher Bestandteil von Präsentationen ist der Einsatz visueller Hilfsmittel. Neben dem vorgetragenen Text werden i.d.R. Folien oder Flip-Chart-Blätter verwendet.

Anlässe für Vorträge, für die sich eine visuelle Unterstützung durch Folien anbietet, gibt es im Studium und Geschäftsleben häufig. Im Folgenden sollen nur einige Beispiele genannt werden:

- Seminarvorträge halten
- Diplomarbeit vorstellen
- Produkte vor Kunden präsentieren
- Arbeitsergebnisse vor der Geschäftsführung bzw. Auftraggebern vorstellen
- Geschäftsentwicklung darstellen
- Lösungsvorschläge und Ideen vorstellen
- Präsentationen auf Tagungen und Kongressen durchführen

Die folgenden Abschnitte zeigen Ihnen die Grundlagen der Konzeption und Gestaltung von Präsentationen.

7.1.1 Konzeption von Präsentationen[1]

Wer mit seinem Vortrag überzeugen möchte, sollte sich nicht allein auf seine rhetorischen Fähigkeiten und den Einsatz optischer Medien verlassen. Zunächst ist eine gründliche Vorbereitung der Strategie und der Inhalte der Präsentation unverzichtbar.

Um zu einem zielwirksamen Konzept für die Präsentation zu kommen, empfehlen sich folgende Arbeitsschritte:

a) Anlass und Teilnehmerkreis analysieren

Zu Beginn Ihrer Überlegungen sollten Sie folgende Fragen zu Ihrem Vortrag beantworten:

- Was ist der Anlass für die Präsentation?
- Welche Wünsche und Erwartungen haben die Teilnehmer?
- Welche Kenntnisse haben die Teilnehmer?
- Wie stehen die Zuhörer zum Thema des Vortrages?

Nur wenn diese Fragen geklärt werden, können Ziele und Inhalte der Präsentation realistisch festgelegt werden.

b) Präsentationsziele abstecken

Bevor Sie die Inhalte Ihres Vortrages erarbeiten, sollten Sie Ihre Präsentationsziele festlegen. Hierbei stellt sich die grundsätzliche Frage: Was soll bei den Zuhörern erreicht werden?

Häufige Ziele sind:

- Problembewusstsein wecken
- informieren und erklären
- Akzeptanz schaffen
- motivieren
- überzeugen
- Entscheidungen herbeiführen

---

[1] Vgl. zu diesem Abschnitt Thiele, A., Mit neuen Techniken wirkungsvoll präsentieren, 1994.

c) Inhalte sammeln und auswählen

Zur Aufbereitung der Inhalte sollten Sie möglichst viele verfügbare Informationsquellen ausfindig machen und nutzen. Zu den wichtigsten Informationsquellen zählen:

- Bibliotheken und Büchereien
- Zeitschriften
- Unternehmensdaten
- World Wide Web des Internet[2]
- Gespräche mit Fachleuten
- Diskussion/Brainstorming

Nachdem Sie genügend Informationen gesammelt haben, müssen Sie Schwerpunkte bilden und Ihre Inhalte im Hinblick auf die Vortragsdauer begrenzen. Bei der Auswahl der Informationen ist es wichtig, den Teilnehmerkreis und die Ziele der Präsentation im Auge zu behalten.

d) Präsentation gliedern

Es empfiehlt sich grundsätzlich, die Präsentation in Einleitung, Hauptteil und Schluss zu unterteilen. Für die einzelnen Teile bieten sich folgende Inhalte an:

- *Einleitung*
    - o Anrede und Begrüßung der Teilnehmer
    - o interessanter Aufhänger oder Einstieg
    - o Abgrenzung des Themas
    - o Gliederung
    - o Angaben zur Vorgehensweise
- *Hauptteil*
    - o Ideen, Argumente und Informationen überzeugend darstellen
- *Schluss*
    - o Fazit
    - o Ausblick
    - o Überleitung zur Diskussion

Die zeitliche Aufteilung zwischen den drei Teilen sollte ca. 15 % für die Einleitung, ca. 75 % für den Hauptteil und ca. 10 % für den Schluss vorsehen. Damit Sie den genauen Zeitbedarf für Ihre Präsentation kennen lernen, gehört zur Vorbereitung mindestens ein vollständiger Probedurchlauf, in dem Sie alle geplanten Hilfsmittel benutzen.

---

[2] Vgl. Kapitel 8.5

e) Präsentationskonzept ausformen

Nachdem Sie Ihren Vortrag gegliedert haben, können Sie das Manuskript oder Stichwortkonzept ausarbeiten und gegebenenfalls die Teilnehmerunterlagen erstellen. Die Teilnehmerunterlagen sollten mit den im Vortrag präsentierten Inhalten übereinstimmen und sich auf die Kerninformationen beschränken.

7.1.2 Einsatz visueller Hilfsmittel

Für den Einsatz visueller Hilfsmittel sprechen mehrere Gründe: Sie erreichen dadurch i.d.R. mehr Aufmerksamkeit und Interesse, mehr Verständlichkeit, eine einprägsamere Vermittlung des Wesentlichen und ein besseres Behalten und Erinnern bei Ihren Zuhörern. Zudem lassen optische Medien den Vortragenden glaubwürdiger, sicherer und besser vorbereitet erscheinen.

7.1.2.1 *Wahl der Visualisierungsinhalte*

Hier stellt sich die Frage, was in einer Präsentation visualisiert werden soll. Aufgrund der vielfältigen Anlässe und Ziele von Präsentationen kann man diese Frage nicht allgemeingültig beantworten. Grundsätzlich eignen sich jedoch folgende Inhalte für eine Visualisierung:

- Thema
- Gliederung
- Kerninformationen
- schwierige und neue Zusammenhänge
- Nutzen eines Lösungsvorschlags oder eines Produkts
- auflockernde Elemente
- quantifizierbare Zusammenhänge und Zahlen
- Zusammenfassung

7.1.2.2 *Regeln für die Gestaltung von Folien*

Die Gestaltung der Folien ist neben Ihren Inhalten und dem Vortragsstil ein wichtiger Erfolgsfaktor für Ihre Präsentation. Häufig werden hier Fehler gemacht (z.B. mit Text überladene Folien), die leicht zu vermeiden sind. Die folgenden Abschnitte zeigen Ihnen die wichtigsten Regeln der Foliengestaltung.

a) Allgemeine Gestaltungsregeln für Text- und Bildfolien

Bei der Gestaltung von Text- und Bildfolien sollten Sie auf folgende Punkte achten:

Erstellung von Präsentationsgrafiken mit Powerpoint

Einheitliches Erscheinungsbild

Falls Sie für eine Firma eine Präsentation erstellen, sollte das Erscheinungsbild Ihrer Folien den Anforderungen angepasst werden, die sich aus dem Corporate Design[3] ergeben. Denn Unternehmen entwickeln zunehmend Gestaltungsregeln, die zu einem unverwechselbaren Erscheinungsbild des gesamten Unternehmens beitragen sollen.

Eine Einheitlichkeit wird meist in folgenden Punkten angestrebt:
- grundsätzlicher Aufbau der Folien
- Platzierung des Folientitels und des Untertitels sowie der Legenden
- Platzierung der Bildmarke (Logo) und der Wortmarke (Name der Unternehmung) mit Ressort und Abteilungsbezeichnung
- Farbgestaltung
- Schriftart sowie Schriftgröße

Aufbau der Folie

- Das Wichtigste gehört in das Zentrum der Folie.
- Mindestens 30 % der Folienfläche sollten frei bleiben.
- Beim Aufbau ist zu beachten, dass das menschliche Auge i.d.R. von links nach rechts und dann von oben nach unten wandert.

Seitenformat

Das Querformat ist für Folien häufig günstiger als das Hochformat. Hochformat-Folien lassen sich z.B. bei einer Präsentation mit dem Overhead-Projektor nicht so gut handhaben, da hier der Vortragende den unteren Teil der Folien oft verdeckt. Zudem hat man beim Querformat mehr Platz auf der x-Achse, falls man zeitliche Abläufe, Rangfolgen und Häufigkeiten darstellen will.

Farben als Gestaltungsmittel

- Farben erhöhen den Aufmerksamkeits- und Behaltenswert
- ein einheitliches, nicht zu „lautes" Farbsystem entwickeln

---

[3] Mit Corporate Design ist das optische Erscheinungsbild, mit dem ein Unternehmen nach außen tritt, gemeint. Dazu gehören z.B. Prospekte, Briefköpfe oder eine WWW-Präsenz.

- Hinweise zur Farbgestaltung:
    o möglichst nicht mehr als 4 Farben pro Folie
    o für Overhead Folien gilt: heller Hintergrund, dunkle Schrift
    o für Bildschirmpräsentationen gilt: eher dunkler Hintergrund, helle Schrift
    o großer Kontrast fördert die Lesbarkeit (z.B. schwarz auf hellem Grund, rot auf hellblau, gelb auf dunkelblau, weiß auf dunkelgrün)
    o während einer Präsentation gleiche Sachverhalte mit gleichen Farben abbilden (z.B. alle Produkte einer Produktgruppe in einer Farbe; alle Möglichkeiten zur Verbesserung der Kundenbetreuung in blau; alle Möglichkeiten zur Verbesserung der Lieferantenbetreuung in grün)
    o innerhalb eines Sachbereichs mit Abstufungen einer Farbe arbeiten (z.B. „Status" einer Produktgruppe in dunkelrot, Auslaufprodukte in hellrot)

Schriftart und Schriftgrößen

- innerhalb einer Präsentation auf eine Schriftart beschränken (gebräuchlich ist z.B. Arial oder Times New Roman)[4]
- empfohlene Schriftgrößen:
    o Titel einer Folie: mindestens 36 pt, besser sind 40 oder 44 pt
    o Stichwörter (z.B. bei Aufzählungen): ca. 32 pt
    o weiter untergeordnete Texte: ca. 24 pt
    o kleinere Schriftgrößen als 18 pt sind nicht zu empfehlen
    o Zu berücksichtigen ist hierbei auch die räumliche Entfernung der Teilnehmer. Je weiter die Teilnehmer von der Projektion entfernt sitzen, desto größer ist die Schrift zu wählen.

Hinweis

Wenn die ausgedruckte Folie auf dem Boden liegt, dann sollte man den Text auf der Folie im Stehen noch gut lesen können

Hervorhebungstechniken

- wesentliche Elemente der Folien besonders betonen (z.B. durch Fettdruck, unterstreichen, kursive Schrift oder farbiges Unterlegen)
- aber immer nur eine Technik pro Ausdruck einsetzen (z.B. fett oder kursiv)

---

[4] Vgl. zu Schriftarten Kapitel 4.3. Für Bildschirmpräsentationen (vgl. hierzu Kapitel 7.7) eignen sich serifenlose Schriften (z.B. Arial) im Gegensatz zu Serifen Schriften (z.B. Times) besser, da sie bei dieser Vorführungsweise meist besser lesbar sind.

b) Spezifische Gestaltungsregeln für Texte

Grundsätzlich gilt für die Auswahl der Folieninhalte: so einfach wie möglich, so wenig wie möglich, so lesbar und so übersichtlich wie möglich. Diese Empfehlungen begründen sich primär aus der begrenzten Aufnahmefähigkeit des menschlichen Kurzzeitgedächtnisses.

Konkret ergeben sich für Textfolien folgende Gestaltungsregeln:
- eine Idee pro Folie
- etwa sieben Worte pro Zeile
- etwa sieben Zeilen pro Folie
- Schlüsselworte statt Sätze
- doppelter Zeilenabstand
- Kleinbuchstaben für eine gute Lesbarkeit
- Stichwortlisten durch Einleitungszeichen ordnen

Sie sollten bei der Gestaltung von Textfolien unbedingt unübersichtliche und überladene Folien vermeiden. Teilen Sie daher überladene Folien in mehrere Folien auf oder setzen Sie ergänzende Medien (z.B. Flip-Chart) ein.

7.1.3 Durchführen von Präsentationen

Die erstellten Folien können Ihre Präsentation wirkungsvoll unterstützen, sie garantieren jedoch nicht den Erfolg der Präsentation. Neben einem gut ausgewählten und vorbereiteten Inhalt zählt vor allem auch Ihre Vortragsweise (z.B. Rhetorik, Gestik und Mimik) zu den Erfolgsfaktoren. Da sich dieses Kapitel mit der Erstellung von Präsentationsfolien beschäftigt, beschränken sich die folgenden Hinweise auf das Arbeiten am Overhead-Projektor.

- *Prüfen Sie die technische Ausstattung.*
  Sie sollten frühzeitig die Funktion und die Bedienung des Projektors sowie die Qualität des Projektorbildes (Lichtverhältnisse, Größe usw.) überprüfen.
- *Legen Sie die erste Folie auf den Projektor, bevor Sie zu sprechen beginnen.*
  Anhand Ihrer Einstiegsfolie können Sie die Einstellungen des Projektors (z.B. Schärfe des Bildes) überprüfen. Zudem zeigen Sie Ihren Zuhörern den Beginn des Vortrages visuell an.
- *Sprechen Sie nur mit Blickkontakt zum Publikum.*
  Dies ist ein Signal der Wertschätzung für Ihr Publikum und stellt den Kontakt zu den Zuhörern her. Es verstärkt die Aufmerksamkeit und unterstreicht das Gesagte. Zudem können Sie die Reaktionen der Zuhörer beobachten.
- *Unterbrechen Sie den Projektionsstrahl nicht.*
- *Sprechen Sie beim Folienwechsel möglichst nicht.*
  Sie erreichen damit mehr Aufmerksamkeit für die Inhalte der neuen Folie.
- *Schalten Sie den Projektor bei längeren Pausen zwischen den Folien aus und ein.*

Mit dieser An-Aus-Technik lenken Sie die Aufmerksamkeit Ihrer Zuhörer gezielt auf die Leinwand und Ihre Person.
- *Verwenden Sie Zeigehilfen.*
Sie sollten mit einer Zeigehilfe (z.B. mit einem spitzen Bleistift) auf der Arbeitsfläche des Projektors auf wesentliche Punkte Ihrer Folie hinweisen. Damit erreichen Sie u.a. einen besseren Blickkontakt zu Ihren Zuhörern.

Heutzutage werden bei Präsentationen häufiger so genannte Videobeamer verwendet. Sie erleichtern die Arbeit des Vortragenden ungemein. Es gibt kein händisches Folienwechseln mehr. Die gesamte Präsentation kann per Mausklick über ein Laptop oder einen Desktoprechner gesteuert werden. Für den Vortrag an sich gelten die gleichen Regeln wie für das Vortragen mittels Overhead. Allerdings kann man beim Vortragen mit Beamer die vielen Gestaltungsmöglichkeiten von PowerPoint 2003 optimal Nützen um die Präsentation dramaturgisch aufzuwerten.

7.2 Erste Schritte mit Powerpoint

POWERPOINT ist ein Präsentationsprogramm, mit dem Sie Folien für Präsentationen erstellen können. POWERPOINT bündelt wesentliche Funktionen aus anderen Programmen (z.B. Textverarbeitungs- oder Tabellenkalkulationsprogrammen), um schnell und einfach aus Texten, aufbereiteten Daten, Grafiken und anderen Elementen Präsentationsfolien zu gestalten. Die Folieninhalte können dabei in Papierform, als Overhead- oder als Bildschirmpräsentation vorgeführt werden.

Eine POWERPOINT-Präsentation entspricht einer Datei, in der die Folien einer Präsentation gesammelt sind. In diesem Abschnitt erfahren Sie im Wesentlichen, wie Sie eine neue Präsentation mit Powerpoint anlegen, speichern und drucken können.

7.2.1 Powerpoint starten

Beim Starten[5] von POWERPOINT erscheint rechts im Aufgabenbereich folgendes Startfenster:

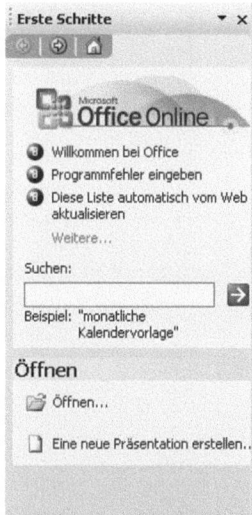

Abbildung 1: Startfenster von POWERPOINT

Zum Erstellen einer neuen POWERPOINT-Präsentation Doppel-Klicken Sie den Punkt *Eine neue Präsentation erstellen...*

---

[5] Vgl. zum Starten von Programmen unter WINDOWS Kapitel 3.1.

Es erscheint ein Fenster zur Auswahl des *Folienlayouts* (= *AutoLayout*):

Abbildung 2: Auswahlfenster für AutoLayouts

Folienlayouts sind vorgestaltete Folien, auf denen bestimmte Text- und/oder Grafikobjekte[6] (z.B. Überschriften, Diagramme oder Grafiken) vorgesehen sind. Diese Objekte werden als allgemeingültige Rahmen dargestellt, die noch keine konkreten Inhalte haben. Diese Rahmenfelder stellen somit Platzhalter dar, in denen Sie Ihre Objekte platzieren können.

Das AutoLayout-Fenster im Aufgabenbereich auf der rechten Seite zeigt Ihnen 29 Folienvorlagen Durch Anklicken eines AutoLayout-Feldes erscheint ein Menü, in welchem Sie dann „Neue Folie hinzufügen" auswählen, um eine Vorlage Ihrer Präsentation hinzuzufügen.

---

[6] In POWERPOINT werden die einzelnen Bausteine auf einer Folie (z.B. ein Text, ein gezeichnetes Viereck oder ein Diagramm) Objekte genannt (vgl. Kapitel 7.3).

Erstellung von Präsentationsgrafiken mit Powerpoint 287

Hinweis

Die AutoLayouts sind in die Kategorien „Textlayouts", „Inhaltslayouts", „Text- und Inhaltslayout" und schließlich in „Andere Layouts" unterteilt.

Frage

Welche Vorteile bieten die Folienlayouts?[7]

7.2.2 Benutzeroberfläche

Wenn Sie im Startmenü auf „Leere Präsentation öffnen" klicken, erscheint sofort die Startfolie, welche Sie dann mit Hilfe des AutoLayout-Fensters nach Ihren Vorstellungen mit den vorgegebenen AutoLayouts gestalten können.

Es erscheint die POWERPOINT Benutzeroberfläche:

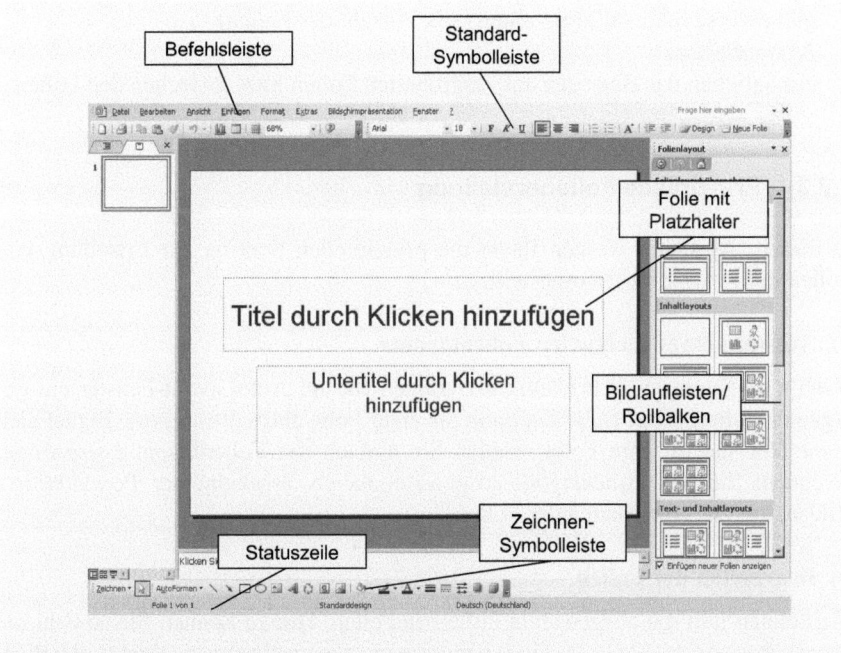

Abbildung 3: Benutzeroberfläche von POWERPOINT

---

[7] Mit den Folienlayouts erhalten Sie ansprechende und wohlproportionierte Seitenaufteilungen für verschiedene grundlegende Folientypen (z.B. Titelfolien, Aufzählfolien oder Folien mit Diagrammen). Zudem sparen Sie sich das aufwendige Entwickeln der grafischen Seiteneinteilung von Folien.

Wesentliche Elemente

Die POWERPOINT-Benutzeroberfläche besteht aus bei allen WINDOWS-Programmen identischen und POWERPOINT-spezifischen Bestandteilen.
- *Befehlsleiste*
enthält - sachlich geordnet - die Befehle, die POWERPOINT zur Verfügung stellt
- *Symbolleisten*
stellen über Schaltflächen/Listenfelder die wesentlichen Befehle schnell zur Verfügung, indem sie den Aufruf des Menübefehls ersparen
    o Standard-Symbolleiste: enthält die wesentlichen Standardbefehle (z.B. speichern und drucken) und die wesentlichen Formatierungsbefehle (z.B. fett oder kursiv)
    o Zeichnen-Symbolleiste: enthält die wesentlichen Befehle zum Zeichnen (z.B. Linien ziehen oder Vierecke erstellen)
- *Folie*
zeigt die aktuell bearbeitete Folie; das ist die eigentliche Arbeitsoberfläche, auf der die Folien gestaltet werden können
- *Statuszeile*
gibt diverse Statusinformationen (z.B. Anzahl der Folien)
- *Bildlaufleisten*
ermöglichen das Bewegen auf vergrößerten Folien bzw. zwischen den Folien

7.2.3 Prinzipielle Folienerstellung

In diesem Abschnitt werden Ihnen die prinzipiellen Schritte zur Erstellung von Folien mit POWERPOINT vorgestellt.

a) Auswahl eines geeigneten Folienlayouts

Nach dem Starten von POWERPOINT wählen Sie im AutoLayout-Fenster ein geeignetes Folienlayout (z.B. *Titelfolie* als erste Folie Ihres Vortrages). Eignet sich keine Vorlage für Ihre Folie, wählen Sie einfach das Folienlayout *Leere Folie*. Nachdem Sie das Folienlayout ausgewählt haben, erscheint der POWERPOINT-Bildschirm zum Bearbeiten der Folien.

b) Bearbeiten der Folien

Sie können nun die ausgewählte Folie bearbeiten. Hierzu können Sie sowohl die vorgegebenen Objekte (z.B. Titel) benutzen als auch selbst neue Objekte erstellen.

Folienlayout mit vorgegebenen Objekten

Haben Sie ein Folienlayout mit vorgegebenen Objekten (z.B. Titelfolie mit den Objekten *Titel* und *Untertitel*) ausgewählt, können Sie die Objekte mit Ihren Inhalten „füllen". Dazu befolgen Sie einfach die Anweisungen, die in den jeweiligen Platzhaltern stehen.

Beispiel: Titelfolie
- Die Titelfolie bietet zwei Platzhalter an: Titel und Untertitel
- Titelplatzhalter mit der Maus anklicken → Titel kann eingegeben werden
- Sie bestätigen die Eingabe, wenn Sie eine beliebige freie Stelle auf der Folie anklicken oder [*Esc*] drücken
- Untertitelplatzhalter mit der Maus anklicken → Untertitel kann eingegeben werden

Hinweis

Benötigen Sie einen zur Verfügung stehenden Platzhalter nicht, brauchen Sie diesen nicht zu löschen. Dies erübrigt sich, da unbenutzte Platzhalter (mit den enthaltenen Anweisungen) *nicht* auf einer ausgedruckten Folie oder bei einer Bildschirmpräsentation erscheinen.

Business im Internet

Dr. Wolfgang Brauer

Abbildung 4: Titelfolie mit ausgefüllten Platzhaltern

Folienlayout ohne vorgegebene Objekte (Leere Folie)

Haben Sie eine leere Folie ausgewählt, können Sie die Folie frei nach Ihren Wünschen erstellen. Sie können Texte, Zeichnungen oder vorgefertigte Bilder (ClipArts) einfügen und optisch gestalten (formatieren). Die entsprechenden Bearbeitungsmöglichkeiten lernen Sie in den nächsten Kapiteln kennen.

c) Neue Folie einfügen

Nachdem Sie eine Folie erstellt haben, können Sie mit dem Befehl [*Einfügen/Neue Folie*] bzw. mit dem Symbol ⬚ eine neue Folie in Ihre Präsentation einfügen. Nachdem Sie diesen Befehl aufgerufen haben, erscheint eine neue Folie mit einem vorgegebenen Folienlayout, welche Sie wieder im AutoLayout-Fenster an Ihre Vorstellungen anpassen können.

Hinweis

Zum Bewegen zwischen mehreren Folien können Sie die Bildlaufleisten oder die *Bild nach oben-* bzw. *Bild nach unten-*Taste benutzen.

Aufgabe

- Erstellen Sie eine Titelfolie mit dem Titel *Business im Internet* und dem Namen *Dr. Wolfgang Brauer* als Untertitel (vortragende Person).
- Erstellen Sie ein zweite Folie, auf der Sie die Inhalte Ihres Vortrages vorstellen wollen. Wählen Sie dazu das Folienlayout *Aufzählung*. Geben Sie als Titel für die zweite Folie *Aufbau des Vortrages* und als Aufzählungspunkte im zweiten Platzhalter folgende Inhalte ein: *Internetgestützte Wertaktivitäten, Bedeutung des Internet für Branchen, Intra- und Extranet, Virtuelle Unternehmen und neue Arbeitsformen* und *Probleme*. Bestätigen Sie die Eingabe jedes Inhaltspunktes mit [*Return*]; damit wird ein neuer Aufzählungspunkt bereitgestellt.

7.2.4 Präsentation speichern, öffnen und schließen

In diesem Abschnitt erfahren Sie, wie Sie Präsentationen speichern (z.B. auf der Festplatte), neue oder vorhandene Präsentationen öffnen und geöffnete Präsentationen schließen können.

a) Speichern

Dieser Abschnitt zeigt Ihnen, was Sie beim Speichern einer Präsentation beachten müssen.

Erstellung von Präsentationsgrafiken mit Powerpoint 291

Erstes Speichern einer neu erstellten Präsentation

- Menüpunkt [*Datei/Speichern*] oder ⊞ in Standard-Symbolleiste anklicken
  → Dialogfenster *Speichern unter* erscheint

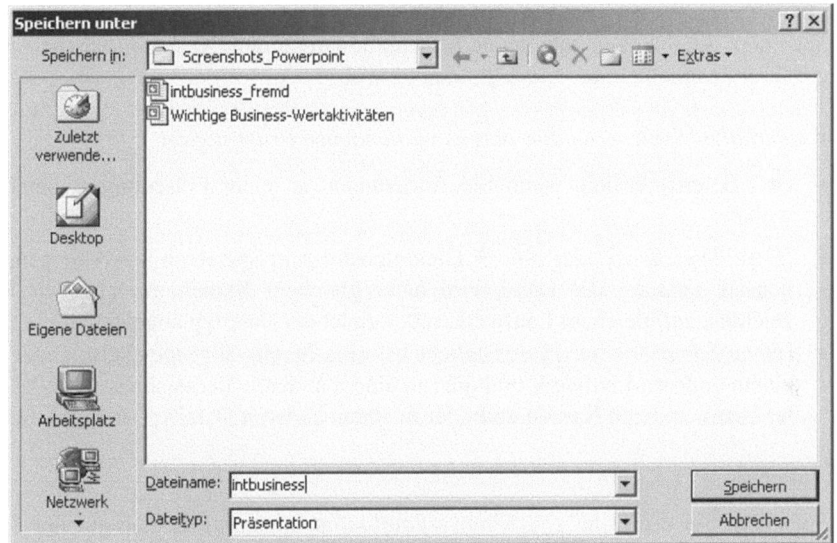

Abbildung 5: Dialogfenster *Speichern unter*

- Laufwerk und Verzeichnis wählen
  o öffnen des Listenfeldes Speichern in zeigt die Laufwerks- und Verzeichnisstruktur an
  o gewünschtes Laufwerk/Verzeichnis analog zur Handhabung im Explorer[8] öffnen
- *Dateiname*: Eingabe in Textfeld *Dateiname*
- Dateityp
  o legt fest, in welchem Dateiformat die Präsentation gespeichert wird
  o Standardvorgabe *.ppt = Dateiformat von Powerpoint (z.B. intbusiness.ppt[9])
  o Andere Dateiformate sind interessant, wenn die Präsentation mit einem anderem Programm weiterverarbeitet werden soll (z.B. wenn die mit PowerPoint 03 erstellte Präsentation in PowerPoint 97 oder PowerPoint XP weiter bearbeitet werden soll)[10].

---

[8] Vgl. Kapitel 3.4.
[9] Der Anwender braucht die Dateierweiterung *.ppt* nicht eintippen; sie wird automatisch von POWERPOINT vergeben.
[10] Programme wie POWERPOINT sind normalerweise aufwärtskompatibel; d.h., dass neue POWERPOINT-Versionen (z.B. POWERPOINT 2003) mit älteren POWERPOINT- Versionen

- *Speichern* bzw. *Abbrechen* klicken → Speichervorgang wird abgeschlossen bzw. abgebrochen

Aufgabe

Speichern Sie die oben begonnene Präsentation unter dem Namen *intbusiness.ppt*[11] auf Ihrer Festplatte unter *c:\edv\powerpoint* ab.[12]

Wiederholtes Speichern einer bereits vorhandenen Präsentation

- ist z.B. erforderlich, wenn Sie Änderungen an einer Präsentation speichern wollen
- [*Datei/Speichern*] oder 🖫 → Dialogfenster zum Speichern wird übergangen; neueste Fassung der Datei wird unter gleichem Namen, im gleichen Verzeichnis, auf gleichem Laufwerk, unter gleichem Dateityp abgelegt
- [*Datei/Speichern unter*] ermöglicht es, eine bereits abgespeicherte Datei auf einem anderen Laufwerk und/oder in einem anderen Verzeichnis und/oder unter einem anderen Namen und/oder in einem anderen Dateityp zu speichern.

Aufgabe

Speichern Sie die Datei *c:\edv\powerpoint\intbusiness.ppt*, die Sie auf der Festplatte gespeichert haben, unter dem Namen *intbusiness.ppt* auf einer Diskette ab. Beenden Sie anschließend POWERPOINT.

Hinweis

Während der Erstellung Ihrer Folien sollten Sie Ihre Präsentation von Zeit zu Zeit speichern. Sie beugen so dem Verlust aufwendiger Eingabe- und Gestaltungsarbeiten vor, der u.U. durch den Absturz des Rechners entstehen kann.

b) Öffnen

Im Folgenden erfahren Sie, wie Sie eine Präsentation öffnen können.

Öffnen bereits vorhandener Präsentationen

Aufgabe

Starten Sie POWERPOINT (→ Die Benutzeroberfläche erscheint, ohne dass Sie eine Präsentation begonnen oder geöffnet haben). Öffnen Sie die auf der Festplatte

---

(z.B. POWERPOINT 97 oder POWERPOINT XP) erstellte Präsentationen i.d.R. „von selbst" lesen können. Ältere POWERPOINT-Versionen können dagegen mit neueren POWERPOINT

[11] Im Rahmen der Aufgaben dieses Kapitels erstellen Sie unter dem Namen *intbusiness.ppt* einen Teil der Präsentation *Business im Internet*. Die vollständige Präsentation finden Sie unter dem Namen *intbusiness_fremd.ppt* in der WWW-Ergänzung zu diesem Buch.

[12] Dieses Verzeichnis wurde in Kapitel 3.4 angelegt.

Erstellung von Präsentationsgrafiken mit Powerpoint 293

abgespeicherte Datei *c:\edv\powerpoint\intbusiness.ppt*. Sie müssen dazu folgendes wissen:

- [*Datei öffnen*] oder Klick auf [Symbol] in der Standard-Symbolleiste → ein dem Speichern-Dialogfenster ähnliches Feld wird geöffnet

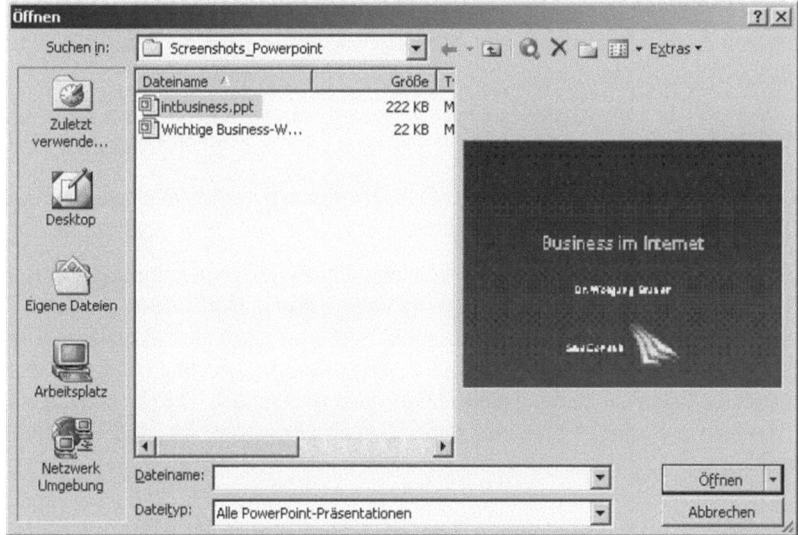

Abbildung 6: Dialogfenster *Öffnen*

  o Laufwerk/Verzeichnis, unter dem die Datei gespeichert ist: über das Öffnen des Listenfeldes Suchen in eingeben
  o Dateiname: den Namen im Dateifenster doppelt anklicken → Die Präsentation wird automatisch geöffnet. Im Dateifenster werden Dateien des unter Dateityp aktivierten Formates angezeigt (standardmäßig *.ppt → Anzeige von mit Powerpoint 03 und anderen Powerpoint-Versionen erstellten Dateien)
- *Schnellöffnung von Dateien*: Im unteren Bereich des Menüpunktes *Datei* befindet sich eine Liste der zuletzt geöffneten Dateien. Durch Anklicken lässt sich eine in letzter Zeit benutzte Datei auf die schnellste Art und Weise öffnen.

Hinweis

Falls Sie POWERPOINT neu gestartet haben, können Sie im Startfenster im Bereich „*Öffnen"* eine der vorgeschlagenen Präsentationen oder die Option „*Weitere"* anklicken. Sie erreichen dann sofort das Öffnen-Dialogfenster.

Öffnen einer neuen, leeren Präsentation

Sie können über das Befehlsmenü eine neue, leere Präsentation öffnen (falls Sie z.B. zu einer bereits geöffneten Präsentation eine zweite Präsentation neu erstellen wollen). Dazu wählen Sie

- [Datei/Neu]
- Option *Leere Präsentation* wählen oder Klick auf ⃞ in Standard-Symbolleiste → leeres Dateifenster erscheint

c) Schließen

In POWERPOINT 03 können mehrere Dateien gleichzeitig geöffnet und bearbeitet werden. Dabei ist folgendes zu beachten:

- Beim Öffnen einer Datei legt sich das Fenster/Blatt der zuletzt geöffneten Datei auf den Stapel der übereinander liegenden Fenster/Blätter.
- Unter dem Menüpunkt *Fenster* sehen Sie eine Liste der aktuell geöffneten Dateien (z.B. *intbusiness.ppt* und *Präsentation2*). Die oben auf dem Stapel liegende Datei ist durch einen Haken gekennzeichnet. Durch Anklicken des Dateinamens können Sie ein anderes Fenster aktivieren, d.h. oben auf den Stapel legen.

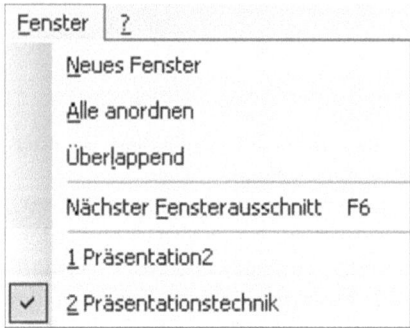

Abbildung 7: Befehlsmenü *Fenster*

- Geöffnete Dateien befinden sich im Arbeitsspeicher. Wenn Sie zu viele Dateien gleichzeitig öffnen, scheitern Sie beim Versuch eine weitere Datei zu öffnen u.U. an den Grenzen des Arbeitsspeichers. Sie müssen in diesem Fall Dateien aus dem Arbeitsspeicher entfernen, d.h. z.B. folgendermaßen schließen:
  - [Datei/Schließen]
  - Wenn alle Dateien geschlossen sind, erscheint eine leere Arbeitsfläche.

Erstellung von Präsentationsgrafiken mit Powerpoint

Unterschied zwischen Speichern und Schließen
- Beim Speichern wird die Datei auf den permanenten Datenträger (Festplatte oder Diskette) geschrieben; sie bleibt weiterhin im Arbeitsspeicher.
- Beim Schließen wird die Datei aus dem Arbeitsspeicher entfernt. Falls Sie an der Datei Veränderungen vorgenommen haben, werden Sie beim Schließen gefragt, ob Sie die Veränderungen speichern möchten.

Aufgabe

Öffnen Sie zusätzlich zur bereits geöffneten Datei *intbusiness.ppt* ein neue Datei. Gehen Sie in das Menü *Fenster* und wechseln Sie zwischen den Fenstern der beiden Präsentationen. Schließen Sie sodann die leere Präsentation.

Hinweis

Den Befehl [*Datei/Schließen*] können Sie auch verwenden, um Eingaben zu verwerfen. Dies kann z.B. sinnvoll sein, wenn Sie mit einer für Sie neuen Funktionalität von POWERPOINT experimentieren (z.B. ClipArts). Vor Experimentbeginn speichern Sie die Datei. Falls das Experiment misslingt und ein "Chaos" entsteht, wählen Sie [*Datei/Schließen*] und verneinen die Rückfrage, ob Sie die Datei speichern wollen.

7.2.5 Folienansichten

POWERPOINT kann Ihre erstellten Präsentationen in verschiedenen Ansichten darstellen. Mit den unterschiedlichen Ansichten sind jeweils unterschiedliche Funktionen zur Bearbeitung und Darstellung der Folien verbunden. Welche Ansicht Sie wählen, hängt davon ab, welche Bearbeitungsschritte Sie gerade an der Präsentation vornehmen wollen.

Zwischen den verschiedenen Ansichten können Sie im Befehlsmenü *Ansicht* per Mausklick wechseln.

Abbildung 8: Auszug aus dem Befehlsmenü *Ansicht*

Im Folgenden werden die Ansichten *Folie* und *Foliensortierung* vorgestellt. Diese beiden Ansichten benötigen Sie zum Erstellen und Bearbeiten Ihrer Folien.[13]

a) Folienansicht

Die Folienansicht ist die Standardansicht, in der Sie die meisten Arbeiten an den Folien durchführen können. Sie können hier u.a. Text eingeben, zeichnen sowie Grafiken und ClipArts einfügen. Die Folienansicht wird nach dem Start von POWERPOINT oder dem Öffnen einer Präsentation standardmäßig angezeigt.

In der Folienansicht werden grundsätzlich die Standard-, Formatierungs- und die Zeichnen-Symbolleiste eingeblendet.

b) Foliensortieransicht

Die Foliensortieransicht gibt einen Überblick über alle erstellten Folien der Präsentation. In dieser Ansicht können Sie die Reihenfolge der Folien verändern (sortieren), Folien kopieren oder löschen. Es ist beispielsweise sinnvoll, vor einem Ausdruck nummerierter Folien[14] bzw. vor der Vorführung einer Bildschirmpräsen-

---

[13] Neben der Folienansicht und Foliensortieransicht gibt es in POWERPOINT noch weitere Ansichten (z.B. *Normal*- oder *Gliederungsansicht*). Nähere Informationen zu diesen Ansichten können Sie sich über die Hilfefunktion von POWERPOINT anzeigen lassen.
Wie in allen WINDOWS-Programmen, haben Sie auch in POWERPOINT die Möglichkeit, sich über die *Hilfefunktion* Hilfe zum Arbeiten mit POWERPOINT zu holen. Sie erreichen die Hilfefunktion über [?] in der Menüleiste oder alternativ *F1*. Sie können die Hilfefunktion analog zur WINDOWS-Hilfe (vgl. Kapitel 3.6) bedienen.

[14] Vgl. zur Vergabe von Foliennummern Kapitel 7.6.2.1.

tation[15], noch einmal in der Foliensortieransicht die richtige Reihenfolge der Folien zu prüfen.

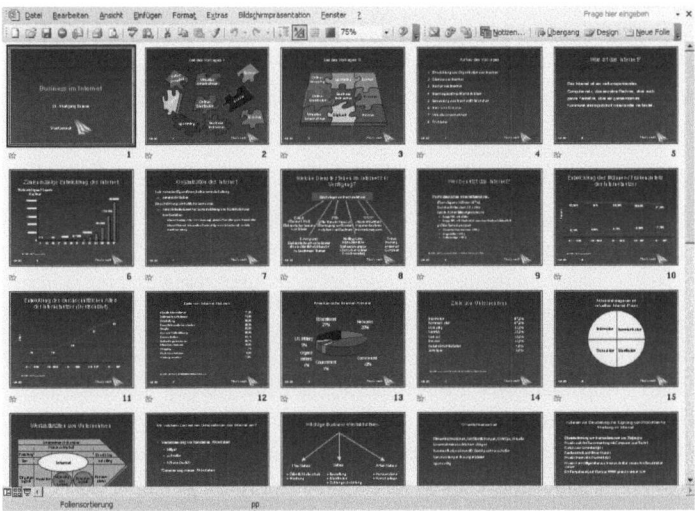

Abbildung 9: Foliensortieransicht

Folien sortieren

In der Foliensortieransicht können Sie die Reihenfolge der erstellten Folien verändern, indem Sie die Folien mit der Maus verschieben.

Vorgehen

- mit der Maus auf zu verschiebende Folie klicken → Folie erhält einen blauen Markierungsrahmen
- die Folie mit gedrückter Maustaste (Markierungsrahmen wird grau) bewegen und an die gewünschte Stelle ziehen
- Maustaste loslassen

Folien kopieren

In der Folien- und der Foliensortieransicht können Sie Folien kopieren. Dies ist vor allem dann nützlich, wenn der gleiche Folienaufbau häufiger verwendet werden soll (z.B. mehrere Folien mit gleichen Grafiken, aber unterschiedlichen Texten).

---

[15] Vgl. Kapitel 7.7.

Vorgehen

- zu kopierende Folie mit Klick markieren
- [*Bearbeiten/Kopieren*] oder wählen
- mit der Maus die Folie anklicken (die Folie erhält einen blauen Markierungsrahmen), vor der Sie die zu kopierende Folie einfügen wollen.
- [*Bearbeiten/Einfügen*] oder wählen → Kopie wird eingefügt

Folien löschen

Zum Löschen von Folien klicken Sie die zu löschenden Folien an und drücken [*Entf*] oder wählen [*Bearbeiten/Folie löschen*].

Hinweis

Sie können in der Foliensortieransicht auch mehrere Folien gleichzeitig markieren, indem Sie beim Anklicken der Folien zusätzlich die [*Shift*]-Taste drücken. Damit können Sie z.B. mehrere Folien auf einmal verschieben oder löschen. Wenn Sie mehrere Folien markieren wollen, die nicht aneinandergereiht sind, so halten Sie beim Markieren die [*Strg*]-Taste gedrückt.

Weitere Hinweise

POWERPOINT bietet Ihnen die Möglichkeit, sowohl in der Folienansicht als auch in der Foliensortieransicht die Größe der Bildschirmdarstellung zu verändern. Dazu rufen Sie [*Ansicht/Zoom*] auf.

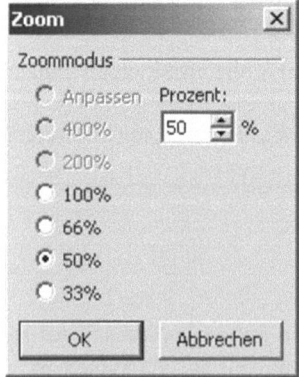

Abbildung 10: Dialogfenster *Zoom*

In dem Dialogfenster *Zoom* kann die Darstellungsgröße über die Prozentangaben bestimmt werden. 100 % entspricht hierbei der Originalgröße. Sie können die Prozentangaben auch direkt in der Standard-Symbolleiste über das Listenfeld

Erstellung von Präsentationsgrafiken mit Powerpoint 299

50% vornehmen. Die Größe des Ausdruckes wird durch diese Einstellungen nicht beeinflusst. Eine Vergrößerung der Darstellung empfiehlt sich beispielsweise bei der Arbeit mit kleineren Zeichenobjekten.

Sie können zwischen den verschiedenen Ansichten auch mit den Ansichtssymbolen (□ ≡ 88 ♀ ♀) links neben der horizontalen Bildlaufleiste des Bildschirms wechseln.

Aufgabe

Wechseln Sie in die Foliensortieransicht Ihrer Präsentation *intbusiness.ppt*. Kopieren Sie dort die zweite Folie (*Aufbau des Vortrages*) an den Anfang Ihrer Präsentation. Schieben Sie nun die Titelfolie wieder an die erste Stelle und löschen anschließend die dritte und letzte Folie.

7.2.6 Drucken

Zum Drucken einer Präsentation wählen Sie

- 🖨 → Der Druck wird mit den aktuellen Druckereinstellungen gestartet oder
- [*Datei/Drucken*] → Dialogfenster zur Änderung der Druckereinstellungen erscheint

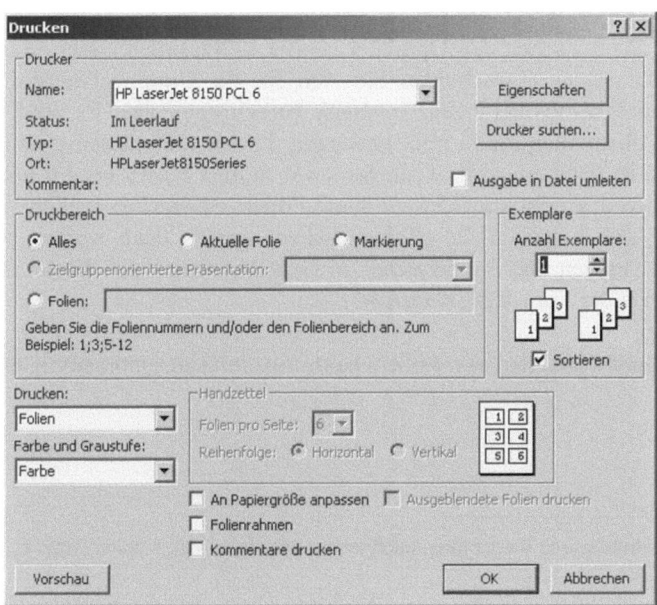

Abbildung 11: Dialogfenster *Drucken*

Druckereinstellungen des Drucken-Dialogfensters
- *Drucker*
    - Druckdaten gehen an den unter Name angegebenen Drucker(treiber)
    - Ändern des Druckers durch Aufklappen des Listenfeldes Name und Anklicken des entsprechenden Druckers
- *Druckbereich*
  Der Druckbereich legt fest, welche Folien bzw. Folienbereiche der Präsentation gedruckt werden sollen.
    - Alle: druckt die gesamte Präsentation
    - Aktuelle Folie: druckt die Folie, die gerade auf dem Bildschirm angezeigt wird
    - Folien: druckt die angegebenen Folien
    - Markierung: druckt nur markierte Folien bzw. den markierten Bereich einer Folie (Die Option erscheint nur, wenn vorher Folien bzw. Folienbereiche markiert worden sind)
- *Exemplare*: die Anzahl der zu druckenden Exemplare bestimmen
- *Drucken*
  Im Listenfeld Drucken wird festgelegt, was gedruckt werden soll.
    - Folien: Es werden die Folien in dem vorgegebenen Format ausgedruckt.
    - Handzettel: Bei Handzetteln werden mehrere Folien auf eine Seite gedruckt (je nach Wahl 2,3,4,6 oder 9 Folien).

- *Farbe und Graustufe*
  Hier können Sie zwischen den Optionen „Farbe, „Graustufen" oder „Reines Schwarzweiß" wählen. Entscheiden Sie sich für die Option „Graustufen", dann ignoriert POWERPOINT beim Ausdruck Farbeinstellungen. Es wird hier ein weißer Folienhintergrund[16] mit schwarzen Texten und Linien gedruckt. Diese Option ist dann sinnvoll, wenn Sie zwar farbige Folien erstellt haben, aber die Folien auf normale Schwarz-Weiß-Folien ausdrucken wollen. Entscheiden Sie sich hingegen für „Reines Schwarzweiß", dann werden beim Ausdruck alle Farben und Füllbereiche[17] in Grautöne umgesetzt. Dieser Ausdruck entspricht der *Schwarzweißansicht*[18].
- *Folien rahmen*
  Mit dieser Option erhalten die Folien beim Ausdrucken automatisch einen Rahmen.

---

[16] Sie können den Hintergrund Ihrer Folien auch farbig gestalten. Vgl. Kapitel 7.6.2.1.
[17] Vgl. Kapitel 7.3.3.4.
[18] Die Schwarzweißansicht kann mit [*Ansicht/"Farbe/Graustufe"/Schwarzweißansicht*] eingestellt werden. Damit werden farbig erstellte Folien in den verschiedenen Ansichten von POWERPOINT in schwarzweiß mit Grautönen (für Farben und Füllbereiche) angezeigt.

Erstellung von Präsentationsgrafiken mit Powerpoint 301

Hinweis

Damit Sie die Präsentation über einen Laserdrucker direkt auf Folien drucken können, benötigen Sie hitzebeständige Folien für Laserdrucker. Normale Folien können verkleben und den Drucker beschädigen. Ebenso müssen Sie bei einem (Farb-)Tintenstrahldrucker spezielle Folien verwenden, damit die Tinte auf den Folien haftet und nicht verschmiert.

7.3 Arbeiten mit Text- und Zeichenobjekten

Alles, was Sie mit POWERPOINT auf einer Folie einfügen, bildet einen Baustein auf Ihrer Folie. Diese Bausteine heißen in POWERPOINT *Objekte*. Es kann sich dabei z.B. um einen Textbaustein[19], ein gezeichnetes Viereck[20], ein vorgefertigtes Bild[21] oder ein Diagramm[22] handeln. Ebenso stellen die Platzhalter auf den Folienlayouts Objekte dar. Jedes dieser Objekte wird einzeln erstellt und kann einzeln bearbeitet werden.

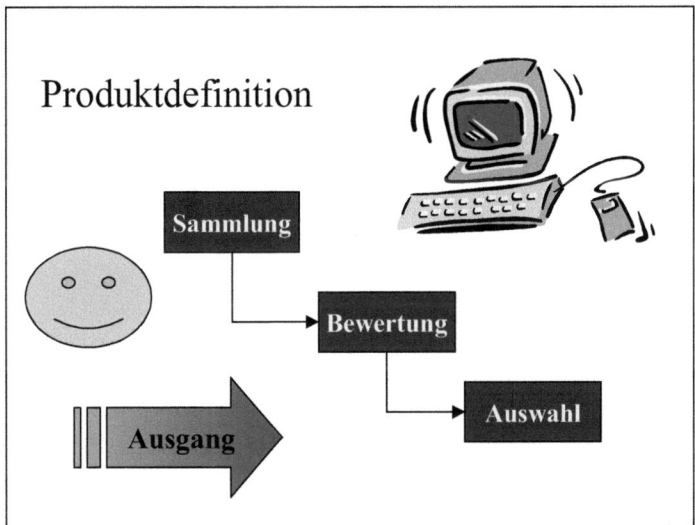

Abbildung 12: Beispiele für Objekte

---

[19] Vgl. Kapitel 7.3.1.
[20] Vgl. Kapitel 7.3.2.
[21] Vgl. Kapitel 7.4.
[22] Vgl. Kapitel 7.5.

Die wesentlichen Elemente beim Erstellen von Folien sind Text- und Zeichenobjekte. In diesem Abschnitt lernen Sie, wie Sie Text- und Zeichenobjekte erstellen und bearbeiten.

Hinweis

Vergessen Sie nicht, dass Sie zum Arbeiten mit Objekten in die Folienansicht wechseln müssen.

7.3.1 Arbeiten mit Textobjekten

Die Texterstellung und -bearbeitung in POWERPOINT ist ähnlich wie das Textverarbeitungsprogramm WORD[23] zu bedienen. Viele Befehle und Funktionen wurden fast identisch von WORD übernommen. Allerdings bietet POWERPOINT nicht den gesamten Funktionsumfang eines Textverarbeitungsprogramms. In den folgenden Abschnitten wird das Erstellen und Bearbeiten von Text vorgestellt.

7.3.1.1 Text erstellen

Bei der Erstellung von Texten können Sie die dafür vorgesehenen Platzhalter auf den Folienlayouts bzw. bereits erstellte Zeichenobjekte[24] verwenden oder den Text frei an einem beliebigen Platz auf der Folie einfügen.

a) Texterstellung in Platzhaltern auf Folienlayouts

In den vorgegebenen Platzhaltern auf den Folienlayouts, die für eine Texteingabe vorgesehen sind (z.B. Folientitel oder Aufzählungen), kann nach einem Mausklick Text eingegeben werden. Die Eingabe und Korrektur von Texten sowie das Bewegen im Text funktionieren im Wesentlichen wie bei WORD.[25]

Achten Sie bei der Eingabe auf folgendes:

- Der Text wird immer an der Stelle eingegeben, an der sich die Einfügemarke/der Cursor (= blinkender vertikaler Strich) befindet.
- Mit [*Return*] können Sie einen beabsichtigten Absatz- bzw. Zeilenwechsel eingeben.
- Stoßen Sie mit der Texteingabe an das Ende der Zeile (d.h. Sie kommen an den rechten Rand des Platzhalters), brauchen Sie keinen Zeilenwechsel einzugeben, da POWERPOINT dort automatisch einen Zeilenwechsel vornimmt.[26]

---

[23] Vgl. Kapitel 4.2.
[24] Vgl. zum Erstellen von Zeichenobjekten Kapitel 7.3.2.
[25] Vgl. zur Eingabe und Korrektur von Text bei WORD Kapitel 4.2.
[26] Vgl. analog zum automatischen Zeilenwechsel in WORD Kapitel 4.2.

Erstellung von Präsentationsgrafiken mit Powerpoint 303

Hinweis

Falls die Größe des Platzhalters für Ihren Text nicht ausreicht, schreibt POWERPOINT über die horizontalen Linien des Platzhalters hinaus. D.h. der Text ist dann höher als der Platzhalter selbst. Dies kann zu Überschneidungen mit anderen Elementen (z.B. anderen Platzhaltern) auf Ihrer Folie führen. Deshalb empfiehlt es sich, die Größe des Platzhalters dem Text anzupassen. Das Verändern der Größe von Platzhaltern erfahren Sie in Kapitel 7.3.3.2. Sie können die Platzhalter auf Ihrer Folie auch verschieben. Dieser Vorgang wird in Kapitel 7.3.3.3 vorgestellt.

b) Freie Texterstellung

Die Platzhalter auf den Folienlayouts sind zwar für einige Standardfolien hilfreich, aber häufig möchte man den Text frei an einem beliebigen Platz auf der Folie eingeben. In diesem Fall können Sie auf die vorgegebenen Platzhalter bzw. Folienlayouts verzichten und so genannte *Textfelder* erstellen.

Vorgehen

- [*Einfügen/Textfeld*] oder ![] in der Zeichnen-Symbolleiste wählen
- mit der Maus auf die Stelle der Folie klicken, an der Sie den Text erstellen wollen → Textfeld mit blinkendem Cursor wird erzeugt
- Text eingeben → Die Größe des Textfeldes passt sich hierbei automatisch dem Textinhalt an.
- Sie beenden die Texteingabe, wenn Sie eine beliebige freie Stelle auf der Folie anklicken oder [*Esc*] drücken.

Sie können die Größe des Textfeldes beim Erstellen bestimmen, wenn Sie das Textfeld mit der Maus aufziehen. Wählen Sie dazu [*Einfügen/Textfeld*] und ziehen beim Erstellen des Textfeldes mit der gedrückten linken Maustaste ein Viereck auf. Wenn Sie nun die Maustaste loslassen und Ihren Text eingeben, bleibt die Breite des Textfeldes erhalten und der Text bricht automatisch um (wie bei einem Platzhalter).

Aufgabe

Fügen Sie eine neue Folie in Ihre Präsentation ein. Verwenden Sie dazu aus dem AutoLayout-Fenster die Layout-Vorlage *Nur Titel*. Erstellen Sie in der Folie die nachfolgenden Texte. Verwenden Sie dabei für die Überschrift den Titel-Platzhalter.

Abbildung 13: Folie mit ungeordneten Textfeldern

Hinweis

POWERPOINT kennt keine leeren Textfelder. Geben Sie in ein erstelltes Textfeld keinen Text ein, wird es automatisch gelöscht, sobald das Textfeld nicht mehr aktiv ist.

c) Texterstellung in Zeichenobjekten

Sie können in vielen Zeichenobjekten, z.B. Viereck oder Kreis, Text erstellen. Sie brauchen also kein eigenes Textfeld mehr erstellen, wenn Sie z.B. innerhalb eines Kreises einen Text einfügen wollen. Die Verwendung von Text in Zeichenobjekten wird in Kapitel 7.3.3.5 besprochen.

7.3.1.2 Text markieren

Bevor ein eingegebener Text bearbeitet werden kann (z.B. die Schriftgröße verändert werden kann), muss der zu bearbeitende Text oder Textteil markiert, d.h. ausgewählt, werden. Hierbei kann sowohl das gesamte Textobjekt (= das Textfeld oder der Platzhalter), als auch nur der eigentliche Text bzw. Textteile (z.B. einzelne Wörter) ausgewählt werden.

Textobjekt markieren (Textfeld oder Text-Platzhalter)

- auf den Bereich des Textfeldes oder des Platzhalters klicken, ohne auf ein Wort zu klicken → Textobjekt erhält einen mit schrägen Linien schraffierten

Auswahlrahmen mit acht *Größen-Ziehpunkten* und ist damit markiert. durch das Markieren erscheint auch der Punkt „Freies Drehen", mit welchem Sie die Möglichkeit haben das markierte Textfeld um die eigene Achse beliebig zu drehen

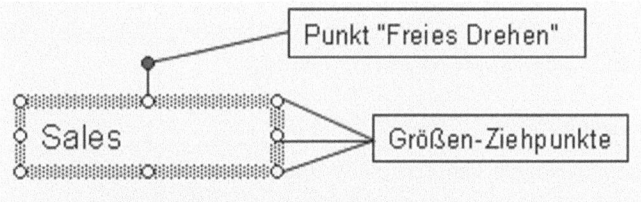

Abbildung 14: Markiertes Textobjekt

- nach dem Markieren kann das Textobjekt bearbeitet werden. Alle Veränderungen, die Sie nun zum Aussehen des Textes durchführen (z.B. Fettdruck oder größere Schriftart einstellen), beziehen sich immer auf den gesamten Text des Objektes bzw. Platzhalters[27]

Hinweis

Achten Sie beim Markieren von Textobjekten darauf, dass im markierten Textobjekt kein Cursor angezeigt wird. Falls Sie einen blinkenden Cursor sehen, haben Sie nicht das Objekt als Ganzes markiert, sondern lediglich das Textobjekt für eine Textveränderung aktiviert.

Text(-teile) markieren

- Klicken Sie direkt auf den Text (auf ein Wort) innerhalb des Textobjektes → Sie erhalten einen Auswahlrahmen mit einem blinkenden Cursor im Text
- Setzen Sie den Mauszeiger neben das erste zu markierende Zeichen, drücken Sie die linke Maustaste und ziehen mit gedrückter Maustaste hinter das letzte zu markierende Zeichen
- Maustaste loslassen → Der markierte Bereich wird schwarz hinterlegt
- Sie können nun den markierten Textbereich verändern

Sie können vorgenommene Markierungen wieder aufheben, indem Sie die [*Esc*]-Taste drücken oder mit der Maus auf eine freie Fläche auf der Folie klicken.

---

[27] Sie haben auch die Möglichkeit, mehrere Textobjekte gleichzeitig zu markieren. Dies funktioniert analog zum Markieren mehrerer Objekte (vgl. Kapitel 7.3.3.1).

7.3.1.3 Text formatieren

Mit den Formatierungsbefehlen können Sie den Text optisch gestalten (z.B. Schriftarten, Schriftgröße oder Textfarben verändern). Im Unterschied zu WORD können Sie in POWERPOINT sowohl den Text oder Textteile als auch das gesamte Textobjekt (d.h. das Textfeld oder den Platzhalter) formatieren. Voraussetzung ist, dass der entsprechende Bereich vorher markiert wurde.

a) Zeichenformatierungen

Zu den Zeichenformatierungen gehören im Wesentlichen die Veränderungen zur Schriftdarstellung des Textes, z.B. fett oder kursiv sowie Schriftart und -größe.

Vorgehen

- Text markieren
- Formatierungseinstellung wählen
    - Wesentliche Formatierungen können über die Standardsymbolleiste vorgenommen werden.
    - **F** für Fettdruck[28]
    - *K* für Kursivdruck
    - 18 ▼ zur Festlegung der Schriftgröße[29]
    - Arial ▼ zur Festlegung der Schriftart
    - Alle Zeichenformatierungen stehen über das Dialogfenster Schriftart zur Verfügung.
- [*Format/Zeichen*] aufrufen
- Einstellungen im Dialogfenster vornehmen
- mit *OK* bestätigen

b) Ausrichtung und Zeilenabstand

Die *Ausrichtung* des Textes und der Zeilenabstand können ähnlich wie die Zeichenformatierung gehandhabt werden. Sie können ebenfalls über das Menü und teilweise über die Formatierungssymbolleiste vorgenommen werden.

---

[28] Das Ein- bzw. Ausschalten erfolgt durch Anklicken der Schaltflächen. Aktivierte/eingeschaltete Formatierungen werden heller angezeigt.

[29] Die Schriftgröße können Sie auch mit $A^{\uparrow}$ vergrößern bzw. mit $A^{\downarrow}$ verkleinern.

Im Gegensatz zu Word bezieht sich die *Ausrichtung* nicht auf die Seitenränder, sondern auf die Ränder des Objektrahmens (des Textfeldes bzw. Platzhalters).

Die folgenden Textfelder zeigen Ihnen die vier zur Verfügung stehenden Ausrichtungsarten:

> *Linksbündig*: Dieser Text ist linksbündig ausgerichtet.
> Linksbündig bedeutet, dass die ersten Zeichen einer Zeile jeweils untereinander stehen und damit der linke Rand bündig ist.

> *Rechtsbündig*: Bei rechtsbündig ausgerichteten Texten
> stehen die letzten Zeichen einer Zeile
> jeweils untereinander.

> *Zentriert* ausgerichteter Text zeichnet sich dadurch aus, dass jede
> Zeile zwischen rechtem und linkem Rand zentriert wird.
> Diese Art der Ausrichtung wird häufig für Titel verwendet.

> *Blocksatz*: Der Text wird links- und rechtsbündig ausgerichtet. Dabei werden zwischen den einzelnen Wörtern variable Leerräume eingefügt.

Die Ausrichtung kann nach dem Markieren über [*Format/Ausrichtung*] oder über die Symbole ≡ ≡ ≡ in der Formatierungssymbolleiste eingestellt werden.

Der *Zeilenabstand* legt den Abstand zwischen den Zeilen innerhalb eines Textfeldes fest. Sie können den Zeilenabstand mit [*Format/Zeilenabstand*] verändern.

Aufgabe

Formatieren Sie den Text auf der Folie *Wichtige Business-Wertaktivitäten* (vgl. Abbildung 13):

- die Textfelder *Pre-Sales*, *Sales* und *After-Sales* mit Arial, 24 pt, fett und zentrierter Textausrichtung
- die restlichen Textfelder mit Arial, 20 pt und linksbündiger Textausrichtung
- Den Titel der Folie brauchen Sie nicht zu formatieren, da er später automatisch über den Folien-Master[30] formatiert wird.

c) Aufzählungszeichen einfügen und formatieren

Mit [*Format/Aufzählungszeichen*] können Sie vor den markierten Absätzen ein Aufzählungszeichen einfügen. In dem Auswahlfenster *Aufzählungszeichen* kön-

---

[30] Vgl. Kapitel 7.6.2.1.

nen Sie aus mehreren Schriftarten ein geeignetes Aufzählungszeichen auswählen und mit Farbe und Schriftgrad (Größe) formatieren.

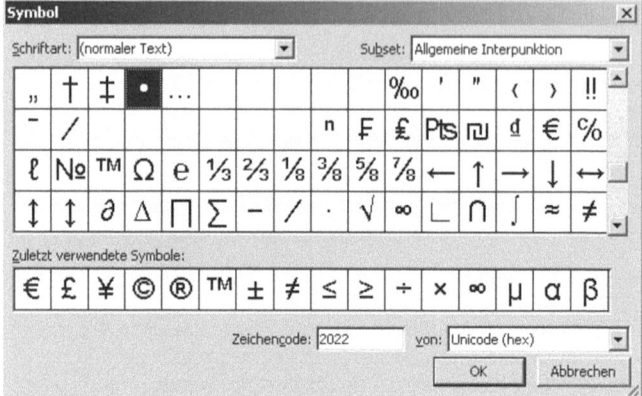

Abbildung 15: Dialogfenster *Aufzählungszeichen*

Hinweis

Mit der [*Tab*]-Taste können Sie bei der Eingabe in die jeweils nächste Gliederungsebene springen (z.B. von der ersten in die zweite Gliederungsebene). Mit [*Shift*] + [*Tab*] springen Sie wieder eine Gliederungsebene höher.

Aufgabe

Fügen Sie auf der Folie *Wichtige Business-Wertaktivitäten* (vgl. Abbildung 13) in den drei Textfeldern mit mehreren Begriffen (z.B. *Öffentlichkeitsarbeit* und *Werbung*) jeweils Aufzählungszeichen ein. Verwenden Sie als Aufzählungszeichen „⇨" aus der Schriftart *Wingdings*.

Hinweis

Den Absatzabstand zwischen zwei oder mehreren Absätzen, z.B. zwischen zwei Aufzählungspunkten, können Sie mit den Symbolen in der Formatierungssymbolleiste einfach vergrößern und verkleinern. Diese Funktion bietet sich z.B. an, wenn man eine erstellte Aufzählungsreihe gleichmäßig über die zur Verfügung stehende Folienhöhe verteilen möchte. Dazu markieren Sie die Aufzählungsreihe und bedienen sich der Abstandssymbole.

d) Textfarbe verändern

Sie können die Farbe des Textes über die Zeichnen-Symbolleiste verändern.

Vorgehen

- Textobjekt oder -teil markieren
- in der Zeichnen-Symbolleiste aufrufen, indem Sie mit der Maus auf den kleinen Pfeil neben dem Symbol klicken → Farbskala erscheint

Abbildung 16: Farbskala

Sie können direkt eine der angebotenen Farben der Farbskala mit einem Klick auswählen. → Markierter Text wird in der gewählten Farbe angezeigt.
Falls Ihnen die Farben der Farbskala nicht zusagen, können Sie in der Farbskala auf Weitere Farben klicken. → Das Dialogfenster Farben wird angezeigt.

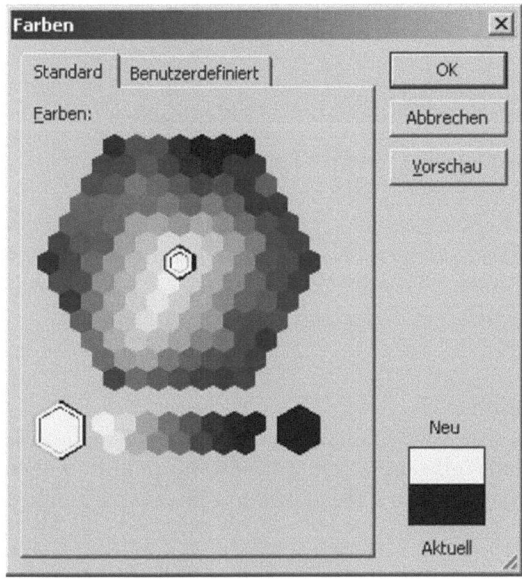

Abbildung 17: Dialogfenster *Farben*

In der angezeigten Farbwabe können Sie eine Farbe auswählen, indem Sie mit der Maus auf die gewünschte Farbe klicken.
mit *OK* bestätigen → Markierter Text wird in der ausgewählten Farbe angezeigt.

Aufgabe

Verändern Sie die Farbe der Textfelder auf der Folie *Wichtige Business-Wertaktivitäten* (vgl. Abbildung 13) nach Ihren Vorstellungen.

Frage

In welchen Fällen wird es erst interessant, Texte mit Farben zu verändern?[31]

e) Textformatierung kopieren

Falls Sie die vorgenommenen Formatierungen eines Textteiles oder Textobjektes auf einen anderen Text anwenden wollen, können Sie die Formatierungseinstellungen kopieren.

Vorgehen

- den Textteil oder das Textobjekt markieren, dessen Format sie kopieren wollen
- auf das Symbol klicken
- ziehen Sie mit gedrückter Maustaste über den Text, dem Sie das Format zuweisen wollen (falls Sie ein ganzes Textobjekt markiert hatten, brauchen Sie nur noch auf das zu verändernde Textobjekt klicken, damit die Formatierungseinstellungen kopiert werden)

f) Objektformatierungen

Sie können an den Textobjekten eine Reihe weiterer Formatierungen vornehmen, die sich jedoch immer auf das ganze Objekt (Textfeld oder Platzhalter) auswirken. Dazu zählen z.B. Text drehen, Füllbereich und Rahmenlinien verändern oder Schatteneinstellungen und 3D-Effekte vergeben. Da es sich hierbei um allgemeine Objektformatierungen handelt, finden Sie die Beschreibung dieser Formatierungen im Abschnitt zum *Bearbeiten von Objekten*[32].

7.3.2 Zeichenobjekte erstellen

POWERPOINT bietet eine Reihe von Werkzeugen, um Zeichenobjekte (z.B. Kreise oder Vierecke) zu erstellen. Die notwendigen Befehle finden Sie im Wesentlichen in der Zeichnen-Symbolleiste.

---

[31] Sie müssen eine Möglichkeit haben, Ihre Folien farbig auszudrucken (z.B. auf einem Farbtintenstrahler) bzw. eine Präsentation am Bildschirm durchzuführen. Für Schwarz-Weiß-Folien ist es jedoch sinnvoller, mit Graustufen zu arbeiten, da man die Schwarz-Weiß-Wirkung von Farben oft schwer einschätzen kann.

[32] Vgl. Kapitel 7.3.3.

Erstellung von Präsentationsgrafiken mit Powerpoint

a) Standardformen erstellen

Zu den Standardformen zählen *kreisförmige* und viereckige Objekte sowie Linien und Pfeile.

Vorgehen

- in der Zeichnen-Symbolleiste das gewünschte Grafiksymbol auswählen
    - ☐ für ein Viereck
    - ○ für eine Ellipse
    - ╲ für eine Linie
    - ↖ für einen Pfeil
- bewegen Sie den Mauszeiger an die Stelle der Folie, an der das Zeichenobjekt erstellt werden soll
- drücken Sie die linke Maustaste, halten Sie die Maustaste gedrückt und ziehen Sie mit der Maus solange, bis das Zeichenobjekt die gewünschte Größe erreicht hat
- lassen Sie die Maustaste los

Hinweis

Wenn Sie beim Ziehen mit der Maus zusätzlich die [*Shift*]-Taste drücken, werden das Viereck als Quadrat, die Ellipse als Kreis und die Linie bzw. der Pfeil gerade gezeichnet. Lassen Sie hierbei nach dem Ziehen zuerst die Maustaste und dann die [*Shift*]-Taste los.

Aufgabe

Fügen Sie eine neue leere Folie mit dem Folienlayout *Nur Titel* ein und vergeben Sie den Titel *Übung*. Erstellen Sie darauf einige Vierecke, Ellipsen und Linien.

b) AutoFormen erstellen

Neben den wenigen Grafikformen auf der Zeichnen-Symbolleiste gibt es auf der Schaltfläche *AutoFormen* zahlreiche weitere Grafikformen, die Sie verwenden können.

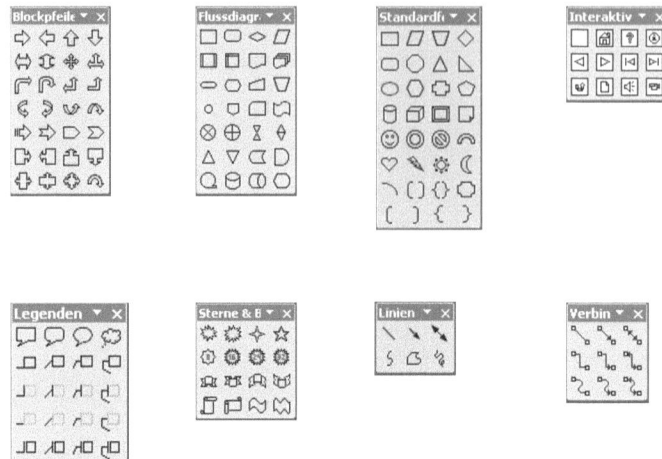

Abbildung 18: Überblick über die angebotenen AutoFormen

Das Erstellen der AutoFormen funktioniert genauso wie beispielsweise das Erstellen eines Rechteckes. Sie wählen zunächst die gewünschte AutoForm aus. Dazu klicken Sie auf die Schaltfläche *AutoFormen*, bewegen sich mit der Maus auf eine AutoFormen-Kategorie, klicken dort auf das gewünschte AutoForm-Symbol und zeichnen auf der Folie das Grafikobjekt, indem Sie mit der gedrückten Maus das Objekt „aufziehen".

Erstellung von Präsentationsgrafiken mit Powerpoint 313

Aufgabe

Fügen Sie eine neue Folie mit dem Layout *Nur Titel* in Ihre Präsentation ein. Geben Sie den Titel *Wertaktivitäten von Unternehmen* ein und erstellen Sie die nachfolgende AutoForm auf der Folie (aus der AutoFormen-Kategorie *Blockpfeile*):

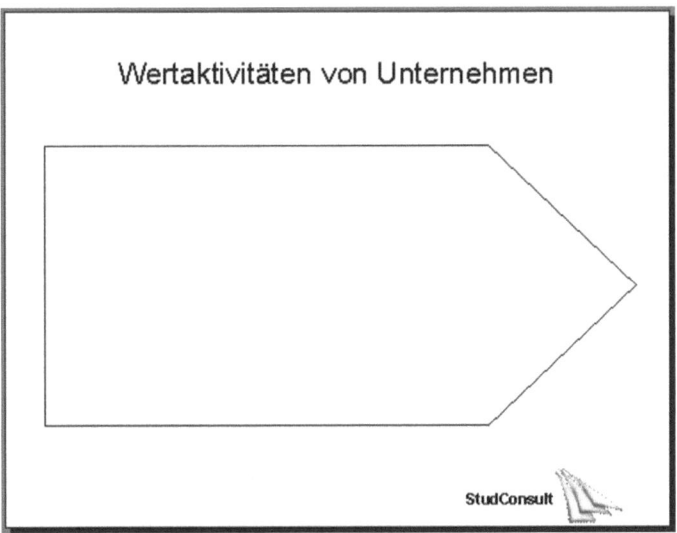

Abbildung 19: Folie mit AutoForm

Hinweis

Mit der AutoFormen-Kategorie *Verbindungen* können Sie Verbindungen zwischen zwei Objekten erstellen.

Vorgehen

- erstellen Sie die beiden Objekte, die Sie verbinden möchten
- klicken Sie die Schaltfläche *AutoFormen* an und wählen dort in der Kategorie *Verbindungen* die gewünschte Verbindungsart (z.B. Line oder Pfeil)
- bewegen Sie die Maus auf das erste Objekt. → Aus dem Mauszeiger wird ein Fadenkreuz mit Quadrat und auf dem Objekt werden kleine blaue Punkte sichtbar. Die blauen Punkte sind festgelegte Start- und Endpunkte, zwischen denen eine Verbindungslinie gezogen werden kann
- bewegen Sie den Mauszeiger auf einen blauen Punkt und ziehen Sie nun mit gedrückter linker Maustaste die Verbindungslinie auf das zweite Objekt. → Auch beim zweiten Objekt werden blaue Punkte sichtbar
- ziehen Sie die Maus auf einen blauen Punkt beim zweiten Objekt und lassen Sie die linke Maustaste los

Nachdem Sie die Verbindung erstellt haben, erscheinen rote Punkte an den Enden Verbindungslinie. Die roten Punkte zeigen, dass die beiden Objekte miteinander verbunden sind. Wenn Sie nun ein Objekt verschieben, bewegen sich die Verbindungslinien mit.

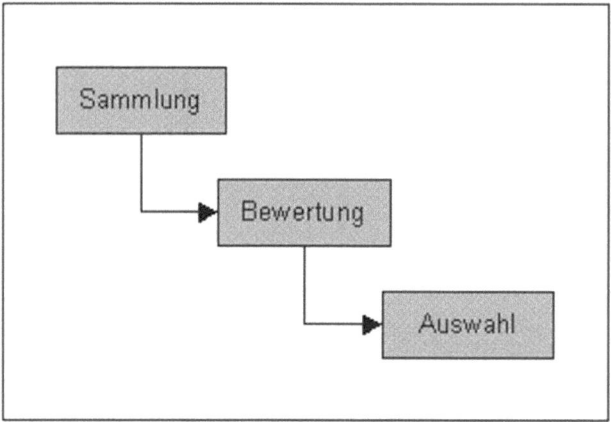

Abbildung 20: Beispiel für die Verwendung von [AutoFormen/Verbindungen]

Bei den AutoFormen Verbindungen entfällt im Gegensatz zu frei erstellten Linien das Problem, die Linie genau an das Objekt anzuknüpfen. Es muss zum einen nicht mehr mühsam der symmetrische Anknüpfungspunkt ermittelt werden und zum anderen kann es nicht mehr passieren, dass eine Linie „unsauber" an ein Objekt gezeichnet wird und z.B. in das Objekt hineinragt. Dies ist z.B. bei der grafischen Darstellung von Phasen- oder Projektablaufmodellen besonders nützlich.

7.3.3 Bearbeiten von Objekten

Nachdem Sie ein Objekt erstellt haben, können Sie es weiter bearbeiten (z.B. eine andere Farbe zuweisen oder die Größe verändern). In den folgenden Kapiteln lernen Sie die wesentlichen Bearbeitungsmöglichkeiten. Sie können die einzelnen Bearbeitungsschritte auf alle Objektarten (z.B. Text- oder Zeichenobjekte) anwenden.

7.3.3.1 Objekte markieren

Bevor Sie ein Objekt bearbeiten können, müssen Sie es erst auswählen, d.h. markieren.[33] Dieser Abschnitt zeigt Ihnen verschiedene Möglichkeiten zum Markieren von Objekten.

Einzelnes Objekt markieren

Sie können einzelne Objekte markieren, indem Sie das zu markierende Objekt mit der Maus anklicken. Sie erkennen die Markierung daran, dass um das Objekt der Punkt „Freies Drehen" und die Größen-Ziehpunkte erscheinen. Es ist dabei von der Art des Objekts abhängig, ob Sie nur die Größen-Ziehpunkte erhalten oder ob Sie auch den schraffierten Auswahlrahmen erhalten. Hat das Objekt z.B. keinen Text, erscheinen nur die Größen-Ziehpunkte und der Punkt „Freies Drehen".

Hinweis

Hat ein Objekt keinen Füllbereich (d.h. das Objekt wird nicht durch eine Farbe ausgefüllt), müssen Sie auf den Rahmen des Objektes klicken, damit es markiert wird.

Mehrere einzelne Objekte markieren

Sie können auch mehrere einzelne Objekte gleichzeitig markieren, um sie gleichzeitig zu bearbeiten. So können Sie z.B. mehrere Objekte gleichzeitig verschieben oder mehreren Objekten gleichzeitig eine Farbe zuordnen.

Vorgehen

- erstes Objekt mit einem Mausklick markieren
- die [*Shift*]-Taste drücken und gedrückt halten
- das nächste Objekt anklicken → Beide Objekte sind markiert
- Weitere Objekte können der Markierung hinzugefügt werden, indem Sie die [*Shift*]-Taste gedrückt halten und auf die nächsten Objekte klicken

Objekte innerhalb eines Rahmens markieren

Bei dieser Methode können Sie einen Markierungsrahmen ziehen. Hierbei werden alle Objekte, die sich innerhalb des Rahmens befinden, markiert. Auf diese Weise können Sie mehrere Objekte gleichzeitig markieren, ohne jedes Objekt einzeln anklicken zu müssen.

Vorgehen

- das Symbol [ ] in der Zeichnen-Symbolleiste anklicken

---

[33] Analog zum Bearbeiten von Textobjekten (vgl. Kapitel 7.3.1).

- ziehen Sie auf der Folienfläche mit der gedrückten Maustaste einen Rahmen um die Objekte, die Sie markieren möchten
- Maustaste loslassen → Alle Objekte, die sich innerhalb des Rahmens befunden haben, sind markiert

Hinweis

Achten Sie darauf, dass Sie die zu markierenden Objekte vollständig einrahmen. Falls Sie nur einen Teil eines Objektes mit dem Rahmen erfassen, wird es nicht markiert.

Aufgabe

Wechseln Sie zur Folie *Übung* und üben Sie an den vorhandenen Zeichenobjekten die verschiedenen Markierungsmöglichkeiten (vgl. Aufgabe von Kapitel 7.3.2).

7.3.3.2 Objektgröße ändern

Wenn Sie die Größe Ihrer gezeichneten Objekte ändern wollen, verwenden Sie die Größen-Ziehpunkte.

Vorgehen

- das Objekt markieren, dessen Größe Sie ändern wollen → Größen-Ziehpunkte erscheinen
- die Maus auf einen der Ziehpunkte bewegen → Aus dem Mauszeiger wird ein Doppelpfeil, der Ihnen die möglichen Ziehrichtungen angibt
- linke Maustaste klicken und mit gedrückter linker Maustaste in die gewünschte Richtung ziehen
- Maustaste loslassen, wenn das Objekt die richtige Größe erreicht hat → Größe des Objekts hat sich geändert

Erstellung von Präsentationsgrafiken mit Powerpoint 317

Sie können die Größe auch über [*Format/AutoForm*] ändern.

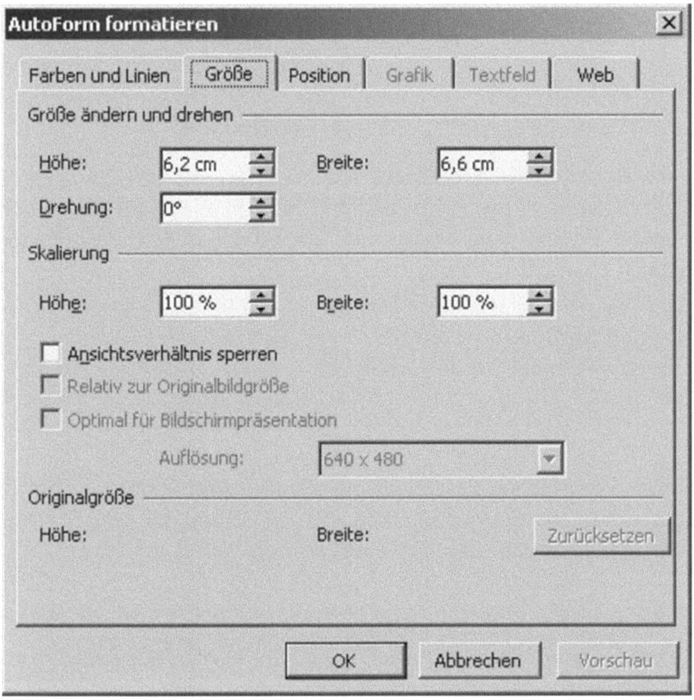

Abbildung 21: Das Register *Größe* im Dialogfenster *AutoForm formatieren*

In dem Register *Größe* können Sie die genaue Größe in Zentimetern des gezeichneten Objektes[34] angeben.

Hinweis

Sie können die Größe eines Objektes gleichmäßig verändern, wenn Sie die Größen-Ziehpunkte in den Ecken verwenden und beim Ziehen zusätzlich die [*Shift*]-Taste drücken.

Aufgabe

Verändern Sie in der Folie *Übung* die Größen von einigen Zeichenobjekten.

---

[34] Bei Textobjekten erreichen Sie dieses Register durch Doppelklick auf das Textfeld.

7.3.3.3 Objekte verschieben, kopieren und löschen

Erstellte Objekte sind nicht an den Platz auf der Folie gebunden, an dem sie erstellt worden sind. Sie können verschoben, kopiert oder gelöscht werden.

a) Objekte verschieben

Zum Verschieben von Objekten gehen Sie folgendermaßen vor:
- markieren Sie das zu verschiebende Objekt
- Bewegen Sie die Maus auf den Objektrahmen, jedoch nicht auf einen der Größen-Ziehpunkte. → Statt dem Mauszeiger erscheint ein Zeichen mit vier Richtungspfeilen
- drücken Sie die linke Maustaste und ziehen Sie mit gedrückter Maustaste den Objektrahmen an die gewünschte Stelle
- Maustaste loslassen → Objekt wurde verschoben

Hinweis

Drücken Sie vor dem Verschieben zusätzlich die [*Shift*]-Taste, kann das Objekt nur horizontal oder genau vertikal verschoben werden. Damit können Sie das Objekt quasi entlang einer geraden Linie bewegen.

Aufgabe

Ordnen Sie die Textobjekte auf der Folie *Wichtige Business-Wertaktivitäten* (vgl. Abbildung 13) per Hand nach folgender Vorlage an:

Abbildung 22: Geordnete Textfelder

b) Objekte kopieren

- markieren Sie das zu kopierende Objekt
- bewegen Sie die Maus auf den Objektrahmen, jedoch nicht auf einen der Größen-Ziehpunkte. → Statt dem Mauszeiger erscheint ein Zeichen mit vier Richtungspfeilen
- drücken Sie die linke Maustaste
- ziehen Sie den Objektrahmen mit gedrückter Maustaste an die gewünschte Stelle
- drücken Sie zusätzlich die [*Strg*]-Taste
- zuerst Maustaste loslassen, dann [*Strg*] loslassen → Objekt wurde kopiert

Aufgabe

Markieren Sie auf der Folie *Übung* gleichzeitig mehrere Objekte und kopieren Sie die markierten Objekte innerhalb der Folie.

Hinweis

Mit der Maus können Sie Objekte nur auf derselben Folie verschieben oder kopieren. Falls Sie Objekte zwischen den Folien verschieben oder kopieren wollen, können Sie auf die Funktionen der Zwischenablage von WINDOWS[35] zurückgreifen.

Objekte zwischen Folien verschieben

- zu verschiebendes Objekt markieren
- [*Bearbeiten/Ausschneiden*] oder ✂ wählen
- zu der Folie, auf die das Objekt verschoben werden soll, wechseln
- mit [*Bearbeiten/Einfügen*] oder 📋 das Objekt wieder einfügen

Objekte zwischen Folien kopieren

- zu kopierendes Objekt markieren
- [*Bearbeiten/Kopieren*] oder 📋 wählen
- zu der Folie, auf der die Objektkopie eingefügt werden soll, wechseln
- mit [*Bearbeiten/Einfügen*] oder 📋 die Kopie des Objektes einfügen → Kopie des Objektes wird eingefügt

---

[35] Sie finden in Kapitel 3.4. einen Exkurs zur Zwischenablage.

> Hinweis

Das kopierte bzw. verschobene Objekt wird i.d.R. automatisch an der Stelle eingefügt, wo es ursprünglich zu finden war. Sie können es von dort an die gewünschte Stelle der Folie ziehen.

c) Objekte löschen

Zum Löschen von Objekten drücken Sie nach dem Markieren die [*Entf*]-Taste bzw. wählen [*Bearbeiten/Markierung löschen*].

> Aufgabe

Löschen Sie einige Objekte auf Ihrer Folie *Übung*.

> Hinweis

Falls Sie ein Objekt versehentlich gelöscht haben, können Sie den Löschbefehl wieder rückgängig machen.

Befehle rückgängig machen

- [*Bearbeiten/Rückgängig*] oder ↶ macht den zuletzt ausgeführten Befehl rückgängig.
- Erneutes [*Bearbeiten/Rückgängig*] oder ↶ macht den „zuvorletzt" ausgeführten Befehl rückgängig usw.

Auf diese Weise können Sie die meisten Befehle rückgängig machen.[36]

7.3.3.4 Objekte formatieren

Sie können die erstellten Objekte mit einer Reihe von Formatierungen optisch verändern und gestalten. Zu den wesentlichen Formatierungsmöglichkeiten zählen die Linien- und Farbgestaltung (z.B. des Füllbereiches oder des Textes) sowie Schatten- und 3D-Effekte.

a) Linie

Mit der Linienformatierung wird bei Zeichen- und Textobjekten der Rahmen um das Objekt gestaltet bzw. bei einer gezeichneten Linie deren Aussehen.

Linienfarbe

Die Linienfarbe können Sie mit ▰ ▾ aus der Zeichnen-Symbolleiste verändern. Dazu markieren Sie das Objekt und rufen das Linienfarbe-Symbol auf, indem Sie auf den Pfeil neben dem Symbol klicken.

---

[36] Nicht rückgängig gemacht werden können Festplattenaktionen, wie z.B. speichern.

Erstellung von Präsentationsgrafiken mit Powerpoint 321

Abbildung 23: Menü *Linienfarbe*

Sie können nun im Menü *Linienfarbe* eine Farbe der angezeigten Farbskala wählen oder auf die Option *Weitere Linienfarben* klicken. Unter der Option *Weitere Linienfarben* wird die Farbwabe von POWERPOINT angezeigt, in der Sie eine deutlich größere Farbauswahl haben. Wählen Sie in der Farbwabe die gewünschte Farbe mit einem Mausklick aus und bestätigen Sie die Wahl mit *OK*.
Mit dem Menüpunkt *Gemusterte Linien* können Sie ein Dialogfenster aufrufen, in welchem Sie dann verschieden Linienmuster auswählen können.

Linienart

Mit der Linienart können Sie vor allem die Stärke der Objektlinien bestimmen. Wählen Sie dazu ▄ in der Zeichnen-Symbolleiste.

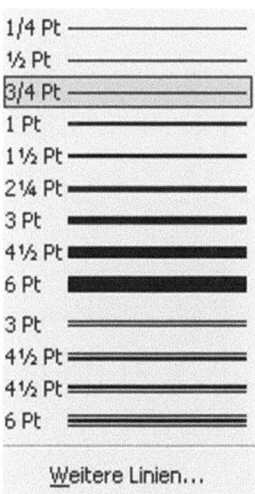

Abbildung 24: Menü *Linienart*

Klicken Sie mit der Maus die gewünschte Linienart an; die Linie des markierten Objektes wird entsprechend verändert.

Strichart

Mit dem Zeichnen-Symbol ▦ können Sie die *Strichart* der Objektlinien verändern. Mit der Strichart legen Sie die Durchgängigkeit der Linie (z.B. gepunktet oder gestrichelt) fest. Wählen Sie dazu im Menü *Strichart* die gewünschte Darstellungsform mit der Maus aus.

Hinweis

Falls Sie auf ein Objekt mit der linken Maustaste doppelklicken, erhalten Sie sofort ein Dialogfenster, in dem Sie die wesentlichen Formatierungseinstellungen vornehmen können.

Ebenso können Sie die Formatierungsbefehle auch über das entsprechende Kontextmenü aufrufen. Das Kontextmenü wird Ihnen angezeigt, indem Sie auf das zu verändernde Objekt einmal mit der rechten Maustaste klicken.[37]

Pfeilart

Falls Sie Pfeile gezeichnet haben, können Sie mit ⇄ das Aussehen Ihrer Pfeilspitzen verändern.

---

[37] Vgl. zum Kontextmenü Kapitel 3.2.

Erstellung von Präsentationsgrafiken mit Powerpoint 323

Aufgabe

Wechseln Sie zur Folie *Wichtige Business-Aktivitäten* und zeichnen Sie dort drei Pfeile gemäß folgender Abbildung ein. Verändern Sie anschließend das Aussehen der Pfeile, indem Sie Linienart, Linienstärke, Linienfarbe und Pfeilart verändern.

Abbildung 25: Folie mit Pfeilobjekten

b) Füllbereich

Der Füllbereich bei Zeichen- und Textobjekten ist die innere Fläche des Objektes, die von den Rahmenlinien umrandet wird.

Füllfarbe

Mit ![icon] aus der Zeichnen-Symbolleiste können Sie die Farbe des Füllbereiches verändern. Klicken Sie dazu, nachdem Sie das zu formatierende Objekt markiert haben, auf den Pfeil neben dem Füllfarben-Symbol.

Abbildung 26: Menü *Füllfarbe*

Die Option *Keine Füllung* bedeutet, dass dem Inneren des Objektes keine Farbe zugeordnet wird. Das Objekt ist in diesem Fall durchsichtig. Klicken Sie eine Farbe der angegebenen Farbskala oder eine Farbe der Farbwabe (über *Weitere Füllfarben*) an, wird der Füllbereich des Objektes mit der gewählten Farbe angezeigt.

Fülleffekte
Sie erreichen das Dialogfenster *Fülleffekte* über die entsprechende Option im Menü *Füllfarbe*.

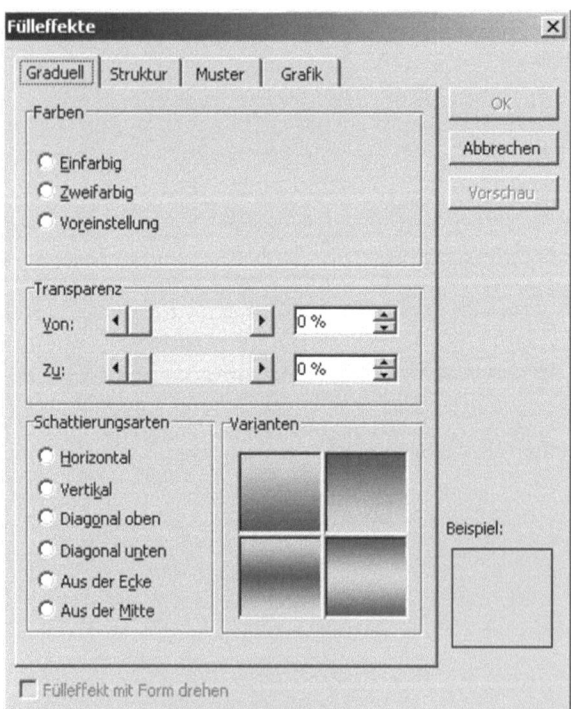

Abbildung 27: Dialogfenster *Fülleffekte*

In dem Dialogfenster *Fülleffekte* bietet POWERPOINT mehrere Register zur Gestaltung der Fülleffekte an. Im Register *Graduell* kann der Füllbereich des Objektes beispielsweise mit einem Farbverlauf versehen werden. Der Farbverlauf kann zu individuell gewählten Farben gestaltet werden. Es können aber auch *voreingestellte Farben* verwendet werden.

Des Weiteren stellt POWERPOINT neben den Farbverläufen noch Muster- und Struktureffekte in den entsprechenden Registern zur Verfügung. Die gewünschten Einstellungen können jeweils durch Anklicken ausgewählt werden.

c) Schatten und 3D

Sie können die Objekte auch mit Schatteneinstellungen oder 3D-Effekten formatieren.

Schatten

Das Menü *Schatten* wird über ▢ in der Zeichnen-Symbolleiste aufgerufen.

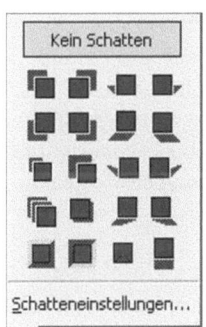

Abbildung 28: Menü *Schatten*

Zunächst können Sie im Menü *Schatten* eine Schattenvariante auswählen. Im Untermenü *Schatteneinstellungen* werden weitere Einstellungsmöglichkeiten (die Lage des Schattens zum Objekt und die Schattenfarbe) angeboten. Mit der Option *Kein Schatten* können Sie den Schatten ein- und ausschalten.

3D-Effekte

3D-Effekte lassen das Objekt räumlich erscheinen. Das 3D-Menü wird über das Zeichnen-Symbol ▢ aufgerufen. Analog zu Schatten können Sie im Menü *3D* zunächst die 3D-Variante wählen und im Untermenü *3D-Einstellungen* weitere 3D-Einstellungen (z.B. 3D-Tiefe oder 3D-Farbe) vornehmen.

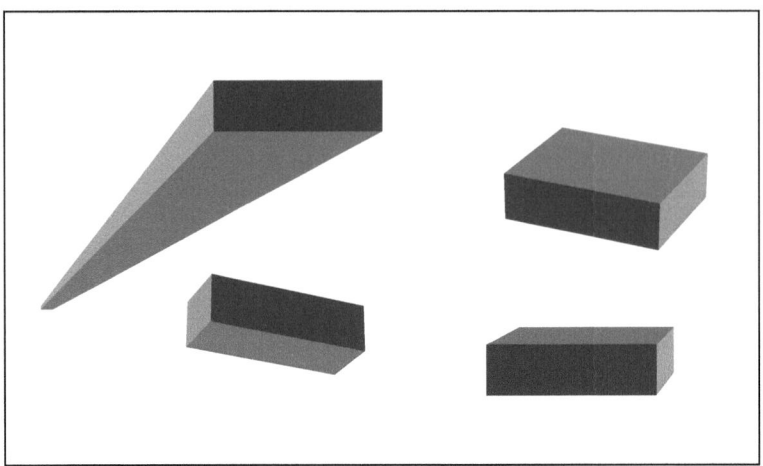

Abbildung 29: Beispiele für 3D-Varianten

Hinweis

Sie können den Formatierungsaufwand durch die „Wiederverwendung" einmal erstellter Formatierungsmuster (z.B. Füllfarbe, Linie und Schatten) senken, indem Sie die eingestellten Formatierungen von einem Objekt auf ein anderes Objekt kopieren. Dieses Kopieren von Formaten ist nützlich, wenn man an einem Objekt Formatierungen vorgenommen hat, die man an einem zweiten Objekt benötigt und nicht wieder per Hand einstellen will. Dazu kann man folgendermaßen vorgehen:

- Objekt, dessen Formate kopiert werden sollen, markieren.
- entweder einmal anklicken → Die Formate werden in den Pinsel einmalig „gefüllt".

  oder doppelt anklicken → Die Formate werden in den Pinsel dauerhaft „gefüllt".

  Nach dem Anklicken erscheint zusätzlich zum Mauszeiger ein Pinselsymbol.
- Wenn Sie nun mit dem Pinsel auf das zu formatierende Objekt klicken, werden die Formate vom Pinsel auf das Objekt übertragen.
- Falls Sie nun den Pinsel anfangs einmal angeklickt haben, ist er nach einmaligem Übertragen leer und muss zur erneuten Benutzung wieder „gefüllt" werden. Falls Sie den Pinsel mit einem Doppelklick „aufgefüllt haben, können Sie die Formate auf beliebig viele Objekte übertragen. Sie entleeren in diesem Fall den Pinsel, indem Sie noch einmal auf den Pinsel klicken.

Aufgabe

Wechseln Sie zur Folie *Wertaktivitäten von Unternehmen* (vgl. Abbildung 13) und vergeben Sie für den Blockpfeil eine Füllfarbe und einen Schatten.

> Hinweis
>
> Verwenden Sie die Gestaltungselemente Füll-, Schatten- oder 3D-Effekte gezielt. Überlegen Sie hierbei, ob diese Effekte Ihre Präsentation sinnvoll unterstützen oder ob sie nur eine „Spielerei" darstellen.

7.3.3.5 Objekte mit Text versehen

Schaubilder und Übersichten bestehen meist aus Kästen, Kreisen und Pfeilen. I.d.R. werden diese Formen auch einen Text beinhalten. Sie können mit POWERPOINT den Text direkt in die erstellten Objekte eingeben oder zusätzliche Textfelder erstellen. Die Erstellung und Formatierung von eigenständigen Textfeldern wurde bereits in Kapitel 7.3.1 besprochen.

Text direkt in Objekte eingeben

In Objekte, die mit den Symbolen Rechteck, Ellipse oder AutoFormen erstellt wurden, kann ein Text direkt eingegeben werden. Dieser Text ist mit dem Objekt verbunden und bleibt bei jeder Änderung des Objektes erhalten.

Vorgehen

- das gewünschte Objekt erstellen, z.B. Rechteck oder ein bereits erstelltes Objekt markieren → Größen-Ziehpunkte sind sichtbar
- den Text eingeben

Für die Eingabe und Formatierung des Textes können Sie die gleichen Befehle, die Sie bereits im Abschnitt Arbeiten mit Text[38] kennen gelernt haben, verwenden.

---

[38] Vgl. Kapitel 7.3.1.

Text im Objekt platzieren

Der Text wird standardmäßig mit der Eingabe im Objekt zentriert. Sie können die Lage des Textes im Objekt jedoch über [*Format/AutoForm*] im Register *Textfeld* verändern.

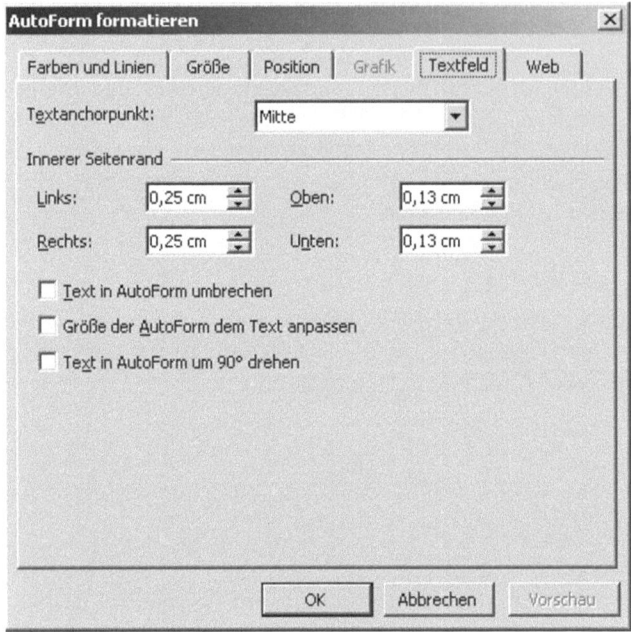

Abbildung 30: Register *Textfeld* im Register *AutoForm*

Im Listenfeld *Textanchorpunkt* (oder Textverankerungspunkt) können Sie den Text im Objekt verschieden platzieren. Mit den Zentimeterangaben bei *Innerer Seitenrand* stellen Sie die Entfernung des Textes zum Innenrand des Objektrahmens ein. Falls der eingegebene Text zu lang für die erstellte Objektgröße ist, ragt der Text über die Ränder des Objektes hinaus. Mit der Option *Größe der AutoForm dem Text anpassen* wird die Objektgröße unter Berücksichtigung der Seitenränder an den Text angepasst.

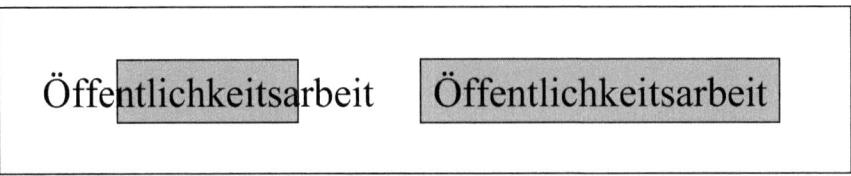

Abbildung 31: Viereck mit und ohne Textanpassung

Aufgabe

Wechseln Sie auf Ihre Folie *Übung* und geben Sie in ein Objekt Text ein. Plazieren Sie den Text an verschiedenen Textverankerungspunkten. Formatieren Sie den Text (z.B. fett oder größere Schriftart).

7.3.3.6 Objekte positionieren

Falls Sie mehrere Objekte z.B. für ein Schaubild erstellen, müssen Sie die Objekte häufig in einer bestimmten Ordnung (z.B. entlang einer gedachten Linie oder mit gleichen Abständen) positionieren. POWERPOINT bietet dazu mehrere Hilfen, z.B. Raster und Führungslinien.

Raster

Wenn Sie ein erstelltes Objekt langsam mit der Maus verschieben, werden Sie feststellen, dass sich das Objekt beim Ziehen ruckweise bewegt. Das liegt daran, dass hinter Ihrer Folie ein unsichtbares Raster verborgen ist, an dem die Objekte ausgerichtet werden. Dieses Raster erleichtert z.B. das Erstellen von Objekten mit gleicher Größe oder das Einhalten gleicher Abstände beim Plazieren der Objekte.

Die Rasterlinien haben einen Abstand von 2 Millimetern. Sie können das Raster ausschalten, indem Sie in der Zeichnen-Symbolleiste [*Zeichnen/Raster und Führungslinien*] anklicken. Sie erhalten untenstehendes Dialogfenster. Wenn das Raster ausgeschaltet ist, können Sie das Objekt stufenlos bewegen.

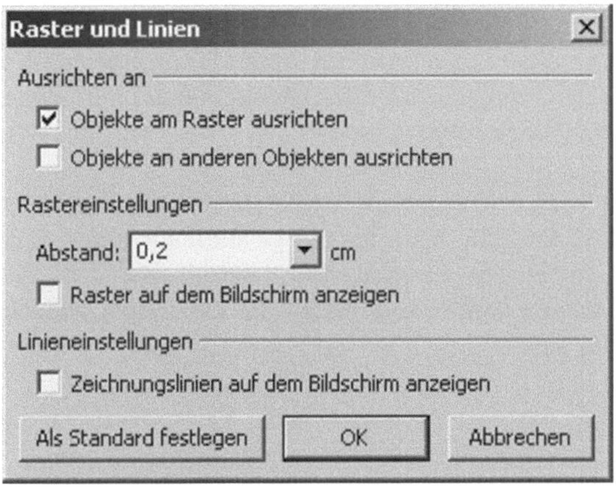

Abbildung 32: Dialogfenster *Raster und Linien*

Neben der Ausrichtung *am Raster* gibt es die Funktion *Ausrichten an Form*. Diese Funktion beruht darauf, dass jedes Objekt von unsichtbaren Gitternetzlinien entlang des waagrechten und senkrechten Rahmens begrenzt wird. Hierbei wird ein Objekt, das in die Nähe des Gitternetzes eines anderen Objektes bewegt wird, an dessen Gitternetzlinien ausgerichtet.

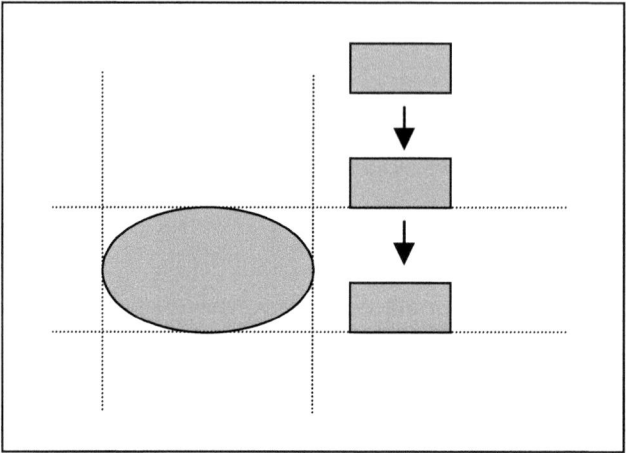

Abbildung 33: Bildhafte Darstellung der unsichtbaren Gitternetzlinien eines Objektes

Führungslinien

Als weitere Positionierungshilfe können Sie mit [*Ansicht/Raster und Führungslinien*/Option *Zeichnungslinien auf dem Bildschirm anzeigen*] Führungslinien auf den Folien einblenden. Die Führungslinien helfen Ihnen bei der Anordnung und Ausrichtung von Objekten entlang einer „unsichtbaren" Linie. Wenn Sie ein Objekt in die Nähe einer Führungslinie bewegen, wird das Objekt von der Führungslinie angezogen und an der Führungslinie ausgerichtet.

Sie können die Führungslinien auch auf der Folie verschieben, indem Sie die Linien anklicken und mit gedrückter Maustaste an die gewünschte Stelle verschieben. Drücken Sie beim Verschieben zusätzlich die [*Strg*]-Taste, wird die Führungslinie kopiert.[39] Zum Löschen von Linien ziehen Sie die Linien einfach mit der Maus über den Folienrand hinaus.

---

[39] Hierbei müssen Sie nach dem Verschieben erst die Maustaste und danach die [*Strg*]-Taste loslassen.

Erstellung von Präsentationsgrafiken mit Powerpoint 331

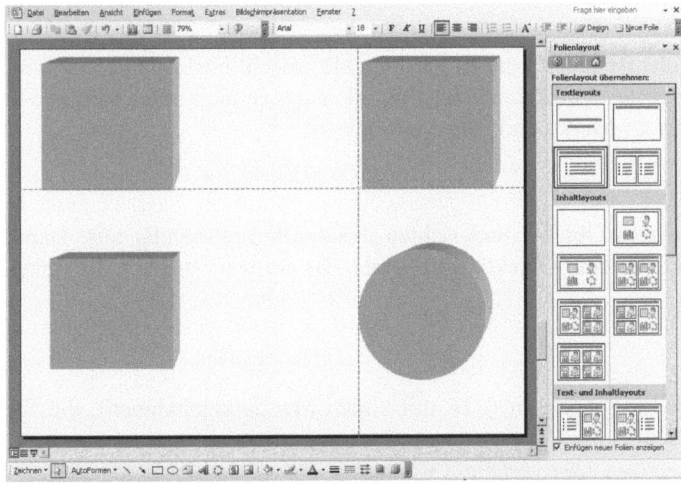

Abbildung 34: Beispiel für das Ausrichten an Führungslinien

7.3.3.7 Objekte ausrichten und verteilen

Zum Ausrichten der Objekte können Sie auf das Raster und die Führungslinien zurückgreifen. Dabei müssen Sie jedoch jedes Objekt einzeln mit der Maus verschieben und per Hand z.B. an den Führungslinien ausrichten. Mit der Funktion [*Zeichen/Ausrichten oder verteilen*] können Sie mehrere Objekte gleichzeitig ausrichten bzw. auf der Folie gleichmäßig verteilen.

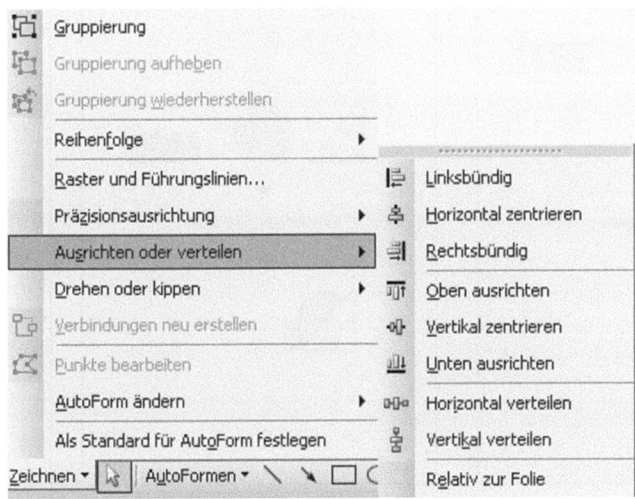

Abbildung 35: Untermenü *Ausrichten oder verteilen*

Objekte ausrichten

Mit den ersten sechs Befehlen können Sie Objekte sowohl horizontal (*Linksbündig*, *Horizontal zentrieren* und *Rechtsbündig*), als auch vertikal ausrichten (*Oben ausrichten*, *Vertikal zentrieren* und *Unten ausrichten*).

Prinzip

Sie markieren mehrere Objekte und richten diese z.B. linksbündig aus. Damit werden alle Objekte an dem Objekt ausgerichtet, das am weitesten auf der linken Seite platziert ist.

Vorgehen

- diejenigen Objekte markieren (z.B. mit einem Markierungsrahmen), die Sie ausrichten wollen
- [*Zeichnen/Ausrichten oder verteilen*] wählen
- Ausrichtungsart anklicken → Objekte werden entsprechend ausgerichtet

Hinweis

Achten Sie vor dem Ausrichten darauf, wie die Objekte zueinander angeordnet sind. Befinden sich drei Objekte z.B. nebeneinander auf der Folie und Sie richten diese Objekte linksbündig aus, dann werden alle drei Objekte an der linken Ausrichtung aufeinander gestapelt.

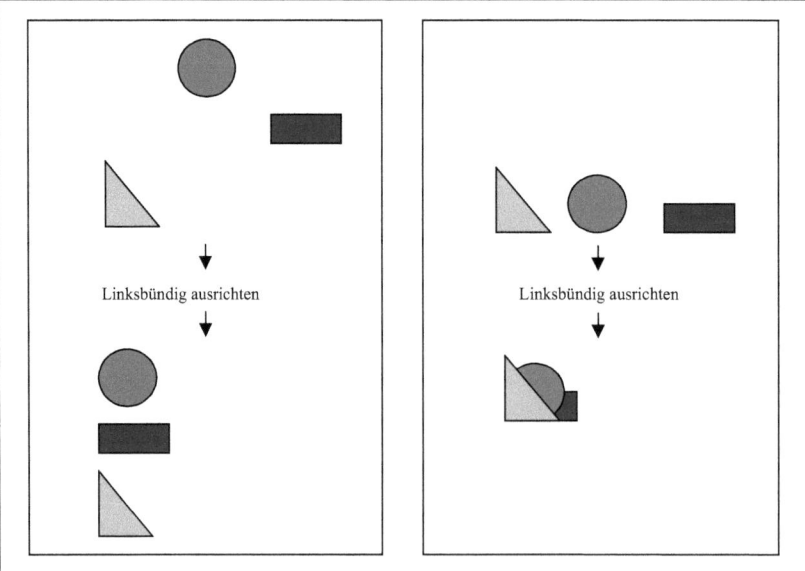

Abbildung 36: Linksbündiges Ausrichten

Erstellung von Präsentationsgrafiken mit Powerpoint

Frage

Was können Sie unternehmen, wenn Sie die Anordnung Ihre Objekte versehentlich mit dem falschen Ausrichtungsbefehl durcheinander gebracht haben?[40]

Objekte verteilen

Mit den Befehlen *Horizontal verteilen* bzw. *Vertikal verteilen* können Sie mehrere Objekte (mindestens drei) derart verteilen, dass sie zueinander den gleichen Abstand haben. Dazu markieren Sie zunächst die Objekte und klicken die gewünschte Verteilungsart an.

Wenn Sie die Menüoption *Relativ zur Folie* aktivieren, beziehen sich die Ausrichtungs- und Verteilungsbefehle immer auf die gesamte Folienfläche. Das bedeutet, dass die Objekte z.B. beim linksbündigen Ausrichten am linken Folienrand angeordnet werden. Beim Verteilen werden in diesem Fall die Objekte nicht mehr gleichmäßig zueinander, sondern gleichmäßig zur Folienfläche verteilt.

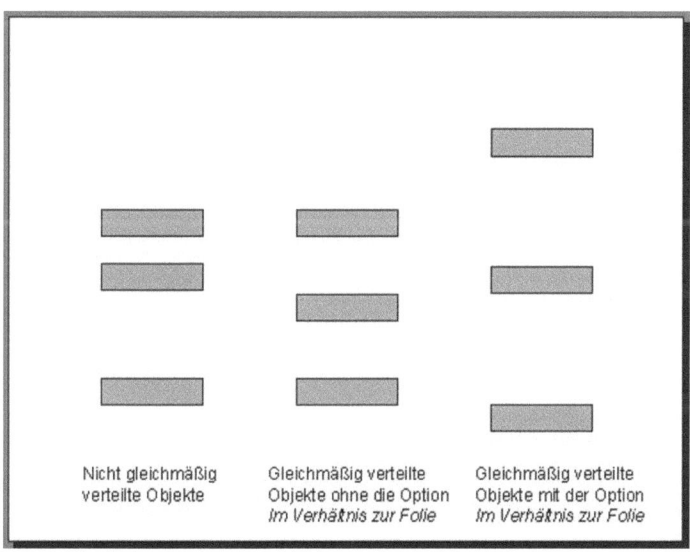

Abbildung 37: Objekte verteilen

Aufgabe

Fügen Sie eine neue Folie mit dem Folienlayout *Nur Titel* in Ihrer Präsentation ein. Geben Sie zunächst den Titel *Aktivitätskategorien im virtuellen Internet-Raum* ein. Erstellen Sie danach auf der Folie das folgende Schaubild:

---

[40] Der falsche Ausrichtungsbefehl kann mit [*Bearbeiten/Rückgängig*] aufgehoben werden (vgl. Kapitel 7.3.3.3).

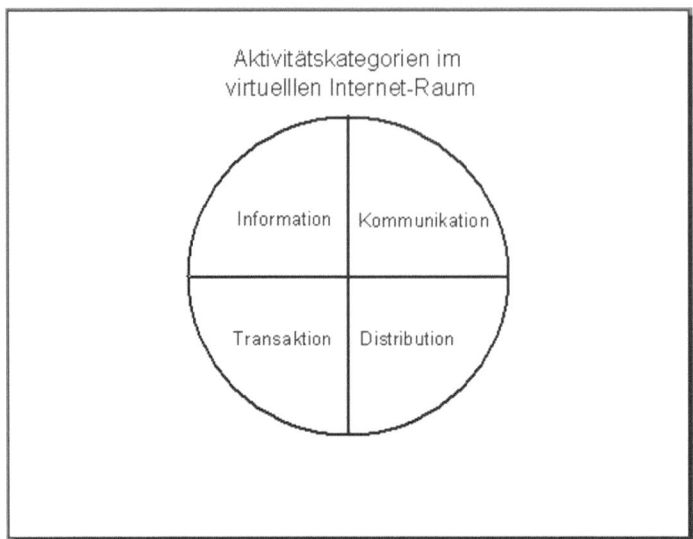

Abbildung 38: Schaubild mit ausgerichteten Grafik- und Textobjekten

Gehen Sie dabei in folgenden Schritten vor:

- zeichnen Sie einen Kreis, den Sie im Verhältnis zur Folie horizontal und vertikal zentrieren
- zeichnen Sie mit Hilfe der Führungslinien ein zentriertes Linienfadenkreuz in den Kreis hinein
- geben Sie die vier Textbegriffe (*Information*, *Transaktion* usw.) als getrennte Textfelder ein
- schieben Sie die vier Textfelder mit der Maus ungefähr an die richtige Stelle innerhalb der vier Kreissegmente
- richten Sie jeweils *Information* und *Kommunikation*, sowie *Transaktion* und *Distribution* aneinander in der Waagrechten aus (*Unten ausrichten*)
- richten Sie *Information* und *Transaktion* aneinander rechtsbündig aus.
- richten Sie *Kommunikation* und *Distribution* aneinander linksbündig aus
- markieren Sie mit einem Markierungsrahmen das gesamte Schaubild und schieben es etwas aus der Mitte nach unten

7.3.3.8 Objekte drehen und kippen

Falls Sie ein Objekt schräg, auf die Seite oder auf den Kopf stellen wollen, können Sie es drehen oder kippen.

Vorgehen

- zu drehendes Objekt markieren

- [*Zeichnen/Drehen oder kippen*] wählen
- gewünschte Drehart oder Kippen anklicken

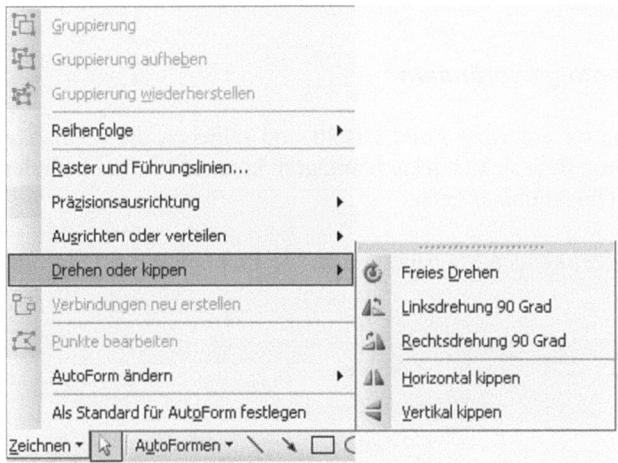

Abbildung 39: Untermenü *Drehen oder kippen*

Falls Sie *Freies Drehen* gewählt haben, können Sie das markierte Objekt frei mit der Maus drehen. Das Objekt wird in diesem Fall mit vier grünen Ziehpunkten angezeigt (der im Rahmen einer Markierung angezeigte Punkt *Freies Drehen* erfüllt die gleiche Funktion wie die vier angezeigten grünen Punkte). Sie können das Objekt nun drehen, wenn Sie die Maus auf einen der grünen Ziehpunkte bewegen, dort die linke Maustaste drücken und mit der gedrückten Maustaste in die gewünschte Drehrichtung ziehen.

Der Befehl *Freies Drehen* kann auch über in der Zeichnen-Symbolleiste aufgerufen werden.

Haben Sie im Menü *Drehen oder kippen* den Befehl *Linksdrehung 90 Grad* bzw. *Rechtsdrehung 90 Grad* angeklickt, wird das Objekt um 90 Grad die jeweilige Richtung gedreht.

Hinweis

Halten Sie beim freien Drehen mit der Maus zusätzlich die [*Shift*]-Taste gedrückt, wird das Objekt in 15 Grad-Schritten gedreht. Drücken Sie beim Drehen zusätzlich die [*Strg*]-Taste, dreht sich das Objekt nicht um den eigenen Mittelpunkt, sondern um den diagonal gegenüberliegenden grünen Ziehpunkt.

Aufgabe

Wechseln Sie in Ihre Folie *Übung* und drehen Sie dort einige Objekte frei und/oder in 90 Grad-Schritten.

7.3.3.9 Objektreihenfolge verändern

Haben Sie mehrere Objekte auf einer Folie erstellt und schieben diese Objekte zusammen, stellen Sie fest, dass sich Objekte überlagern können. Hierbei befindet sich das zuerst erstellte Objekt immer unten.

Mit [*Zeichnen/Reihenfolge*] können Sie nachträglich die Reihenfolge der Objekte verändern.

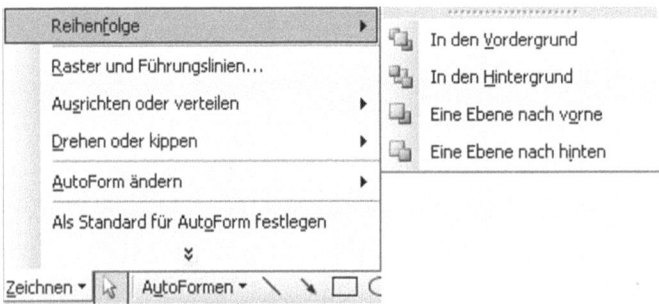

Abbildung 40: Untermenü *Reihenfolge*

Dazu markieren Sie das Objekt, das Sie nach vorne bzw. nach hinten stellen wollen und rufen den entsprechenden Befehl im Untermenü *Reihenfolge* auf.

Erstellung von Präsentationsgrafiken mit Powerpoint 337

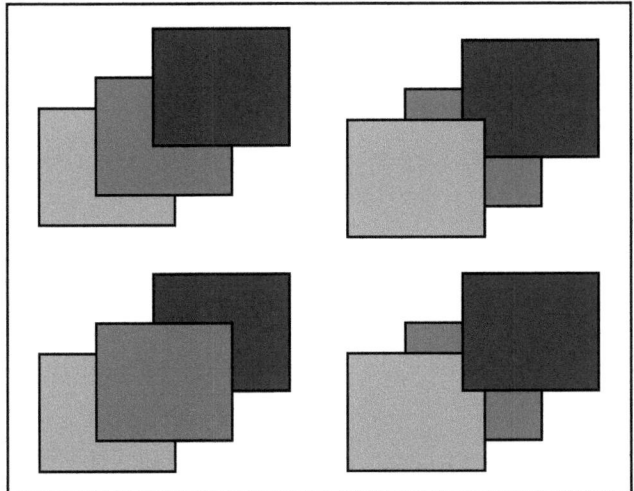

Abbildung 41: Objekte in verschiedenen Reihenfolgen

Aufgabe

Verschieben Sie in Ihrer Folie *Übung* mehrere Objekte übereinander und ändern dann die Reihenfolge der überlagerten Objekte. Löschen Sie im Anschluss die Folie *Übung* in Ihrer Präsentation.

Frage

Was kann der Grund sein, wenn Sie ein neues Objekt erstellen und dadurch andere Objekte verschwinden bzw. teilweise verdeckt werden?[41]

7.3.3.10 Objekte gruppieren

Schaubilder und Übersichten werden häufig aus vielen einzelnen Objekten (z.B. aus Rechtecken, Pfeilen, Linien und Textfeldern) erstellt. Wenn Sie nun das Schaubild als Ganzes auf der Folie verschieben, vergrößern oder auf eine andere Folie kopieren wollen, wird es problematisch. Sie können zwar alle zugehörigen Objekte gemeinsam markieren, doch dabei müssen Sie aufpassen, dass Sie keine Bestandteile übersehen oder versehentlich wieder einzelne Objekte verschieben.

Für diesen Fall besteht in POWERPOINT die Möglichkeit, mehrere Objekte zu einer Gruppe zusammenzufassen. Nach der Gruppierung versteht POWERPOINT die

---

[41] Neu erstellte liegen grundsätzlich „höher" als bereits vorhandene Objekte. Daher verdeckt z.B. ein neu erstelltes Viereck mit Füllfarbe alle vorhandenen Objekte, die sich mit der Vierecksfläche überschneiden.

gruppierten Objekte nur noch als ein Objekt. Alle nachfolgenden Befehle, z.B. Verschieben oder Vergrößern, beziehen sich nun auf die gesamte Gruppe.

Vorgehen

- markieren Sie die Objekte, die der Gruppe angehören sollen (z.b. mit einem Markierungsrahmen)
- klicken Sie auf den Befehl [*Zeichnen/Gruppierung*]. → ausgewählte Objekte werden gruppiert

Nach dem Gruppieren kann nur noch die gesamte Gruppe markiert werden. Ein separater Zugriff auf die einzelnen Objekte ist nicht mehr möglich. Sie erkennen dies daran, dass beim Anklicken der Objekte nur noch die Größen-Ziehpunkte für die gesamte Gruppe angezeigt werden.

Sie können die Gruppierung wieder aufheben, indem Sie die Gruppe markieren und danach den Befehl [*Zeichnen/Gruppierung aufheben*] anklicken. Dieser Befehl steht nur dann zur Verfügung, wenn Sie zuvor eine Gruppe markiert haben.

Die Funktionen *Gruppierung* und *Gruppierung aufheben* sind auch über das Kontextmenü mit der rechten Maustaste zu erreichen.

Hinweis

Trotz einer Gruppierung können Sie bestehenden Text in der Gruppe bearbeiten, d.h. formatieren, korrigieren oder löschen. Sie können jedoch keinen neuen Text erstellen.

Aufgabe

Gehen Sie zur Folie *Aktivitätskategorien im virtuellen Internet-Raum* und gruppieren Sie das Schaubild. Verschieben Sie nun das Schaubild mit der Maus. Zentrieren Sie anschließend das Schaubild vertikal im Verhältnis zu Folie. Heben Sie danach die Gruppierung wieder auf und zentrieren das Schaubild nochmals vertikal im Verhältnis zur Folie. Machen Sie den letzten Ausrichtbefehl mit [*Bearbeiten/Rückgängig*] wieder rückgängig.

Hinweis

Mit dem Befehl [*Zeichnen/Gruppierung wiederherstellen*] können Sie die als letztes aufgelöste Gruppe wieder zusammenfassen, ohne die einzelnen Objekte alle markieren zu müssen. Das ist sehr hilfreich, wenn Sie eine Gruppierung kurzfristig aufheben müssen, weil Sie ein einzelnes Objekt der Gruppe bearbeiten wollen.

Erstellung von Präsentationsgrafiken mit Powerpoint 339

Aufgabe

Wechseln Sie zu Ihrer Folie *Wertaktivitäten von Unternehmen* und vervollständigen Sie die Folie nach folgender Vorlage:

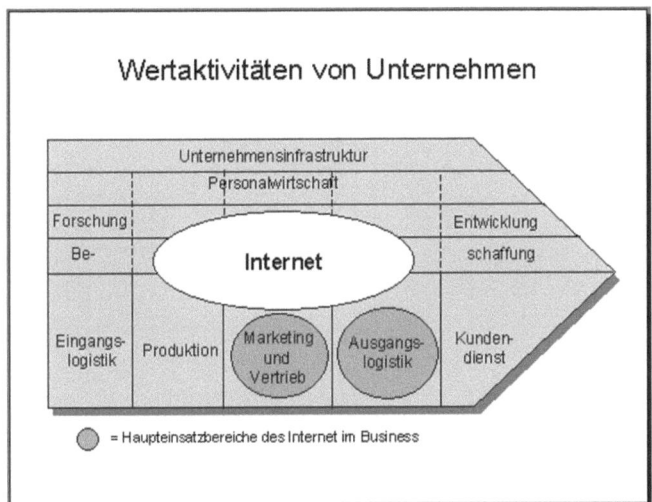

Abbildung 42: Schaubild mit verschiedenen Objekten

7.4 Arbeiten mit ClipArts

ClipArts sind vorgefertigte Bilder, die Sie in Ihre Folien einbinden können. Mit den ClipArts können Sie Folien anschaulicher gestalten und Ihre Präsentation auflockern. POWERPOINT verfügt über eine Vielzahl von ClipArts, die in einer so genannten *Clip Gallery* zusammengefasst sind.

7.4.1 ClipArts einfügen

So können Sie ClipArts auf einer Folie einfügen:

- Doppelklicken Sie auf den ClipArt-Platzhalter, falls Sie im AutoLayout-Fenster ein Folienlayout mit einem Platzhalter für ein ClipArt gewählt haben
- oder klicken Sie auf ![icon] in der Standard-Symbolleiste
- oder wählen Sie [*Einfügen/Grafik/ClipArt*]

→ Wenn Sie zusätzliche ClipArts benötigen so finden sie die unter dem Menüpunkt *ClipArt auf Office Online*[42]
→ Auf der rechten Seite erscheint das Menüfenster *ClipArt*

Abbildung 43: Register *ClipArt* der *Clip Gallery*

- wählen Sie ein geeignetes ClipArt rechts aus dem ClipArt Fenster aus
- klicken Sie auf das ausgewählte ClipArt. → Das ClipArt wird eingefügt. Das Fenster mit den ClipArts bleibt allerdings bestehen. Sie können es aber mit dem Symbol *Schließen* rechts oben wieder schließen

---

[42] In PowerPoint 03 haben Sie Möglichkeit sich kostenlos ClipArts aus dem Internet herunter zu laden. Klicken Sie im ClipArt Fenster einfach auf den Menüpunkt *ClipArt auf Office Online* und Sie kommen direkt zu einer Homepage wo Sie aus einer reichhaltigen ClipArt Sammlung auswählen können

Erstellung von Präsentationsgrafiken mit Powerpoint 341

Aufgabe

Fügen Sie das folgende Puzzle-ClipArt (ohne Beschriftung) in eine neue Folie *Ziel des Vortrages I* Ihrer Präsentation ein. Sie finden dieses ClipArt in der Kategorie *Formen*.

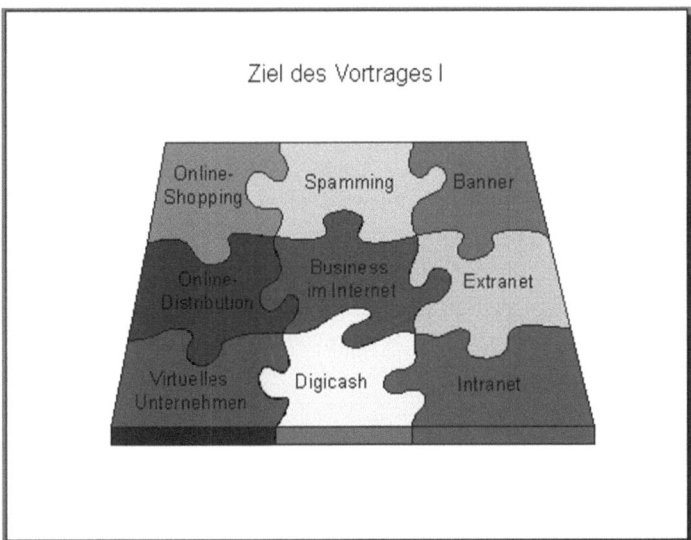

Abbildung 44: Puzzle-ClipArt

Hinweis

Über die Clip Gallery können Sie auch Sounds oder Videos in Ihre Folien einbinden. Diese Elemente können allerdings nur bei einer Bildschirmpräsentation[43] eingesetzt werden.

7.4.2 ClipArts bearbeiten

Die eingefügten ClipArts können Sie wie normale Objekte bearbeiten. Sie können nach dem Markieren die Größe verändern oder das ClipArt verschieben.

Gruppierung aufheben

Einige ClipArts sind gruppierte Grafiken. Sie können diese Gruppierung mit [*Zeichnen/Gruppierung aufheben*] aufheben und das ClipArt in seine Bestandteile zerlegen. Die einzelnen Bestandteile werden wieder durch eigene Größen-Ziehpunkte dargestellt und können nun separat bearbeitet werden.

---

[43] Vgl. Kapitel 7.7.

Aufgabe

Heben Sie die Gruppierung in dem Puzzle-ClipArt auf und beschriften Sie die einzelnen Puzzle-Teile mit den Internet-Begriffen aus Abbildung 44. Kopieren Sie die Folie in der Foliensortieransicht. Nennen Sie die Kopie *Ziel des Vortrages II*. Verteilen Sie die einzelnen Puzzle-Teile auf der Kopie. Damit die jeweiligen Textbausteine beim Verschieben mitgenommen werden, müssen Sie vor dem Verschieben das Puzzle-Teil mit dem Textfeld zusammen markieren bzw. gruppieren.

ClipArts zuschneiden

Sie können ClipArts auch zuschneiden, d.h. einen nicht gewünschten Teil des Bildes ausblenden. Der weggeschnittene Teil wird dabei nicht gelöscht, sondern lediglich unsichtbar gemacht. Dazu markieren Sie das ClipArt und klicken das Symbol ⊹ auf der Grafik-Symbolleiste[44] an. Bewegen Sie nun den Mauszeiger auf einen Ziehpunkt und ziehen Sie mit gedrückter Maustaste in das Bild hinein. Wenn Sie die Maustaste loslassen, wird der weggeschnittene Teil ausgeblendet.

7.5 Arbeiten mit Diagrammen

In vielen Präsentationen werden in irgendeiner Form Zahlen (z.B. Umsatzzahlen) dargestellt. Ohne grafische Visualisierung können nur wenige Zahlen von den Zuhörern aufgenommen werden. Daher empfiehlt sich bei der Präsentation von Zahlen häufig die Darstellung mit Hilfe von Diagrammen. Diagramme schaffen einen besseren Überblick über das Zahlenmaterial und verstärken dessen Aussagekraft. Gerade im Business-Bereich wird man diese Darstellung der Zahlen häufig benötigen.

Der folgende Abschnitt gibt einen Überblick über das Erstellen und Formatieren der wichtigsten Diagrammarten.

---

[44] Die Grafik-Symbolleiste erhalten Sie über [*Ansicht/Symbolleisten/Grafik*].

Hinweis

POWERPOINT orientiert sich in seinen Diagrammfunktionen an dem Tabellenkalkulationsprogramm EXCEL[45]. Es bietet aber bei weitem nicht den Funktionsumfang von EXCEL. Mit POWERPOINT können schnell und einfach Diagramme erstellt werden. Wenn Sie aber mit den Zahlen rechnen wollen, sollten Sie die Diagramme mit EXCEL erstellen und anschließend in Ihre POWERPOINT Präsentation einfügen.[46]

7.5.1 Diagramme einfügen

Zum Einfügen eines Diagramms gibt es mehrere Möglichkeiten:

- Doppelklicken Sie auf den Diagramm-Platzhalter, falls Sie im AutoLayout-Fenster ein Folienlayout mit einem Platzhalter für ein Diagramm gewählt haben,
- oder klicken Sie auf in der Standard-Symbolleiste,
- oder wählen Sie [*Einfügen/Diagramm*].

Mit einem dieser Befehle starten Sie ein Zusatzprogramm in POWERPOINT, mit dem Sie Diagramme erstellen können (MICROSOFT GRAPH). Es erscheint das Diagramm-Fenster. Im Diagramm-Fenster haben sich die Menüleiste und die Symbolleisten um einige Befehle verändert. Im Vordergrund sehen Sie das Tabellenfenster. Hinter dem Tabellenfenster befindet sich das eigentliche Diagramm. Tabellenfenster und Diagramm gehören zusammen, da im Tabellenfenster die Zahlen für das Diagramm eingetragen werden. Bereits mit dem Aufruf des Diagrammbefehls erhalten Sie eine Beispieltabelle und ein Beispieldiagramm. Für Ihre eigenen Diagramme müssen Sie nun die vorhandenen Daten in der Tabelle überschreiben und einen eigenen Diagrammtyp auswählen.

---

[45] Vgl. Kapitel 6.7.
[46] Vgl. Kapitel 3.4.

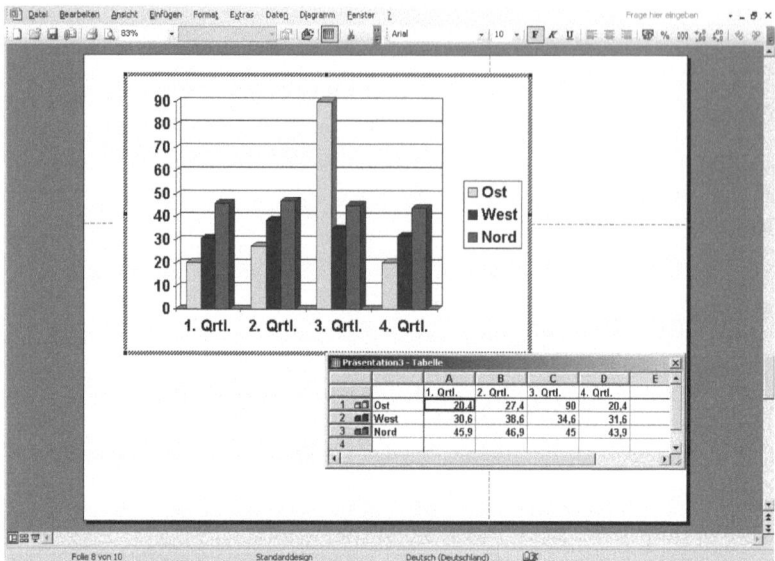

Abbildung 45: Diagrammfenster

Sie schließen das Diagrammprogramm wieder, indem Sie auf einen Bereich der Folie außerhalb des Diagramms klicken. Damit wird das Tabellenfenster geschlossen und das Diagramm bleibt als POWERPOINT-Objekt stehen. Die Menü- und Symbolleisten haben wieder ihr Standardaussehen.

Mit einem Doppelklick auf das Diagramm starten Sie das Diagrammprogramm erneut. Sie können wieder am Diagramm arbeiten. Mit dem Symbol [⊞] können Sie das Tabellenblatt öffnen bzw. schließen.

7.5.2 Diagrammelemente

Folgende Abbildung gibt einen Überblick über die wesentlichen Diagrammbestandteile eines Säulendiagramms.

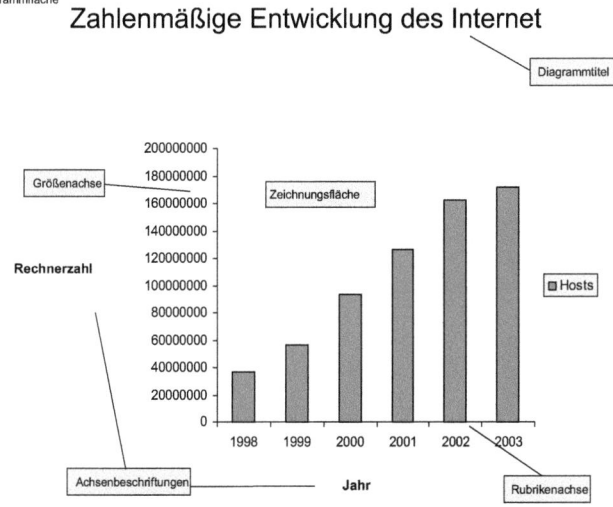

Abbildung 46: Bestandteile eines Säulendiagramms

Zu den wesentlichen Elementen des Diagramms zählen:

- *Diagrammfläche*
  Die Diagrammfläche wird durch den Markierungsrahmen des Diagramms eingegrenzt.
- *Zeichnungsfläche*
  Die Zeichnungsfläche ist die kleine Fläche, die durch die Achsen des Diagramms eingegrenzt wird.
- *Legende*
  Die Legende gibt an, wofür die einzelnen grafischen Elemente stehen (hier die angeschlossenen Rechner).
- *Rubrikenachse*
  Die Rubrikenachse ist die waagrechte x-Achse. Auf dieser Achse finden Sie die Rubriken, die im Diagramm dargestellt werden (hier die Jahreszahlen).
- *Größenachse*
  Die Größenachse ist die senkrechte y-Achse, welche die Werte der zu messenden Rubriken angibt (hier die Rechnerzahlen).
- *Achsenbeschriftungen* und *Diagrammtitel*

7.5.3 Diagrammdaten eingeben

Die Daten für das Diagramm werden in die Zellen des Tabellenfensters eingegeben. Dazu müssen Sie die vorhandenen Beispieldaten überschreiben. Grundsätzlich gelten hier für die Eingabe die gleichen Regeln wie bei EXCEL.[47]

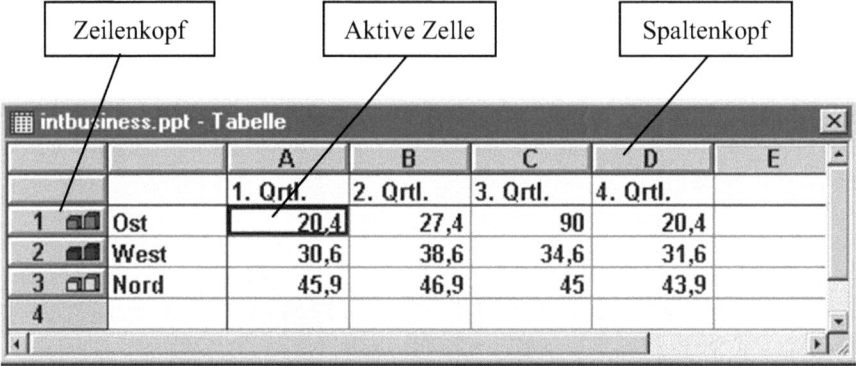

Abbildung 47: Tabellenfenster

Aufgabe

Fügen Sie eine neue Folie mit dem AutoLayout *Nur Titel* in Ihre Präsentation ein und benennen Sie die Folie mit *Zahlenmäßige Entwicklung des Internet*. Fügen Sie auf dieser Folie ein neues Diagramm ein und geben Sie folgende Daten zur zahlenmäßigen Entwicklung des Internet in das Tabellenfenster ein. Beachten Sie dabei die folgenden Erläuterungen zur Dateneingabe.

	1998	1999	2000	2001	2002	2003
Angeschlossene Rechner	36739000	56218000	93047785	125888197	162128493	171638297

Abbildung 48: Datentabelle zur zahlenmäßigen Entwicklung des Internet

Generell können Sie nur Buchstaben oder Zahlen in die jeweils aktive Zelle eingeben. Die aktive Zelle ist durch einen schwarzen Rahmen gekennzeichnet. Eine Zelle wird aktiv, indem Sie die Zelle anklicken. Die Eingabe wird durch die [*Return*]-Taste oder eine der vier Pfeiltasten bestätigt. Einen bestehenden Eintrag

---

[47] Vgl. die Dateneingabe bei Excel in Kapitel 6.2.

können Sie bearbeiten, indem Sie auf die jeweilige Zelle doppelklicken oder [*F2*] drücken. Mit der [*Entf*]-Taste können Sie eine Eingabe löschen.

Spaltenbreite

Falls die Breite der Spalte nicht ausreicht, um Ihre Eingabe vollständig anzuzeigen[48], können Sie mit [*Format/Spaltenbreite*] die Spaltenbreite vergrößern.

Spalten- und Zeilenbeschriftungen

Die Nummerierung der Zeilen und Spalten fängt in dem Tabellenblatt erst in der zweiten Spalte bzw. in der zweiten Zeile an. In der ersten Zeile des Tabellenblattes wird die Spaltenbeschriftung und in der ersten Spalte wird die Zeilenbeschriftung für die Tabelle eingegeben. Das Diagramm-Programm von POWERPOINT verwendet diese Beschriftungen automatisch für die Legende und die Bezeichnung der Linien oder Säulen im Diagramm.

Zeilen und Spalten einfügen

Sie können in dem Tabellenblatt neue Zeilen und Spalten einfügen, falls Sie nachträglich Platz für Eingaben brauchen sollten. Dazu rufen Sie mit [*Einfügen/Zellen*] das Dialogfenster *Zellen einfügen* auf. Damit können Sie einzelne Zellen oder auch ganze Zeilen und Spalten einfügen.

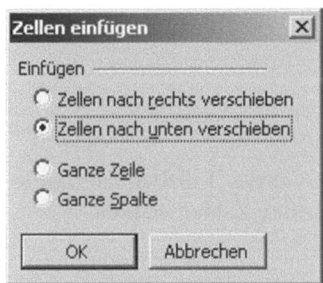

Abbildung 49: Dialogfenster *Zellen einfügen*

Zellbereiche markieren

Falls Sie mehr als eine einzelne Zelle bearbeiten wollen, können Sie in POWERPOINT auch Zellbereiche markieren. Die folgende Tabelle gibt einen Überblick über die wichtigsten Markierungsbereiche:

---

[48] Falls eine Texteingabe für die Spaltenbreite zu lang ist, wird der Text dennoch über die eigentliche Spaltenbreite hinaus geschrieben, sofern die rechte Zelle daneben leer ist. Ist die rechte Spalte daneben gefüllt, wird der Text am Spaltenende abgeschnitten. Zu lange Zahleneingaben können aber nicht abgeschnitten werden. Hier wird meist der sogenannte Gartenzaun (####) angezeigt. Dieser verschwindet, sobald die Spaltenbreite ausreichend erweitert wird.

Zu markierende Einheit	Vorgehen
Zelle	mit Mauszeiger einmal in Zellbereich klicken
Zellbereich (nebeneinander liegende Zellen)	mit Mauszeiger in erste Zelle des gewünschten Bereichs klicken, linke Maustaste gedrückt halten und Mauszeiger in letzte Zelle des zu markierenden Bereichs ziehen
Zeile/Spalte	Mauszeiger in entsprechenden Zeilen-/Spaltenkopf setzen, linke Maustaste einmal klicken
mehrere Zeilen/Spalten (nebeneinander liegend)	ersten Zeilen-/Spaltenkopf markieren, linke Maustaste gedrückt halten und über zu markierende Zeilen/Spalten ziehen
Markierung entfernen	irgendwo im Arbeitsblatt mit linker Maustaste klicken

Abbildung 50: Markierung von Zellbereichen

Markierte Zellbereiche sind nützlich, wenn Sie z.B. mehrere Daten (z.B. ganze Spalten oder Zeilen) auf einmal löschen wollen.

7.5.4 Diagrammtyp wählen

Nachdem Sie alle Werte eingegeben haben, können Sie das Tabellenblatt schließen. Sie müssen nun den passenden Diagrammtyp für Ihre Zahlen wählen.

Mit [*Diagramm/Diagrammtyp*] erhalten Sie das Dialogfenster *Diagrammtyp*, in dem Sie den gewünschten Diagrammtyp (z.B. Säulen- oder Kreisdiagramm) mit entsprechenden Untertypen (z.B. zwei- oder dreidimensional) wählen können.

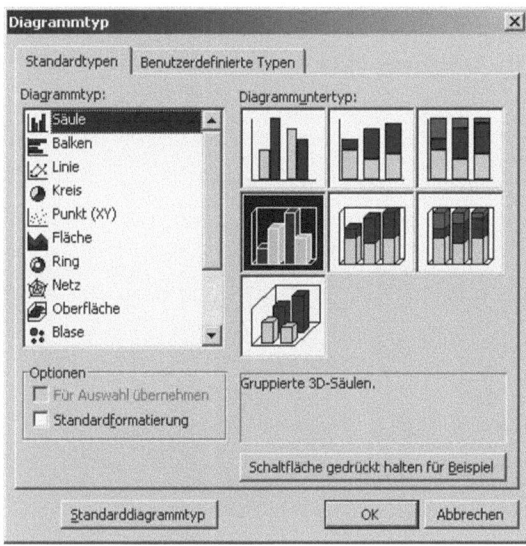

Abbildung 51: Dialogfenster *Diagrammtyp*

Die Wahl des Diagrammtyps ist von der Art der darzustellenden Daten abhängig. Nicht jeder Diagrammtyp ist für jede Art von Daten geeignet. In den folgenden Abschnitten wird die Verwendung der grundlegenden Diagrammtypen erläutert.

a) Säulen-/Balkendiagramm

Säulen- und Balkendiagramme dienen vor allem zum Vergleich statistischer Größen, wie z.B. zur Darstellung von Veränderungen im Zeitablauf oder zur Veranschaulichung von Rangfolgen oder Häufigkeiten.

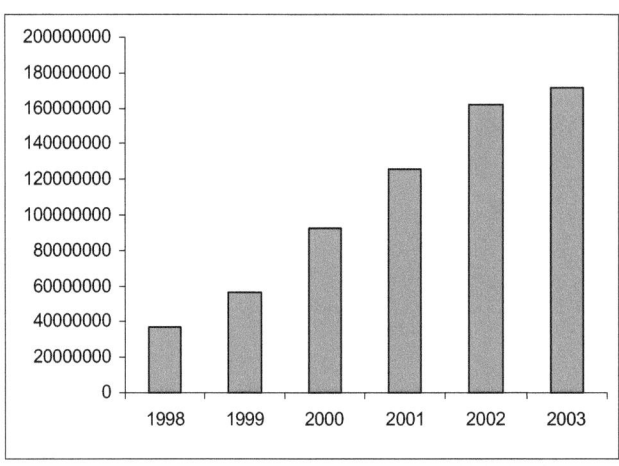

Abbildung 52: Säulendiagramm

Aufgabe

Erstellen Sie auf Ihrer Folie *Zahlenmäßige Entwicklung des Internet* ein Säulendiagramm aus der Datentabelle in Abbildung 48.

b) Liniendiagramm

Das Liniendiagramm dient zur Darstellung kontinuierlicher Zahlenreihen innerhalb bestimmter Zeitabläufe (Trends und Veränderungen). Ein Liniendiagramm sollte nicht mehr als drei bis vier Vergleichslinien enthalten. Zudem sollte man sich auf maximal 20 Datenpunkte pro Diagramm beschränken, z.B. 4 Linien mit 5 Beobachtungspunkten, da das Liniendiagramm ansonsten zu unübersichtlich wird.

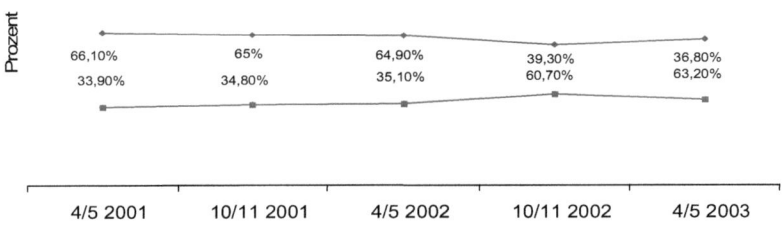

Abbildung 53: Liniendiagramm

Aufgabe

Erstellen Sie auf einer neuen Folie *Entwicklung des Männer-/Frauenanteils der Internetnutzer* ein Liniendiagramm aus folgender Datentabelle:

	4/5 2001	10/11 2001	4/5 2002	10/11 2002	4/5 2003
Männer	66,10 %	65,20 %	64,90 %	60,70 %	63,20 %
Frauen	33,90 %	34,80 %	35,10 %	39,30 %	36,80 %

Abbildung 54: Datentabelle für Liniendiagramm

c) Kreisdiagramm

Das Kreisdiagramm dient zur Darstellung von Anteilen an einer Gesamtmenge (z.B. Anteil verschiedener Produkte am Gesamtumsatz). Man sollte sich auf maximal acht Kreissegmente beschränken, d.h. gegebenenfalls mehrere kleinere Segmente zu einem Segment zusammenfassen.

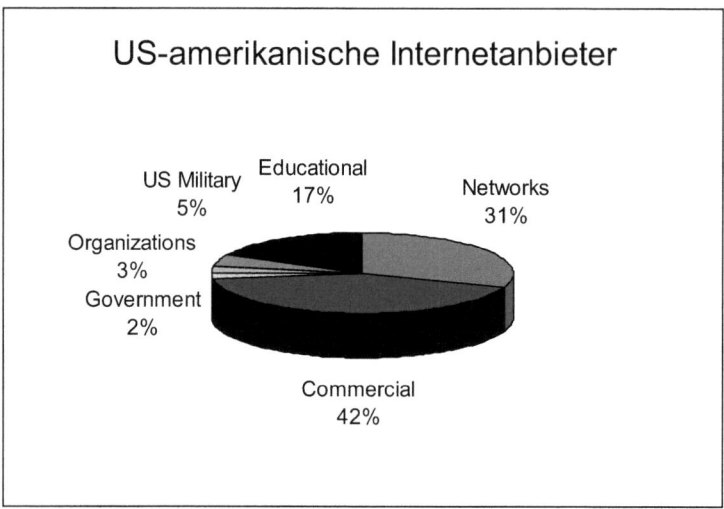

Abbildung 55: Kreisdiagramm

Aufgabe

Erstellen Sie auf einer neuen Folie *US-amerikanische Internetanbieter* ein Kreisdiagramm aus folgender Datentabelle:

Commercial	Educational	Government	Networks	Organizations	US Military
42 %	17 %	2 %	31 %	3 %	5 %

Abbildung 56: Datentabelle für Kreisdiagramm

7.5.5 Diagramme bearbeiten

Nachdem Sie ein Diagramm erstellt haben, können Sie das Aussehen des Diagramms gestalten und verändern. Zum Formatieren müssen Sie das Diagramm zunächst mit einem Doppelklick markieren (→ Das Diagramm wird mit einem schraffierten Markierungsrahmen angezeigt.). Falls dabei das Tabellenfenster geöffnet wird, können Sie es mit dem Symbol ▦ wieder schließen.

a) Grundlegende Diagrammeinstellungen

Im Menü [*Diagramm/Diagramm-Optionen*] finden Sie das Dialogfenster *Diagramm-Optionen*. In diesem Dialogfenster können Sie die grundlegenden Diagrammformatierungen an den Bestandteilen des Diagramms vornehmen.

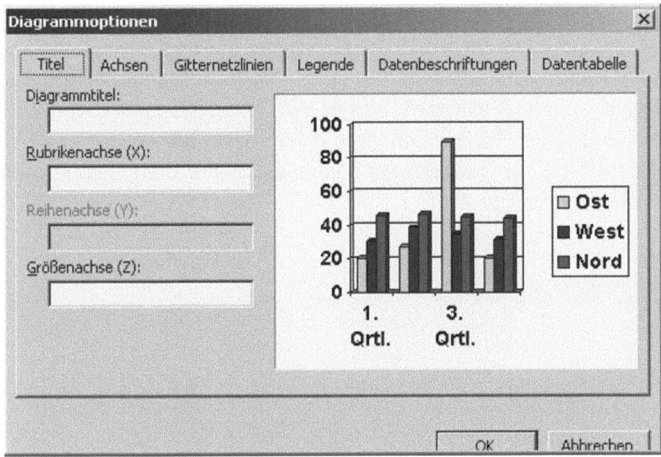

Abbildung 57: Dialogfenster *Diagramm-Optionen*

In den verschiedenen Registern dieses Dialogfensters können Sie die Inhalte von Diagrammtitel und Diagrammachsen festlegen. Darüber hinaus können Sie die Anzeige der Achsen, der Gitternetzlinien in der Zeichnungsfläche, der Legende, der Datenbeschriftungen sowie der Datentabelle bestimmen.

b) Diagrammelemente formatieren

Zum Formatieren der einzelnen Diagrammelemente markieren Sie zunächst das Diagramm mit einem Doppelklick. Sie können danach die einzelnen Diagrammbestandteile markieren, indem Sie die Maus auf das jeweilige Element (z.B. auf die Zeichnungsfläche) bewegen und dann einmal klicken. Alternativ können Sie das zu formatierende Element auch in dem Listenfeld auf der Formatierungssymbolleiste auswählen.

354   Erstellung von Präsentationsgrafiken mit Powerpoint

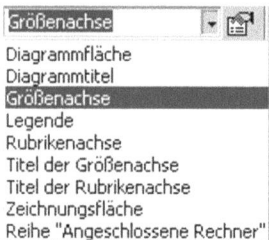

Abbildung 58: Listenfeld mit den Diagrammelementen

Nachdem Sie das Diagrammelement ausgewählt haben, können Sie im Menü *Format* das Format-Dialogfenster aufrufen. Für jedes Diagrammelement besteht ein eigenes Dialogfenster, das auf das jeweilige Element abgestimmte Formatierungsmöglichkeiten enthält. Sie können mit den verschiedenen Dialogfenstern beispielsweise die Darstellung der Textelemente oder die Farben der Diagrammelemente (z.B. der Säulen) verändern.

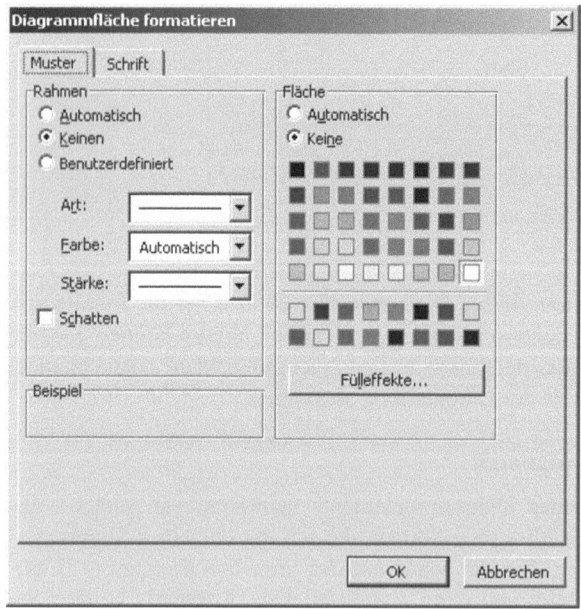

Abbildung 59: Beispiel-Dialogfenster: *Diagrammfläche formatieren*

Hinweise

Wenn Sie einzelne Diagrammelemente nach dem Markieren des Diagramms mit einem Doppelklick anklicken, erscheint sofort ein entsprechendes Dialogfenster, in dem Sie Formatierungseinstellungen vornehmen können.

Falls Sie in einem Säulendiagramm eine einzelne Säule verändern wollen (z.B. die Farbe), dann müssen Sie zunächst einmal auf irgendeine Säule klicken (→ alle Säulen werden markiert) und dann noch einmal auf eine einzelne Säule klicken (→ konkret eine Säule wird markiert). Danach können Sie mit einem weiteren Doppelklick das entsprechende Dialogfenster zum Formatieren öffnen.

c) Diagrammtyp wechseln

Wollen Sie nach dem Erstellen den Diagrammtyp wechseln, markieren Sie das Diagramm mit einem Doppelklick und rufen den Befehl [*Diagramm/Diagrammtyp*] auf.

7.6 Grundlegende Folieneinstellungen

Bevor Sie eine Präsentation in POWERPOINT erstellen, sollten Sie einige grundlegende Folieneinstellungen zum Seitenformat und zum Aussehen der Folien vornehmen. Sie legen damit den Gestaltungsrahmen für Ihre Folien fest und vermeiden, dass Sie die Folien nach dem Erstellen nochmals überarbeiten müssen. Das könnte z.B. in dem Fall eintreten, wenn das allgemeine Folienlayout einer Firma sich nicht mit Ihren individuell gestalteten Folien vereinbaren lässt.

7.6.1 Seite einrichten

Über den Befehl [*Datei/Seite einrichten*] erhalten Sie das Dialogfenster *Seite einrichten*. Dort können Sie die Größe und Ausrichtung Ihrer Folien festlegen.

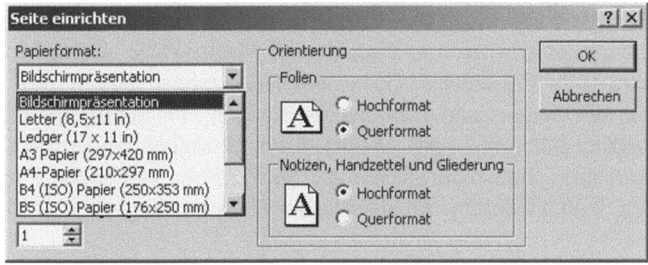

Abbildung 60: Dialogfenster *Seite einrichten*

Seitengröße

Im Listenfeld *Seitengröße* wählen Sie die Größe Ihrer Folien aus. Sie werden Ihre Folien meist zum Ausdruck auf DIN-A4-Papier bzw. Folien oder für eine Bildschirmpräsentation verwenden. Für diesen Zweck können Sie die Standardeinstellung *Bildschirmpräsentation* verwenden. Sie passt sowohl für eine Bildschirmpräsentation[49] als auch für DIN-A4-Papier.

Die Ausrichtung wird bei *Bildschirmpräsentation* standardmäßig auf *Querformat* gesetzt. Die Seite ist hier etwas schmaler als das Querformat eines DIN-A4-Blattes. Dies ist aber sinnvoll, da die vorgegebene Breite besser für den Einsatz auf einem Overhead-Projektor geeignet ist.

Ausrichtung

Bei der Ausrichtung können Sie sich zwischen den Optionen *Querformat* und *Hochformat* entscheiden. Für Folien bietet sich i.d.R. das Querformat an.[50] Innerhalb einer Präsentation können Sie die Ausrichtung nicht wechseln. D.h. Sie müssen sich für ein Format entscheiden, das für die ganze Präsentation verwendet wird.

Aufgabe

Überprüfen Sie, ob bei Ihrer Präsentation als Seitengröße *Bildschirmpräsentation* und als Ausrichtung *Querformat* eingestellt ist. Falls diese Einstellungen nicht vorgenommen sind, korrigieren Sie diese entsprechend.

7.6.2 Einheitliches Aussehen gestalten

Ihre Präsentation sollte ein möglichst einheitliches Aussehen haben.[51] Das heißt, allgemeine Elemente, wie z.B. der Hintergrund, das Firmenlogo, die Foliennummerierung oder die Größe der Folienüberschriften, sollten auf allen Folien gleich sein. Damit Sie nicht auf jeder Folie diese Elemente gestalten bzw. bei Änderungen nicht jede einzelne Folie wieder anpassen müssen, können Sie mit den so genannten *Mastern* das allgemeine Aussehen für alle Folien festlegen.

Dazu gestalten Sie in der *Master-Ansicht* einmal eine Master-Folie. Daraufhin übernehmen alle Folien Ihrer Präsentation das Aussehen der Master-Folie (z.B. den Folienhintergrund, die Seiten- und Datumseinstellungen, die Schrifteinstellungen der Text-Platzhalter oder ein Logo). Wollen Sie nachträglich Änderungen an dem Aussehen vornehmen, brauchen Sie nur die Master-Folie zu ändern. Die Veränderungen werden dann wiederum von allen Folien übernommen.

---

[49] Vgl. Kapitel 7.7.
[50] Vgl. Kapitel 7.1.2.2.
[51] Vgl. Kapitel 7.1.2.2.

In POWERPOINT gibt es mehrere Master. Im Folgenden werden der *Folien-Master* für die normalen Folien der Präsentation und der *Titel-Master* für die Titelfolie (= i.d.R. die erste Folie der Präsentation) vorgestellt.

7.6.2.1 Folien-Master

Der Folien-Master ist eine bestimmte Ansicht, in die Sie jederzeit wechseln können. Dort wird das Erscheinungsbild für die normalen Inhaltsfolien Ihrer Präsentation festgelegt. Mit [*Ansicht/Master/Folien-Master*] können Sie den Folien-Master aufrufen.

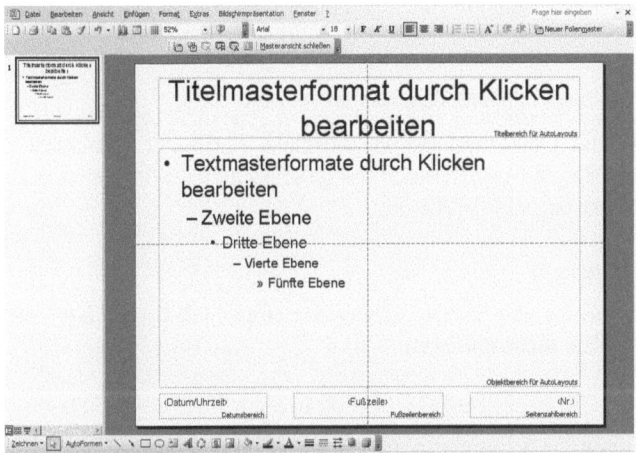

Abbildung 61: Folien-Master-Ansicht

In der Folien-Master-Ansicht sehen Sie immer nur eine Folie, den Folien-Master. Diese Folie erscheint nicht in Ihrer Präsentation, sondern nimmt nur Ihre Einstellungen zum Erscheinungsbild Ihrer Folien auf und überträgt diese auf die eigentlichen Folien Ihrer Präsentation.

Elemente des Folien-Masters

- *Objektbereich für AutoLayouts*
  Der Folien-Master enthält zwei Bereiche für AutoLayouts: den Titelbereich und den Objektbereich. Hier können Sie Formatierungen vornehmen, die auf die entsprechenden Bereiche der AutoLayout-Folien übertragen werden. Formatieren Sie z.B. den Titelbereich mit einer bestimmten Schriftart und Schriftgröße, so werden diese Einstellungen von den Titel-Platzhaltern auf den AutoLayout-Folien übernommen.

- *Datumsbereich*
  Im Datumsbereich kann ein Datum eingegeben werden, das auf allen Folien der Präsentation angezeigt werden soll.
- *Fußzeilenbereich*
  Im Fußzeilenbereich kann eine Fußzeile für alle Folien festgelegt werden.
- *Seitenzahlbereich*
  Im Seitenzahlbereich kann eine Foliennummerierung für die Folien der Präsentation eingerichtet werden.

Folien-Master bearbeiten

Der Folien-Master kann wie alle anderen Folien bearbeitet werden. Das gilt z.B. für Größenveränderungen an den Objekten genauso wie für Text- und Farbformatierungen.

Titelbereich und Objektbereich für AutoLayouts bearbeiten

Sie können den Titel- und Objektbereich wie normale Textfelder formatieren. Dazu markieren Sie den Bereich und nehmen die gewünschten Änderungen, z.B. an Objektgröße oder Schriftart und -größe, vor.

Datum oder Seitenzahl einfügen

Die Platzhalter *Datumsbereich* und *Seitenzahlbereich* nehmen ein Datum bzw. die Foliennummer auf, wenn Sie diese einfügen.

Vorgehen

- [Ansicht/Kopf- und Fußzeile] wählen → Das Dialogfenster *Kopf- und Fußzeile* erscheint.

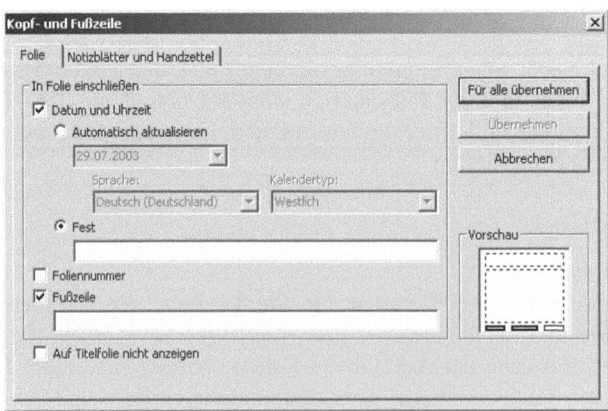

Abbildung 62: Dialogfenster *Kopf- und Fußzeile*

- Auf der Registerkarte *Folie* können Sie ein festes Datum eingeben oder mit *Automatisch aktualisieren* das aktuelle Datum wählen.
- Klicken Sie die Option *Foliennummer* an, wird eine *Foliennummer* (= Seitenzahl) angezeigt.
- Schließen Sie das Dialogfenster mit *Für alle übernehmen*.

Nach dem Schließen des Dialogfensters sehen Sie noch keine Anzeige des Datums oder der Foliennummer. Denn diese Angaben werden erst in der *Folienansicht* angezeigt.

Die Platzhalter auf dem Folien-Master nehmen also diese Eingaben quasi unsichtbar auf. Sie können jedoch mit den Platzhaltern das Aussehen von Datum und Foliennummer formatieren (z.B. Schriftart), indem Sie die Objekte wie normale Textfelder bearbeiten.[52] Ebenso können Sie die Platzhalter wie normale Objekte verschieben, wenn Sie z.B. das Datum an einer anderen Stelle auf den Folien platzieren wollen.

Folienhintergrund gestalten

Es ist sinnvoll, für alle Folien Ihrer Präsentation einen einheitlichen Hintergrund zu wählen. Drucken Sie Ihre Präsentation schwarzweiß auf Papier oder Folien, werden Sie i.d.R. den weißen Hintergrund belassen. Falls Sie aber eine Bildschirmpräsentation[53] zeigen wollen, empfiehlt sich ein farbiger Hintergrund.

---

[52] Sie können auch erläuternde Texte in die Platzhalter eingeben, die dann auf den Folien angezeigt werden. Wenn Sie z.B. in dem Platzhalter *Seitenzahlbereich* vor *<Nr.>* das Wort *Folie* eintippen, wird auf allen Folien vor der Foliennummer das Wort *Folie* angezeigt.
[53] Vgl. Kapitel 7.7.

Vorgehen

- [*Format/Hintergrund*] wählen → Dialogfenster *Hintergrund* erscheint
- im Listenfeld die Hintergrundfarbe und eventuell einen Fülleffekt wählen

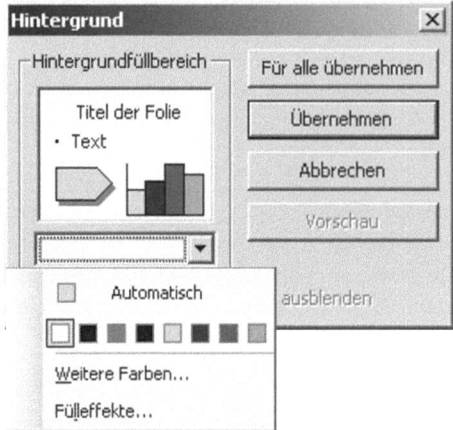

Abbildung 63: Dialogfenster *Hintergrund*

Aufgabe

Wechseln Sie in Ihrer Präsentation *intbusiness.ppt* in den Folien-Master. Nehmen Sie dort folgende Einstellungen vor:

- hellblauer Hintergrund mit horizontaler Schattierungsart
- gelbe Schrift im Titelbereich, Arial und 32 pt
- weiße Schrift im Objektbereich, Arial und 24 pt
- Entfernen Sie den Fußzeilenbereich.
- Verschieben Sie den Datumsbereich in die linke untere Ecke; schieben Sie den Seitenzahlbereich gleich rechts neben den Datumsbereich und definieren Sie in beiden Bereichen eine weiße Schrift, Arial, 14 pt.
- Verkleinern Sie die Breite des Seitenzahlbereiches.
- Fügen Sie das Firmenlogo von StudConsult in die Folie ein[54]; platzieren Sie das Logo in der rechten unteren Ecke.
- Schreiben Sie links neben dem Firmenlogo *StudConsult* in weißer Schrift mit Arial, 16 pt, fett.

Das Ergebnis müsste etwa folgendermaßen aussehen:

---

[54] Das Firmenlogo ist eine Grafikdatei mit dem Dateityp *.gif*. Sie können die Datei über [*Einfügen/Grafik/Aus Datei*] einfügen. Das Logo finden Sie in der WWW-Ergänzung zum Buch unter dem Namen *studconsult.gif*. Falls Sie keinen Zugang zum WWW haben, können Sie auf das Logo verzichten und stattdessen nur den Firmennamen in ein Textfeld schreiben.

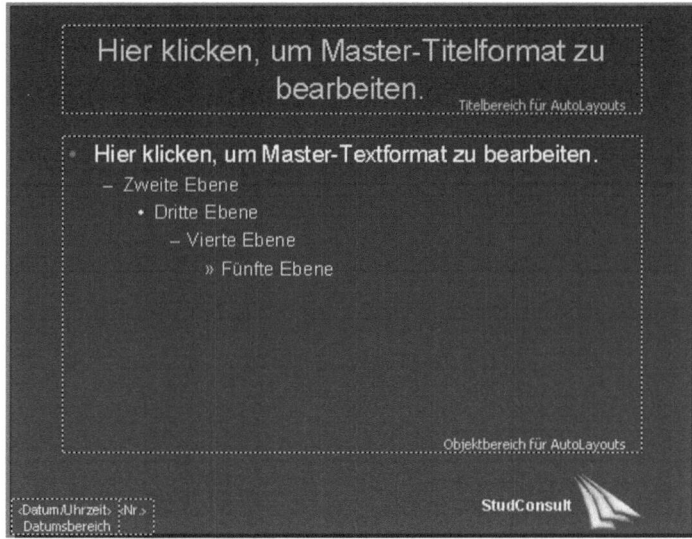

Abbildung 64: *Folien-Master* für StudConsult

Wechseln Sie, nachdem Sie den Folien-Master bearbeitet haben, in die Folienansicht zurück und blättern Sie durch Ihre Folien. Alle Folien Ihrer Präsentation müssten nun ein einheitliches Layout haben.

Hinweis

Sie können einen Platzhalter (z.B. Fußzeilenbereich), den Sie im Folien-Master gelöscht haben, wieder „holen". Gehen Sie dazu in die Folien-Master-Ansicht und wählen [*Format/Masterlayout...*]. Es wird dann das Dialogfenster *Masterlayout* angezeigt, mit dem Sie gelöschte Folien-Master-Platzhalter durch Anklicken wiederherstellen können.

Frage

Wie kann es passieren, dass nach einer Veränderung der Hintergrundfarbe die vorhandenen Textbausteine nicht mehr zu sehen sind?[55]

7.6.2.2 Titel-Master

Die Titelfolie ist i.d.R. die erste Folie Ihrer Präsentation. Sie wird meist anders gestaltet als die restlichen Folien der Präsentation (z.B. mit einem größeren Firmenlogo oder ohne Datumsbereich). Daher gibt es für die Titelfolie einen eigenen

---

[55] Das passiert dann, wenn z.B. zunächst ein blauer Hintergrund mit weißer Textschrift definiert wurde. Stellt man nun die Hintergrundfarbe auf weiß um, kann der Text nicht mehr gesehen werden.

Master, den *Titel-Master*. Mit dem Titel-Master können Sie das Aussehen der Titelfolie festlegen.

Vorgehen

- Folien-Master aufrufen
- in der Symbolleiste *Folienmaster* das Symbol *Neuen Titelmaster einfügen* klicken

Sie können nun die Platzhalter des Titel-Masters analog zu den Platzhaltern des Folien-Masters bearbeiten.

Nachdem Sie einen Titel-Master erstellt haben, können Sie wie beim Erstellen der Präsentation links zwischen Folienmaster-Folie und Titelmaster-Folie wechseln.

Aufgabe

Fügen Sie den Titel-Master für die Datei *intbusiness.ppt* ein. Führen Sie auf dem Titel-Master folgende Formatierungen durch:

- Titelbereich mit gelber Schrift, Arial, 40 pt und den Untertitelbereich mit weißer Schrift, Arial, 24 pt
- Fügen Sie wiederum das Firmenlogo ein, vergrößern Sie es etwas, schreiben Sie links neben dem Firmenlogo *StudConsult* mit weißer Schrift, Arial, 24 pt.
- Gruppieren Sie das *StudConsult* Textfeld mit dem Logo und platzieren Sie diese Gruppe im Verhältnis zur Folie horizontal zentriert unter dem Untertitelbereich.

Hinweis

Prinzipiell könnten Sie die Titelfolie gleich selbst formatieren und nicht erst den Zwischenschritt über den Titel-Master gehen, da es sich ja nur um *eine* Folie handelt. Der Schritt über den Titel-Master ist jedoch dann sinnvoll, wenn man später das gesamte Design einer Folie auf eine neue Präsentation übertragen möchte.

7.6.2.3 Präsentationsdesign übernehmen

Sie können für eine neue Präsentation das Erscheinungsbild (*Präsentationsdesign*) einer bereits erstellten Präsentation übernehmen. Das Präsentationsdesign entspricht im Wesentlichen der Summe aller vorgenommenen Mastereinstellungen. Damit können Sie ein einmal entwickeltes Design einfach auf neue Präsentationen übertragen und stellen somit ein einheitliches Aussehen aller Präsentationen (z.B. einer Firma) sicher.[56]

---

[56] Vgl. Kapitel 7.1.2.2.

Vorgehen

- eine neue Präsentation anlegen
- [*Format/Design übernehmen*] wählen → Dialogfenster *Design übernehmen* erscheint
- im Listenfeld Dateityp *Alle Powerpoint-Dateien* einstellen
- die Präsentation mit dem Vorlagendesign auswählen (analog zu *Datei öffnen*)
- auf *Zuweisen* klicken → Das Design der ausgewählten Präsentation wird übernommen.

7.7 Bildschirmpräsentation

Sie können Ihre Präsentation mit POWERPOINT auch über den Bildschirm vorführen. Das hat u.a. den Vorteil, dass Sie problemlos Farben einsetzen oder nachträgliche Änderungen (z.B. Aktualisierungen) ohne großen Aufwand vornehmen können. Zudem wirkt eine Bildschirmpräsentation häufig professioneller als eine Folienpräsentation mit dem Overhead-Projektor.

Hinweis

Sie benötigen zum Durchführen einer Bildschirmpräsentation eine besondere Ausstattung. Falls Sie nur eine kleine Präsentation für wenige Zuhörer vornehmen, reicht unter Umständen ein Rechner mit einem Monitor aus. Für eine größere Bildschirmpräsentation benötigen Sie einen Rechner und ein angeschlossenes Projektionsgerät, damit Ihr Bildschirminhalt an eine Wand oder Leinwand projiziert werden kann. Als Projektionsgerät kann z.B. ein Overhead-Aufsatz (Flatscreen) oder ein Beamer[57] verwendet werden.

7.7.1 Bildschirmpräsentation starten und steuern

Nachdem Sie Ihre Folien erstellt haben, können Sie sofort aus POWERPOINT heraus die Bildschirmpräsentation starten. Dazu rufen Sie [*Bildschirmpräsentation/Bildschirmpräsentation vorführen*] auf. Die Bildschirmpräsentation beginnt grundsätzlich mit der ersten Folie Ihrer Präsentation.

Hinweis

Bevor Sie eine Bildschirmpräsentation einrichten, sollten Sie die Folien in der Foliensortieransicht[58] in die richtige Reihenfolge bringen. Falls Sie nicht alle Folien in Ihre Bildschirmpräsentation aufnehmen wollen, können Sie mit [*Bild-*

---

[57] Mit einem Beamer erreichen Sie die beste Wiedergabequalität.
[58] Vgl. Kapitel 7.2.5.

schirmpräsentation/Bildschirmpräsentation einrichten] die Folien bestimmen, die Sie zeigen wollen.

Wenn Sie nach dem Starten der Bildschirmpräsentation die [*F1*]-Taste drücken, erhalten Sie die *Hilfe zur Bildschirmpräsentation*, die Ihnen einen ausführlichen Überblick über die Steuerungsmöglichkeiten während der Bildschirmpräsentation gibt. Die folgende Tabelle fasst die wichtigsten Steuerungsbefehle zusammen:

Steuerungsbefehl	Ergebnis
Mausklick links, Leertaste, „N", Pfeiltaste nach rechts, Pfeiltaste nach unten, [*Return*], Bildtaste nach unten	Nächste Folie einblenden
Rücktaste, „V", Pfeiltaste nach links, Pfeiltaste nach oben, Bildtaste nach oben	Vorhergehende Folie einblenden
	Folie Nr. <n> einblenden
[*Esc*], [*Strg*]+[*Unterbr*]	Beenden
	Zur Anfangsfolie zurückkehren

Abbildung 65: Steuerungsbefehle zur Bildschirmpräsentation

Aufgabe

Bringen Sie Ihre Folien in der Foliensortieransicht in eine sinnvolle Reihenfolge. Lassen Sie anschließend Ihre erstellten Folien als Bildschirmpräsentation ablaufen.

7.7.2 Folienübergangseffekte

Für die Bildschirmpräsentation können Sie Übergangseffekte (z.B. *von außen einblenden*) zwischen den einzelnen Folien definieren.

Erstellung von Präsentationsgrafiken mit Powerpoint   365

Vorgehen

- in die Folienansicht wechseln
- [*Bildschirmpräsentation/Folienübergang*] aufrufen → Dialogfenster *Folienübergang* erscheint

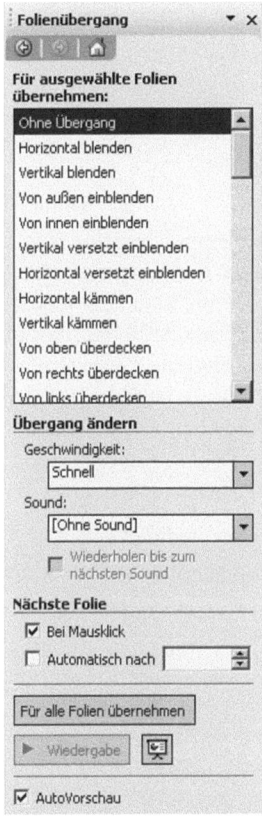

Abbildung 66: Dialogfenster *Folienübergang*

- im Listenfeld *Für ausgewählte Folien übernehmen* den gewünschten Folienübergangseffekt anklicken
- *Für alle Folien übernehmen* anklicken → Der gewählte Folienübergang wird allen Folien zugewiesen. Falls Sie *Zuweisen* wählen, würde der Folienübergang nur für die gerade aktive Folie zugewiesen werden.

Wenn Sie die Folienübergänge wieder entfernen wollen, müssen Sie im Dialogfenster *Folienübergang* die Option *Ohne Übergang* wählen und diese allen Folien zuweisen.

Hinweis

Die Folienübergänge können auch in der Foliensortieransicht mit ![icon] festgelegt werden.

Aufgabe

Legen Sie für Ihre Folien den Folienübergangseffekt *Vertikal blenden* fest und starten Sie erneut Ihre Bildschirmpräsentation.

7.7.3 Objekte animieren

Neben den Folienübergängen können für eine Bildschirmpräsentation auch die einzelnen Objekte (z.B. Texte oder Zeichenobjekte) einer Folie mit Effekten, den so genannten Animationseffekten, versehen werden. Damit kann für jede Folie festgelegt werden, in welcher Reihenfolge und mit welchen Effekten die einzelnen Objekte auf der Folie eingeblendet werden. Nicht animierte Objekte erscheinen sofort mit dem Einblenden der Folien. Animierte Objekte werden gemäß der festgelegten Darstellungsweise z.B. schrittweise per Mausklick eingeblendet.

Vorgehen

- in der Folienansicht auf die Folie wechseln, die animiert werden soll
- [*Bildschirmpräsentation/Benutzerdefinierte Animation*] wählen → Dialogfenster *Benutzerdefinierte Animation* erscheint

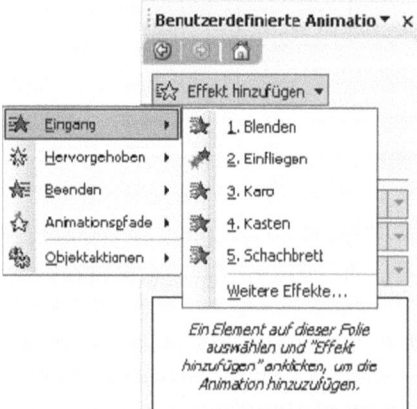

Abbildung 67: Dialogfenster *Benutzerdefinierte Animation*

- Im Register *Zeitlicher Ablauf* sind in einem Listenfeld alle Folienobjekte ohne Animation aufgeführt.

- Klicken Sie im *Listenfeld Folienobjekte ohne Animation* auf das Objekt, das animiert werden soll (z.B. Text 4). → Das ausgewählte Objekt wird im kleinen Folienfenster markiert.
- Wählen Sie die Option *Animieren.* → Das Objekt wandert in das Listenfeld *Animationsreihenfolge.*
- Wiederholen Sie diesen Vorgang für alle Objekte, die Sie animieren wollen.
- Mit den Pfeiltasten neben dem Listenfeld *Animationsreihenfolge* können Sie bei Bedarf nachträglich die Animationsreihenfolge umstellen.
- Wechseln Sie in das Register *Darstellung*; dort können Sie für die Objekte, die im Listenfeld *Animationsreihenfolge* stehen, die Einblendeffekte festlegen; die Auswahl der Effekte erfolgt wiederum über entsprechende Listenfelder.
- Falls Sie Diagramme animieren wollen, können Sie im Register *Diagrammeffekte* spezielle Animationseffekte für Diagramme einstellen.
- Mit [*Vorschau*] haben Sie die Möglichkeit, in dem kleinen Folienfenster eine Vorschau auf die vorgenommene Folienanimation zu starten. Ansonsten können Sie die Animationen nur über die Bildschirmpräsentation ablaufen lassen.
- Animationseinstellungen mit *OK* bestätigen

Hinweis

Sie sollten die Animationseffekte nur dann einsetzen, wenn Sie während der Vorführung Ihrer Präsentation bei den jeweils animierten Objekten (z.B. bei einer Aufzählung) auch kurz innehalten, um z.B. mündlich weiterführende Informationen zu geben. Animationen sind ein spannendes Element in Ihrer Präsentation, das nicht für ein langweiliges Weiterdrücken verschwendet werden sollte.

Aufgabe

Betrachten Sie Ihre Folien und überlegen Sie, welche Objekte sich für eine Animation eignen. Animieren Sie die aus Ihrer Sicht geeigneten Objekte und lassen Sie die Bildschirmpräsentation wieder ablaufen.

Hinweis

Die Objektanimationen können auch in der Foliensortieransicht über die Symbolleiste *Animationseffekte*[59] vorgenommen werden.

---

[59] Diese Symbolleiste kann über [*Ansicht/Symolleisten/Animationseffekte*] hinzugefügt werden.

8 Informationsaktivitäten im Internet

Dieses Kapitel stellt zunächst die Grundlagen des Internet dar. Darauf aufbauend skizziert es beispielhaft die Potentiale, die das Internet zur Unterstützung einzelner Arbeitsaufgaben und betrieblicher Geschäftsprozesse bietet. Abschließend geht es ausführlich auf verschiedene Ansatzpunkte zur Informationsrecherche ein.

8.1 Grundlagen des Internet

Der Grundlagenteil bietet einen geschichtlichen Überblick, erklärt, wie das Internet aufgebaut ist und zeigt, wie man Zugang zum Internet erhält.

8.1.1 Geschichtlicher Überblick

Nach Ende des zweiten Weltkrieges begann ein Kräftemessen zwischen den Vereinigten Staaten von Amerika (USA) und der Sowjetunion (UdSSR). Mächtige Waffen wurden entwickelt und in immer größeren Stückzahlen auch gebaut. Durch diese Aufrüstung stieg weltweit die Angst vor einem neuen Krieg, dessen Ausmaß nicht abzuschätzen war.

Nachdem es der UdSSR im Jahr 1958 gelungen war, den ersten Satelliten (den Sputnik) ins Weltall zu befördern, wurde die *Advanced Research Projects Agency* (ARPA) mit dem Ziel gegründet, den USA wieder die Führung in Forschung und Entwicklung zu bringen. Da der Schwerpunkt der Arbeit von ARPA im militärischen Bereich lag, wurde diese Organisation 1972 in *Defense Advanced Research Projekts Agency* (DARPA) umbenannt.

Wichtige Anliegen zu dieser Zeit waren die Aufrechterhaltung der Kommunikation, sowie der Schutz militärischer Daten im Falle eines Krieges, der unter Umständen auch mit Atomwaffen hätte geführt werden können. Bis zum Jahr 1968 wurde von der ARPA ein dezentrales Netzwerk entwickelt, in dem auch dann noch Datenpakete verschickt werden könnten, wenn Teile des Netzwerkes durch technische Probleme oder Einwirkung von außen nicht mehr funktionstüchtig wären. Ein Jahr später erfolgte die praktische Umsetzung, indem vier Rechner der ARPA miteinander verbunden wurden, welche sich in der *University California Los Angeles*, der *University California Santa Barbara*, der *University of Utah* und dem *Stanford Research Institute* befanden. Der erste Vorläufer des heutigen Internet war geboren.

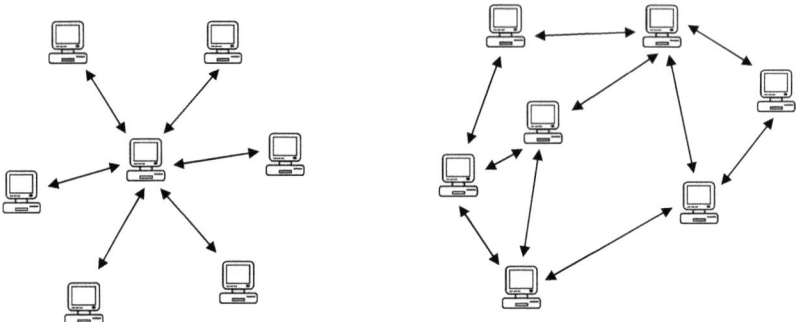

Abbildung 1: Zentraler versus dezentraler Aufbau eines Rechnernetzes

Der Aufbau des Rechnernetzes war damals schon dezentral, wodurch verglichen mit zentral aufgebauten Netzen erhöhte Ausfallssicherheit erreicht wurde. Wenn Sie Abbildung 1 betrachten, können Sie leicht nachvollziehen, dass ein Ausfall des zentralen Rechners (linke Bildhälfte) zu einer Unterbrechung der Kommunikation aller mit diesem verbundenen Rechnern führen muss. Obwohl also nur ein Bruchteil des Netzes defekt ist, sind alle anderen Rechner ebenso betroffen. Fällt hingegen ein Rechner in einem dezentral aufgebauten Netzwerk aus (rechte Bildhälfte), so können sich die verbliebenen funktionstüchtigen Rechner über eine Reihe alternativer Kommunikationsverbindungen weiterhin miteinander austauschen.

Nachdem das *ARPANET* (*ARPA Network*) nun langsam, aber stetig zu wachsen begann, war als nächster Schritt eine Vereinheitlichung der „Sprache" der vernetzten Rechner notwendig. Zu diesem Zwecke wurde das *Transmission Control Protocol* (TCP) entwickelt, welches im Jahr 1974 der Öffentlichkeit vorgestellt wurde. Um die Flexibilität des Protokolls noch zu erhöhen, spaltete man im Jahre 1978 TCP in zwei Komponenten auf. Diese waren ein *Host-to-Host Protokoll* (→ TCP), sowie ein *Internetwork Protokoll* (→ IP). Diese Kombination ist heute als Protokollfamilie TCP/IP[1] bekannt, deren flächendeckende Einführung im ARPANET im Jahr 1983 abgeschlossen war.

Die zunehmende zivile Nutzung des ARPANET veranlasste DARPA im April 1983 aus dem bis dahin gemeinsam genutzten Netz ein rein militärisches Netzwerk auszugliedern, welches bezeichnender Weise *MILNET* (*Military Network*) genannt wurde. ARPANET war nun vollkommen der zivilen Nutzung überlassen und stellt somit das junge Internet im heutigen Sinne dar, welches später (es muss-

---

[1] Vgl. Kapitel 8.2.2.

te hierfür erst der Einfluss von US-Regierungsstellen abnehmen) von Bildungseinrichtungen, Firmen, Vereinen und Privatpersonen gleichermaßen und ohne Einschränkungen genutzt werden konnte.

Zeitgleich mit dem Auftreten der ersten PCs (Personal Computer) entstanden Anfang der 1980er auch die ersten kommerziellen Online-Angebote für Heimanwender. Vorreiter waren hier die Firmen COMPUSERVE, AMERICA ONLINE und PRODIGY, deren Dienste vom Kunden mittels Modem und vom Anbieter beigestellter Software in Anspruch genommen werden konnten, allerdings ohne dass hierbei der Zugriff auf das damals nur bestimmten Gruppen zugängliche Internet möglich war. Das Online-Angebot weitete sich bis in die späten 1980er erheblich aus, so dass bereits Informationen unterschiedlichster Art ausgetauscht, von PC zu PC geplaudert (→ Chat), sowie online eingekauft werden konnte. All das spielte sich zwar noch außerhalb des Internets ab, es wurden aber bereits erste Verbindungen zwischen diesem und den neuen Online-Diensten hergestellt.

Bis Mitte der 1980er hatte sich ein dreistufiges System von Internet-Netzwerken entwickelt, welche nun von Universitäten, Non-Profit-Organisationen (NPOs) und Regierungsstellen verwaltet wurden. Erst 1991 wurden die restriktiven Zugangsbeschränkungen von Seiten der Regierung aufgeweicht und somit die Kommerzialisierung des Internet vorangetrieben. Im selben Jahr ging auch der Internet-Dienst *World Wide Web* (WWW) online.

Im Jahr 1993 wurde das *Internet Network Information Center* (InterNic) gegründet, ein gemeinsames Projekt verschiedener Organisationen, dessen Aufgabe es unter anderem sein sollte, Webadressen zu verwalten. Nachdem nun auch der erste grafische Browser für das WWW, genannt MOSAIC erhältlich war und das Internet nun auch optisch ansprechend aufbereitete Informationen zur Verfügung stellen konnte, stand einer zunehmend beschleunigten Vergrößerung dieses „Netzes der Netze" nichts mehr im Wege.

Was im Jahr 1969 mit vier vernetzten Rechnern begann, ist zum Zeitpunkt der Drucklegung dieses Werkes ein globales Netzwerk aus mehr als 170 Millionen Computern.

Der folgende Zeitstrahl fasst die wesentlichen Ereignisse in der Geschichte des Internet noch einmal zusammen:

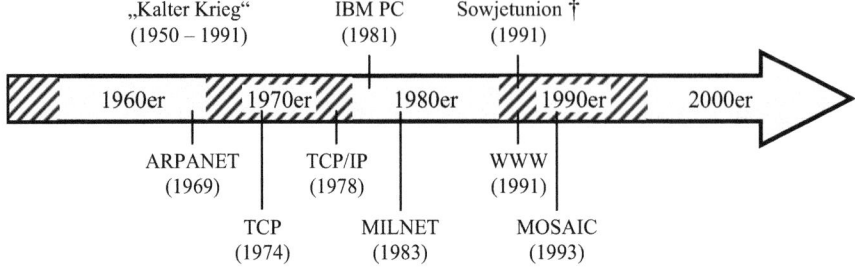

Abbildung 2: Zeitstrahl zum Überblick über die Geschichte des Internet

8.1.2 Aufbau

Das Internet ist ein GAN (Global Area Network)[2], das weltweit Millionen von Rechnern miteinander verbindet.

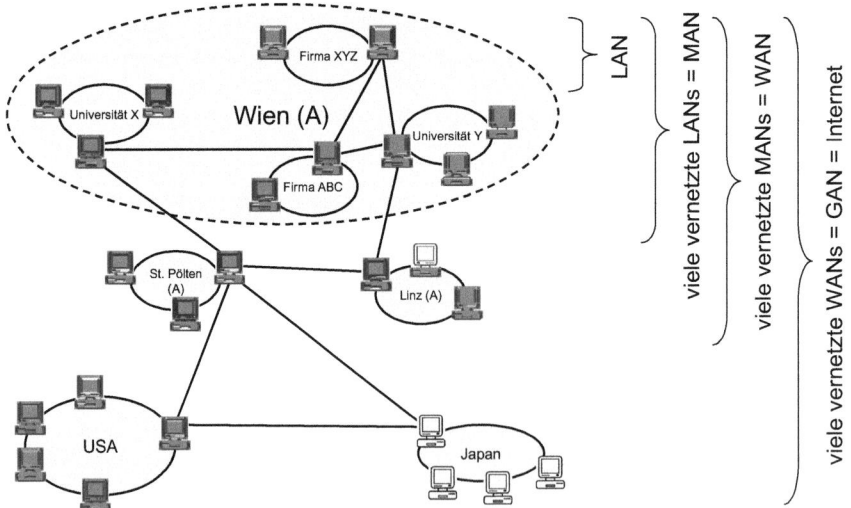

Abbildung 3: Struktur des Internet I

---

[2] Vgl. Kapitel 2.3.3.

Das Internet besteht aus einer im wesentlichen *hardwaretechnischen Basisinfrastruktur* und darauf aufsetzenden *Diensten*, d.h. *Anwendungsprogrammen zur Informationsübermittlung*.

a) Basisinfrastruktur

Das folgende Strukturschaubild zeigt die *Basisinfrastruktur* auf. Es verdeutlicht, dass das Internet eigenständige LANs (Local Area Networks)[3] und selbständige Einzelrechner miteinander verbindet. Die vernetzten Rechner können dabei aus allen Betriebssystem- und Rechnerwelten stammen.

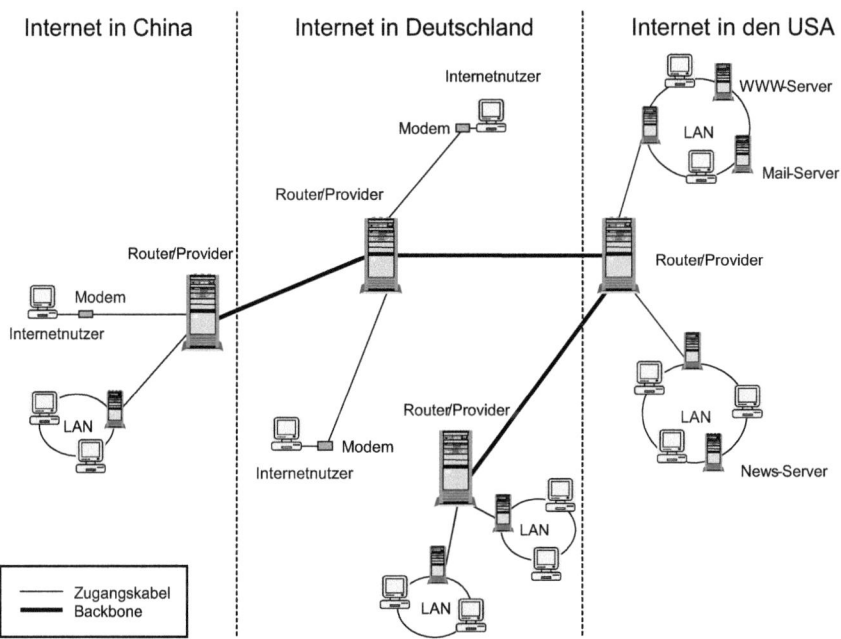

Abbildung 4: Struktur des Internet II[4]

Man kann sich das Kabelnetz des Internet[5] ähnlich wie ein Straßennetz vorstellen. Hier gibt es zum einen die Autobahnen, die dem Backbone-Netz[6] entsprechen, hauptsächlich zur Verbindung von Netzwerken genutzt werden und extrem große

---

[3] Vgl. Kapitel 2.3.3.
[4] Zu den Bestandteilen von Netzen vgl. Kapitel 2.3.2.
[5] Der Begriff Kabel ist weit zu sehen. „Kabel" bzw. Kommunikationswege können neben Glasfaser- und Telefonkabeln z.B. auch Satellitenverbindungen oder Richtfunkstrecken sein. Diese Kommunikationswege sind im Besitz verschiedener privater und staatlicher Telekommunikationsunternehmen.
[6] Der Begriff Backbone kommt aus dem Englischen und bedeutet „Rückgrat".

Datenmengen übertragen können. Zum zweiten sind Zubringerstraßen bzw. Zugangskabel mit geringeren Kapazitäten vorhanden, welche die Zufahrt zu den Autobahnen ermöglichen. An den Knotenpunkten des Backbone-Netzes befinden sich oft Provider, die den Betreibern kleinerer Netzwerke oder auch Einzelpersonen Zugang zum Internet gewähren.

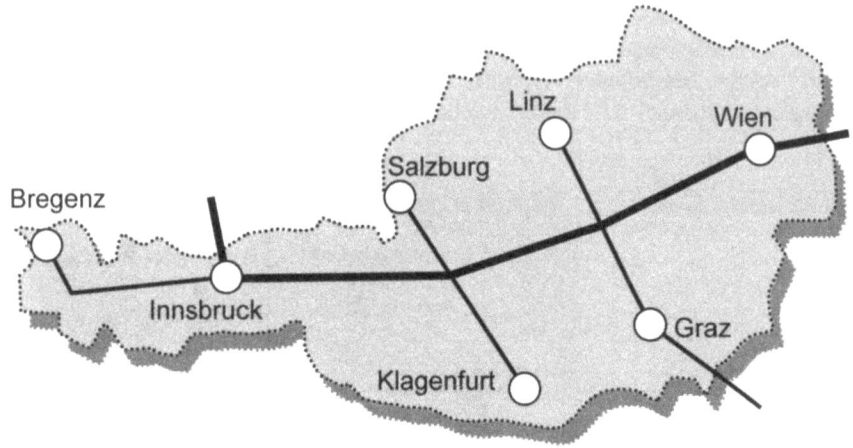

Abbildung 5: Beispielskizze eines Internet-Backbones[7]

Betrachtet man nun die oben abgebildete Beispielskizze eines Internet-Backbones für Österreich, so kann man gut erkennen, dass Backbone-Netze in der Regel größere Städte eines Landes verbinden. An diesen Netzen knüpfen sich dann auch gleich die jeweiligen MANs (diese sind hier nicht abgebildet) an, die aufgrund ihrer Größe breitbandige[8] Anbindungen an das Internet benötigen, da sonst die großen Datenmengen einen Teilabschnitt des Netzes überlasten würden.

Die Anschlüsse von Privatpersonen sind in der Regel nicht permanent mit dem Internet verbunden. Privatpersonen erhalten den Zugang üblicherweise über eine bei Bedarf aufgebaute Telefonverbindung. Firmen und Hochschulen sind dagegen nicht selten über eine stets offene Standleitung ständig ans Internet angeschlossen und haben u.U. eine schnellere Zugangsleitung (z.B. ein Glasfaserkabel).

Die Einzelrechner und LANs erhalten den Zugang zum Internet über Knotenpunkte, die von einen Netzanbieter (Provider[9]) betrieben werden. Um ins Internet

---

[7] Diese Skizze dient nur der Veranschaulichung und ist inhaltlich frei erfunden.
[8] Breitbandanbindungen ermöglichen den Transfer von großen Datenmengen und sind vergleichbar mit breiten Flüssen, die in der Lage sind, sehr große Wassermengen aufzunehmen und abzutransportieren.
[9] Zum Zugang vgl. Kapitel 5.1.2.

zu gelangen, muss man also - ähnlich wie beim Zugang zum Telefonnetz - einen Vertrag mit einem Provider abschließen.

In Übereinstimmung mit dem Telefonnetz können auch im Internet die Rechner direkt miteinander kommunizieren. Von *Rechner A* aus kann man also direkt *Rechner B* ansprechen. Dazu müssen die einzelnen Rechner eindeutig unterscheidbar sein. Die Identifikation des Rechners erfolgt über seine *IP-Adresse*[10], die in etwa der Telefonnummer im Telefonnetz entspricht. Da man sich IP-Adressen schwer merken kann, werden für Rechner häufig zusätzlich noch Namen vergeben. So kann man z.B. festlegen, dass der Rechner mit der IP-Adresse *129.187.91.2* auch unter dem Namen bzw. der Domain *www.bwl.uni-muenchen.de* angesprochen werden kann.

Die ans Internet angeschlossenen Rechner kommunizieren über das Protokoll[11] TCP/IP[12] miteinander. Daher muss dieses Protokoll auf jedem Rechner, der am Datenaustausch im Internet teilnehmen will, geladen werden.

Frage

Warum ist ein *Backbone* im Internet so wichtig?[13]

b) Anwendungsprogramme zur Informationsübermittlung / Dienste

Für den Anwender interessant sind die *Anwendungsprogramme zur Informationsübermittlung* (*Dienste*), die auf der oben skizzierten Basisinfrastruktur aufsetzen. So offeriert der Dienst *News* beispielsweise elektronische schwarze Bretter, der Dienst *WWW* Informationsseiten und der Dienst *Mail* elektronische Postfächer.[14]

Dienste sind nach dem Client-/Server-Prinzip[15] aufgebaut. Hier bieten also Server (z.B. WWW-Server) Dienste (z.B. Informationsseiten) an, die von den Clients, d.h. den ans Internet angeschlossenen Arbeitsplatzrechnern, nachgefragt werden können.

---

[10] Die IP-Adresse besteht (bei IPv4) aus vier durch Punkte getrennten Zahlen zwischen 0 und 255. So bezeichnet die IP-Adresse 129.187.91.211 beispielsweise den PC-Nr. 211 an der Fakultät für Betriebswirtschaft der Ludwig-Maximilians-Universität München. Näheres dazu in Kapitel 8.2.2.1.
[11] Zu Protokollen vgl. Kapitel 2.3.2.
[12] Vgl. dazu Kapitel 8.2.2.
[13] Backbones erfüllen im Internet dieselbe Funktion, wie Autobahnen im Straßennetz. Auf diesen können größte Datenmengen transportiert werden. Gäbe es diese Netze nicht, und müssten der gesamte Datenverkehr mittels Datenleitungen mit geringer Kapazität abgewickelt werden, käme es, analog zum Straßenverkehr zu permanenten Stauungen. Das Internet könnte nicht mehr funktionieren.
[14] Vgl. dazu Kapitel 5.2.
[15] Vgl. dazu Kapitel 2.3.

c) Organisation

Um einen Überblick über die Organisation des Internet zu bekommen, sei nachfolgender Aufbau dargestellt. Dieser zeigt die wesentlichsten Organisationen, die an der Gestaltung des Internet aktiv beteiligt sind. Es ist hierbei zu beachten, dass die einzelnen Organisationen oft zueinander in Abhängigkeiten stehen und es noch viele weitere gibt, die hier nicht alle angeführt werden können.

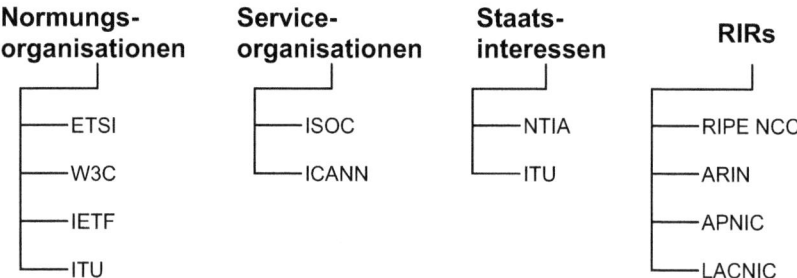

Abbildung 6: Die Organisationen des Internet

Normungsorganisationen:
- ETSI...European Telecommunications Standards Institute (http://www.etsi.org)
- W3C...World Wide Web Consortium (http://www.w3c.org)
- IETF...The Internet Engineering Task Force (http://www.ietf.org)
- ITU...International Telecommunication Union (http://www.itu.int)

Serviceorganisationen:
- ISOC...Internet Society (http://www.isoc.org)
- ICANN...Internet Corporation for Assigned Names and Numbers (http://www.icann.org)

Vertreter der (US-)Staatsinteressen:
- NTIA...National Telecommunications and Information Administration (http://www.ntia.doc.gov)
- ITU (siehe oben)

RIRs (Regional Internet Registries):
- RIPE NCC...Réseaux IP Européens Network Coordination Centre (http://www.ripe.net)
- ARIN...American Registry for Internet Numbers (http://www.arin.net)
- APNIC...Asia Pacific Network Information Centre (http://www.apnic.net)

- LACNIC...Latin American and Caribbean IP Address Regional Registry (http://lacnic.net)

Die mehr technischen Fragen des Internet (z.B. Entwicklung der Protokolle, Vergabe der IP-Adressen) werden zentral von verschiedenen Organisationen[16] koordiniert. Die im Internet abgelegten Inhalte stehen dagegen unter der dezentralen Verantwortung der einzelnen Informationsanbieter. Es gibt keine zentrale Stelle, die das Gesamtinformationsangebot plant, strukturiert, auf inhaltliche Richtigkeit überprüft und von „Schund" befreit. Die Gesamtheit der im Internet vorhandenen Informationen ergibt sich vielmehr aus der Summe der Einzelinformationen, welche die Internetbenutzer gemeinsam produzieren. Die im Internet vorhandene Informationsmenge verändert sich also beispielsweise, wenn Sie eine elektronische Nachricht an ein schwarzes Brett schicken, eine WWW-Informationsseite mit ihren Unternehmens- oder Privatdaten ablegen oder als Betreiber eines lokalen Netzes ihren WWW-Server aus dem Internet nehmen.

Diese Kombination von dezentraler Informationsgenerierung und fehlenden inhaltlichen Ordnungsstrukturen macht das Internet auf der einen Seite, z.B. durch die Aktualität und Vielfalt der zu findenden Informationen, sehr attraktiv. Auf der anderen Seite verursacht sie aber auch viele seiner Probleme. So z.B. die aufwendige Informationsrecherche[17] und die nicht selten mangelnde Qualität der gefundenen Informationen.

Frage

Warum versinkt das Internet mangels zentraler Organisation nicht im Chaos?[18]

8.1.3 Zugang

Wenn man einen Rechner ans Internet anschließen möchte, benötigt man neben einer entsprechenden Internet-Software und einem Zugangsweg (z.B. der Telefonleitung) auch eine Netzschnittstelle (z.B. ein Modem, eine ISDN-Karte oder eine Netzkarte), die den Rechner mit dem Zugangsweg verbindet. Für den Zugang zum Internet benötigt man in der Regel weiterhin einen Vertrag mit einem Provider.

---

[16] Für die bundesweit zentrale Registrierung von Domains (unterhalb) der Top Level Domain DE ist beispielsweise das *Deutsche Network Information Center* (*www.denic.de*) zuständig. Für die technische Weiterentwicklung sorgt das *Internet Architecture Board* (*www.iab.org*).

[17] Vgl. dazu Kapitel 5.4.

[18] Das Internet stellt eine gewachsene Struktur dar, die sich im Laufe der Jahre durch neue Dienste und Anwendungen enorm vergrößert hat. Für neue Schwerpunkte haben sich auch neue Organisationen zu deren Betreuung und Weiterentwicklung gefunden. Das Zusammenspiel der Organisationen erfolgt ganz „natürlich", scheint keiner zentralen Steuerung zu bedürfen und kann als „kooperative Anarchie" bezeichnet werden.

Es gibt in Deutschland zahlreiche überregionale und regionale Provider, die einen Zugang zum Internet bereitstellen. Darüber hinaus bieten auch die Online-Dienste wie z.B. T-Online oder AOL einen Internetzugang an. Der Unterschied zwischen Online-Diensten und Providern liegt darin, dass Online-Dienste über den Internet-Zugang hinaus ein eigenes Informationsangebot bereitstellen, während Provider für den Endanwender nur den Internet-Zugang zur Verfügung stellen.

Die Providerwahl ist ein schwieriges Problem, da die Anbieter- und Preisstruktur ständig in Bewegung sind. Über die zum Entscheidungszeitpunkt am besten geeigneten Provider sollte man sich über aktuelle EDV-Zeitschriften oder - falls man von irgendwoher zugreifen kann - über das Internet (z.B. unter http://www.heise.de/itarif/ für Deutschland, http://www.tarifcheck.at für Österreich oder http://www.providerliste.ch für die Schweiz) informieren. Grundlegende Entscheidungskriterien für die Wahl des Providers sind die *Kosten* und die *Zugangsgeschwindigkeit*.

Im Hinblick auf die *Kosten* lassen sich eine Vielzahl verschiedener Abrechnungsmodelle unterscheiden (vgl. Abbildung 7). Ein erster Kostenbestandteil sind die bis zum Einwahlpunkt des Providers entstehenden Kosten für die *Nutzung der Zugangskabel*. Hier fallen in der Regel an die Telefongesellschaft (z.B. TELEKOM) zu zahlende *Telefonkosten* an. Wenn der Einwahlpunkt des Providers im Ortsnetz liegt, sind Ortsgesprächskosten anzusetzen. Falls der Einwahlpunkt außerhalb des Ortsbereiches liegt, werden Ferngesprächsgebühren fällig. Der zweite Kostenblock bezieht sich auf die *Nutzung* der hinter dem Einwahlpunkt liegenden *Internet-Kabel*. Diese Gebühren sind an den *Provider* abzuführen und häufig von der Nutzungsdauer und/oder der übertragenen Datenmenge abhängig.

Beschreibung der Kosten	ZK[19]	IK[20]
Kombi-Paket (Zugangskosten + Internet)	✓	✓
Telefon-Grundgebühr	✓	
Kosten nach der Zeit, die im Internet verbracht wird		✓
Kosten nach der Datenmenge, die übertragen wird		✓
Pauschalpreis pro Monat (Flat-Rate): unabhängig von Zeit und Datenmenge		✓
Mischformen: z.B. 2 Stunden pro Monat kostenlos, darüber hinaus nach übertragener Datenmenge		✓

Abbildung 7: Beispiele für Kosten von Zugang/Nutzung des Internet bei Privatpersonen

---

[19] Zugangskabel.
[20] Internetkabel.

Neben den gängigen Abrechnungsmodellen (vgl. Abbildung 7) gibt es darüber hinaus auch Zugänge, bei denen die Providergebühren entfallen, da sich die Provider über Werbeeinblendungen finanzieren. Der Abruf der Informationen im Internet selbst ist in diesen Fällen zu weiten Teilen kostenfrei. Falls Sie kostenpflichtige Informationen (z.B. eine Datenbankenrecherche) abrufen, müssen Sie die Gebühren an den jeweiligen Informationsanbieter (z.B. den Datenbankbetreiber) zahlen. Kostenpflichtige Angebote sind jedoch gekennzeichnet, so dass Sie nicht befürchten müssen, versehentlich ein kostenpflichtiges Angebot zu nutzen.

Die *Zugangsgeschwindigkeit* bis zum Provider ist beim Zugang über das Telefonnetz von der Art der Telefonleitung und des Modems (vgl. Abbildung 8) abhängig. Eine schnelle Verbindung zum Provider garantiert allerdings keinesfalls, dass man das Internet mit der gleichen Geschwindigkeit nutzen kann. Es ist meist so, dass „Staus" in Nachgelagerten Leitungen die Übertragungsgeschwindigkeit herabsetzen.

Verbindung über	Geschwindigkeit	Download von 1 MB
analoges Modem	max. 56 KBit/s[21]	2:30 Minuten (bei 56 KBit/s)
ISDN Modem	64 oder 128 KBit/s[22]	2:11 oder 1:05 Minuten
ADSL Modem	upload: max. 768 KBit/s download: max. 9 MBit/s	z.B. 11 Sekunden[23]

Abbildung 8: Übertragungsgeschwindigkeiten (Idealfall ohne „Staus")

Eine hohe Übertragungsgeschwindigkeit ist nicht für jeden Internet-Nutzer zwingend. Für einen Anwender, der lediglich gelegentlich im WWW surft, kann ein Modem mit 56 KBit/s durchaus ausreichend sein. Eine höhere Übertragungsgeschwindigkeit ist jedoch für Nutzer, die häufig große Dateien (z.B. Software) herunterladen, ratsam.

Derzeit etabliert sich die Übertragungstechnik *ADSL*[24]. ADSL nutzt die vorhandenen Telefonleitungen besser aus und erhöht so die Übertragungskapazitäten gegenüber ISDN um ein Vielfaches. Eine weitere Stärke liegt darin, dass es auf der Basis der vorhandenen analogen und digitalen Telefonnetze einsetzbar ist. Um ADSL nutzen zu können, ist also neben einem analogen oder digitalen Telefonanschluß lediglich ein ADSL Modem erforderlich; ein zusätzlicher Anschluss muss nicht gelegt zu werden.

---

[21] Ältere Modems ermöglichen Geschwindigkeiten von 33, 28, oder noch weniger KBit/s. KBit/s steht für Kilobit pro Sekunde. Zu Bits und Bytes vgl. Kapitel 2.1.2 und 2.1.5.
[22] Je nachdem, ob nur ein oder alle zwei verfügbaren ISDN-Kanäle genutzt werden.
[23] Derzeit bieten die Provider üblicherweise 768 KBit/s für den Download an.
[24] ADSL steht für *Asymetrical Digital Subscriber Line*. Der Ausbau von ADSL ist besonders in ländlichen Gebieten derzeit noch nicht abgeschlossen.

Besonders in größeren Städten verbreitet sind Breitbandanbindungen auf Basis von *Kabelnetzen*. Diese bestehen oft seit Jahren um Fernsehprogramme zu übertragen und können in Kombination mit einem so genannten *Kabelmodem* auch zur Übermittlung von Daten aus dem/in das Internet genutzt werden.

Frage

Warum gibt es derzeit keinen landesweit zu 100% verfügbaren Breitbandzugang?[25]

8.2 Datenübertragung im Internet

Bevor wir damit beginnen, den Vorgang der Datenübertragung im Internet genauer zu beleuchten, sei hier der Brockhaus in einem Band zitiert: „Internet das, weltweites dezentrales Datennetz für den paketvermittelten Austausch digitaler Daten". Auf den dezentralen Aufbau und den Grund hierfür wurde bereits in Kapitel 8.1 eingegangen. Im Internet werden also digitale Daten paketvermittelt ausgetauscht. Digitale Daten sind uns nun ebenfalls hinlänglich bekannt. Jeder Text, der auf einem Speichermedium abgelegt ist, jedes Foto in einer Digitalkamera und jedes Musikstück, das auf eine CD gepresst wurde, stellt eine Ansammlung digitaler Daten dar. Was aber kann man sich unter „Paketvermittlung" vorstellen? Die Antwort auf diese und andere Fragen finden Sie in diesem Kapitel.

8.2.1 Leitungsvermittlung versus Paketvermittlung

Bei einer leitungsorientierten Datenübertragung, wie beispielsweise der Übertragung von Sprache im Telefonnetz, stehen Sender und Empfänger der Daten ein bestimmter Übertragungsweg exklusiv zur Verfügung, so lange die Verbindung aufrecht bleibt.

Über ein traditionelles Kupferkoaxialkabel können beispielsweise 30 Gespräche gleichzeitig geführt werden. Dies ist unabhängig davon, ob die Teilnehmer tatsächlich sprechen, oder ob sie einfach nur mit dem Telefonhörer in der Hand schweigen – die Leitung ist für einen 31. Anrufer jedenfalls blockiert. Es liegt auf der Hand, dass dieses System die vorhandenen Ressourcen an Leitungen nicht optimal nutzt und einzelne Verbindungen gezielt abgehört oder sabotiert werden können.

---

[25] Breitbandtechnik, wie z.B. der Einsatz von Kabelnetzen ist besonders im ländlichen Gebiet nicht wirtschaftlich einsetzbar. Die Verlegung der Kabel verursacht erhebliche Kosten, was sich nur bei Nutzung durch sehr viele Kunden, wie z.B. in Wohnblöcken großer Städte, amortisieren kann.

Für den Transport von Daten im Internet wurde mit der Paketvermittlung eine Methode entwickelt, welche die angeführten Nachteile der Leitungsvermittlung nicht, oder zumindest nur in reduziertem Ausmaß aufweist.

Die Daten werden ab einer gewissen Größe für den Transport in der Regel in maximal 1.500 Byte große Pakete zerlegt, was die gleichzeitige Verwendung einer einzelnen Leitung von mehreren Computern ermöglicht. Die Paketgröße ist hierbei von großer Bedeutung. Zu große Pakete können nämlich Datenstaus und damit verbunden ungleichmäßige Leitungsauslastungen verursachen, zu kleine Pakete erhöhen den Verwaltungsaufwand und können zu größeren Übertragungszeiten der gesamten Nachricht führen.

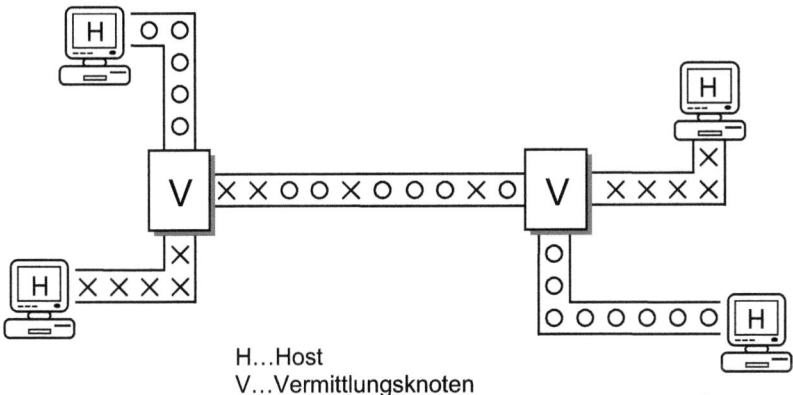

H...Host
V...Vermittlungsknoten

Abbildung 9: Leitungsvermittlung

Werden also auf einer bestimmten Leitung gleichzeitig mehrere Datenströme zwischen zwei oder mehreren Rechnern bewegt, so werden die einzelnen Pakete vom Sender wie Autos auf einer Autobahn hintereinander eingereiht und entweder von einem Vermittlungsknoten (Router) weitergeleitet oder vom Empfänger am Bestimmungsort einfach wieder „ausgeklinkt".

8.2.2 TCP/IP

Für die Adressierung und den sicheren Transport im Internet gibt es die Protokollfamilie *TCP/IP* (*Transmission Control Protocol / Internet Protocol*). Diese wurde in den 1970er Jahren für den Datenaustausch in heterogenen Rechnernetzen, also Netzen aus Rechnern verschiedener Hersteller mit unterschiedlichen Betriebssystemen entwickelt. TCP in Kombination mit IP unterteilt den Datenstrom beim Sender in Pakete (*Datagramme*) bestimmter Größe, welche durch das Rechnernetz zum Empfänger geschickt werden, und je nach Auslastung bestimmter Teile des Netzes unterschiedliche Wege nehmen können.

8.2.2.1 Adressierung

Das *Internet Protocol* (*IP*) ist für die Adressierung im Internet verantwortlich. Die bereits beschriebenen Datenpakete sollen in einem Netzwerk aus Millionen von miteinander verknüpften Rechnern ja schließlich zum richtigen Empfänger gelangen. Zu diesem Zwecke gibt es im Internet eindeutige Adressen (IP-Adressen), welche am Anfang eines Pakets (Header) schriftlich festgehalten sind und den Absender, sowie den Empfänger eindeutig bestimmen.

Weitere Informationen im IP-Header unter anderem:

- Versionsnummer des IP-Protokolls
- Längenangabe des Nutzdatenbereichs
- das verwendete Transportprotokoll (z.B. TCP)
- Time to Live (TTL)

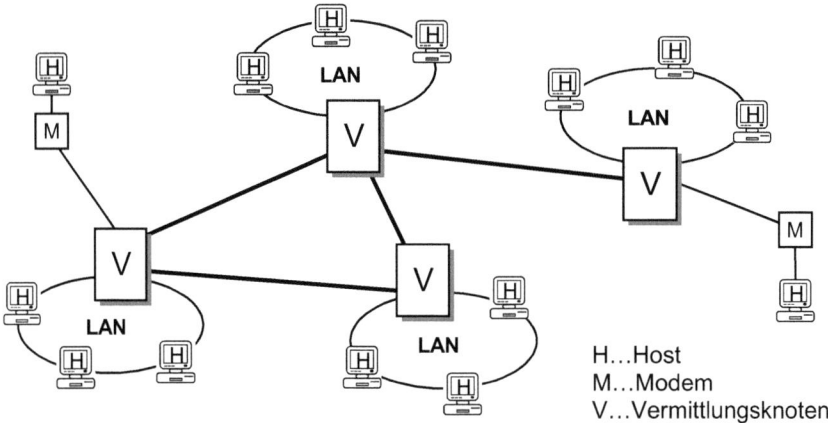

Abbildung 10: Schema des Internet

Gelangt also ein Paket zu einer Komponente im Internet, die das TCP/IP-Protokoll versteht, so kann diese das Paket weiterleiten (falls die Komponente ein Vermittlungsknoten ist), oder entgegennehmen (falls die Komponente der Empfänger ist). Die Vermittlungsknoten haben zur Erfüllung ihrer Funktion eine Liste mit IP-Adressen anderer Vermittlungsrechner, anhand derer die gezielte Weiterleitung von Datagrammen erfolgt.

IP ist ein verbindungsloses Protokoll, die Datenpakete werden also auf den Weg geschickt, ohne dass auf eine Empfangsbestätigung gewartet werden muss. Außerdem achtet IP weder auf die Richtigkeit der der Daten, noch auf die Einhaltung von Reihenfolge, Vollständigkeit und Eindeutigkeit der Datagramme. Hierfür sind andere Protokolle zuständig.

8.2.2.2 Fehlersuche und Wegwahl

Datagramme legen oft lange Wege im Internet zurück und passieren viele Knotenpunkte. Nun kann aber ein Kabel gebrochen, oder ein Vermittlungsknoten ausgefallen sein. In diesen Fällen kommt das *Internet Control Message Protocol* (*ICMP*) ins Spiel. Dieses erlaubt den Austausch von Fehlermeldungen und Kontrollnachrichten und kann somit Rechner und Router über den Zustand des Netzes informieren. ICMP-Nachrichten werden in Form von IP-Paketen verschickt, wobei diesen auch ein Teil des Pakets beigefügt wird, durch welches das ICMP ausgelöst wurde.

Beispiele für ICMP-Nachrichten sind:

- **Destination unreachable**: ein Router findet den Zielrechner des Datagramms nicht, das Datagramm kann nicht zugestellt werden, weil ein Teilnetz nur kleinere Datagramme verarbeiten kann etc.
- **Source quench**: das Datagramm wurde an eine überlastete Station geschickt, die alle oder einen Teil der eingegangenen Datagramme an die sendende Station zurückschickt
- **Redirect (Change a Route)**: ein Router hat eine bessere Verbindung über einen anderen Router gefunden und gibt diese Information an alle Rechner in seinem Teilnetz weiter

8.2.2.3 Datentransfer zwischen zwei Rechnern

Wie bereits erwähnt, werden größere Datenmengen in kleinere Pakete zerlegt. Es genügt nun aber nicht, diese mittels IP an den Bestimmungsort zu bringen, da die einzelnen Pakete beim Empfänger ja noch in der richtigen Reihenfolge und lückenlos zusammengebaut werden müssen. Dies ist eine der Hauptaufgaben von TCP.

TCP ist im Gegensatz zu IP verbindungsorientiert und ermöglicht die Übermittlung von Datenströmen zwischen zwei Rechnern. Diese werden hierfür in Pakete unterteilt, die mit einem TCP-Header versehen und an IP weitergereicht werden. IP wiederum nimmt die TCP-Pakete, steckt sie jeweils in neue, größere „Schachteln", um einen eigenen Header, den aus Kapitel 8.2.2.1 bereits bekannten IP-Header hinzufügen zu können. Das somit doppelt „verpackte" und mit zwei ineinander verschachtelten Headern versehene Paket geht auf die Reise, wird (wie oben bereits beschrieben) zum Empfänger weitergeleitet, wo die Header-Informationen ausgelesen und die Pakete entsprechend Ihrer Sequenznummern[26] richtig aneinander gereiht werden.

Durch die Funktionsweise von IP (die einen Mangel an Kontrollmechanismen aufweist) und verschiedenen „Gefahrenquellen" im Internet könnten manche Pakete im Internet umherirren, ohne dass sie jemals zu ihrem Empfänger gelangen. Denken Sie beispielsweise an einen Rechner, der sich mittels Modem in das Internet eingewählt hat und vor Abschluss einer Datenübertragung (der Rechner ist der Empfänger) auf Grund eines Wackelkontaktes des Modemkabels die Verbindung unabsichtlich trennt. Die noch nicht empfangenen, aber vom Sender bereits abgeschickten Pakete würden auf unabsehbare Zeit im Netz weitergeleitet werden, ohne reelle Chance, den Empfänger je zu erreichen. Nachdem derartiges im Internet aber laufend geschieht, würde die Masse zielloser Pakete mit der Zeit das gesamte Netzwerk „verstopfen". Um dies zu vermeiden erhält jedes Paket ein „Ablaufdatum" in Form eines ganzzahligen Wertes im Feld *Time to Live* (TTL) im IP-Header. Jeder Vermittlungsrechner im Internet, der ein Paket entgegennimmt, reduziert nun die TTL um den Wert Eins und schickt es weiter. Erhält ein Vermittlungsrechner ein Paket mit TTL gleich Null, so vernichtet er es. Einem Überhandnehmen von „Irrläufern" wird somit vorgebeugt.

Nachfolgende Grafik dient der Veranschaulichung des Aufbaus eines TCP/IP-Pakets:

IP-Header:
- Source Address
- Destination Address
- Protocol
- TTL
- etc.

TCP-Header:
- Source Port
- Destination Port
- Sequence Number
- Acknowledgement Number
- etc.

Nutzdaten:
- Text
- Sprache/Musik
- Bilder/Videos

Abbildung 11: Aufbau eines TCP/IP-Pakets im Überblick

---

[26] Die Sequenznummer ist Teil des TCP-Headers.

8.2.2.4 Datenübertragung im Internet mit TCP/IP – ein grober Überblick

Sollen Daten zwischen zwei Rechnern im Internet ausgetauscht werden, so wird der zu sendende Datenstrom vom Sender in kleine Pakete aufgeteilt, die jeweils mit einem TCP-Header versehen werden. Für die Adressierung im Internet ist das Protokoll IP zuständig. Die Pakete mit TCP-Header werden deshalb mit einem weiteren Header, dem IP-Header versehen, der eine Weiterleitung der Pakete über mehrere Vermittlungsknoten ermöglicht. Der Empfänger liest die Informationen im Header der einzelnen Pakete aus und schickt dem Sender Empfangsbestätigungen, so dass die Pakete in der richtigen Reihenfolge zum ursprünglichen Datenstrom zusammengefügt, und fehlende Pakete gegebenenfalls vom Sender erneut verschickt werden können. Schutzmechanismen vermeiden hierbei, dass „Irrläufer" oder Pakete, die im Laufe der Weiterleitung im Netz verdoppelt wurden, die Leitungen und sonstigen Komponenten des Internet verstopfen oder dauerhaft blockieren können.

TCP/IP ist, wie bereits erwähnt, eine Protokollfamilie. Für den Datentransport im Internet sind zwar hauptsächlich TCP und IP zuständig, diese werden aber von anderen Protokollen, wie beispielsweise dem ebenfalls bereits erwähnten ICMP unterstützt.

8.3 Wesentliche Dienste

Im Folgenden werden die zentralen und sehr häufig genutzten Dienste WWW, FTP und Internet-Mail ausführlicher erläutert. Zum anderen wird die Funktion weiterer Dienste, z.B. News und Chat, kurz dargestellt.

8.3.1 WWW

Das WWW (World Wide Web) ist der „Königsdienst" des Internet, der den rasanten Internet-Aufschwung Mitte der 1990er hervorgerufen hat. Das WWW ist der ideale Dienst zur weltweiten Beschaffung bzw. Verbreitung von Informationsseiten.

Um am WWW-Dienst teilzunehmen, benötigt der Internet-Nutzer eine WWW-Anzeigesoftware, einen sogenannten *Browser*[27] (z.B. NETSCAPE, MOZIALLA oder den MS INTERNET EXPLORER). Über diesen Browser hat er Zugriff auf hunderte

---

[27] Aufgrund der Vielzahl erhältlicher Browser und der häufigen Auflage neuer Versionen wird in diesem Kapitel ein „virtueller" Browser beschrieben, der zwar in dieser Form nicht tatsächlich existiert, aber alle wichtigen Elemente gängiger Browser beinhaltet.

Millionen von Informationsseiten, die auf mehreren Millionen WWW-Servern liegen.

8.3.1.1 Prinzip

Der Einstieg in das „Weltweite-Spinnennetz" erfolgt häufig über eine Startseite, die man automatisch mit dem Aufruf des Browsers laden kann. Firmen stellen als Startseite meist die Homepage ihres Unternehmens ein.

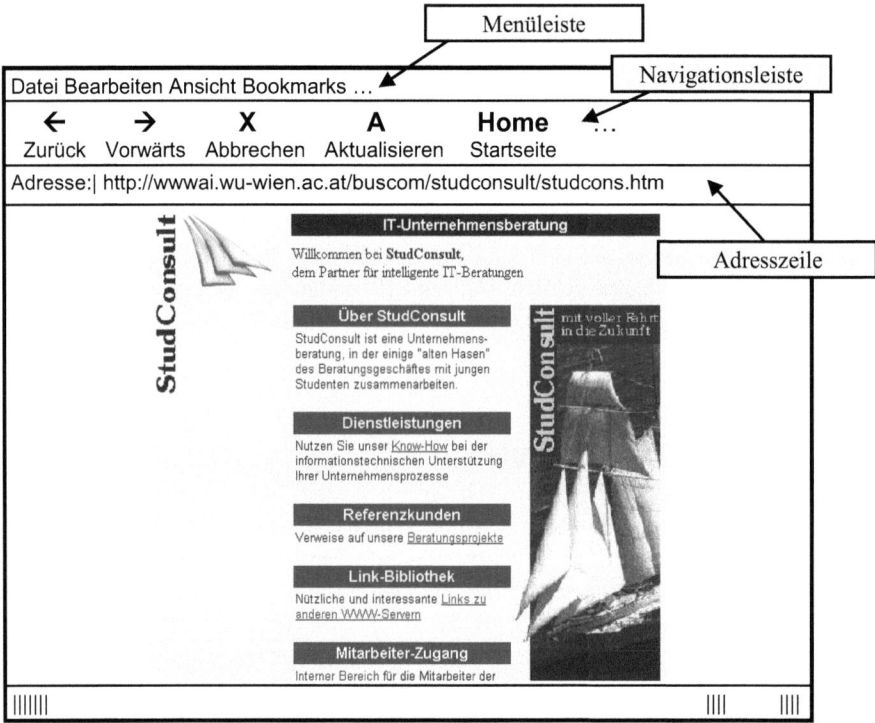

Abbildung 12: Startseite (Homepage) von StudConsult[28]

Die in der Adresszeile angezeigte Adresse, die auch *URL*[29] genannt wird, zeigt auf, wo man sich befindet.

---

[28] Die Homepage entstand mit geringen Veränderungen aus der Homepage der Firma CLIPPERNET (*http://www.clippernet.de*), die uns Herr Dr. Wolf-Guido Lutz freundlicherweise überlassen hat.
[29] URL = Uniform Resource Locator.

a) Einschub: Adress- und Namenssystematik

WWW-Adressen sind nach den im Folgenden beispielhaft skizzierten Regeln aufgebaut.

http://www.**wu-wien**.ac.at
Dies ist der Name des Servers, der einer IP-Adresse zugeordnet ist. Der Server wird von einem österreichischen (*at*) Anbieter, der dem akademischen Bereich zugeordnet ist (ac). Es handelt sich konkret um die Wirtschaftsuniversität Wien (*wu-wien*)[30].
http://**wwwai**.wu-wien.ac.at
Das vorangestellte *wwwai* deutet an, dass der Server von einer Unterabteilung der Wirtschaftsuniversität Wien betrieben wird. Diese ist die Abteilung für Informationswirtschaft.
http://wwwai.wu-wien.ac.at/**buscom/studconsult/studcons.htm**
Bei der Webseite handelt es sich um die Datei *studcons.htm* (*htm*[31] = Dateiformat von Webseiten). Die Seite liegt im Unterverzeichnis *studconsult* des Verzeichnisses *buscom* auf dem Server *wwwai.wu-wien.ac.at*.

Abbildung 13: Beispiel zur Adress- und Namenssystematik des WWW

Die Endungen der Servernamen (z.B. *at*) können aus zwei Bereichen kommen. Neben *Länderkennungen* wie *at* (Österreich), *de* (Deutschland) oder *ch* (Schweiz) gibt es noch Endungen, die vornehmlich in den USA verwendet werden und auf die Art des Servers verweisen.

So zeigt die Endung *com* (z.B. *www.mercedes.com*), dass es sich um einen kommerziellen Server handelt. Beide Arten von Endungen stellen so genannte Top-Level Domains (TLDs) dar. Diese umfassen den jeweils letzten Teil des URL bis zum letzten Trennpunkt (von hinten betrachtet). Die Elemente links von der TLD bezeichnen untergeordnete Domains (Second-Level Domain, Third-Level Domain etc.), die Elemente rechts von der TLD (ab dem Schrägstrich hinter der TLD) bezeichnen Verzeichnisse auf dem Server und konkrete Dateien (z.B. Webseiten).

Eine vollständige Liste aller derzeit verfügbaren, sowie der in Planung befindlichen TLDs finden Sie auf den Seiten der Internet Corporation for Assigned Names and Numbers (http://www.icann.org).

---

[30] Der Adressbeginn *http* (= *hypertext transfer protocol*) zeigt auf, dass die Übertragung von WWW-Seiten auf der Basis dieses Protokolls erfolgt.
[31] html bzw. htm = hypertext markup language.

b) Hypertext-/Hypermedia-Prinzip

Von obiger StudConsult-Homepage aus (vgl. Abbildung 12) kann man sich über das Anklicken von *Hyperlinks*[32] bzw. Verknüpfungspunkten (z.B. unterstrichenen Begriffen) weiter im Geflecht der Webseiten bewegen. Wenn man auf obiger Homepage den Link **Links zu anderen WWW-Servern** anklickt, ruft man z.B. eine Seite auf, die für Wirtschaftsstudenten interessante WWW-Server auflistet.

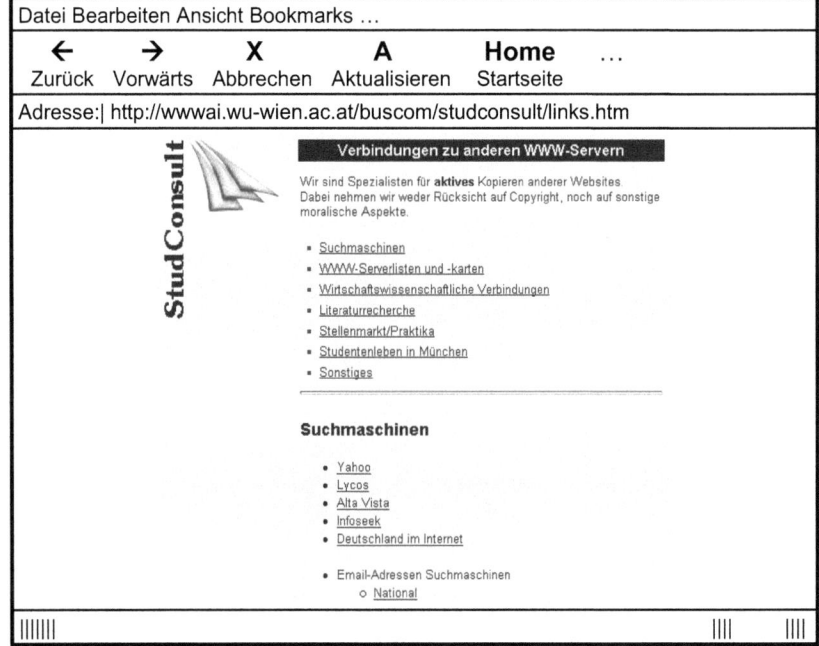

Abbildung 14: Hypertextprinzip I – Linkliste der Firma StudConsult

Wie der Eintrag *http://wwwai.wu-wien.ac.at/buscom/studconsult/links.htm* in der Adresszeile verdeutlicht, befindet man sich zu diesem Zeitpunkt noch immer auf dem WWW-Server der Abteilung für Informationswirtschaft der Wirtschaftsuniversität Wien.

Wenn man jetzt mit der Maus z.B. den Link **Yahoo** anklickt, verlässt man den Server der Fakultät und gelangt zum Server des Suchmaschinenanbieters

---

[32] Hinter einem Hyperlink (oder einfach nur *Link*) steht immer der Aufruf einer Datei - z.B. einer WWW-Seite. Um die Datei finden zu können, muss der Link auch den Pfad zu der Datei enthalten. Der Pfad bzw. Weg zur Datei setzt sich aus dem Servernamen und dem Verzeichnispfad zusammen.

Informationsaktivitäten im Internet 389

YAHOO![33] (*http://de.yahoo.com*). Dieser Link auf den Server von YAHOO! ist vom WWW-Betreuer der Abteilung für Informationswirtschaft der Wirtschaftsuniversität Wien gesetzt worden.

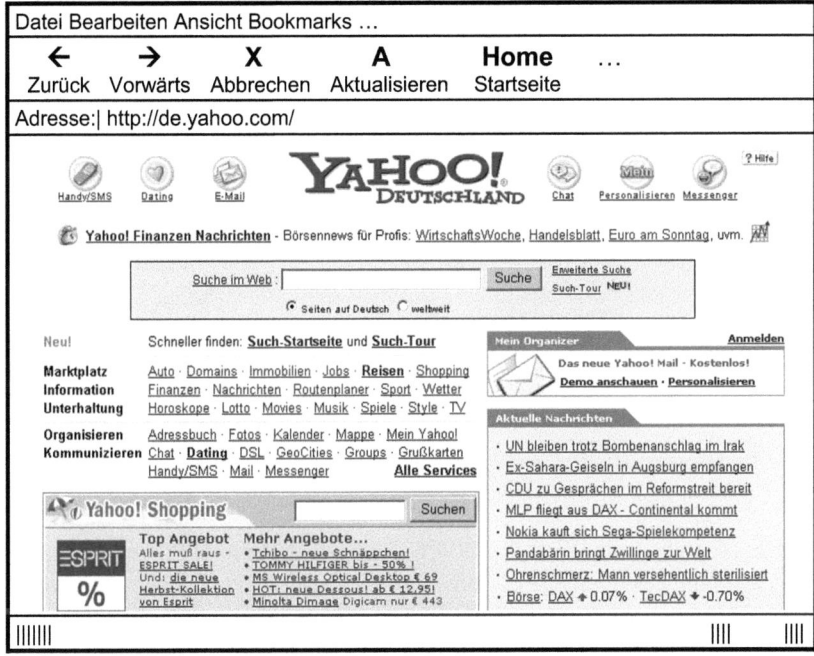

Abbildung 15: Hypertextprinzip II – Homepage von Yahoo! (Deutschland)

Charakteristisch für das WWW ist also, dass die Seiten über verschiedene WWW-Server hinweg „kreuz und quer" miteinander verbunden sind. Diese Spinnennetz- bzw. *Hypertextstruktur* der Webseiten hat dem WWW auch seinen Namen gegeben.

---

[33] Vgl. Kapitel 5.4.2.

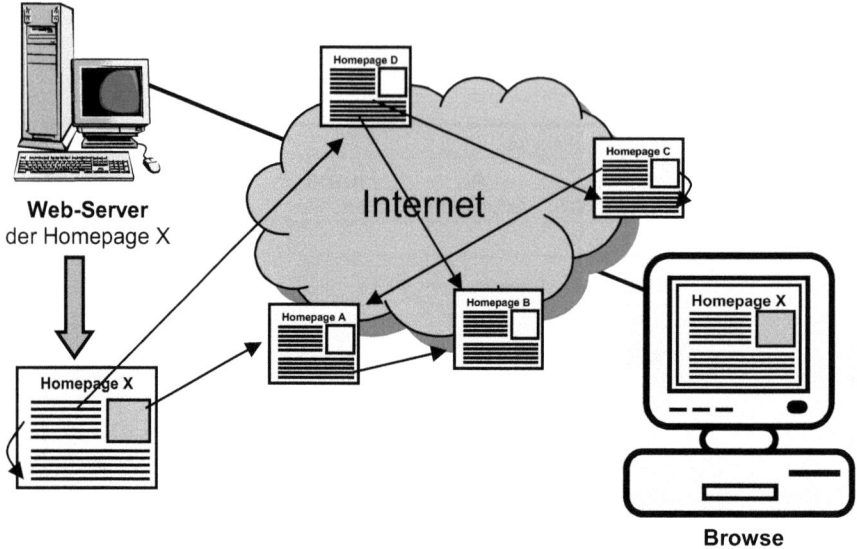

Abbildung 16: Hypertextstruktur des WWW

Neben dem Hypertextprinzip ist das WWW noch durch seine *Multimediafähigkeit* und *Interaktivität* gekennzeichnet. Die *Multimediafähigkeit* macht es zu einem lebendigen Medium, über das neben Textinformationen auch Bild-, Ton- und Videosequenzen zur Verfügung gestellt werden können. *Interaktivität* bedeutet, dass zwischen Surfer und Anbieter von Webseiten eine wechselseitige Informationsbeziehung besteht. Der Surfer ist also nicht nur zum passiven Informationskonsumenten degradiert, sondern kann auch aktiv Informationen an den Anbieter zurücksenden. Hier ist z.B. an die Möglichkeit zum Ausfüllen von Fragebögen zu denken.

Wegen seiner Hypertextstruktur und Multimediafähigkeit wird das WWW häufig auch als *hypermediales Informationssystem* bezeichnet.

8.3.1.2 Navigieren

Im Hinblick auf das Navigieren bzw. die Informationssuche ist es interessant, die grundlegenden Möglichkeiten des Navigierens (Verfolgen des Hypertextweges, Eingabe der WWW-Adressen) und den grundlegenden Umgang mit einem Browser kennen zu lernen.

a) Navigation durch Verfolgung des Hypertextweges

Das gerade skizzierte Springen von Link zu Link bzw. das *Verfolgen des Hypertextweges* ist eine der Möglichkeiten zum Finden von Informationen. Als Beispiel für das *Verfolgen des Hypertextweges* kann man sich vorstellen, dass StudConsult einen Mitarbeiter mit der Internetrecherche zum Thema *Electronic Commerce*[34] beauftragt, da es seine Geschäftstätigkeit in diese Richtung ausdehnen will. Der Surfer hat über eine Suchmaschine[35] eine *Seite A* gefunden, die sich mit diesem Thema beschäftigt. Von dieser Seite aus verweisen mehrere Links auf Seiten zum gleichen Thema. Der Surfer klickt einen der Links (*Seite B*) an und findet auf dieser Seite neben den Electronic-Commerce-Informationen auch Informationen zum Thema *Informationsgesellschaft*. Da ihn dieses Thema schon immer interessiert, liest er die Informationen und ruft einen Link (*Seite C*) auf, der weitere Informationen zum Thema Informationsgesellschaft verspricht. Auf *Seite C* findet er einen spannend klingenden Verweis auf das Thema *Senioren in der Informationsgesellschaft*, den er umgehend aufruft. Er landet damit auf *Seite D*. Hier entdeckt er viel versprechende Verweise auf das Gebiet der *Altersforschung*. Er schaut auch hier mal kurz rein und hofft, dass er ein paar für seine Eltern interessante Informationen aufspüren kann.

Fazit: Wenn man im WWW effizient Informationen suchen will, sollte man sich streng auf das gestellte Thema beschränken und der Versuchung der „Seitenpfade" widerstehen. Wenn man die aktuelle Effizienz jedoch außer Acht lässt, kann das Betreten der Seitenpfade zu interessanten Informationen führen und auch Gedankenverbindungen anstoßen, die man vorher nicht bedacht hat (z.B. einen Internet-Shop für die Zielgruppe Senioren aufzubauen).

Frage

Warum verweisen *Links* gelegentlich ins Leere?[36]

b) Navigation durch Eingabe der WWW-Adresse

WWW-Adressen werden häufig in anderen Medien (z.B. Fernsehwerbung, Zeitschriftenartikel) publiziert. Wenn Sie die WWW-Adresse einer Seite kennen, können Sie diese aufsuchen, indem Sie die Adresse in der Adresszeile Ihres Browsers eingeben.

---

[34] Unter Electronic Commerce versteht man die elektronische Abwicklung von Geschäftsprozessen, die u.a. über das Internet erfolgt.

[35] Vgl. dazu Kapitel 5.4.2.

[36] Ein wichtiger Grund liegt darin, dass der Betreuer eines *Servers A* Verweise auf Seiten setzt, die auf „fremden" Servern (z.B. *Server B*) liegen. Wenn der Betreiber des Fremd-*Servers B* Neuerungen an seinem Server vornimmt (z.B. Verzeichnisstruktur und Dateinamen ändert), können die Verweise, die auf der alten Sachlage aufsetzen, so lange ins Leere gehen, bis der Betreiber von *Server A* die Veränderungen registriert hat.

c) Grundlegende Bedienung eines WWW-Browsers

Alle gängigen Browser bieten eine Reihe an Navigationsmöglichkeiten in der laufenden Sitzung, erlauben es aber auch, in der Vergangenheit besuchte Seiten durch erstellen so genannter Bookmarks[37] (engl. für *Lesezeichen*) wieder zu finden.

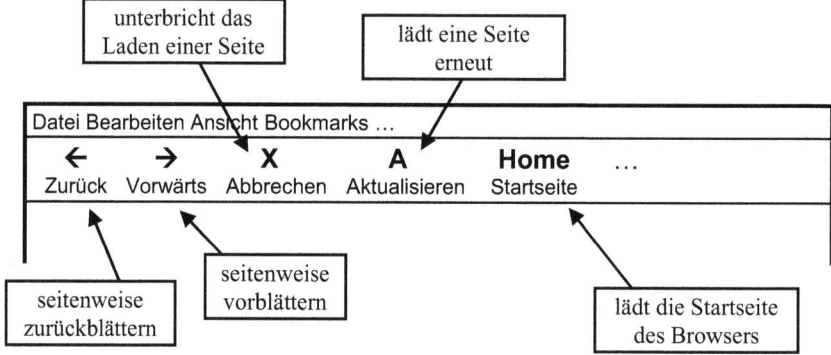

Abbildung 17: Navigation in einer laufenden Sitzung

Hinweis

- Über [*Datei/Drucken*] und [*Datei/Speichern unter*] lassen sich interessante Seiten ausdrucken bzw. lokal abspeichern.
- Markierte Teile von WWW-Dokumenten lassen sich auch über die Zwischenablage[38] in andere Anwendungen (z.B. WORD) transferieren.

Festhalten und Wiederfinden interessanter Seiten über Bookmarks

Adressen interessanter Seiten, die man wieder besuchen möchte, können als *Bookmark* festgehalten werden. Diese Adressen lassen sich dann in späteren Sitzungen direkt anspringen. Die Handhabung erfolgt folgendermaßen:

- Die Adresse der aktuell geladenen Seite wird über [*Bookmarks/hinzufügen*] gespeichert.
- Eine als Bookmark abgelegte Seitenadresse wird aufgerufen, indem man zunächst [*Bookmark*] wählt und dann den entsprechenden Bookmarkeintrag in der erscheinenden Bookmarkliste auswählt.

---

[37] Die konkrete Bezeichnung hängt vom jeweils benutzten Browser ab. Beim INTERNET EXPLORER von MICROSOFT beispielsweise heißen Bookmarks *Favoriten*.
[38] Vgl. Kapitel 9.1.

- Über [*Bookmarks/Bookmarks verwalten*] kann man die Bookmarks verwalten.[39] Die Möglichkeiten und die Handhabung sind dabei an den EXPLORER[40] von WINDOWS angelehnt.

Hinweise

Mit einem Bookmark speichert man den Verweis auf eine Seite, nicht die Seite als solche. Die Dynamik des WWW führt dazu, dass der Versuch, eine Seite via Bookmark zu laden, nicht immer gelingt. Ein Scheitern des Aufrufens einer Seite ist beispielsweise denkbar, wenn der Server gerade nicht verfügbar oder generell abgebaut bzw. umbenannt worden ist. Weiterhin kann der Fehlschlag auf einer veränderten Verzeichnisstruktur, einem neuen Seitennamen oder einer gelöschten Seite beruhen. Die Problematik der Links, die ins Leere weisen, gilt übrigens nicht nur für Bookmarks, sondern ist auch für die auf den Webseiten gesetzten Links relevant.

Neben der Unauffindbarkeit einer Seite können beim wiederholten Besuch auch in der Zwischenzeit veränderte Inhalte zu bösen Überraschungen führen. Dies kann beispielsweise zutreffen, wenn man eine Seite, die vor 5 Monaten einen interessanten Aufsatz enthalten hat, mit der Absicht des Zitierens wieder besucht. Die böse Überraschung kann hier darin liegen, dass der Autor die Seite inzwischen verändert hat und die Stelle, die man zitieren wollte, abgeändert oder gestrichen wurde.

Daher kann es sinnvoll sein, in *jedem Fall* oder *unverändert* benötigte Webseiten lokal abzuspeichern oder auszudrucken.

Aufgabe

Surfen Sie von der bei Ihnen geladenen Homepage aus im WWW. Testen Sie dabei die Navigationsmöglichkeiten und das Anlegen von Bookmarks aus.

8.3.1.3 Erstellen von Webseiten

Um Webseiten anlegen zu können, muss man zuvor wissen, dass diese reine Textdateien sind, die in jedem Texteditor[41] oder WYSIWYG-Editor[42] erstellt wer-

---

[39] Nähere Informationen zur Bookmarkverwaltung sind bei den WWW-Ergänzungen zu diesem Lehrbuch abgelegt.
[40] Vgl. dazu Kapitel 3.4.4.
[41] WINDOWS enthält standardmäßig einen Texteditor, der über [*Start/Programme/Editor*] aufgerufen werden kann.
[42] WYSIWYG ist die Abkürzung für den englischen Satz *What You See Is What You Get* und steht für Programme, mit denen Layouts so gestaltet werden können, wie sie später ausgedruckt oder anderweitig veröffentlicht werden können. Derartige Programme gibt

den können. Bei der Erstellung sollte auf Einhaltung des HypterText Markup Language (HTML) -Standards[43] geachtet werden.

a) Grundlagen einer einfachen Webseite

Eine erste (und besonders einfache) Webseite könnte sich im Browser wie folgt darstellen:

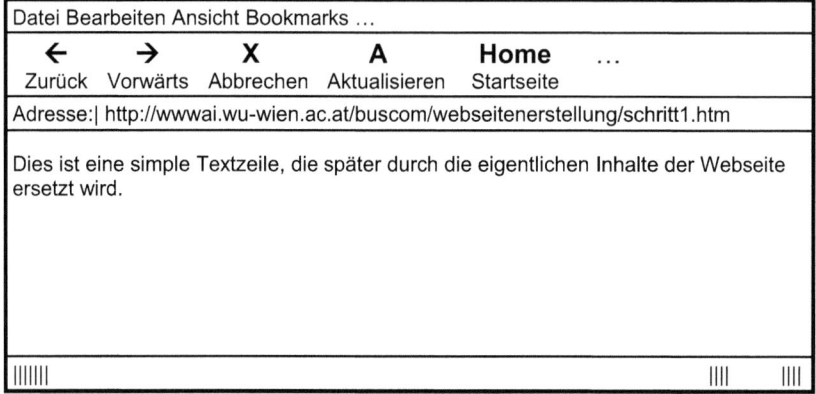

Abbildung 18: Darstellung einer einfachen Webseite im Browser

---

es zur Erstellung von HTML-Seiten, aber auch z.B. zur Gestaltung von Layouts für den späteren Buchdruck etc.

[43] Dieser Standard gilt auch als Referenz für Browserhersteller und wird vom World Wide Web Consortium (W3C) weiterentwickelt. Alle Informationen zu HTML und weitere Informationen rund ums WWW sind auf der Homepage des W3C unter http://www.w3.org abrufbar.

Der hinter einer Webseite stehende HTML-Text - der so genannte Quelltext - lässt sich im Browser über [*Ansicht/Quelltext*] anzeigen.

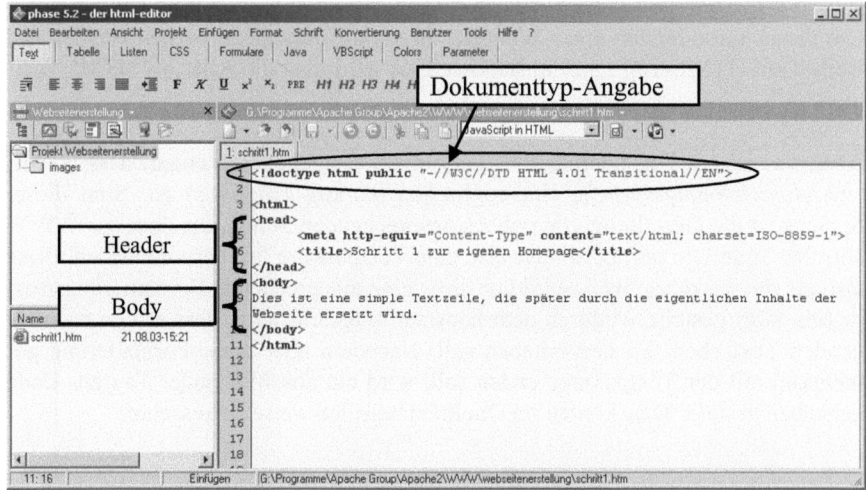

Abbildung 19: Quelltext einer einfachen Webseite, dargestellt im HTML-Editor PHASE 5

Die Erstellung einfacher Webseiten (das sind solche, die überwiegend Text enthalten und keine großen Ansprüche an die grafische Gestaltung stellen) ist nicht schwierig. Schon der kostenlose HTML-Editor PHASE 5[44] hilft dem Anfänger, eine neue Webseite richtig aufzubauen und diese dann mit unterschiedlichsten Inhaltselementen (dem *Content*) zu „füllen".

Ein Dokument geschrieben in HTML (Version 4) besteht grundsätzlich aus drei Teilen:

- Dokumenttyp-Angabe

  Die Dokumenttyp-Angabe gibt dem Browser Auskunft über die HTML-Version, entsprechend der die Webseite erstellt wurde.

- Header

  Der Header-Bereich ist der „Kopf" des Dokuments und beinhaltet beispielsweise den Titel der Webseite, den Namen des Autors, den verwendeten Zeichensatz und weitere Informationen, die zwar zum HTML-Dokument gehören, aber keinen Content darstellen.

---

[44] Die aktuelle Version ist auf der Seite http://www.qhaut.de zu finden.

- Body

    Im Body steht der eigentliche Inhalt. Dies können Texte (mit oder ohne Formatierung), Hyperlinks, eingebundene Grafiken etc. sein.

Um dieses Grundgerüst einer Webseite zu vervollständigen, werden Header und Body vom HTML-Tag *html* umschlossen, es wird also die Seite als HTML definiert.

Aber was ist ein *Tag* überhaupt? Zuerst muss festgehalten werden, dass HTML eine *Auszeichnungssprache* (im englischen *markup language*) ist. Sinn dieser Sprache ist die Gestaltung von optisch ansprechenden Seiten, die über das WWW abrufbar sind. Um nun beispielsweise eine Textpassage fett hervorzuheben, diese also als fett auszuzeichnen, wird vor diese eine entsprechende Formatierungsmarke (ein *Tag*) gestellt, wodurch dem Browser mitgeteilt wird, dass er den nachfolgenden Text eben fett hervorheben soll. Nachdem aber diese Formatierung gemeinsam mit der Textpassage enden soll, wird ein abschließender Tag ans Ende derselben gestellt. Dies könnte im Quelltext beispielsweise so aussehen:

...
Im Besonderen ist auf die Verdunkelung des Himmels zu achten, sobald die Nacht hereinbricht.
...

Im Browser werden die Tags (diese stehen immer in spitzen Klammern) für den Betrachter nicht dargestellt, wohl aber deren Auswirkung, wobei das oben stehende *b* für *bold* (engl. für *fett gedruckt*) steht. Es ist also nicht schwer zu erahnen, wie das Ergebnis des oben stehenden Beispiels im Browser aussehen würde:

...
Im Besonderen ist auf die **Verdunkelung des Himmels** *zu achten, sobald die Nacht hereinbricht.*
...

Es ist fast immer so, dass, wie in diesem sehr einfachen Beispiel zu sehen war, ein einleitender, sowie ein abschließender Tag benötigt wird, zwischen denen der so genannte *Geltungsbereich* liegt. Dem abschließenden Tag wird innerhalb der Klammer immer ein Schrägstrich (/) vorangestellt.

Ein nicht paarweise auftretender Tag ist beispielsweise jener, der einen Zeilenwechsel erzwingt:

...
*Folgende drei Buchstaben finden sich am Anfang des Alphabets:
A
B
C
*
...

Im Browser sieht das dann so aus:

...
Folgende drei Buchstaben finden sich am Anfang des Alphabets:
A
B
C
...

Nachdem hier kein Geltungsbereich vorliegt, sondern „punktuell" ein Zeilenumbruch (*br* steht für das englische *break* und bedeutet *Umbruch*) erzwungen wird, ist ein abschließender Tag nicht notwendig. Man spricht in solchen Fällen auch von *Standalone-Tags*.

b) HTML-Elemente und deren Attribute

Wir wissen nun also über HTML-Tags Bescheid und kennen auch das Grundgerüst einer Webseite. Im Folgenden lernen wir, eine optisch anspruchsvollere Seite mittels verschiedener HTML-Elemente entsprechend zu gestalten.

Folgende Elemente haben wir bereits kennen gelernt: *html, meta, title, head, body*, sowie *br*. Der Meta-Tag zur Festlegung des verwendeten Zeichensatzes wird mit dem Attribut *http-equiv* und seinem Wert *content-type* als solcher definiert (siehe Abbildung 19). Ein weiteres Attribut heißt *content* und präzisiert das Dateiformat, sowie den verwendeten Zeichensatz mit den Werten *text/html; charset=ISO-8859-1*. Zeichensatz ISO-8859-1 ist der normale Zeichensatz für westeuropäische Sprachen, unter anderem auch für Deutsch.

Wie wir soeben gesehen haben, können HTML-Tags durch Attribute erweitert werden. Dies gilt sowohl für einleitende Tags, als auch Standalone-Tags (siehe z.B. oben stehendes Beispiel).

Ein sehr häufig verwendetes HTML-Element ist *p*, welches für das englische *paragraph* (Absatz) steht und einen Absatz definiert. Werden nun zwei hintereinander liegende Textstellen jeweils als Absatz definiert, so wirkt sich dies im Browser lediglich in Form eines Zeilenwechsels verbunden mit etwas Abstand zwischen den beiden Absätzen aus. Um die Ausrichtung der Textpassagen entsprechend den eigenen Vorstellungen gestalten, kann das Attribut *align* (engl. für *ausrichten*) mit folgenden Werten eingefügt werden:

- left = linksbündig
- center = zentriert
- right = rechtsbündig
- justify = Blocksatz

Es soll nun ein erster Absatz mit zentriertem Text gefolgt von einem rechtsbündig ausgerichteten Absatz erstellt werden:

Quelltext:

<p align="center">Kurzer, zentrierter Absatz.</p><p align="right">Gleich im Anschluss an den ersten steht dieser zweite Absatz. Der soll etwas länger sein, um die Auswirkung der rechtsbündigen Ausrichtung zu verdeutlichen. Aus diesem Grunde stehen hier einige Zeilen, die inhaltlich wenig Sinn ergeben, wohl aber nützlich sind, um den Nutzen des "align"-Attributes zu zeigen. Schön langsam steht hier genug, um den gewünschten Effekt zu erzielen...</p>

Browser:

Kurzer, zentrierter Absatz.

Gleich im Anschluss an den ersten steht dieser zweite Absatz. Der soll etwas länger sein, um die Auswirkung der rechtsbündigen Ausrichtung zu verdeutlichen. Aus diesem Grunde stehen hier einige Zeilen, die inhaltlich wenig Sinn ergeben, wohl aber nützlich sind, um den Nutzen des "align"-Attributes zu zeigen. Schön langsam steht hier genug, um den gewünschten Effekt zu erzielen...

Eine vollständige Liste aller Elemente und möglicher Attribute des Standards HTML 4.01 finden Sie auf den Webseiten des W3C (http://www.w3.org/TR/html4/).

c) Verschachtelung von Elementen

Elemente können ineinander verschachtelt und somit hierarchisch strukturiert werden. Komplexere HTML-Dateien enthalten sehr viele Verschachtelungen.

Quelltext:

<p>In den Geltungsbereich von Elementen können weitere Elemente eingefügt werden. Dies wird als <b>Verschachtelung</b> bezeichnet.</p>

Browser:

In den Geltungsbereich von Elementen können weitere Elemente eingefügt werden. Dies wird als **Verschachtelung** bezeichnet.

Im Browser ähnelt dieses Beispiel sehr stark jenem, welches wir bereits in den *Grundlagen einer einfachen Website* (siehe oben) kennen gelernt haben. Der Unterschied besteht in der bereits besprochenen Verschachtelung der HTML-Elemente. Es wird hier eine Textpassage als Absatz definiert, innerhalb dessen wiederum ein einzelnes Wort als fett ausgezeichnet ist.

Besonders anschaulich kann die Methode der Verschachtelung an Hand einer Tabelle gezeigt werden. Im nachfolgenden Beispiel wird eine Tabelle mit zwei Zeilen und drei Spalten erstellt.

Quelltext:

```
<table border="3">
  <tr>
    <th width="200">Überschrift Spalte 1</th>
    <th width="200">Überschrift Spalte 2</th>
    <th width="200">Überschrift Spalte 3</th>
  </tr>
  <tr>
    <td>Zeile 2 / Spalte 1</td>
    <td>Zeile 2 / Spalte 2</td>
    <td>Zeile 2 / Spalte 3</td>
  </tr>
</table>
```

Browser:

Überschrift Spalte 1	Überschrift Spalte 2	Überschrift Spalte 3
Zeile 2 / Spalte 1	Zeile 2 / Spalte 2	Zeile 2 / Spalte 3

Der Tag *table* (engl. für *Tabelle*) definiert den Geltungsbereich einer Tabelle. Mit dem Attribut *border* (engl für *Rahmen*) kann die Rahmenstärke der Tabelle pixelgenau eingestellt werden. Der Tag tr (table row) legt den Geltungsbereich einer Zeile fest. Innerhalb dieser Zeile können mit dem Tag th (table header) oder dem Tag td (table data cell) Zellen angelegt werden. Spaltenüberschriften können, müssen aber nicht mit *th* definiert werden. Inhalte in diesen Zellen werden automatisch zentriert und fett dargestellt, was aber auch mit dem „einfachen" *td* und zusätzlichen Textformatierungen darstellbar ist. Da neben der Darstellung im Browser ein Text aber auch eine sinnvolle Struktur haben sollte, ist es empfehlenswert, den vom W3C für Spaltenüberschriften vorgesehenen Tag auch tatsächlich für diese Zwecke zu verwenden.

d) Verweise im WWW

Verweise sind, wie weiter oben erwähnt, wesentlicher Bestandteil des WWW. Webseiten ohne Verweise sind wie „Sackgassen" aus denen man ohne den „Zurück-Button" nicht mehr herauskommt. Der Nutzen von Hypertext kann sich erst durch eine Vielzahl an (Quer-)Verlinkungen von Seiten auch über die Grenzen der eigenen Webpräsenz hinweg voll entfalten. Auch können Webseiten, die zu einer Webpräsenz gehören nur dann gezielt angesteuert werden, wenn mindestens ein Verweis zu ihnen führt.[45] Führen von einer Startseite (Homepage) keinerlei Verweise zum Rest der Webpräsenz, so bleiben dessen Inhalte interessierten Personen verborgen. Dies ist umso tragischer, wenn es sich um potentielle Kunden oder sonstige Geschäftspartner handeln sollte.

Verweise werden immer mit dem Tag *a* (*anchor*, engl. für *Anker*) eingeleitet. Abgesehen davon gibt es aber unterschiedlichste Ausprägungen und Verwendungszwecke, die exemplarisch (und somit unvollständig) am folgenden Beispiel gezeigt werden.

Quelltext:

*Besuchen Sie die <a href="http://www.wu-wien.ac.at">Homepage der Wirtschaftsuniversität Wien</a>.
*
*Gehen Sie in der Verzeichnisstruktur der Website <a href="../">eine Ebene höher</a>.
*
Laden Sie ein <a href="images/hallo.zip">komprimiertes Bild</a> aus dem Verzeichnis "images" der Website herunter.

Browser:

Besuchen Sie die <u>Homepage der Wirtschaftsuniversität Wien</u>.
Gehen Sie in der Verzeichnisstruktur der Website <u>eine Ebene höher</u>.
Laden Sie ein <u>komprimiertes Bild</u> aus dem Verzeichnis "images" der Website herunter.

Mit dem Attribut href (hyper reference) wird aus dem HTML-Element erst der tatsächliche Verweis (Hyperlink). Als Wert des Attributes wird der gewünschte Pfad eingetragen. Zwischen dem einleitenden und dem ausleitenden Anker-Tag steht der Text, der mittels Mausklick zum Verweisziel führt. Dieser Text wird in der Regel von den Browsern unterstrichen und verglichen mit dem restlichen Text andersfarbig dargestellt.

Der erste Link im oben dargestellten Beispiel führt zu einer (fremden) Homepage. Diese Verweise sind der klassische Fall zur Website-übergreifenden Navigation im WWW. Der zweite Link führt in der Verzeichnisstruktur der Webseite vom aktuellen Verzeichnis eine Ebene nach oben. Will man zwei Ebenen nach oben verlinken, so schreibt man „../../", usw.. Diese Form des Verweises ermöglicht eine bequeme Navigation innerhalb einer Website. Der dritte Link verweist auf einen Download. Das angebotene Dokument liegt hierbei im Unterverzeichnis *images* des aktuellen Verzeichnisses.

---

[45] Simples Ausprobieren und der Einsatz einer Suchmaschine wie z.B. GOOGLE sind nicht Ziel führend, um innerhalb einer Webpräsenz zu navigieren.

Informationsaktivitäten im Internet 401

e) Bilder in Webseiten einbinden

Natürlich gehört zu jeder optisch ansprechenden Webseite auch die Einbindung von Bildern. Diese wird über den Standalone-Tag *img* realisiert.

Quelltext:

<img   src="images/hallo.gif"   width="203"   height="93"   border="0"   alt="Hallo!">

Browser:

Das Attribut *src* (source, engl. für Quelle) bestimmt hierbei Ort und Name der anzuzeigenden Grafik. mit *width* (engl. für Breite) und *height* (engl. für Höhe) können Breite und Höhe pixelgenau angegeben werden. Weichen diese Angaben von den tatsächlichen Maßen der Grafik ab, so wird diese entsprechend vergrößert, verkleinert oder verzerrt angezeigt. Das Attribut *border* legt ähnlich den Tabellen die Rahmenbreite des Bildes fest. Wird kein Rahmen gewünscht, setzt man diesen Wert auf Null. Mit *alt* (alternate text) wird ein alternativer Text definiert, der angezeigt wird, wenn das Bild vom Browser nicht dargestellt werden kann oder soll.[46]

Schlussbemerkung I

Mit diesem Kapitel haben Sie einen ersten Einblick in die Möglichkeiten von HTML bekommen. Die Basis wurde gelegt, auf die mit etwas Eigeninitiative eine perfekte Webpräsenz aufgebaut werden kann. Weiterführend sei Ihnen hier die Plattform *SELFHTML aktuell* (http://selfaktuell.teamone.de) empfohlen, in der wohl alle Ihre Fragen zu HTML beantwortet werden können. Besuchen Sie auch die Webpräsenz des W3C (http://www.w3.org), den Entwicklern des Standards HTML.

Schlussbemerkung II

Man braucht den Quelltext nicht per Hand oder, wie oben, mit etwas Unterstützung durch einen HTML-Editor eingeben, sondern kann auch auf einfach zu be-

---

[46] Grund hierfür kann beispielsweise ein Fehler in der Quellenangabe im HTML-Tag oder die bewusste Konfiguration des Browser, Bilder nicht anzuzeigen sein. Letzteres war lange Jahre sehr gebräuchlich, da langsame Modems lange Ladezeiten von Webseiten mit vielen Bildern verursachten. Da aktuelle Modems auch grafisch aufwändiger gestaltete Webseiten in vertretbarer Zeit übertragen können und sich auch Breitbandanbindungen immer mehr durchsetzen, wird der Download von Bildern in den Einstellungen des Browser nur noch selten deaktiviert.

dienende WYSIWYG-Editoren zurückgreifen, die ein Layout automatisch in HTML „übersetzen". In fast allen aktuellen OFFICE-Programmen ist es beispielsweise längst möglich, eine Datei im Format von *html* zu speichern, wodurch auch die Einbindung von Bildern und die Erstellung aufwändiger Layouts ohne tieferes Wissen über HTML möglich sind. Darüber hinaus steht eine Vielzahl spezialisierter Programme zur Erstellung von Webseiten (z.B. MS FRONTPAGE, ADOBE GOLIVE oder MACROMEDIA DREAMWEAVER) zur Verfügung.

Anspruchsvollere Webseiten (z.B. häufig die Startseite einer Firma) erfordern umfangreichere Kenntnisse im Bereich der grafischen Gestaltung und der Bildbearbeitung. Vertiefte technische Kenntnisse sind beispielsweise erforderlich, wenn man das WWW mit Datenbanken koppeln will. Hier ist z.B. an Bestellformulare, deren Daten automatisch an Datenbanken weitergeleitet werden, zu denken. Technisch anspruchsvoll sind auch Webseiten, die Funktionalitäten erfordern, die mittels der Programmiersprache JAVA[47] programmiert werden müssen (z.B. Electronic Banking).

Egal wie umfangreich und anspruchsvoll eine Webpräsenz gestaltet wird, man sollte dabei immer ein Mindestmaß an HTML-Wissen als Grundlage haben. So praktisch und schnell in der Bedienung beispielsweise ein WYSIWYG-Editor auch sein mag, derartige Programme sind in ihrer HTML-Übersetzung selten fehlerfrei. Falls im Browser einmal etwas nicht ganz so dargestellt hat, wie man sich das vorgestellt hat, kann man da oft schon mit ein wenig Hintergrundwissen die notwendigen Korrekturen vornehmen.

8.3.2 Electronic Internet Mail

Electronic Internet Mail (E-Mail) ermöglicht die Übermittlung elektronischer Briefe über das Internet. E-Mail funktioniert ebenso wie das WWW nach dem Client-Server-Prinzip[48].

---

[47] Vgl. Kapitel 2.2.3.
[48] Vgl. Kapitel 2.3.1.

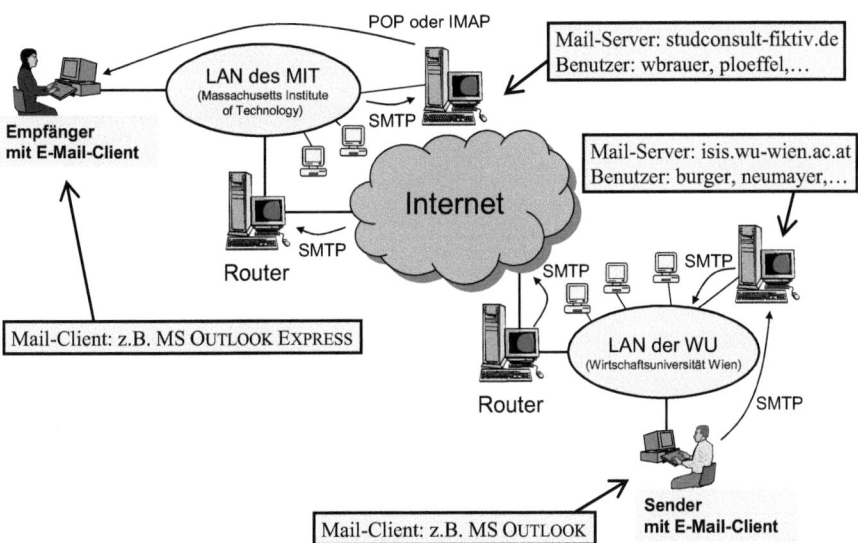

Abbildung 20: Prinzip von E-Mail

Wenn man Internet Mails verschicken möchte, benötigt man zuerst einmal ein Benutzerkonto (*Account*) auf einem ans Internet angeschlossenen Mail-Server[49] (z.B. *isis.wu-wien.ac.at* oder *studconsult-fiktiv.de*). Ein solcher Account wird z.B. vom eigenen Internet-Provider oder für Studenten von der jeweiligen Universität eingerichtet, wobei auch gleich eine eindeutige E-Mail-Adresse vergeben wird. Diese setzt sich üblicherweise aus dem Benutzernamen[50], einem @[51] (gesprochen *at*) sowie dem Domainnamen des Mail-Servers zusammen (z.B. *neumayer@isis.wu-wien.ac.at* und *wbrauer@studconsult-fiktiv.de*).

Danach muss man sich überlegen, wie man die eingegangenen E-Mails im eigenen Postfach (*Mailbox*)[52] abfragen möchte. Zwei der meist verbreiteten Möglichkeiten sind der Zugriff über eine Webschnittstelle, sowie die Abfrage mittels am eigenen PC installierter Client-Software. Da nicht jeder Betreiber eines Mail-Servers auch den Zugriff über eine Webschnittstelle (also einer speziellen Web-

---

[49] Ein Mail-Server empfängt E-Mails via SMTP und leitet diese nach einer entsprechenden Anfrage via POP oder IMAP an den Empfänger weiter.
[50] Das ist jener Name, der in Kombination mit dem zugehörigen Passwort den Zugriff auf den Account ermöglicht.
[51] Das Zeichen @ wird als *at* gelesen und durch gleichzeitiges Drücken von [*AltGr*] + [*Q*] eingefügt.
[52] Die Mailbox dient der Aufbewahrung empfangener Mails und befindet sich am Mail-Server.

seite) anbietet, wird im Folgenden auf Variante zwei, der Nutzung einer Client-Software näher eingegangen.

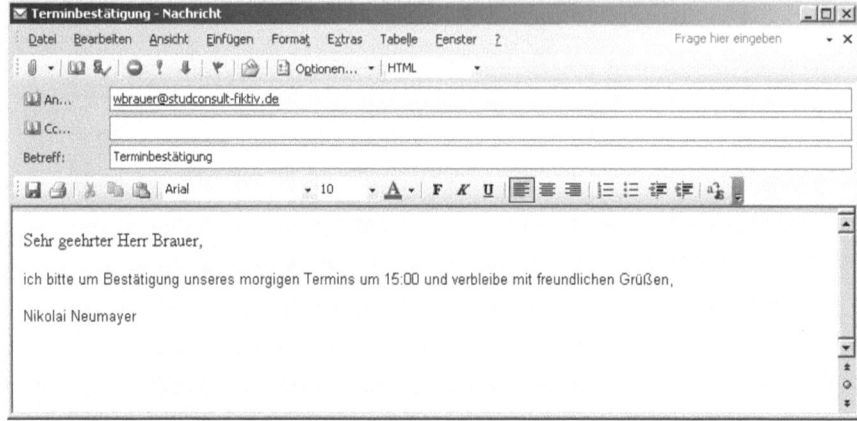

Abbildung 21: Beispiel einer E-Mail, erstellt in MS OUTLOOK 2003

Das oben abgebildete Beispiel-E-Mail wird an die erfundene Adresse *wbrauer@studconsult-fiktiv.de* verschickt. Folgt man den skizzierten Weg eines E-Mails in Abbildung 20, so wird der Brief zuerst an den eigenen Mail-Server *isis.wu-wien.ac.at* per *Simple Mail Transfer Protocol* (*SMTP*)[53] übertragen, anschließend durch das Internet geroutet bis er im Postfach des Empfängers *wbrauer* auf dessen Mail-Server *studconsult-fiktiv.de* einlangt.

Eine E-Mail wird dem Empfänger übrigens nur dann zugestellt, wenn die E-Mail-Adresse ganz genau stimmt. Ist die Adresse nicht absolut korrekt angegeben, so wird die Nachricht üblicherweise mit einer entsprechenden Fehlermeldung an den Absender zurückgeschickt.

Nachdem die Nachricht im Postfach des Empfängers eingelangt ist, muss sie zum Abschluss noch auf dessen Rechner transportiert werden. Hierfür gibt es zwei alternative Protokolle, welche i.d.R. beide von aktuellen E-Mail-Clients unterstützt werden: Post Office Protocol (POP) und Internet Message Access Protocol (IMAP).

---

[53] SMTP ist ein Protokoll, mit dem E-Mails an einen Mailserver verschickt werden. Dazu ist in der Konfiguration des E-Mail Programms die Angabe des SMTP Servers notwendig.

a) POP3

Derzeit aktuell ist POP3 (POP Version 3), welches das Empfangen von E-Mails auch auf solchen Systemen ermöglicht, die über keine permanente Verbindung zum E-Mail-Server verfügen. POP3 stellt zusammen mit SMTP den Standard für die meisten E-Mail-Clients im Internet dar. Nachrichten werden in Ihrer Mailbox am POP-Mail-Server zwischengelagert, bis Sie diese dort abholen. Sie können Ihren E-Mail-Client entweder so konfigurieren, dass er beim Abfragen der Mailbox nur eine Kopie einer Nachricht vom Mail-Server herunterlädt[54], oder dass er nach erfolgreichem Download die empfangenen Nachrichten vom Server löscht. Weiters können die Kopfzeilen einer Nachricht mit Absender, Betreff und Empfänger vom Mailprogramm angezeigt werden, ohne dass die ganze Nachricht zum Klienten geladen wird. Dies reduziert die zu übertragende Datenmenge[55], da beispielsweise (oft sehr umfangreichen) Nachrichten schon auf Grund Ihres Betreffs ohne Umweg über den lokalen Rechner in entsprechende Ordner verschoben und erst später[56] gelesen werden können.

Die somit empfangenen Nachrichten werden dann auf dem lokalen Rechner bearbeitet, eventuell in Verzeichnissen archiviert, Antworten geschrieben etc. Diese Funktionen werden vom E-Mail-Client realisiert und haben mit POP3 nichts mehr zu tun.

b) IMAP

IMAP bietet mehr Möglichkeiten als POP3. Mittels IMAP können Verzeichnisse zur besseren Organisation oder Archivierung von Nachrichten direkt am Mail-Server angelegt werden. Dies hat den Vorteil, dass man von verschiedenen Orten mit Hilfe eines IMAP-fähigen E-Mail-Clients die eigenen Nachrichten einsehen und verwalten kann. Ein Nachteil dieser Methode ist die Notwendigkeit einer Internet-Verbindung, um die Nachrichten verwalten zu können. Weiters führt ein z.B. auf Grund eines technischen Gebrechens unerreichbarer Mail-Server dazu, dass dessen IMAP-Nutzer keinen Zugriff auf deren Nachrichten haben.

Vorteile von E-Mail

- *Schnelligkeit*
  Eine z.B. in die USA gesendete E-Mail erreicht den Empfänger i.d.R. in wenigen Sekunden oder Minuten.

---

[54] Achten Sie auf den i.d.R. eingeschränkten Platz, der Ihnen am Mail-Server zur Verfügung steht. Ist der Speicherplatz Ihres Mail-Accounts ausgeschöpft, so werden keine weiteren an Sie gerichteten Nachrichten vom Mail-Server mehr angenommen.
[55] Dies ist besonders bei Internet-Verbindungen über (ältere) Modems von Bedeutung.
[56] Wenn z.B. der Tarif der Internet-Verbindung günstiger ist oder man Zugang zum Internet über eine Breitband-Verbindung (z.B. in der Universität) erhält.

- *Zeitliche Unabhängigkeit*
  Sender und Empfänger können asynchron kommunizieren, d.h. die Mail zu verschiedenen Zeitpunkten verschicken bzw. lesen.
- *Räumliche Unabhängigkeit*
  Sender und Empfänger können sich von fast jedem Ort der Welt aus in ihren Mail-Server einloggen und so ihre Mail abrufen.
- *Vermeidung von Medienbrüchen*
  Einer E-Mail kann man Dateien als Anlage (Attachment) hinzufügen. Diese Anlagen (z.B. Text- oder Grafikdateien) können vom Empfänger direkt elektronisch weiterverarbeitet werden. Medienbrüche, die z.B. entstehen, wenn der Sender seine Brief-Datei ausdruckt, in Papierform verschickt und der Empfänger den Brief zur Weiterverarbeitung in den Rechner eingibt, können somit vermieden werden.

Nachteile von E-Mail

Ein möglicher Nachteil von E-Mail liegt darin, dass diese einfache und schnelle Kommunikationsform zu einer Informationsüberflutung führt. Außerdem erwartet der Sender vom Empfänger eine sehr schnelle Reaktion auf dessen Nachrichten, was zu einem (übermäßig) beschleunigten Arbeitstempo führt.

Frage

E-Mails sind auch in einem lokalen Netz möglich. Wie könnte die lokale E-Mail-Adresse des Users *wbrauer@studconsult-fiktiv.de* lauten?[57]

8.3.3 File Transfer Protocol

File Transfer Protocol (FTP) ist ein Internet-Dienst für den Dateitransfer, welcher nach dem Client-Server-Prinzip funktioniert und in zwei Richtungen erfolgen kann. In der Regel werden mittels FTP Dateien von entfernten Rechnern abgerufen[58]. Bei entsprechender Berechtigung können aber auch Dateien auf die entfernten Rechner übertragen werden[59].

Anonym vs. *nicht anonym*: entweder ist der Client dem Server bekannt und der Benutzer hat eine persönliche Benutzerkennung, oder er verwendet den Server anonym, also ohne Identifizierung. Viele FTP-Server ermöglichen einen anonymen Zugriff auf ihre Dateien.

---

[57] Die Adresse würde lediglich *wbrauer* lauten, da die E-Mail innerhalb eines Servers zugestellt wird und die Angabe des Servernamens somit nicht erforderlich ist.

[58] Download von kostenloser Software oder Software zum Testen, Aktualisierungsdateien für Anti-Virenprogramme etc.

[59] Upload von ganzen Homepages, von einzelnen Seiten einer Homepage, von Musik-Dateien etc.

Es werden bei FTP zwei unterschiedliche Übertragungsmodi verwendet, wobei der *ASCII-Modus*[60] für die Übertragung von reinen Textdateien und der *Binary-Modus* für alle anderen Dateien bestimmt ist. Beim ASCII-Modus werden die Dateien für die Übertragung automatisch in den ASCII-Zeichensatz[61] konvertiert. Beim Binary-Modus dagegen erfolgt keine Konvertierung.

Wird beispielsweise ein Bild im ASCII-Modus übertragen, so kann es danach nur noch in einem Texteditor als scheinbar sinnlose Anhäufung von ASCII-Zeichen betrachtet werden. Die Übertragung von reinen Textdateien im Binär-Modus hat aber in der Regel keine nachteiligen Folgen.

Es gibt neben einer Reihe spezialisierter FTP-Programme (wie z.B. WS_FTP[62], BULLETPROOF FTP, CUTEFTP) auch eine Menge an Software, die zwar eigentlich andere Schwerpunkte besitzt, aber zusätzlich die Funktion des Datentransportes via FTP ermöglicht. Diese sind beispielsweise der MS INTERNET EXPLORER (ein Browser), der NETSCAPE NAVIGATOR (ein Browser), MACROMEDIA DREAMWEAVER (ein HTML-Editor) oder ADOBE GOLIVE (ein HTML-Editor). An dieser unvollständigen Aufzählung erkennt man, dass FTP eine sinnvolle Ergänzung zur Hauptfunktion der genannten Programme darstellt. Betrachtet man beispielsweise mit dem Browser Y die Webpräsenz der Firma X und bietet diese kostenlose Downloads via FTP an, so macht es durchaus Sinn, nicht erst ein weiteres Programm starten zu müssen, sondern gleich mit dem Browser die gewünschten Daten auf den lokalen Rechner zu übertragen.

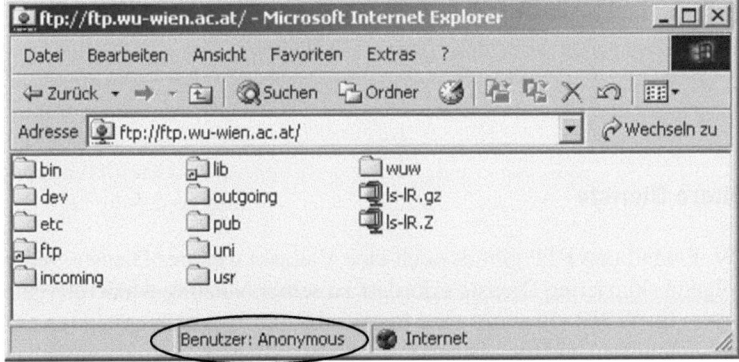

Abbildung 22: Anonymer FTP-Zugang (Internet Explorer 6)

---

[60] ASCII steht für American Standard Code for Information Interchange.
[61] Der ASCII-Zeichensatz ist weltweiter Standard, den heute jeder Computer versteht.
[62] WS_FTP gibt es auch als Shareware Version: WS_FTP LE. Diese kann von der Herstellerwebsite (http://www.ipswitch.com) herunter geladen werden und ist für den privaten Gebrauch kostenlos.

Abbildung 22 zeigt den anonymen FTP-Zugang zum FTP-Server der Wirtschaftsuniversität Wien mit Hilfe des MS INTERNET EXPLORERS. Dieser ermöglicht den vom „normalen" EXPLORER gewohnten Datentransfer beispielsweise per Drag and Drop. Im anonym zugänglichen Bereich ist zwar i.d.R. der Download der angebotenen Dateien möglich, der Upload eigener Dateien bleibt aber angemeldeten Benutzern mit entsprechenden Rechten vorbehalten.

Nach Eingabe von *Benutzername@FTP-Servername* in die Adressleiste des Browser wird man zur Passworteingabe aufgefordert. Anschließend gelangt man in jenes Verzeichnis des Servers, in welchem man i.d.R. alle Rechte zur Verwaltung von Verzeichnissen und Dateien hat. In diesem Verzeichnis liegen häufig verschiedene Konfigurationsdateien, die eigene Mailbox etc.:

Abbildung 23: FTP-Zugang mit Anmeldung (Internet Explorer 6)

8.3.4 Weitere Dienste

Neben WWW, E-Mail und FTP gibt es noch eine Vielzahl weiterer Dienste. Jeder dieser nachfolgend skizzierten Dienste erfordert zu seiner Nutzung wiederum eine eigene Software. Im WWW-Browser sind heute i.d.R. Softwarekomponenten zur Nutzung der wichtigsten anderen Dienste integriert, so dass alle wesentlichen Dienste über die WWW-Oberfläche zugänglich sind.

News[63]

News-Groups sind elektronische schwarze Bretter, die zu verschiedenen Themenbereichen eingerichtet werden. Der Inhalt der schwarzen Bretter ergibt sich aus den Fragen und Antworten, die von den Nutzern verfasst werden.

News-Groups decken fast alle Themenbereiche (z.B. Computer, Literatur, Wirtschaft, Partnersuche) ab. Die Mitteilungen können beispielsweise aus dem Austausch von Kochrezepten, Hilfestellungen bei der Lösung von EDV-Problemen oder Disputen über ökonomische Theorien bestehen.

Die „Ausbeute" ist in den einzelnen Bereichen allerdings recht unterschiedlich. Während man im technischen Bereich häufig auf viele und hochinteressante Diskussionen stößt, ist die „Ergiebigkeit" im wirtschaftlichen Bereich nicht selten eher gering.

Mailing-Lists

Eine den News-Groups ähnliche Möglichkeit zur Informationsbeschaffung bieten Mailing-Lists. Sie sind auch auf einen Themenbereich bezogen. Durch Einschreiben in die entsprechende Liste erhält man die Nachrichten der Mailing-Listen-Mitglieder via E-Mail zugeschickt. Die Diskussion erfolgt hier also - im Gegensatz zu den News-Groups - nicht öffentlich.

Telnet

Telnet ist ein Internet-Dienst, der das Anmelden und Arbeiten auf einem entfernten Rechner (*Remote-Computer*) im Internet erlaubt. Der auf diese Art kontrollierte Rechner verhält sich dabei, als wäre man vor Ort. Es stehen abhängig vom Ausmaß der Berechtigungen des Benutzers, mit dem man sich anmeldet, alle Möglichkeiten der Manipulation zur Verfügung.

Telnet ist eine Client-Server-Anwendung. Die Benutzung erfolgt über einen Telnet-Client, der für die Verbindung mit dem Remote-Computer entweder das Internet oder eine Telefonleitung verwendet.

Eine Anwendung von Telnet ist beispielsweise der einfache Zugriff auf Datenbestände des eigenen Rechners während einer (Dienst-)Reise. Weiters wird auch die Arbeit von räumlich verteilten Arbeitsgruppen erleichtert.

---

[63] In der WWW-Ergänzung zu diesem Kapitel sind weitere Informationen zu News-Groups abgelegt. Die WWW-Ergänzung gibt erstens einen Überblick über News-Groups zu wirtschaftlichen und anderen Themen; zweitens wird kurz die Bedienung des News-Readers von NETSCAPE skizziert.

Chat

Chat erlaubt eine elektronische Online-Unterhaltung. Diese kann via Textaustausch oder unter Einbezug von Sprache und Bildern geführt werden.

8.4 Internetgestützte Abwicklung individueller Arbeitsaufgaben

Das Internet bietet eine Vielzahl von Möglichkeiten zur Unterstützung individueller betrieblicher Arbeitsaufgaben. Die folgenden Beispiele sollen Sie dazu anregen, herauszufinden, wie Sie das Internet - v.a. das WWW - in Ihrem Arbeitsbereich gewinnbringend einsetzen können. Das Internet stellt dabei zum einen ein Werkzeug zur Informationsbeschaffung und Kommunikation dar. Zum anderen ist es aber auch eine Basis, auf der bestimmte Arbeitsaufgaben direkt abgewickelt werden können.

a) Internet als Werkzeug zur Informationsbeschaffung

Das Internet stellt für viele Arbeitsaufgaben ein Werkzeug zur Informationsbeschaffung dar. Hier ist z.B. an Mitarbeiter im Bereich *Marktforschung* zu denken, die über das Internet z.B. Informationen über Konkurrenten oder neue Technologieentwicklungen einholen können. Ein weiteres Beispiel stellen Mitarbeiter im *Einkauf* dar, die sich über Produkte und Lieferanten informieren können.

Die Stärke des Internet liegt bei der Informationsbeschaffung v.a. darin, dass *aktuelle* Informationen *sofort weltweit* und *jederzeit* verfügbar und zu weiten Teilen immer noch *kostenfrei*[64] sind. Ein weiterer Pluspunkt liegt darin, dass man im Internet auch Informationen finden kann, die nicht an anderer Stelle veröffentlicht sind (z.B. Seminararbeiten von Studenten, Kaninchenzuchttipps des Kleinkleckersdorfer Kaninchenzüchtervereins). Ein Nachteil dieser oft nicht von Fachleuten stammenden Informationsbereitstellung liegt allerdings darin, dass die Qualität der gefundenen Informationen nicht immer hochwertig ist.

---

[64] Im Internet werden zunehmend kostenpflichtige Informationen angeboten (z.B. Recherche in einer Datenbank, Abruf von Artikeln). Kostenpflichtige Angebote sind aber auch als solche zu erkennen. Es kann Ihnen also nicht passieren, dass Sie versehentlich ein kostenpflichtiges Angebot abrufen.

Im Folgenden sollen einige Beispiele für Informationskategorien genannt werden, die für viele Arbeitsaufgaben interessant sein können:

Informationskategorie	Beispiele
Firmen- und Produktinformationen	• www.branchenbuch.com - Deutsches Branchenbuch • www.europages.com - Europäisches Branchenbuch • www.wlwonline.de - Wer liefert was?
Ökonomische Daten	• www.destatis.de - statistisches Bundesamt • www.diw.de - Deutsches Institut für Wirtschaftsforschung • www.gbi.de - Recherche in Wirtschaftsdatenbanken
Bücher-/Zeitschriften/ Bibliotheken	• www.buchhandel.de - Link Datenbanken - Verzeichnis lieferbarer Bücher und Zeitschriften • vu.wu-wien.ac.at/media/ - digitale Bibliothek • www.onlinekiosk.com - online-Artikel • www.grass-gis.de/bibliotheken/ - Zugang zu Bibliothekskatalogen
Nachschlagewerke	• dict.leo.org - Deutsch ⇔ Englisch-Wörterbuch • de.encarta.msn.com - Lexikon • www.xipolis.net - Nachschlagen in Lexika
Reiseplanung	• www.reisen.de - Reiseinformationen • www.auma.de - Messedatenbank • www.map24.de – Routenplanung in Europa
Stellenangebote	• www.jobrobot.de • www.ams.or.at • www.jobs.ch
Rund um das Studium	• www.uni-online.de - Diverses aus dem Studienumfeld • www.wisu.de - Online-Informationen der Zeitschrift *Das Wirtschaftsstudium* • www.portal.ac.at - Akademisches Portal Österreich

Abbildung 24: Beispiele für beruflich interessante Informationsangebote

Diese Aufstellung stellt selbstverständlich nur einen unvollständigen Überblick über das längst unüberschaubare Angebot im Internet dar und ist lediglich als Anregung für weiterführende Recherchen gedacht.

b) Das Internet als Basis zur Erfüllung von Arbeitsaufgaben

Informationsaufgaben, d.h. Aufgaben, die nicht an physischen Gütern abgewickelt werden, können sogar direkt über das Internet erledigt werden. Als Beispiele lassen sich der Einkauf von Produkten oder das Durchführen von Beratungen anführen.

Informationskategorie	Beispiele
Reisebuchung	• www.business-class.de - vielfältige Buchungsmöglichkeiten im Reiseumfeld • www.flug.de - Flugbuchung • www.hrs.de - Hotelbuchung
Einkauf	• www.euro.dell.com - Computer • www.amazon.de - Bücher • www.ebay.com - Auktion
Beratung/Konzeptentwicklung	• www.white-lion.de - Werbeagentur • www.dmb.at - Werbeagentur
Hotline/Support	• www.hp.com - EDV-Bereich • www.kodak.com - Fotobereich
Lehren/Schulen	• www.im-c.de - Wirtschaftsinformatik • www.akademie.de - online lernen und lehren
Bank- und Versicherungsgeschäfte	• www.bank24.de - Bankgeschäfte • www.gerling.com - Versicherungsgeschäfte

Abbildung 25: Beispiele für die internetgestützte Erfüllung von Arbeitsaufgaben

Auch diese Aufstellung ist nur als Ausgangspunkt weiterer Recherchen gedacht.

8.5 Suchen und Finden von Webseiten

Die in vielen Büchern[65] und Zeitschriften veröffentlichten Listen interessanter Quellen stillen die individuellen Informationsbedürfnisse nur selten ganz genau. Sie sind in der Regel als Starthilfe und als Anregung zu eigenen Informationsrecherchen zu verstehen. Zum Aufbau einer nutzbringenden individuellen Link- bzw. Bookmarksammlung sind daher meist individuelle Informationsrecherchen erforderlich.

Aufgrund der Dezentralität der Informationsgenerierung und der fehlenden Ordnungsstrukturen ist die Informationsrecherche im Internet relativ aufwendig.[66] Dieses Kapitel skizziert daher über die in Kapitel 8.3.1.2 dargestellten Möglichkeiten (Verfolgung des Hypertextweges, Eingabe bekannter WWW-Adressen)

---

[65] Vgl. Kapitel 5.3.
[66] Vgl. 5.1.1.

hinausgehende Wege, die eine zielgerichtetere Informationsrecherche ermöglichen. Dennoch wird man für die Informationsrecherche im Internet immer einen gewissen Anteil an „verlorener Zeit" einplanen müssen.

Eine nicht zu unterschätzende Quelle für interessante Seiten liegt auch im persönlichen Informationsaustausch mit Kollegen. Der Austausch von Bookmarkfiles oder der persönliche Tipp führt nicht selten zu zielsicheren Hinweisen.

8.5.1 Versuchs- und Irrtums-Verfahren

Anhand der Adresssystematik des WWW[67] lässt sich vermuten, unter welcher Adresse ein bestimmter Anbieter zu erreichen sein könnte. So kann man beispielsweise die Seiten der Firma BMW finden, indem man Testweise die Adressen *www.bmw.de* oder *www.bmw.com* in die Adresszeile des WWW-Browsers eingibt.

Abbildung 26: Informationssuche über die Eingabe von Adressen

Falls der erste Suchversuch nach z.B. der Firma *Hewlett-Packard* (*HP*) nicht erfolgreich ist (z.B. *www.hp.de*), sollte man mit leicht veränderten Adressen Suchversuche starten (z.B. *www.hewlett-packard.de*).

Das Versuchs- und Irrtums-Prinzip bietet häufig den schnellsten Zugang zu den Seiten einer bestimmten Einrichtung. Es bewährt sich aber auch bei der Suche nach Informationen zu einem Bereich (z.B. zum Kauf eines Gebrauchtwagens - *www.gebrauchtwagen.de*).

---

[67] Vgl. Kapitel 5.2.1.1.

Falls man auf diesem Weg nicht erfolgreich ist oder nach möglichst vollständigen Informationen zu einem bestimmten Gebiet (z.B. Börsenkursen) sucht, kann man die so genannten Suchmaschinen zu Rate ziehen.

8.5.2 Suchmaschinen

Eine Suchmaschine setzt man bei der Suche nach Webseiten in etwa so ein, wie man den Schlagwortkatalog einer Bibliothek zum Auffinden von Büchern benutzt. Suchmaschinen sind nichts anderes als Webseiten, die Zugriff auf eine Datenbank ermöglichen. In diesem elektronischen Archiv sind die Kernwörter der Webseiten abgelegt. Die Archive werden v.a. durch Programme gespeist, die das WWW selbständig durchforsten und die gefundenen Adressen und Kernwörter automatisch an die Datenbank zurückmelden. Sie bieten Anbietern von Webseiten jedoch darüber hinaus meist auch die Möglichkeit, ihre Seiten per Hand anzumelden.

Im WWW gibt es eine Vielzahl von Suchmaschinen, die sich u.a. im Umfang der erfassten Webseiten unterscheiden. International ausgerichtete Suchmaschinen mit meist englischsprachiger Eingangsseite erfassen die Webseiten weltweit, während regional ausgerichtete Suchmaschinen sich beispielsweise auf die Erfassung deutschsprachiger Seiten beschränken und eine deutsche Eingangsseite zur Verfügung stellen.

Ein Großteil der, während des Internet-Booms auf den Markt gekommenen Suchmaschinen ist heute von diesem bereits wieder verschwunden. Geblieben ist ein wesentlich übersichtlicheres Angebot oft internationaler Anbieter, die i.d.R. aber auch landesspezifische Webpräsenzen, sowie Suchmöglichkeiten anbieten.

Als erstes stellt sich die Frage, wie man Suchmaschinen findet. Einen Einstiegspunkt bieten die in diversen Zeitschriften und Büchern aufgeführten Suchmaschinen-Adressen (vgl. Abbildung 27), die man einfach in die Adresszeile des Browsers eintippen kann. Häufig erhält man auch über eine Schaltfläche des Browsers (*Search*) einen ersten Zugang zu Suchmaschinen. Weiterhin gibt es auch im WWW selbst Verzeichnisse, die verfügbare Suchmaschinen auflisten (vgl. Abbildung 27).

Name/Art	WWW-Adresse
Listen von Suchmaschinen (beschreiben und beurteilen die Suchmaschinen häufig auch)	www.suchmaschinen.de www.geocities.com/SiliconValley/Way/6672/index.html www.lrz-muenchen.de/suchen/suche-www/suche-www-4.html
Suchmaschinen/ international	www.google.com www.altavista.com www.excite.com www.infoseek.com
Suchmaschinen/ deutsch	www.google.de www.lycos.de www.excite.de www.fireball.de www.web.de

Abbildung 27: Suchmaschinen im Überblick

Die Suchmaschinen unterscheiden sich in der Bedienung meist nur sehr wenig voneinander und bieten über Hilfe-Schaltflächen fast immer gute Bedienungshinweise. Da die Sucherergebnisse zum selben Suchbegriff von Anbieter zu Anbieter oft höchst unterschiedlich sind und sich auch die Qualität der Suchmaschinen im Laufe der Zeit verändert, sollte man bei der Suchmaschinenwahl experimentierfreudig sein und gelegentlich mal was Neues ausprobieren.

Suchmaschinen können kostenlos befragt werden. Sie finanzieren sich zu großen Teilen über Werbe-Banner, d.h. kleinen Werbeflächen, auf ihren Webseiten.

8.5.2.1 Grundlegende Suche

Wenn man nach Webseiten zu einem bestimmten Inhalt (z.B. Börsenkursen) sucht, gibt man das entsprechende Schlagwort (z.B. *Börsenkurse*) in die Suchmaschinen-Seite (z.B. *www.google.de*) ein und löst die Suchanfrage über die Schaltfläche *Google Suche* aus.

Abbildung 28: Auszug aus dem Ergebnis der Suchanfrage *Börsenkurse* an die Suchmaschine GOOGLE

Als Ergebnis der Suche erhält man eine Liste von Verweisen auf Webseiten (hier ca. 68.600 Treffer), die das gewünschte Schlagwort *Börsenkurse* enthalten.

Anhand des Suchergebnisses entscheidet der Benutzer, welche Seiten er aufruft. Er erhält dazu in obigem Beispiel folgende Hinweise:

- Die vermeintlich wichtigsten Seiten stehen am Anfang der Ergebnisliste.
  Eine Webseite wird von GOOGLE als sehr wichtig eingestuft, wenn sehr viele andere Webseiten auf diese mit Hyperlinks verweisen. Je nach Suchmaschine sind auch Häufigkeit und Platzierung des Suchbegriffs (z.B. im Titel der Seite) für die Reihung von Bedeutung. Ebenfalls oft relevant sind so genannte Keywords (engl. für Schlüsselwörter), die im Head der Webseite als Meta-Tag[68] definiert werden.
- Die Inhalte der Seiten werden durch kurze Informationen (z.B. den Seitentitel, die ersten Zeilen der Seite, eine Zusammenfassung etc.) näher beschrieben.
- Die Adresse der Webseite gibt Hinweise auf den Ersteller und kann ein Anhaltspunkt für die Interessantheit der Seite sein.

Trotz dieser helfenden Hinweise kann es sehr zeitaufwendig sein, aus einer großen Treffermenge die passenden Seiten herauszufiltern. Zum einen verschlingt das Lesen der Hinweise schon viel Zeit. Zum zweiten ruft man üblicherweise trotz

---

[68] Vgl. Kapitel 8.3.1.3.

sorgfältiger Vorauswahl viele „Nieten" auf. Beim Aufrufen der Ergebnis-Seiten sind im Einzelnen folgende Ärgernisse denkbar:

- Der *Link verweist ins Leere* und liefert eine entsprechende Fehlermeldung.
- Die Meldung *Connection Failed* weist beispielsweise darauf hin, dass der WWW-Server gerade nicht verfügbar oder überlastet ist.
- Die Fehlermeldung *Not Found* deutet *an*, dass die Suchmaschine nicht auf dem aktuellen Stand ist. So kann der Betreiber des Servers eine früher unter dieser Adresse zu erreichende Seite seit dem letzten Besuch der Suchmaschine umbenannt, in ein anderes Verzeichnis verschoben oder aus dem WWW genommen haben.
- Der *Suchbegriff kommt scheinbar nicht auf der Seite vor*. Hier ist zunächst zu prüfen, ob der Suchbegriff nicht doch in irgendeinem unerwarteten Zusammenhang auf der Seite vorhanden ist (beim MS INTERNET EXPLORER gibt es dafür den Befehl *[Bearbeiten/Suchen (Aktuelle Seite)]*). Falls dies nicht der Fall ist, könnte sich die Seite seit der letzten Aktualisierung der Suchmaschine verändert haben oder der Suchbegriff für den Surfer unsichtbar gesetzt worden sein.

Wenn man den mit der Durchsicht der Suchergebnisse verbundenen Aufwand verringern will, muss man die Treffsicherheit der Suchergebnisse verbessern. Ein zentraler Ansatzpunkt dazu sind *Suchoptionen*, die eine genauere Abfassung der Suchanfrage ermöglichen.

8.5.2.2 Suche verfeinern mit Boole'schen Operatoren

Der 1815 in England geborene Mathematiker George Boole hat eine Algebra entwickelt, die heute unter der Bezeichnung *Boole'sche Operatoren* die Suche im WWW erleichtern. Mit diesen Operatoren, die von den meisten Suchmaschinen zumindest teilweise unterstützt werden, ist es möglich, die Suche so zu verfeinern, dass nur noch eine beschränkte Zahl von hochwertigen (weil passenden) Ergebnisseiten erzielt wird.

Suchoption	Beispiel	Wirkung
UND-Verknüpfung	• Lufthansa AND Flugplan • Flughafen AND München AND Hotel	• liefert im ersten Beispiel Verweise auf Seiten, die sowohl den Begriff *Lufthansa* als auch den Begriff *Flugplan* enthalten • macht die Suche gezielter • verringert die Anzahl der Treffer
ODER-Verknüpfung	• Telearbeit OR Telework (mehrere Sprachen) • Schiffahrt OR Schifffahrt (unterschiedliche Schreibweisen) • Semmel OR Brötchen (Synonyme)	• liefert im ersten Beispiel Verweise auf Seiten, die entweder den Begriff *Telearbeit* oder *Telework* enthalten • erhöht die Anzahl der Treffer
NICHT-Verknüpfung	• Brot NOT Roggen	• gibt Dokumente aus, die den Begriff *Brot* enthalten, nicht aber *Roggen*
Klammerausdrücke	• Bankbranche AND (Telearbeit OR Telework)	• sucht nach Dokumenten, in denen der erste Suchbegriff und gleichzeitig der zweite oder der dritte vorkommen
Phrasensuche	• „Austrian Airlines" • „Deutsche Botschaft" • „Freude schöner Götterfunken"	• sucht nach einem feststehenden Begriff; nach Wörtern, die exakt in der angegebenen Reihenfolge vorkommen • schränkt die Treffermenge ein; Swiss AND Air liefert Verweise auf Seiten, die beide Begriffe irgendwo - auch voneinander getrennt - enthalten; bei der Phrasensuche müssen die Wörter genau hintereinander vorkommen

Abbildung 29: Auszug an *Bool'schen Operatoren*

Falls die erzielten Ergebnisse trotz eingesetzter Suchoptionen immer noch nicht zufrieden stellend ausfallen, sollte man die gleiche Suchanfrage an andere Suchmaschinen stellen. Da auch international ausgerichtete Suchmaschinen immer nur einen Teil der Webseiten erfassen, kann beispielsweise ALTAVISTA eine Seite finden, die EXCITE nicht kennt.

Aufgabe

- StudConsult erhält ein neues Projekt zum Thema *Telearbeit* und möchte mit Hilfe von LYCOS Informationen über den Themenbereich sammeln. Führen Sie die entsprechende Suchabfrage durch.
- Grenzen Sie Ihre Suche auf Seiten ein, die sich mit *Telearbeit für Sekretärinnen* beschäftigen.

8.5.3 Meta- und Spezialsuchmaschinen

Metasuchmaschinen befragen mit einer Abfrage automatisch mehrere Suchmaschinen und liefern üblicherweise eine aufbereitete Liste der Treffer zurück. Sie ersparen dem WWW-Benutzer damit die Arbeit, die gleiche Abfrage hintereinander an mehrere Suchmaschinen zu stellen.

Metasuchmaschinen sind wie "traditionelle" Suchmaschinen zu bedienen. Sie stellen jedoch meist eine geringere Anzahl von Suchoptionen zur Verfügung, so dass es von daher sinnvoll sein kann, direkt auf die einzelnen Suchmaschinen zuzugreifen. Außerdem ist die Treffsicherheit der Suchergebnisse hier häufig geringer als bei den „normalen" Suchmaschinen.

Spezialsuchmaschinen beschränken die Suche auf einen ausgewählten Teil des Webangebotes. Sie haben für ihren Bereich häufig eine bessere Trefferquote als die allgemeinen Suchmaschinen, die auf eine vollständige Erfassung des Webangebotes abzielen. Zu nennen sind hier z.B. Job- oder Firmensuchmaschinen.

Einstiegspunkt	Adress-Beispiele
Metasuchmaschinen	meta.rrzn.uni-hannover.de www.metacrawler.com
Spezialsuchmaschinen, z.B. • Firmenserver • Stellenangebote	www.websense.com/search/ www.jobrobot.de

Abbildung 30: Beispiele für Meta- und Spezialsuchmaschinen

Aufgabe

- Suchen Sie über eine Metasuchmaschine nach Informationen zum Thema *Telearbeit*.
- Recherchieren Sie nach Stellenangeboten für SAP-Berater.

8.5.4 Allgemeine und fachspezifische Themenlisten/Suchkataloge als fachliche Einstiegspunkte

Allgemeine Themenlisten bzw. *Suchkataloge* strukturieren das WWW-Angebot nach bestimmten Sachbereichen. Da sie hierarchisch aufgebaut sind, kann man sich hier vom Allgemeinen (z.B. Handel & Wirtschaft) zum Speziellen (z.B. Finanzen, Shopping usw.) durchklicken. Mit ihrer Hilfe kann man sich einen guten

Überblick über das Informationsangebot eines bestimmten Themenbereiches verschaffen.

Ausbildung & Beruf
Uni/FH, Schulen, Jobs, Bewerbung...

Computer & Technik
Hard-, Software, PC-Spiele, E-Technik...

Finanzen & Wirtschaft
Börse, Geld, Immobilien, Steuern...

Firmen
B2B, Bauen, Kleidung, KFZ, Sex...

Forschung & Wissenschaft
Geschichte, Psychologie, Bio, Astro...

Gesellschaft & Politik
Recht, Religion, Frauen, Jugend, Gay...

Gesundheit
Medizin, Krankheiten, Psyche, Pharma...

Internet & Kommunikation
Chat, E-Mail, Suchen, Handy & SMS...

Lifestyle
Mode, Esoterik, Essen & Trinken, Erotik...

Nachrichten & Medien
Top Themen, TV, Zeitschriften, Zeitungen...

Nachschlagen
Lexika, Zitate, Wörterbücher, Tel.-Nr....

Reisen & Freizeit
Routenplaner, Autos, Hobbys, Spiele...

Sport
F1, Fußball, Rad, Ski, Tennis, Outdoors...

Städte & Länder
Dt. Städte, EU, Länder, Karten, Sprachen...

Umwelt & Natur
Tiere, Pflanzen, Berge, Wetter, Energie...

Unterhaltung & Kunst
Cooles, Humor, Kino, Musik, Literatur...

Abbildung 31: Beispiel einer allgemeinen Themenliste (YAHOO)

Fachspezifische Themenlisten bzw. Suchkataloge sind auf ein bestimmtes Fachgebiet bezogen. Neben vielen nützlichen Links zu einem Themenbereich bieten sie häufig auch eigene Informationen zu diesem Bereich an. Sie stellen damit ein Portal zu Fachinformationen (z.B. Businessinformationen) dar.

Da viele Themenlisten auch eine Schlagwortsuche über die Themenliste anbieten und Suchmaschinen häufig ebenfalls Themenlisten zur Verfügung stellen, sehen beide meist ähnlich aus. Die Trefferzahl ist jedoch bei den Themenlisten oft geringer und "passender", da diese nicht - wie die Suchmaschinen - auf eine vollständige und automatische Erfassung der Webseiten abzielen.

Art	WWW-Adresse
allgemein	www.yahoo.de
	vlib.org
fachspezifisch, z.B.	
• Business	econwpa.wustl.edu
• Börse- und Finanzinformationen	www.top-boersenlinks.de
• EDV	www.dv-markt.de

Abbildung 32: Beispiele für Themenlisten

Aufgabe

Verschaffen Sie sich einen Überblick über das Informationsangebot, das das WWW im Bereich Marketing bietet.

8.5.5 Besprechungsdienste

Besprechungsdienste zielen darauf ab, die über Suchmaschinen und Themenlisten anrollenden Informationsfluten einzudämmen. Sie beschränken ihr Angebot auf Webseiten, die sie für hochwertig halten. Sie wählen also aus ihrer Sicht erstklassige Ressourcen aus, kommentieren diese und machen die Beurteilungen den Interessenten zugänglich. Von ihrem Erscheinungsbild und der Bedienung her entsprechen sie meist den Suchkatalogen. Ein Beispiel für einen Besprechungsdienst ist z.B. *www.webtip.de*.

8.5.6 Regiomärkte als regionale Einstiegspunkte

Regiomärkte bieten einen aufbereiteten Zugang zum WWW-Angebot einer Region. Sie stellen häufig neben einem branchen- und städtebezogenen Zugang zu den Firmen der Region auch zusätzliche Serviceangebote (z.B. Veranstaltungshinweise) zur Verfügung.

Abbildung 33: Beispiel eines Regiomarktes (*www.cco.de*)

Aufgabe

Informieren Sie sich über die in München vorhandenen Gewerbebetriebe.

8.5.7 Metasuchdienste

Metasuchdienste listen verschiedenste Suchmöglichkeiten (z.B. Suchmaschinen, Themenlisten) auf und stellen i.d.R. selbst Möglichkeiten der Suche bzw. Metasu-

Informationsaktivitäten im Internet 423

che zur Verfügung. Sie bieten einen sehr guten Überblick über das breite Spektrum an Suchmöglichkeiten.

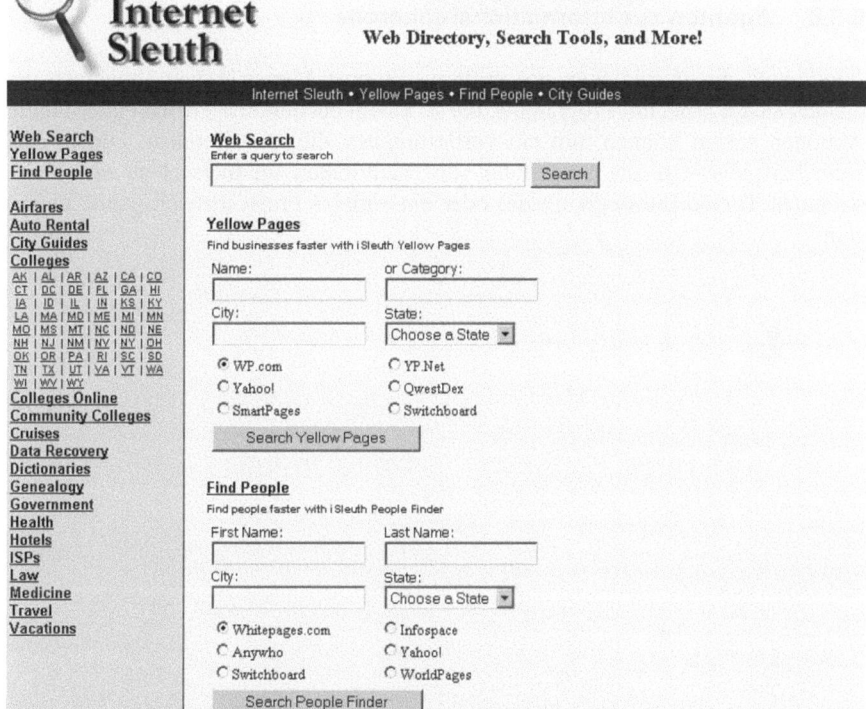

Abbildung 34: Meta-Suchdienst Internet-Sleuth (www.isleuth.com)

Metasuchdienste zeigen auch Ansatzpunkte zur Suche nach Informationen aus anderen Diensten auf. In diesem Zusammenhang kann es besonders interessant sein, nach Dateien, Beiträgen in News-Groups oder nach E-Mail-Adressen zu suchen.

Ansatzpunkte zur Suche nach Informationen aus anderen Diensten	
Suche nach E-Mail-Adressen	people.yahoo.com
Suche nach Beiträgen in News-Groups	groups.google.com
Suche nach Software	www.shareware.de www.tucows.at

Abbildung 35: Ansatzpunkte zur Suche nach Informationen aus anderen Diensten

Aufgabe

Suchen Sie nach einem Server, von dem Sie die neueste Version des NETSCAPE-Browsers herunterladen können.[69]

8.5.8 Agenten zur Informationsrecherche

Intelligente Agenten können uns mittlerweile eine Menge Arbeit abnehmen. Es handelt sich hierbei um Programme, die zu einem bestimmten Thema eigenständig Aktionen setzen können, um ein vorbestimmtes Ziel zu erreichen. Dieses Ziel kann beispielsweise die Sammlung von Nachrichten im Internet zu einem bestimmten Thema (news.google.de) oder ein simpler Preisvergleich (siehe unten) sein.

---

[69] Dateien kann man nicht nur über FTP, sondern auch über HTTP herunterladen.

Informationsaktivitäten im Internet

Einkaufsagenten, wie beispielsweise IDEALO.DE (www.idealo.de) durchsuchen eine Reihe an Online-Shops und geben die gefundenen Preise und sonstige zusätzliche Informationen zum gewünschten Produkt übersichtlich in einer Tabelle aus:

Abbildung 36: Preisvergleich eines Laserdruckers (HP LaserJet 1300) mit IDEALO.DE

Interessant sind auch *persönliche Suchagenten*, welche die Informationswünsche des Surfers "beobachten" und "verstehen". Während der Anwender beispielsweise auf www.amazon.de nach Büchern recherchiert, arbeitet ein Agent parallel im Hintergrund und sucht selbständig weitere Quellen zu den Themen, die sich der Anwender gerade anschaut:

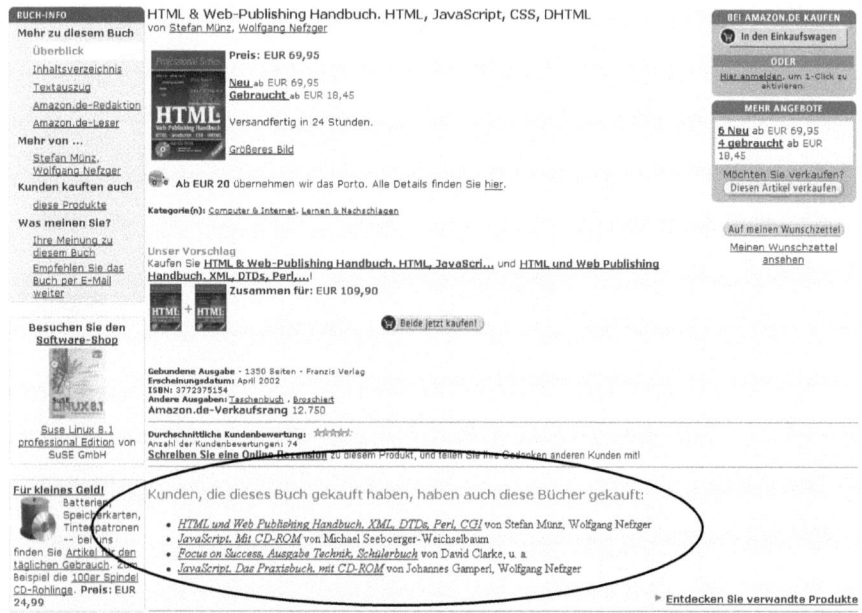

Abbildung 37: Buchrecherche auf AMAZON.DE

Diese Weiterentwicklungen der Suchmöglichkeiten werden dazu beitragen, dass der Informationssuchende das ständig weiter explodierende Informationsangebot immer genauer entsprechend seiner individuellen Bedürfnisse nutzen kann.

Schlussbemerkung

Leider verläuft die Informationssuche trotz der vielen Ansatzpunkte nicht immer zufrieden stellend. Mit etwas Geduld, Übung und Erfahrung lassen sich die Suchergebnisse allerdings schnell verbessern. Falls einem die Zeit für eigene Recherchen fehlt, kann man WWW-Recherchen auch bei kommerziellen Such- bzw. Informationsdiensten (z.B. *www.net-assist.de*) in Auftrag geben.

8.6 Internetgestützte Abwicklung von Geschäftsprozessen

Ziel dieses Kapitels ist es, ganz kurz zu erläutern, wie Unternehmen das Inter-, Intra- und Extranet zur Abwicklung ihrer Geschäftsprozesse einsetzen können.

8.6.1 Internetgestützte Aktivitäten

Unternehmen setzen das WWW gegenwärtig v.a. in den Bereichen Pre-Sales, Sales und After-Sales ein. Die folgende Abbildung zeigt die dabei durchgeführten Teilaktivitäten auf.

Abbildung 38: Wichtige internetgestützte Aktivitäten

Ziel der *Öffentlichkeitsarbeit* ist es, z.B. Kunden, Lieferanten und potentiellen Mitarbeitern ein positives Bild des Unternehmens zu vermitteln. Öffentlichkeitsarbeit war und ist einer der zentralen Beweggründe für die Präsenz von Unternehmen im Internet. Sie wird betrieben, indem Unternehmen beispielsweise Firmeninformationen und Publikationen bereitstellen, auf ihr soziales Engagement hinweisen oder ein Kommunikationsforum für Gleichgesinnte schaffen.

Werbung zielt darauf ab, über die vom Unternehmen angebotenen Produkte zu informieren. Wichtige Wege dazu sind die Gestaltung eigener Webseiten oder das Plazieren von Werbelogos (Bannern) auf sehr häufig aufgerufenen Webseiten anderer Anbieter (z.B. auf den Seiten der Suchmaschinen).

Bei der Werbung ist darauf zu achten, dass nicht alle Produkte gleichermaßen für WWW-Werbung geeignet sind. Besonders Erfolg versprechend sind beispielsweise Produkte, welche die Zielgruppe der WWW-Benutzer (tendenziell jung, männlich, gut ausgebildet) ansprechen, im Zusammenhang mit Computern oder Technik stehen oder im Last-Minute-Verfahren angeboten werden. Die Werbung sollte weiterhin mediengerecht gestaltet werden, d.h. nicht auf eine reine Reproduktion der Anzeigenwerbung hinauslaufen.

Abbildung 39: Beispiel einer interaktiven Werbung

Dem Kunden kann darüber hinaus die Möglichkeit gegeben werden, die mittels Werbung angepriesenen Produkte auch online zu ordern. Dazu muss der Kunde i.d.R. ein elektronisches Bestellformular ausfüllen. Für Kunden bietet diese *Online-Bestellung* u.a. den Vorteil einer zeit- und ortsunabhängigen Bestellung. Anbieter reduzieren damit u.U. kostenintensive Vertriebswege über Zwischenhändler. Online-Bestellungen im Internet verbreiten sich zusehends. Es hat in den letzten Jahren Maßnahmen des Gesetzgebers sowie von Organisationen des Internet gegeben, um rechtliche und sicherheitstechnische Bedenken auszuräumen. Digitale Signatur, sowie verschlüsselte Datenübertragung sind hier nur zwei Schlagwörter, die für den positiven Trend im Online-Geschäft mit verantwortlich sind, wobei man aber von überzogenen Schätzungen der zukünftigen Wachstumsraten abgekommen ist.

Digitalisierbare Produkte wie Software, Texte, Filme und Musikstücke können auch online über das WWW ausgeliefert werden. Diese *physische Distribution* kann zu kürzesten Lieferzeiten führen und ermöglicht es, das Produkt stets auf dem aktuellsten Stand auszuliefern. Die zunehmende Verbreitung von Breitbandanbindungen an das Internet auch im privaten Bereich unterstützt diese Entwicklung.

Neben der elektronischen Auslieferung ist auch eine *elektronische Bezahlung* möglich. Eine stärker genutzte Möglichkeit besteht in der Bezahlung via Kreditkarte. Eher wenig verbreitet ist die Zahlung mit einer elektronischen Währung. Im Bereich der elektronischen Bezahlung verhindern nach wie vor sowohl reale als auch psychologisch bedingte Sicherheitsbedenken den großen Durchbruch.

Auch für den Bereich *Kundendienst und Kontaktpflege* bietet das WWW hervorragende Möglichkeiten. Zu denken ist hier beispielsweise an Hilfestellungen bei Problemlösungen (z.B. über Datenbanken), Diskussionsforen oder die Möglichkeit, sich per Selbstbedienung über den aktuellen Stand seiner Bestellung zu informieren.

8.6.2 Aktivitäten im Intra- und Extranet

In letzter Zeit bauen viele Unternehmen auf der Basis der Internet-Technologie *Intranets* und *Extranets* auf. Folgende Abbildung veranschaulicht das Prinzip von Intra- und Extranets:

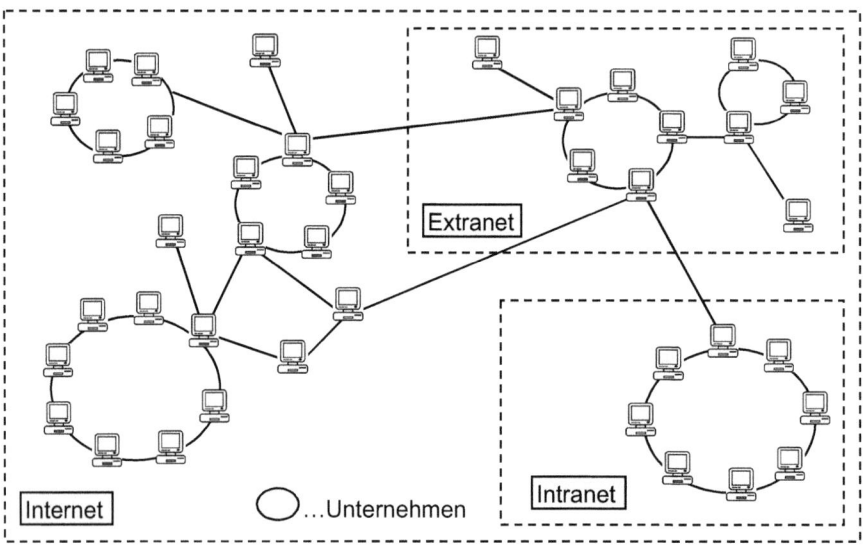

Abbildung 40: Zusammenhang zwischen Internet, Extranet und Intranet[70]

Intranets sind innerbetriebliche Internets. Sie sind nach außen abgeschottet und stehen nur den Mitarbeitern zur Verfügung. Über Intranets können z.B. aktuelle Preislisten, Telefonverzeichnisse, Formulare oder Wissensdatenbanken zur Verfügung gestellt werden. Weiterhin ist es denkbar, dass Mitarbeiter bestimmte Aufgaben (z.B. das Ändern ihrer Personaldaten nach einem Umzug) via Selbstbedienung erledigen. Insgesamt kann man mit Intranets also sowohl die Informationsversorgung verbessern, als auch Einsparungen erzielen.

Extranets stehen von der Reichweite her zwischen *Intranets* und dem Internet. Zugang zum Extranet haben geschlossene Benutzergruppen, die räumlich außerhalb des Unternehmens angesiedelt sind (z.B. alle Kunden eines Unternehmens). Extranets zielen v.a. auf Serviceverbesserung und Rationalisierung ab.

Hier kann es zum einen darum gehen, einen Teil des WWW-Angebotes nur für bestimmte Zielgruppen freizugeben. Als Beispiel lassen sich nur für Kunden zu-

---

[70] In Anlehnung an Scheckenbach, R., EC-EDI und noch vieles mehr, in: edi-change, 1/97, S. 10.

gängliche Webseiten eines Softwareunternehmens anführen, die es dem Kunden ermöglichen, Handbücher herunterzuladen, Schulungen zu buchen oder Anfragen an eine Support-Datenbank zu stellen.

Darüber hinaus können die Geschäftsprozesse von Unternehmen über Extranets gekoppelt werden. Beispielhaft kann man sich eine Bestellung vorstellen, die über das Internet automatisch vom elektronischen Bestellsystem des Kunden in das elektronische Auftragsverwaltungssystem des Lieferanten geleitet wird.

9 Datenaustausch zwischen Windows-Programmen

Häufig reicht die Funktionalität *eines einzigen* WINDOWS-Programmes nicht aus, um eine zu bearbeitende Aufgabe zu lösen. Eine Diplomarbeit oder ein Projektbericht kann beispielsweise neben mit WORD zu schreibenden Textteilen auch mit EXCEL zu erstellende Tabellen erfordern. WINDOWS XP[1] bietet verschiedene Möglichkeiten, um mit einem WINDOWS-Programm (z.B. EXCEL) erstellte Daten in einer mit einem anderen WINDOWS-Programm (z.B. WORD) erstellten Datei verfügbar zu machen. Ziel dieses Kapitels ist es, die wesentlichen Möglichkeiten des Datenaustausches zwischen WINDOWS-Programmen zu beschreiben.

9.1 Statischer Datenaustausch über die Zwischenablage

Die *Zwischenablage*[2] ist ein zentraler Bestandteil von WINDOWS XP, der allen WINDOWS-Programmen zur Verfügung steht. Sie ist nicht nur das Werkzeug zum „Transport" von Daten innerhalb eines Programms[3], sondern ermöglicht auch den Datenaustausch zwischen verschiedenen WINDOWS-Programmen.

Den Datenaustausch kann man in allen WINDOWS-Programmen über folgende Zwischenablage-Befehle abwickeln:

- [*Bearbeiten/Ausschneiden*] oder ✂ entfernt den markierten Dokumentteil aus dem Dokument und legt ihn in der Zwischenablage ab.
- [*Bearbeiten/Kopieren*] oder 📋 legt den markierten Dokumentteil ebenfalls in der Zwischenablage ab, belässt ihn aber im Dokument.
- [*Bearbeiten/Einfügen*] oder 📋 fügt den in der Zwischenablage abgelegten Dokumentteil an der Cursorposition in das Dokument ein.

---

[1] Die Erläuterungen dieses Kapitels gelten auch für ältere WINDOWS Versionen.
[2] Vgl. Kapitel 3.4.4.
[3] Vgl. Kapitel 3.4.4.

Als Beispiel soll die EXCEL-Tabelle aus der Datei *personal.xls* in die Datei *personalbericht.doc* integriert werden.

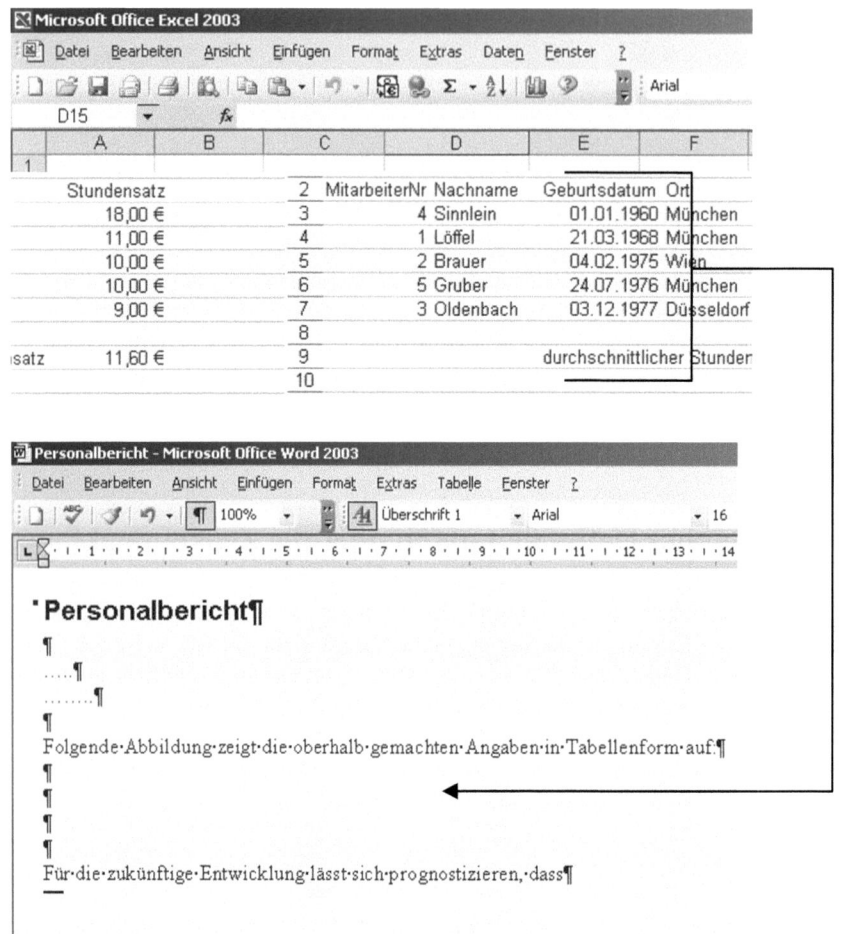

Abbildung 1: Datenaustausch über die Zwischenablage - Ausgangspunkt

Der Datenaustausch über die Zwischenablage erfolgt hier folgendermaßen:

- In der Datei *personal.xls* muss man den Zellbereich von A2 bis E9 markieren und über [*Bearbeiten/Kopieren*] in die Zwischenablage kopieren.
- Im nächsten Schritt muss man nach WORD wechseln und den Cursor an der Stelle positionieren, an der die EXCEL-Tabelle eingefügt werden soll.
- Wenn man jetzt den Inhalt der Zwischenablage über [*Bearbeiten/Einfügen*] einfügt, erhält man folgendes Ergebnis:

Personalbericht

Folgende Abbildung zeigt die oberhalb gemachten Angaben in Tabellenform auf.

MitarbeiterNr	Nachname	Geburtsdatum	Ort	Stundensatz
4	Sinnlein	01.01.1960	München	18,00 €
1	Löffel	21.03.1968	München	11,00 €
2	Brauer	04.02.1975	Wien	10,00 €
5	Gruber	24.07.1976	München	10,00 €
3	Oldenbach	03.12.1977	Düsseldorf	9,00 €
			durchschnittlicher Stundensatz	11,60 €

Für die zukünftige Entwicklung lässt sich prognostizieren, dass

Abbildung 2: Datenaustausch über die Zwischenablage - Ergebnis

Die in der Zwischenablage abgelegten Dokumentteile können beliebig oft herausgeholt werden. Die Zwischenablage enthielt in älteren Office Versionen allerdings immer nur den zuletzt hineingelegten Dokumentteil; beim Hineinlegen eines neuen Inhaltes wurde der alte gelöscht. Die neue Zwischenablage erlaubt das Ablegen von vielen separaten Elementen, die jeweils separat oder gemeinsam in die Zielanwendung aufgenommen werden können. Ein unmittelbares Rückwechseln in die Quellanwendung kann bei mehreren Einfügeschritten damit entfallen. Die neue Zwischenablage zeigt sich im Aufgabenbereich *Zwischenablage*, erreichbar über [*Bearbeiten/Office-Zwischenablage*], in der jedes gespeicherte Element als Symbol sichtbar wird.

Über die Zwischenablage eingefügte Daten sind *statisch* in das empfangende Dokument eingefügt. Sie sind ein Bestandteil des neuen Dokumentes geworden und haben keine Verbindung mehr zu ihrem Herkunftsdokument. In obigem Beispiel hat die in WORD eingefügte Tabelle also keinen Bezug mehr zur ursprünglich in EXCEL geführten Tabelle. Wenn sich in der EXCEL-Tabelle also Werte - z.B. Stundensätze - ändern, muss man zunächst die Werte in EXCEL ändern und dann die Tabelle erneut per Hand über die Zwischenablage nach WORD übertragen. Dieses Vorgehen ist relativ arbeitsaufwendig. Außerdem kann es passieren, dass man die EXCEL-Tabelle nicht mehr wiederfindet oder versehentlich gelöscht hat. In diesem Fall erhöht sich der Arbeitsaufwand noch weiter, da man die Tabelle erneut erstellen muss.

Aufgabe

- Geben Sie das Beispiel aus Abbildung 1 ein und transportieren Sie die EXCEL-Tabelle - wie in Abbildung 2 gezeigt - über die Zwischenablage in die Datei *personalbericht.doc*.

- Ändern Sie die Stundensätze der Mitarbeiter *Sinnlein* und *Löffel* in der Datei *personal.xls*. Übertragen Sie die Aktualisierungen in die Datei *personalbericht.doc*.

9.2 Dynamic Data Exchange (DDE)

Im Gegensatz zum statischen Datenaustausch stehen die eingefügten Daten beim *dynamischen Datenaustausch* noch mit ihrer Herkunftsdatei in Verbindung. Der dynamische Datenaustausch ermöglicht es, eine dauerhafte Verbindung - einen Kanal - zwischen zwei Dateien zu schaffen. In obigem Beispiel würde eine dynamische Verbindung zwischen der EXCEL-Tabelle und dem WORD-Dokument bedeuten, dass Änderungen in der EXCEL-Tabelle (z.B. Stundensatzänderungen) automatisch in das WORD-Dokument übernommen werden. Im Gegensatz zur statischen Datenübertragung über die Zwischenablage, muss man den Datenaustausch also nicht bei jeder Änderung in der EXCEL-Tabelle erneut per Hand durchführen. Man legt hier einmal einen Kanal an, über den die Daten dann bei Wertänderungen automatisch in das empfangende Dokument eingeleitet werden.

Die Daten des obigen Beispiels (vgl. Abbildung 1) lassen sich durch folgendes Vorgehen dynamisch verknüpfen:

- Auch hier muss man in der Datei *personal.xls* zunächst den Zellbereich von A2 bis E9 markieren und über [*Bearbeiten/Kopieren*] in die Zwischenablage kopieren.
- Wie beim statischen Datenaustausch über die Zwischenablage muss man im nächsten Schritt nach WORD wechseln und den Cursor an der Stelle positionieren, an der die EXCEL-Tabelle dynamisch eingefügt werden soll.
- Anders als beim statischen Datenaustausch muss man jetzt den Befehl [*Bearbeiten/Inhalte einfügen*] wählen und erhält folgendes Dialogfenster:

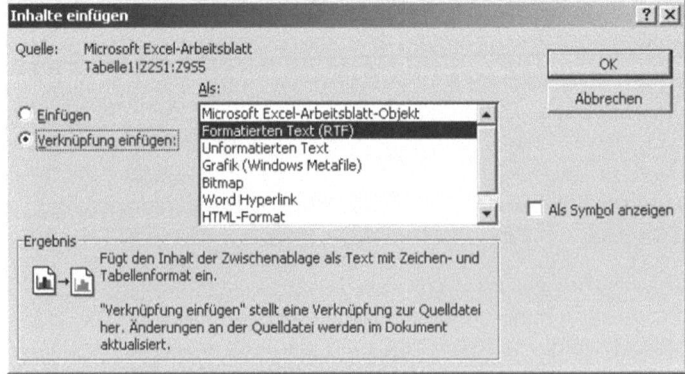

Abbildung 3: Dialogfenster *Inhalte Einfügen*

- o Da die Tabellendaten in WORD dynamisch mit der EXCEL-Quelldatei verbunden sein sollen, ist die Option *Verknüpfen* zu aktivieren.
- o Weiterhin ist das Format, mit dem die Daten eingefügt werden sollen, zu wählen (hier *Formatierten Text*).
- *OK* fügt die Tabelle ein. Mit der Verknüpfung wird in WORD nicht die Tabelle als solche, sondern lediglich ein Verweis auf die EXCEL-Tabelle eingefügt. In WORD wird also im Prinzip der Pfad, der Weg zur EXCEL-Tabelle angegeben.
- Wenn der Cursor in WORD innerhalb des verknüpften Bereiches steht, sind die eingefügten Daten grau hinterlegt. Dies ist ein Hinweis auf die Verknüpfung und die dahinter stehende Feldfunktion.

Aufgrund der Verknüpfung wird jede Änderung der Daten in der Datei *personal.xls* sofort standardmäßig an die Tabelle, die in die Datei *personalbericht.doc* eingefügt ist, weitergegeben.

Hinweis

Eine Störung des dynamischen Datenaustausches ist denkbar, wenn WORD die Verbindung zu der EXCEL-Tabelle nicht mehr aufbauen kann. Eine mögliche Ursache liegt darin, dass die EXCEL-Datei verschoben wurde und der in WORD eingefügte Pfad zu ihr daher nicht mehr gültig ist. Dieser Fehler lässt sich beheben, indem Sie den Cursor im WORD-Dokument in den verknüpften Bereich setzen, [Alt] + [F9] drücken und die in der Feldfunktion erscheinende Pfadangabe per Hand korrigieren (Nochmaliges Drücken von [Alt] + [F9] entfernt die Anzeige der Pfadangabe wieder.).

Aufgabe

- Speichern Sie die Datei *personalbericht.doc* (vgl. Abbildung 1) unter dem Namen *personalbericht1.doc*. Fügen Sie die Tabelle *personal.xls* (vgl. Abbildung 1) per DDE in die Datei *personalbericht1.doc* ein.
- Ändern Sie in der Tabelle *personal.xls* wiederum die Stundensätze der Mitarbeiter *Sinnlein* und *Löffel* und beobachten Sie, wie sich die Änderungen in der Datei *personalbericht1.doc* auswirken.
- Schließen Sie die Dateien *personal.xls* und *personalbericht1.doc*. Verschieben Sie die Datei *personal.xls* in ein anderes Verzeichnis und ändern die Stundensätze der Mitarbeiter *Sinnlein* und *Löffel*. Öffnen Sie die Datei *personalbericht1.doc*. Wie wirkt sich das Verschieben der Quelldatei *personal.xls* auf den verknüpften Bereich in *personalbericht1.doc* aus?

9.3 Object Linking and Embedding (OLE)

OLE (= Objekte verknüpfen und einbetten) ist eine Weiterentwicklung von DDE und geht bei der Idee des dynamischen Datenaustausches noch ein Stück weiter.

Hier bleiben die eingebetteten Daten mit ihrem Herkunftsprogramm in Verbindung. Bei OLE geht es darum, von einem Programm (z.B. WORD) aus auf die Funktionalitäten eines oder mehrerer anderer Programme (z.B. EXCEL) zugreifen zu können.

Als Beispiel sei wieder der „klassische" Fall angenommen, dass man in einem WORD-Dokument EXCEL-Tabellen benötigt. Über OLE können z.B. EXCEL-Tabellen als sogenannte *Objekte* in das WORD-Dokument aufgenommen, d.h. eingebettet werden. Als Objekt werden übrigens in diesem Zusammenhang alle Daten betrachtet, die in WINDOWS bearbeitet werden können (z.B. POWERPOINT-Folien, Videosequenzen usw.). Anders als bei DDE wird bei OLE das eingebettete Objekt (z.B. die EXCEL-Tabelle) gemeinsam mit dem aufnehmenden Dokument (z.B. der WORD-Datei) gespeichert.

Das aufnehmende Programm (z.B. WORD) kann das eingebettete Objekt (z.B. die EXCEL-Tabelle) nicht bearbeiten. Es „weiß" lediglich, mit welchem Programm das Objekt zu bearbeiten ist. Wenn das eingebettete Objekt (z.B. die EXCEL-Tabelle) bearbeitet werden soll, wird das entsprechende Bearbeitungsprogramm (z.B. EXCEL) automatisch vom aufnehmenden Programm (z.B. WORD) aus aufgerufen.

Die EXCEL-Tabelle aus *personal.xls* lässt sich folgendermaßen als Objekt in die WORD-Datei *personalbericht.doc* einbinden (zu den beiden Dateien vgl. Abbildung 1):

- Öffnen Sie die Datei *personalbericht.doc* und speichern Sie sie unter dem Namen *personalbericht2.doc* ab.
- Öffnen Sie die Datei *personal.xls* und kopieren Sie die Tabelle in die Zwischenablage.
- Wechseln Sie in die Datei *personalbericht2.doc* und wählen Sie [*Bearbeiten/Inhalte einfügen*]. Aktivieren Sie im aufscheinenden Dialogfenster die Optionen *Microsoft Excel-Arbeitsblatt-Objekt* sowie *Einfügen* und bestätigen Sie die Eingaben mit *OK*.

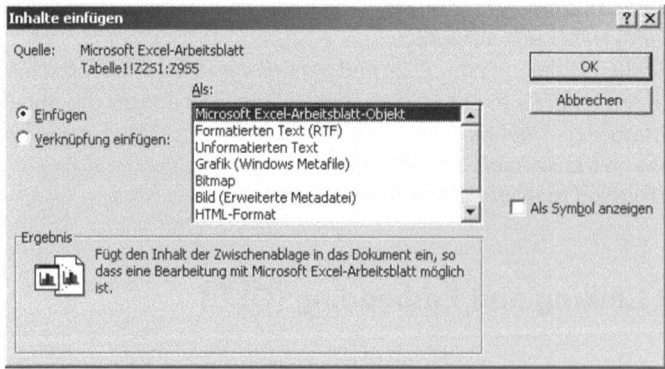

Abbildung 4: Dialogfenster *Inhalte Einfügen*

Alternativ zum gerade beschriebenen Einfügeweg über die Zwischenablage können *vorhandene Objekte* mit Hilfe des Befehls [*Einfügen/Objekt*] über die Registerkarte *Aus Datei erstellen* eingefügt werden. Über die Registerkarte *Neu erstellen* lassen sich auch *neue Objekte* erstellen (z.B. eine POWERPOINT-Folie aus WORD heraus).

Wenn man ein eingebettetes Objekt bearbeiten will, muss man das Objekt doppelt anklicken. In obigem Beispiel erhält man dann folgendes Bild:

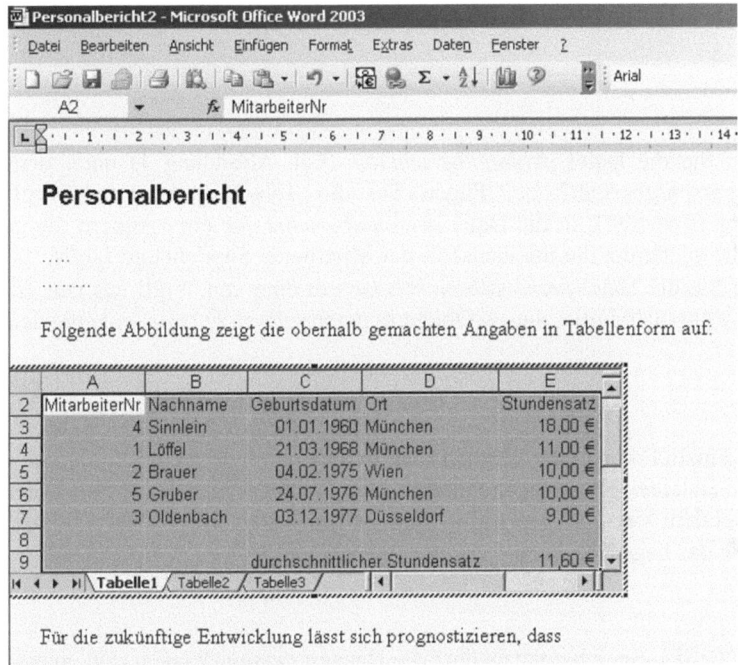

Abbildung 5: *In-Place-Editing* bei eingebundenen Objekten

Zur Bearbeitung der EXCEL-Tabelle wird das WORD-Dokument nicht verlassen. Der Aufruf des EXCEL-Objektes führt dazu, dass sich die Menü- und Symbolleisten von WORD in die Menü- und Symbolleisten von EXCEL verwandeln und damit alle Befehle zur Bearbeitung der *Excel*-Tabelle zur Verfügung stehen. Diese Art der Bearbeitung von Objekten wird als *In-Place-Editing* bezeichnet. Sobald Sie das EXCEL-Objekt verlassen, d.h. den Cursor irgendwo außerhalb des EXCEL-Objektes im WORD-Dokument plazieren, werden die WORD-Menüs und Symbolleisten wiederhergestellt. Dieses In-Place-Editing ist nicht zwischen allen WINDOWS-Anwendungen möglich. Häufig wird das Bearbeitungsprogramm beim Aufrufen des Objektes automatisch in einem eigenen Fenster geladen. Auch dieses Fenster schließt sich, wenn man den Cursor außerhalb des Objektes im Dokument platziert.

Vorteilhaft beim Einsatz von OLE ist also, dass man hier nur mit einer Datei arbeiten muss, während man beim Arbeiten mit DDE mehrere Dateien und ihre Verknüpfungen pflegen muss. OLE-Dateien können allerdings schnell sehr groß werden und erfordern für ihre Bearbeitung eine leistungsstarke Hardware (Hauptspeicher und Prozessor). Bei OLE besteht außerdem keine Verbindung mehr zwischen der evtl. ursprünglich vorhandenen Datenquelle (z.B. der EXCEL-Tabelle) und der aufnehmenden Datei (z.B. dem WORD-Dokument). Falls Sie die Ursprungsdatei nicht löschen und an ihr gegebenenfalls weitere Bearbeitungen vornehmen, kann es zu Dateninkonsistenzen kommen. Die ursprüngliche EXCEL-Tabelle enthält in diesem Fall dann andere Werte als die in WORD eingebettete Tabelle.

Aufgabe

- Speichern Sie die Datei *personalbericht.doc* (vgl. Abbildung 1) unter dem Namen *personalbericht2.doc*. Fügen Sie die Tabelle *personal.xls* (vgl. Abbildung 1) per OLE in die Datei *personalbericht2.doc* ein . Ändern Sie in der Tabelle wiederum die Stundensätze der Mitarbeiter *Sinnlein* und *Löffel*.
- Ergänzen Sie die Datei *personalbericht2.doc* um eine von Word aus neu erstellte POWERPOINT-Folie, die als Objekt in *personalbericht2.doc* eingebunden ist.

Frage

Sie schicken einem Freund eine WORD-Datei, in die ein mit dem Grafikprogramm CORELDRAW erstelltes Bild eingebunden ist. Ihr Freund öffnet die WORD-Datei und erhält, bei dem Versuch das Grafikobjekt zu bearbeiten, eine Fehlermeldung. Woran könnte das liegen?[4]

Aufgabe

Vergleichen Sie den Speicherplatzbedarf der Dateien *personalbericht.doc*, *personalbericht1.doc* und *personalbericht2.doc* über den Explorer[5].

---

[4] Auf dem Rechner Ihres Freundes ist CORELDRAW nicht installiert.
[5] Vgl. Kapitel 3.4.

Anhang

Anhang 1: Auszüge aus der Musterdatei bwanpotfremd.doc[1]

1 Einleitunk

Seit der Öfkfnung des Internet für kommerzielle Nutzung Anfang der neunziger Jahre erschließen sich Unternehmen zunehmend die betriebswirtschaftlichen Einsatzmöglichkeiten des Netzes. In den USA gehören bereits 42% der ans Internet angeschlossenen Rechner zu Unternehmen (vgl. Abbildung 1). In Vergleich zu anderen Bereichen verzeichnet der kommerzielle Sektor die größten Rechnerzuwachszahlen (vgl. URL: http://www.genmagic.com/Internet/Trends /slide-7.html). Insbesondere das World Wide Web des Internet (WWW) bietet für die Unternehmen aufgrund seiner Leistungsfähigkeit und Benutzerfreundlichkeit vielfältige Anwendungsalternativen.

Im Hihnblick auf diese Entwicklung gibt der vorliegenden Beitrag einen strukturierten Überblick über das betriebswirtschaftliche Anwendungspotential des WWW. Er beschränkt sich dabei auf das World Wide Web des offenen Internet und geht nicht auf geschlossene WWW-Anwendungen innerhalb eines Betriebs (Intranet) ein. Dazu werden zunächst die typischen Merkmale des WWW vorgestellt, die das betriebswirtschaftliche Anwendungspotential charakterisieren. Anschließend werden wesentliche funktionsübergreifende und funktionsbezogene Anwendungsmöglichkeiten, die sich aus den Eigenschaften des WWW ergeben, diskutiert.

2 Merkmale des WWW

Im folgenden werden kurz die wesentlichen Merkmalen des des WWW, die das betriebswirtschaftliche Anwendungspotential eröffnen, dargestellt (Auf eine Beschreibung des Aufbaus und der Funktionsweise des Internet-Dienstes WWW wird an dieser Stelle verzichtet. Die Autoren verweisen auf einschlägige Literatur oder WWW-Quellen, z.B. URL http://www.lrz-muenchen.de/services/netzdienste /www/www-kurs/.). Denn das WWW zeichnet sich im Gegensatz zu anderen

---

[1] Das Dokument enthält bewusst Fehler, da es auch als Beispiel für die Rechtschreibprüfung in WORD verwendet werden soll.

Informationsmedien durch die besondere Kombination der Merkmale Interaktivität, Hypermedialität, Schnelligkeit, Aktualität sowie räumliche und zeitliche Verfügbarkeit aus (vgl. hierzu und zum folgenden XXX *Roemer/Buhl*, 1996, S. 570 f. und *Jaros-Sturhahn/Löffler*, 1995, S. 8).

Interaktivität
Das WWW ermöglicht einen direkten interaktiven Informationsaustausch zwischen den beteiligten Kommunikationspartnern. Mit E-Mail und Newsgroup, die im WWW integriert sind, sowie dynamischen WWW-Seiten kann ein interaktiver Informationsaustausch der beteiligten WWW-Benutzer durchgeführt werden.

Hypermultimedialität
können dabei über Verknüpfungen beliebig miteinander verbunden werden Das WWW unterstützt eine multimediale Darstellung von vernetzten Informationen. D.h. es können Texte, Grafiken, Töne, Bilder und Bewegtbilder via WWW übertragen werden. Die verschiedenen Medienelemente.

Schnelligkeit
Das WWW bietet aus Anbietersicht eine schnelle Verbreitung von Informationen, Daten und Programmen sowie aus Nachfragersicht einen schnellen Zugriff auf diese.

Aktualität
Der Informationsanbieter kann ohne großen Aufwand seine Informationen im WWW aktualisieren. Dadurch gewährleistet das WWW dem Informationsnachfrager grundsätzlich eine hohe Aktualität. Voraussetzung ist jedoch die ständige Pflege durch den Anbieter.

Räumliche Verfügbarkeit/Verrügbarkeit/Verbreitung
Das WWW ist ein weltweites Informationssystem. Es ist zum einen für den Informationsnachfrager in fast allen Ländern der Erde zugänglich (vgl. zur aktuellen Verbreitung die Auswertungen von Network Wizards unter URL: http://www.nw.com/zone/WWW/). Zum anderen kann ein Informationsanbieter seine Informationen weltweit verbreiten. Das WWW bietet einen offenen Zugang, der auch von kommerziellen Onlinediensten aus einfach realisierbar ist.

Zeitliche Verfügbarkeit
Das WWW ist ein Onlinedienst und somit ohne zeitliche Einschränkungen jederzeit zu verwenden. Anbieter und Nachfrager können zu unterschiedlichen Zeitpunkten das WWW benutzen, so daß u.a. das Zeitzonenproblem entfällt.

3 Grundlegende Anwendungsmöglichkeiten

Das WWW kann prinzipiell in allen Bereichen eines Unternehmens zur Unterstützung verwendet werden. Das nachfolgende Kapitel skizziert kurz diese grundlegenden Einsatzmöglichkeiten.

3.1 Informationsbeschaffung

Die Informationsressourcen des des WWW bieten eine große Vielfalt an Informationen, die für alle Bereiche eines Unternehmens interessant sind (XXX vgl. *Jaros-Sturhahn/Löffler*, 1995). Das Spektrum der abrufbaren Informationsressourcen ist in seiner Breite kaum greifbar. Es reicht beispielsweise von Bibliothekskatalogen über Diskussionspapiere von Wissenschaftlern bis zu aktuellen Nachrichten. Das außerordentlich große Themenangebot rührt daher, daß jeder WWW-Teilnehmer auch ein Informationsanbieter sein kann. Damit hat sich eine hohe Perspektivität der vorhandenen Informationen entwickelt, d.h. man kann Informationen finden, die über kein anderes Medium verbreitet werden. Vorteilhaft sind hier insbesondere die starke Aktualität der Informationen, sofern die zugrundeliegenden Datenbestände laufend gepflegt werden.
Ein grundlegendes Problem bei der Datenbeschaffung über das WWW stellt jedoch das Lokalisieren relevanter Informationen dar (vgl. zur Problematik der Informationsbeschaffung XXX *Jaros-Sturhahn/Löffler*, 1995). Eine effiziente Suche wird durch die Hypertextvernetzung der Daten, die dezentrale Struktur, die laufende Weiterentwicklung und das starke Wachstum des WWW gehemmt, so daß sich ein gezieltes Aufspüren von Informationen u.U. erfahrungsintensiv und zeitaufwendig gestalten kann. Die Suche im WWW wird durch zahlreiche Suchmaschinen zwar erleichtert, diese erfassen jedoch nicht das vollständige Informationsangebot des WWW (vgl. zur gezielten Informationsuche im WWW XXX *Jaros-Sturhahn/Schachtner*, 1996).

usw. usw. usw.

Literatur

Ives, B., Jarvenpaa, S. L., Will the Internet Revolutionize Business Education and Research?, in: Sloan Management Review, Spring 1996, S. 33-41.

Jaros-Sturhahn, A., Löffler, P., Das Internet als Werkzeug zur Deckung des betrieblichen Informationsbedarfs, in: Information Managment, 30. Jg., 1995, S. 6-13.

Jaros-Sturhahn, A., Schachtner, K., Literaturrecherchere im World Wide Web, in: WiSt-Wirtschaftswissenschaftliches Studium, 25. Jg., 1996, S. 419-422.

Alpar, P., Kommerzielle Nutzung des Internet, Berlin, Heidelberg, New York, 1996

o.V., Special: Werbung im Internet, in: online aktuell, Nr. 4, Februar 1996, S. 16-22.

Quelch, J., Klein, L., The Internet and International Marketing, in: Sloan Management Review, Spring 1996, S. 60 bis 75.

Roemer, M., Buhl, H. U., Das World Wide Web als Alternative zur Bankfiliale: Gestaltung innovativer IKS für das Direktbanking, in: Wirtschaftsinformatik, Nr. 38, 1996, S. 565-577.

Cockburn, C, Wilson, T. D., Business Use of the World-Wide Web, in: International Journal of Information Management, Vol. 16, No. 2, 1996, S. 83-102.

Lampe, F., Business im Internet-Erfolgreiche Online-Geschaftskonzepte, Braunschweig, Wiesbaden, 1996.

Anhang 2: Entity-Relationship-Modell von StudConsult[2]

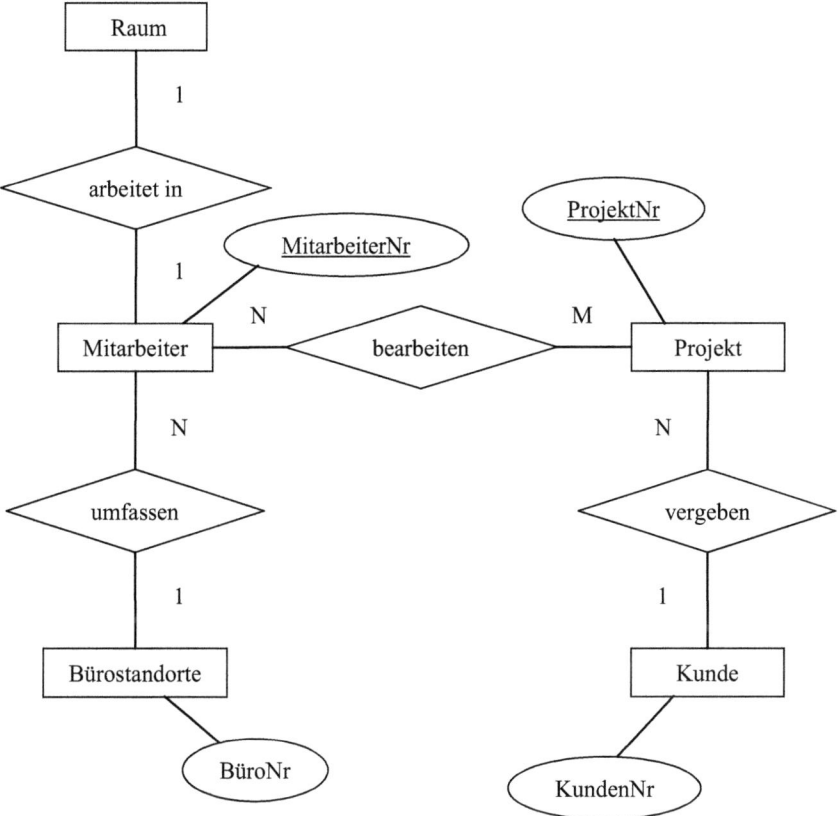

---

[2] Zur Wahrung der Übersichtlichkeit sind die Attribute nur auszugsweise dargestellt. Die vollständigen Attribute finden sie in der Entwurfsansicht der Tabellen (vgl. Anhang 3).

Anhang 3: Tabellenstrukturen der Access-Datenbank StudConsult

Tabelle: Bürostandort

BüroNr	AutoWert	
Straße_HausNr	Text	
PLZ	Text	
Ort	Text	
Raumgröße	Text	gesamte Niederlassung
Miete	Währung	pro Monat

Tabelle: Kunde

Kundennummer	Zahl	Primärschlüssel
Firmenname	Text	Name der Kundenfirma
Straße_HausNr	Text	Adresse
PLZ	Text	Postleitzahl
Ort	Text	
Telefon	Text	
Branche	Text	Branche, der die Firma angehört

Tabelle: Mitarbeiter

MitarbeiterNr	AutoWert	
Studienfach	Text	Falls der Mitarbeiter Student ist, bitte das Studienfach eintragen
Nachname	Text	
Vorname	Text	
Geburtsdatum	Datum/Uhrzeit	
Geschlecht	Text	m für männlich, w für weiblich
BüroNr	Zahl	
RaumNr	Zahl	
Gehalt	Währung	pro Monat
Stundensatz	Währung	Preis, der dem Kunden pro Mitarbeiterstunde berechnet wird
Position	Text	
Fachkenntnisse	Text	
Straße_HausNr	Text	
PLZ	Text	
Ort	Text	
Telefon_Privat	Text	

Tabelle: Projekt

Projektnummer	AutoWert	
Kurzname	Text	Kürzel, unter dem das Projekt intern läuft
KundenNr	Zahl	
Fachgebiet	Text	Schlagwort
Projektbeginn	Datum/Uhrzeit	
Projektende	Datum/Uhrzeit	
Vergütung	Währung	für die gesamte Projektlaufzeit
Projektkosten	Währung	für die gesamte Projektlaufzeit

Tabelle: Projektbearbeitung

MitarbeiterNr	Zahl	Mitarbeiter, der irgendwie - möglicherweise auch nur zeitweise - in das Projekt involviert war
Projektnummer	Zahl	

Anhang 4: Daten der Tabellen von StudConsult

Tabelle: Bürostandort

BüroNr	Straße_HausNr	PLZ	Ort	Raumgröße	Miete
1	Leopoldstr. 20	80802	München	500	€ 17.000,00
2	Köpassage 3	40212	Düsseldorf	300	€ 12.000,00

Tabelle: Kunde

Kundennummer	Firmenname	Straße_HausNr	PLZ	Ort	Telefon	Branche
1	Riemen GmbH	Arcisstr. 12	80333	München	089/778899	Bank
2	GBM KG	Weinligstr. 21	57074	Siegen	0271/54362	Immobilien
3	Haka GmbH	Molkenstr. 1	18055	Rostock	08031/87654	Baubedarf
4	Bodidas AG	Am Mühlfeld 3	87656	Nürnberg	09132/33228	Badekleidung
5	Schiemer AG	Brentanostr. 10	80807	München	089/556677	Elektronik
6	Oder Bank AG	Hochmuhl 76	65929	Frankfurt	069/234567	Bank
7	Frankfurter Blatt GmbH	Lenaustr. 34	60318	Frankfurt	069/767676	Druckmedien

Tabelle: Mitarbeiter I

MitarbeiterNr	Studienfach	Nachname	Vorname	Geburtsdatum	Geschlecht
1	BWL	Löffel	Herbert	21.03.1974	m
2	BWL	Brauer	Wolfgang	04.02.1981	m
3	Informatik	Oldenbach	Stefan	03.12.1983	m
4		Sinnlein	Florian	01.01.1966	m
5	Informatik	Gruber	Peter	24.07.1982	m
6	VWL	Heuer	Sybille	23.04.1981	w
7	BWL	Niemann	Heike	05.06.1978	w
8		Daume	Petra	02.08.1965	w

Tabelle: Mitarbeiter II

BüroNr	RaumNr	Gehalt	Stundensatz	Position
1	1	€ 7.500,00	75,00 €	Senior-Consultant
1	2	€ 5.000,00	65,00 €	Junior-Consultant
2	1	€ 5.500,00	60,00 €	Junior-Consultant
1	3	€ 15.000,00	125,00 €	Partner
1	4	€ 6.000,00	65,00 €	Junior-Consultant
2	2	€ 5.000,00	55,00 €	Junior-Consultant
1	5	€ 4.000,00	45,00 €	Junior-Consultant
2		€ 14.000,00	155,00 €	Partner

Tabelle: Mitarbeiter III

Fachkenntnisse	Straße_HausNr	PLZ	Ort	Telefon_Privat
Intranet, Internet	Baaderstr. 67	80469	München	089/987654
Internet, Datenbanken	Pfarrweg 34	81539	München	089/564321
Groupware	Emmastr. 23	40227	Düsseldorf	0211/897665
Internet, Groupware	Pettostr. 45	81249	München	089/2344333
Datenbanken, Groupware	Hußweg 56	80999	München	089/678954
Intranet, Groupware	Corellistr. 45	40593	Düsseldorf	0211/654789
Internet	Gaberlstr. 23	81377	München	089/654321
Datenbanken, Internet Intranet	Kesselstr. 67	40221	Düsseldorf	0211/7666666

Tabelle: Projekt I

Projektnummer	Kurzname	KundenNr	Fachgebiet
1	Bodiweb	4	Internet
2	Schiemdata	5	Datenbanken
3	Gbmwork	2	Groupware
4	Riemweb	1	Intranet
5	Schiemweb	10	Intranet
6	Oderdata	6	Internet
7	Grünerweb	9	Datenbanken
8	Hermwork	8	Groupware
9	Fbweb	7	Internet
10	Schiemweb	5	Intranet
11	Hakagroup	3	Groupware
12	Bodidata	4	Datenbanken
13	Oderweb	6	Internet
14	Schiemgroup	10	Groupware
15	Fbweb	7	Intranet
16	Anwendwww	11	Intranet

Tabelle: Projekt II

Projektbeginn	Projektende	Vergütung	Projektkosten
01.01.2000	01.01.2003	€ 5.000.000,00	3.300.000,00 €
01.02.2000	01.02.2003	€ 7.000.000,00	4.100.000,00 €
01.03.2000	01.06.2001	€ 2.500.000,00	1.700.000,00 €
01.02.2002	01.01.2003	€ 1.300.000,00	1.000.000,00 €
01.01.2001	01.02.2002	€ 1.700.000,00	1.510.000,00 €
01.05.2002	31.12.2002	€ 3.100.000,00	2.250.000,00 €
01.02.2001	01.08.2001	€ 500.000,00	390.000,00 €
01.04.2001	01.01.2003	€ 4.000.000,00	2.700.000,00 €
01.06.2001	01.03.2002	€ 850.000,00	700.000,00 €
01.08.2001	01.08.2002	€ 1.400.000,00	900.000,00 €
01.09.2001	01.04.2003	€ 2.200.000,00	1.500.000,00 €
01.11.2001	01.01.2003	€ 3.500.000,00	2.600.000,00 €
01.12.2001	01.08.2002	€ 900.000,00	660.000,00 €
01.02.2001	01.01.2003	€ 4.500.000,00	3.900.000,00 €
01.04.2002	01.01.2003	€ 900.000,00	1.000.000,00 €
01.01.2003	01.05.2003	€ 10.000,00	5.000,00 €

Tabelle: Projektbearbeitung

MitarbeiterNr	Projektnummer
1	1
1	4
1	12
1	15
1	16
2	6
2	7
2	13
4	1
4	3
4	8
4	14
5	2
5	3
5	6
5	8
5	14
6	5
6	10
6	11
7	9
8	2
8	4
8	5
8	7
8	12

Anhang 5: Beziehungen zwischen den Tabellen von StudConsult

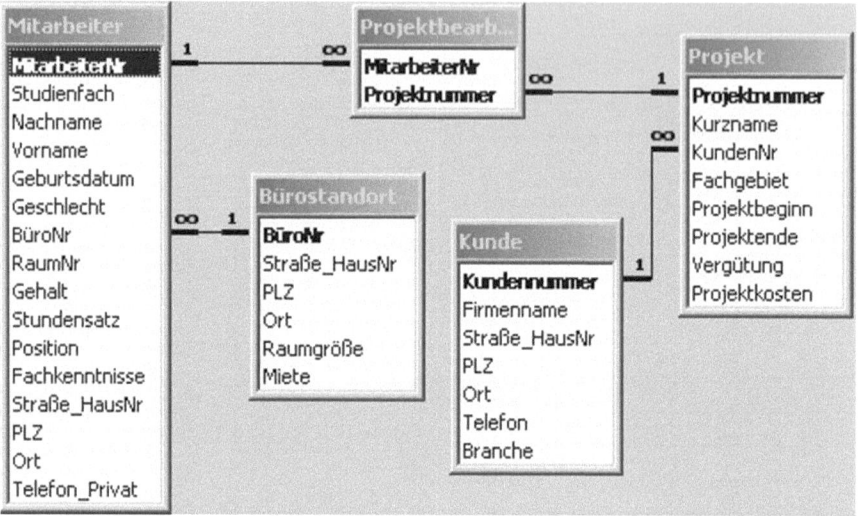

Literaturverzeichnis

Zu Kapitel 1: Grundlagen der Informations- und Kommunikationstechnik

Hansen, H., Neumann, G., Wirtschaftsinformatik I. Grundlagen betrieblicher Informationsverarbeitung, 8. Aufl., Stuttgart u.a. (UTB) 2001.
Mertens, P., Bodendorf, F., König, W., Picot, A., Schumann, M., Grundzüge der Wirtschaftsinformatik, 7. Aufl., Berlin u.a. (Springer) 2001.
Risterucci, L., EDV-Grundlagen, München (i-punkt) 1998.
Stahlknecht, P., Hasenkamp, U., Einführung in die Wirtschaftsinformatik, 10. Aufl., Berlin u.a. (Springer) 2001.

Zu Kapitel 2: Grundlegender Umgang mit dem Betriebssystem Windows XP

Nicol, N.,u. a. Windows XP Echt einfach, (Franzis), 2002
Stulle, K., Windows NT 4.0, Grundlagen, Betriebssystem, Oberfläche, Nackenheim (Herdt) 1997.

Zu Kapitel 3: Textverarbeitung mit Word

Haselier, R., Fahnenstich, K., Microsoft Word 2002 – einfach klipp und klar, Deutschland (Microsoft Press) 2002.
Motz, H., Word 97, Grundlagen, Nackenheim (Herdt) 1997.

Zu Kapitel 4: Entwurf und Erstellung von Datenbanken mit Access

Baloui, S., Access 2002 - Kompendium, München (Markt+Technik) 2001.
Blasberg, A. und A., Datenbankentwicklung mit Access 97, Aachen (Econ) 1997.
Bohnes, H., Zimmermann, I., Access 97, Fortgeschrittene Anwendungen, Nackenheim (Herdt) 1997.
Hansen, H., Neumann, G., Wirtschaftsinformatik I. Grundlagen betrieblicher Informationsverarbeitung, 8. Aufl., Stuttgart u.a. (UTB) 2001.

Nicol, N., Albrecht, R., Microsoft Access 2002,
   Deutschland (Microsoft Press) 2001.
Zimmermann, I., Access 97, Grundlagen, 2. Aufl., Nackenheim (Herdt) 1997.

Zu Kapitel 5: Tabellenkalkulation mit Excel

Albrecht, R., Nicol, N., Excel 2002 programmieren echt einfach,
   Deutschland (Franzis) 2002 .
Münster, C., Excel 97, Grundlagen, Nackenheim (Herdt) 1997.
Röhrenbacher/Gelbmann, Excel für Rechnungswesen und Controlling,
   Wien (ueberreuter) 2001

Zu Kapitel 6: Erstellung von Präsentationsgrafiken mit PowerPoint

Jarai, H., Powerpoint 2002, Deutschland (Franzis) 2001.
Motz, H., Powerpoint 97, Grundlagen, Nackenheim (Herdt) 1997.
Schmid, C., Powerpoint 2002, Kompendium, München (Markt+Technik) 2002.
Thiele, A., Mit neuen Techniken wirkungsvoll präsentieren,
   Landsberg/Lech (moderne industrie) 1994.
Zoller, B., Das Einsteigerseminar Powerpoint 2002, (vmi) 2001.

Zu Kapitel 7: Informationsaktivitäten im Internet

Alpar, R., Kommerzielle Nutzung des Internet,
   2. Aufl., Berlin u.a. (Springer) 1998.
Babiak, U., Effektive Suche im Internet, 4. Aufl., Köln (O'REILLY) 2001.
Ditfurth v., C., Kathöfer, U., Internet für Wirtschaftswissenschaftler,
   Frankfurt/New York (Campus) 1997.
Jaros-Sturhahn, A., Schachtner, K., Betriebswirtschaftliches Anwendungspotential des WWW, in: WiSt, Heft 2, 1998, S. 85-90.
Stiller, I., Internet auf den Punkt gebracht, 2. Aufl., München (i-punkt) 1998.
Thome, R., Schinzer, H., Electronic Commerce mit CRM und SCM,
   München (Vahlen) 2003.

Zu den Kapitel 3-7: Häufige Fehler beim Umgang mit Anwendungsprogrammen

Jaros-Sturhahn, A., Erfolgreiches wissenschaftliches Arbeiten, 10 Grundregeln aus dem Blickwinkel der EDV, in: WiSt, Heft 2, 1999, S. 89-91.

Stichwortverzeichnis

Abbildungen
   automatisch numerieren 115
Abfragen 171
   Aktions- 194
   Aktualisierungs- 195
   Auswahl- 171
   Lösch- 196
   Tabellenerstellungs- 194
Absatzabstand 308
Absatzformatierung 79
Absatzwechsel 60
Abschnittsformatierung 112
Abschnittswechsel 113
Achsenbeschriftung 268, 345
ADSL 379
Agenten
   intelligente 424
Aktionsabfragen 194
Aktualisierungsabfragen 195
Aktualisierungsweitergabe 170
ändern
   Objektgröße 316
   Spaltenbreite 229
   Zeilenhöhe 230
animieren
   Objekt 366
anlegen
   Ordner 45
   Ordner/Verzeichnis 45
   Verzeichnis 45
anordnen
   Ikone 51
Ansicht
   Datenblatt- 163
   Entwurfs- 160, 171, 200
   Folien- 296
   Foliensortier- 296
   Formular- 200
   normal 83
   Seiten-Layout 83
Anwendungssoftware 16, 20

Arbeitsblatt 207, 215
   formatieren 233
   kopieren 218
   löschen 218
   markieren 217
   umbenennen 218
   verknüpfen 257
   verschieben 218
Arbeitsblattregister 215
Arbeitsmappe 211
   öffnen 213
   schließen 214
   speichern 211
Arbeitsoberfläche 50
Arbeitsspeicher 9
Architektur
   Datenbank 145
ARPANET 370
Attribute 148
Aufbau
   Internet 372
Aufzählungen 102
Aufzählungszeichen 307
Ausdruck 194
Ausdrucken 74
Ausfüllkästchen 225, 226
ausrichten
   Objekt 332
Ausrichtung 80, 236, 306, 356
Auswahlabfragen 171
AutoFormen 311
AutoKorrektur 89
AutoLayout 286, 288

Baan 21
Backbone-Netz 373
Backslash 40
Banner 415
Barwertfunktion 263
Basisinfrastruktur
   Internet 373

bearbeiten
   ClipArt 341
   Diagramm 352
   Folien 288
Bearbeitungszeile 207
beenden 34
Befehlsleiste 36, 207, 288
Benutzerkonto 29
Benutzer-Manager 29
Benutzeroberfläche 18, 30
   Access 143
   Excel 206
   grafikorientierte 18
   Powerpoint 287
   zeilenorientierte 18
berechnete Felder 190
Berichte 198
   automatische Erstellung 200
   drucken 203
   Erstellung mit Assistenten 201
Beschriftung 272
Besprechungsdienst 421
Betriebssystem 17
   Netzwerk- 25
Bewegen durch
   Text 69
Bezeichner 177
Beziehungen 149, 181
   umsetzen in Access 166
Beziehungstypen 149
Bezug
   absoluter 248
   Arten 245
   gemischter 249
   relativer 246
   zwischen Arbeitsblättern 259
Bildlaufleiste 36, 207
Bildlaufleisten 288
Bildschirm 10
Bildschirmpräsentation 363
   starten 363
   steuern 363
Bildschirmschoner 51
Bit 15
Blattregister 207, 217, 218
Blocksatz 80
Bookmark 392
Browser 385
Bus 8, 15
Business

Internet 427
Byte 15

Cache 8
CD-ROM 13
Chat 410
Client 23
ClipArt
   bearbeiten 341
   einfügen 339
Cursor 7
Datei 38
   erstellen 40
   konvertieren 64
   kopieren 46
   löschen 48
   markieren 48
   öffnen 65
   schließen 67
   speichern 63
   umbenennen 48
   verschieben 46
Dateien
   wiederherstellen 68
Dateiname 38
Dateinamenserweiterung 38
Daten 38
   eingeben 208
Datenaustausch
   statischer 433
Datenaustausch 433
Datenbank
   Architektur 145
   Entwurf 145
   erstellen 159
   -fenster 143
   Funktion einer 141
   öffnen 142
Datenbankobjekte 143
Datenblattansicht
   Auswahlabfragen 172
   Tabellen 164
Dateneingabegeräte 6
Datenmodelle 152
   relationales 153
Datenquelle 129
Datenreihen 226
Datensätze eingeben 163
Datenträger 13
Datenübertragung

Internet 380
Datenübertragungsmedien 24
Datenverarbeitungshardware 7
Datenverbund 27
DDE 436
definieren
   Feld 160
Delphi 22
Desktop 30
Diagramm 266
   bearbeiten 352
   -elemente 345
   erstellen 269, 343
   -fläche 268
   -größe 274
   Kreis- 269, 352
   Linien- 269, 351
   Säulen- 267, 350
   -titel 272
   -typ 267, 348, 355
   verändern 273
Diagrammassistent 269
Diagrammdaten
   eingeben 346
Diagrammelemente 268
Diagrammfläche 345
Diagrammtitel 268, 345
Dienste
   Internet 375
Dienstprogramme 20
Diskette 12
   formatieren 49
Domain 375
Drag and Drop 32
drehen
   Objekt 334
Drei-D 325
drucken 242
   Präsentation 299
   Tabellen, Access 164
Drucken
   Berichte 203
   Formulare 203
Drucker 10
   einrichten 51
DVD 13
Dynamic Data Exchange 436
Dynamischer Datenaustausch 436

Einfügemodus 62

einfügen
   Aufzählungszeichen 307
   ClipArt 339
   Datum 358
   Folie 290
   Seitenzahl 358
   Spalte 231
   Zeile 231
   Zeilenumbruch 229
   Zelle 230, 231
eingeben
   Daten 208
   Datensätze 163
   Diagrammdaten 346
   Text 60
einrichten
   Drucker 51
   Seite 355
Einzüge 100
Electronic commerce 427
Electronic Mail 402
E-Mail 402
Entitätstyp 147
Entity-Relationship-Modell (ERM) 147
Entwurf
   Datenbank 145
Entwurfsansicht
   Abfragen 171
   Berichte 204
   Tabellen 160
Equi-Join 179
Ersetzen 94
erstellen
   Datei 40
   Diagramm 269, 343
   Folien 288
   Präsentation 285
   Tabellen, Access 158
   Tabellenstruktur 160
   Text 302, 327
   Zeichenobjekte 310
EVA-Prinzip 5
Explorer 37
externe Speicher 9, 11
Extranet 430

Farblaserdrucker 11
Feld
   berechnetes 189
   -datentyp 160

-eigenschaften 160
-größe 161
-name 160
Felder
  definieren 160
Fenster 34
  -aufbau 35
  Programm- 33
Festplatte 12
Festwertspeicher 9
Folien 288
  bearbeiten 288
  einfügen 290
  Einstellungen 355
  erstellen 288
  gestalten 280
  -hintergrund 359
  kopieren 297
  löschen 298
  Master- 357
  sortieren 297
  -übergangseffekte 364
Folienansicht 296
Folienlayout 286, 288
Folien-Master 357
Foliensortieransicht 296, 366, 367
Format
  Zahlen- 235
  Zelle 234
Formate
  kopieren 116
formatieren 13, 49
  Arbeitsblatt 233
  Aufzählungszeichen 307
  Linie 320
  Objekt 320
  Schrift 237
  Text 306
Formatierung
  Absatz 79
  Abschnitt 112
  Ausrichtung 80
  Einzüge 100
  Seiten 83
  Seitenränder 85
  Zeichen 75
  Zeilenabstand 81
Formatvorlagen
  ändern und löschen 120
  automatische 117

erstellen 118
Funktion 116
zuweisen 120
Formel
  Bezug 245
  einfache 219
Formulare 197
  automatische Erstellung 199
  drucken 203
  Erstellung mit Assistenten 203
Fremdschlüssel 154
FTP 406
Führungslinien 330
Füllbereich 323
Funktion
  Access 191
  Excel 252
Funktionsassistent 252
Fußnoten 113
Fußzeile 241, 358

GAN 26
Geräteverbund 27
Geschichte
  Internet 369
Gitternetzlinie 242
Grammatikprüfung 87
Größenachse 268, 345
Größen-Ziehpunkte 274, 305
gruppieren
  Objekt 337
Gruppierung 193

Harddisk 12
Hardware 5
Hauptdokument 129
Hauptplatine 15
Hauptspeicher 8
Hilfe
  Powerpoint 296
  Word 80
Hilfefunktion 54
Hintergrundbild 51
Hochformat 241
Hypertext 389

ICMP Siehe Internet Control Message
  Protocol
Ikone 19, 30, 33, 50
  anordnen 51

Individualsoftware 20
Informationsanalyse 146
Informationsrecherche
　WWW 412
Informationsverbund 27
Inhaltsbereich 43
Inhaltsverzeichnis
　automatisch erstellen 124
installieren 52
Internet 369
　Aufbau 372
　Basisinfrastruktur 373
　Datenübertragung 380
　Dienste 375, 385
　Geschichte 369
　Kosten 378
　Organisation 376
　Zugang 377
Internet Control Message Protocol 383
Internet Protocol 382
Internet, Business 427
Intranet 430
IP *Siehe* Internet Protocol

Java 22

Kardinalität 150
Karte 16
kippen
　Objekt 334
Kommunikationsprotokolle 25
Kommunikationsverbund 27
Kontextmenü 32, 33, 218
konvertieren 64
Kopf-/Fußzeile 109
Kopfzeile 241, 358
kopieren
　Arbeitsblatt 218
　Datei 46
　Folien 297
　Formate 116
　Objekt 319
　Ordner 46
　Textformatierung 310
　Verzeichnis 46
　Zellinhalt 225
Kopieren
　Text 73
Koppelungselemente 26
Korrektur

Grammatikprüfung 87
Rechtschreibprüfung 87
korrigieren
　Tippfehler 60
　Zellinhalt 208
Kosten
　Internet 378
Kreisdiagramm 269, 352

LAN 26
Laserdrucker 11
Laufwerk 39
Leerzeichen
　geschütztes 94
Legende 268, 272, 345
Leitungsvermittlung 380
Lesezeichen 392
Lineal
　Word 59
Linie 320
　formatieren 320
Liniendiagramm 269, 351
Literaturverzeichnis
　Sortieren 97
Löschabfrage 196
löschen
　Arbeitsblatt 218
　Datei 48
　Folien 298
　Objekt 320
　Ordner 48
　Spalte 231
　Verzeichnis 48
　Zeile 231
　Zellbereich 231
　Zelle 230, 231
　Zellinhalt 209
Löschen
　Text 71
Löschweitergabe 170

Mailing-List 409
Makros 144
MAN 26
markieren 31
　Arbeitsblatt 217
　Datei 48
　Objekt 315
　Text 304
　Verzeichnis 48

Zelle 210
Markieren
 Text 70
Markierung
 aufheben 305
Master 356
Maus 7
 -bedienung 31
Metasuchdienst 422
Metasuchmaschine 419
Mikrochip 7
MILNET 370
Mittelwert 255
Module 144
Motherboard 15
Multitasking 36

Netz 22
Netzschnittstelle 24
Netzwerk 22
 Client-Server-Konzept 23
 Gefahren 28
 Nutzen 27
 Peer-to-Peer-Konzept 24
Netzwerkarten 26
Netzwerkbetriebssystem 25
News-Group 409
Normalansicht 83
Normalisierung 153
Numerierung
 Abbildungen 115
 Überschriften 122
Numerierungen 102

Object Linking and Embedding 437
Objekt 301
 animieren 366
 ausrichten 332
 drehen 334
 formatieren 320
 -formatierung 310
 Größe ändern 316
 gruppieren 337
 kippen 334
 kopieren 319
 löschen 320
 markieren 315
 positionieren 329
 -reihenfolge 336
 verschieben 318

verteilen 333
ziehen 32
öffnen
 Arbeitsmappe 213
Öffnen
 Datei 65
OLE 437
Online-Hilfe 54
optischer Speicher 13
Ordner 39, 43
 anlegen 45
 löschen 48
 umbenennen 48
Organisation
 Internet 376
Outer-Join 185

Paketvermittlung 380
Papierkorb 49
parallele Schnittstellen 15
Pentium 9
Peripheriegeräte 25
Pfad 39
PivotTabelle 263
Platine 16
Platzhalter 286, 288
positionieren
 Objekt 329
Powerpoint
 starten 285
Präsentation
 drucken 299
 durchführen 283
 erstellen 285
 Konzeption 278
 schließen 294
 speichern 290
Präsentationsdesign
 übernehmen 362
Präsentationsprogramm 284
Primärschlüssel 148
 löschen 162
 vergeben 162
Programm 16
 aufrufen 32
 schließen 34
 Übersetzungs- 20
Programmfenster 33
Programmiersprachen 20, 21
Programmverbund 27

Projektion 171
Protokolle 25
Provider 374
Prozessor 7
Prozessorklasse 9

Quellcode 20
Querformat 241

Rahmen 239
RAM 9
Raster 329
Rechenwerk 7
Rechnernetz 22
Rechtschreibprüfung 87
referentielle Integrität 168
relationales Datenmodell 153
ROM 9
Rubrikenachse 268, 345

SAP 21
Säulendiagramm 267, 350
Scanner 7
Schaltfläche
    Fenster/Vollbild 36
    Schließen 36
    Symbol 36
Schatten 325
schließen
    Arbeitsmappe 214
    Präsentation 294
Schließen
    Datei 67
Schnittstellen 15
    parallele 15
    serielle 15
Schreibbereich
    Word 59
Schrift
    formatieren 237
Schriftart 238
    proportional 76
    Serifen 77
Schriftgröße 238
Schriftschnitt 238
Seite
    einrichten 355
Seiteneinstellung 240
Seitenformatierung 83
Seitengröße 356

Seiten-Layoutansicht 83
Seitenrand 241
Seitenränder 85
Seitenumbruch 85
Seitenwechsel 242
Seitenzahlen 109
Selektion 173
Selektionskriterien 174, 176
serielle Schnittstellen 15
Serienbriefe 129
Seriendruckfeld
    bedingtes 138
Seriendruckfeld 135
Seriendruck-Manager 131
Server 23
Serverlandkarte 421
Serverliste 421
Sicherheitskopien 65
Sicherheitsverbund 27
Sicherungskopien
    automatische 68
Silbentrennung 91
Slash 40
Software 16
    installieren 52
Sonderzeichen 98
sortieren 244
    Folien 297
Sortieren 97
Sortierung 179
Spalte
    einfügen 231
    löschen 231
Spaltenbreite 228
    ändern 229
Spaltenkopf 207
Speicher
    externe 9, 11
    Festwert- 9
    flüchtiger 9
    optische 13
speichern
    Arbeitsmappe 211
    Präsentation 290
Speichern
    Datei 63
Standardanwendungssoftware 20
    integrierte 20
Standardformen 311
Standard-Symbolleiste 207, 288

starten
    Bildschirmpräsentation 363
    Powerpoint 285
Start-Menü 33
statischer Datenaustausch 433
Statuszeile 288
    Word 59
Steckkarte 16
steuern
    Bildschirmpräsentation 363
Steuerwerk 8
Streamer 14, 25
Strukturbereich 43
Suchen 94
Suchfunktion 46
Suchkatalog
Suchmaschine 414
    Suchoptionen 417
Summenfunktion 222
Symbolleiste 43, 207, 288
Symbolleisten
    Word 58
Systemsoftware 16, 17
Systemsteuerung 53, 54

Tabellen
    anlegen, Word 126
    bearbeiten, Word 127
    drucken, Access 164
    erstellen, Access 158
    Layout, Access 164
Tabellenkalkulation
    Prinzip 205
Tabellenstruktur
    erstellen, Access 160
Tabulatoren 103
Taktfrequenz 9
Taskleiste 37
Tastatur 6
TCP/IP 25, 381, *Siehe* Transmission Control Protocol / Internet Protocol
Telnet 409
Text
    Ausrichtung 306
    bewegen durch 69
    eingeben 60
    erstellen 302, 327
    -farbe 308
    -felder 303
    formatieren 306

kopieren 73
löschen 71
markieren 70, 304
umstellen 73
Zeilenabstand 306
Themenliste 419
Tintenstrahldrucker 11
Tippfehler
    korrigieren 60
Titelbereich 357
Titelleiste 34, 36
Titel-Master 357, 361
TLD *Siehe* Top-Level Domain
Top-Level Domain 387
Transmission Control Protocol / Internet Protocol 381
Trennhilfe 91
    automatische 92
Trennstrich
    Arten 93

übernehmen
    Präsentationsdesign 362
Überschriften
    automatisch numerieren 122
Übersetzungsprogramme 20
umbenennen
    Arbeitsblatt 218
    Datei 48
    Ordner 48
    Verzeichnis 48
Umstellen
    Text 73
Unterverzeichnisse 39
URL 386

verknüpfen
    Arbeitsblatt 257
verschieben
    Arbeitsblatt 218
    Datei 46
    Objekt 318
    Zellinhalt 224
Verstärkungselemente 26
Versuchs- und Irrtumsverfahren 413
verteilen
    Objekt 333
Verzeichnis 39
    anlegen 45
    kopieren 46

löschen 48
markieren 48
umbenennen 48
Verzeichnisebene 44
Verzeichnisstruktur 39
Viren 28
Visual Basic 22
Visualisierungsinhalte 280

WAN 26
wiederherstellen
 Datei 68
Windows
 beenden 31
 Benutzeroberfläche 30
 starten 29
World Wide Web 385
WWW 385
WWW-Adresse 387
WWW-Seiten
 erstellen 393
 finden 412

Zahlenformat 235
Zeichenformatierung 75, 306
Zeichenobjekte
 erstellen 310
Zeichnen-Symbolleiste 288

Zeichnungsfläche 268, 345
Zeile
 einfügen 231
 löschen 231
Zeilenabstand 81, 306
Zeilenhöhe
 ändern 230
Zeilenkopf 207
Zeilenumbruch 229
Zeilenwechsel 60
Zellbereich 210
 löschen 231
Zelle
 aktive 207
 einfügen 230, 231
 Format 234
 löschen 230, 231
Zellen
 markieren 210
Zellinhalt
 kopieren 225
 korrigieren 208
 löschen 209
 verschieben 224
Zielwertsuche 262
Zugang
 Internet 377
Zwischenablage 47, 72

U. Leopold-Wildburger, J. Schütze

Verfassen und Vortragen

Wissenschaftliche Arbeiten und Vorträge leicht gemacht

Der Band "Verfassen und Vortragen" behandelt alle wichtigen Fragen beim Erstellen und Präsentieren wissenschaftlicher Arbeiten. Die Darstellung erstreckt sich vom Entwurf eines Arbeitsplans bis hin zur Ausarbeitung. Dabei werden insbesondere Textverarbeitungssysteme, Datenmanagement mit neuen Medien und das Internet berücksichtigt. Auf diese Weise entstand ein unentbehrlicher Leitfaden für Diplomanden und Doktoranden sowie für Schüler höherer Jahrgangsstufen.

2002. XI, 167 S. (Springer-Lehrbuch) Brosch. € **14,95**; sFr 24,- ISBN 3-540-43027-X

G. Disterer

Studienarbeiten schreiben

Diplom-, Seminar- und Hausarbeiten in den Wirtschaftswissenschaften

Dieses Buch hilft Studenten und Studentinnen der Wirtschaftswissenschaften, Studienarbeiten erfolgreich zu schreiben. Es gibt detailliert Auskunft über die qualitativen und formalen Anforderungen, die an Diplom-, Seminar- und Hausarbeiten gestellt werden, und erläutert die Gründe für strenge formale Regularien in Prüfungsordnungen und Zitierrichtlinien.

1998. VIII, 170 S. 9 Abb. (Springer-Lehrbuch) Brosch. € **14,95**; sFr 24,- ISBN 3-540-64407-5

Springer · Kundenservice
Haberstr. 7 · 69126 Heidelberg
Tel.: (0 62 21) 345 - 0
Fax: (0 62 21) 345 - 4229
e-mail: orders@springer.de

Springer

Die €-Preise für Bücher sind gültig in Deutschland und enthalten 7% MwSt.
Preisänderungen und Irrtümer vorbehalten. d&p · BA 42466/2a

Lehrbücher für Wirtschaftsinformatik bei Springer

F. Bodendorf

Daten- und Wissensmanagement

2003. IX, 192 S. 141 Abb. (Springer-Lehrbuch) Brosch. € **19,95**; sFr 32,00
ISBN 3-540-00102-6

P. Mertens, (Hauptherausgeber); A. Back, J. Becker, W. König, H. Krallmann, B. Rieger, A.-W. Scheer, D. Seibt, P. Stahlknecht, H. Strunz, R. Thome, H. Wedekind (Hrsg.)

Lexikon der Wirtschaftsinformatik

4., vollst. neu bearb. u. erw. Aufl. 2001. IX, 578 S. 54 Abb. Brosch.
€ **27,95**; sFr 45,00
ISBN 3-540-42339-7

P. Mertens, F. Bodendorf, W. König, A. Picot, M. Schumann, T. Hess

Grundzüge der Wirtschaftsinformatik

8., überarb. Aufl. 2003. XII, 221 S. 79 Abb. (Springer-Lehrbuch) Brosch.
€ **15,95**; sFr 26,00
ISBN 3-540-40687-5

R. Gabriel, H.-P. Röhrs

Gestaltung und Einsatz von Datenbanksystemen

Data Base Engineering und Datenbankarchitekturen

2003. XVIII, 422 S. 134 Abb. Brosch.
€ **29,95**; sFr 48,00
ISBN 3-540-44231-6

H. Krcmar

Informationsmanagement

3., neu bearb. u. erw. Aufl. 2002. XIV, 496 S. 194 Abb. Brosch.
€ **29,95**; sFr 48,00
ISBN 3-540-43886-6

M. Lusti

Dateien und Datenbanken

Eine anwendungsorientierte Einführung

4., überarb. u. erw. Aufl. 2003. XII, 370 S. 75 Abb. Mit CD-ROM. (Springer-Lehrbuch) Brosch. € **29,95**; sFr 48,00
ISBN 3-540-44251-0

A.-W. Scheer

Wirtschaftsinformatik. Studienausgabe

Referenzmodelle für industrielle Geschäftsprozesse

2., durchgesehene Aufl. 1998. XXVI, 780 S. 559 Abb. Brosch.
€ **37,95**; sFr 61,00
ISBN 3-540-63728-1

K. Turowski, K. Pousttchi

Mobile Commerce

Grundlagen und Techniken

2003. Etwa 240 S. Brosch.
ca. € **19,95**; ca. sFr 32,00
ISBN 3-540-00535-8

P. Stahlknecht, U. Hasenkamp

Einführung in die Wirtschaftsinformatik

10., überarb. u. aktualisierte Aufl. 2002. XIV, 567 S. 195 Abb. (Springer-Lehrbuch) Brosch.
€ **18,95**; sFr 30,50
ISBN 3-540-41986-1

P. Stahlknecht, U. Hasenkamp

Arbeitsbuch Wirtschaftsinformatik

3. vollst. überarb. Aufl. 2002. X, 327 S. 75 Abb. (Springer-Lehrbuch) Brosch.
€ **16,95**; sFr 12,00
ISBN 3-540-43972-2

M. Schader, L. Schmidt-Thieme

Java

Eine Einführung

4., aktualisierte u. erw. Aufl. 2003. XVII, 635 S. 116 illus. Mit CD-ROM. Brosch.
€ **39,95**; sFr 64,00
ISBN 3-540-00663-X

Springer · Kundenservice
Haberstr. 7
69126 Heidelberg
Tel.: (0 62 21) 345 - 0
Fax: (0 62 21) 345 - 4229
e-mail: orders@springer.de

Die €-Preise für Bücher sind gültig in Deutschland und enthalten 7% MwSt. Preisänderungen und Irrtümer vorbehalten. d&p · 009905x

MIX
Papier aus verantwortungsvollen Quellen
Paper from responsible sources
FSC® C105338

If you have any concerns about our products,
you can contact us on
ProductSafety@springernature.com

In case Publisher is established outside the EU,
the EU authorized representative is:
**Springer Nature Customer Service Center GmbH
Europaplatz 3, 69115 Heidelberg, Germany**

Printed by Libri Plureos GmbH
in Hamburg, Germany